JN289869

認知症家族介護を生きる
新しい認知症ケア時代の臨床社会学

井口高志 著

Living with the Elderly with Dementia:
A Challenge of Clinical Sociology
in the New Century of the Dementia Care

東信堂

はしがき

　認知症（痴呆，呆け）ケアの世界が注目を集め，高齢者介護の「転換期」とも言えるような 2000 年から 2005 年の時期にかけて，私は，長期にわたって家族の介護を行っている（行なってきた）人たち（家族介護者）の経験に耳を傾けていた。家族介護者の経験を次から次へと聞いていくことは，呆けゆく者という他者に出会う介護者のリアリティに近づいていくような感覚を得ると同時に，困惑を深めていく経験でもあった。その困惑とは何だったのであろうか？

　まず，それぞれの介護者の経験と困難はバラバラでありそれぞれの切実さがあった。何人かの話を聴いているうちに，「それぞれがバラバラな経験である」と言ってしまうことこそが，「家族介護の経験」というテーマを語る上で，最も適切なのではないかと思うようになっていった。しかし，学的な営みは，そのバラバラの中に何らかの一般性や普遍性，あるいは社会的なテーマとの関連を見出していかなくてはならない。社会学の研究者として聴く私は，呆けゆく者と生きていく過程での個々の経験を理解・分析しようと試みながら，その先に何を提示できるのかということについて思い悩むようになった。

　そんな中で，認知症ケアの世界の方を向いてみると，社会学を学んできた者にとって「なじみ深い」考え方がにわかに注目を集めてきているようだった。

　2000 年度の介護保険法施行以降，高齢者介護のモデルとして認知症ケアの充実が目標に置かれたことに加え，認知症の本人による語りがマスメディアなどに登場し，本人を重視した様々な新しいケア実践が広く紹介されるようになってきていた。そうした流れの中で盛んに強調されていたのは，認知症と呼ばれている問題が，環境や人間関係によって作られ，深くさせられているといった大変に真面目な「社会学的」なとらえ方である。そうしたとらえ方から，認知症の本人の思いに注目することの重要性が主張されてきてい

た．さらに，そこで示されているようなとらえ方や主張について，多くの介護者は，何となく分かっているようでもあった．だが，彼女／彼らの経験を聴いていると，分かってはいながら，それだけではすまない現実があるようでもあった．そのように「社会学的」なとらえ方が強調される一方で，そのとらえ方がすでに当たり前のように存在し，しかも必ずしも救いになっているわけでもない場合があるとするならば，社会学はあらためて何を言っていくべきなのだろうか．喧伝される新しいとらえ方や，そこから生まれている実践が，非常になじみ深く納得できるがゆえに，さらなる困惑の中に迷いこんでいった．

本書は，以上のような困惑に何とか答えを与えていこうとするものである．呆けゆく他者と向き合う個々の介護者の経験を考察しながら，いかにして社会学としての世界観を示すのか．その考察の結果，認知症介護という臨床現場を対象とした社会学は何をしたことになるのか．その考察は，同時代において新しく強調されている認知症ケアの考え方とどう異なり，どのような意義があるのか．それらの問いに対して，家族介護者の経験を考察することを出発点に答えを見つけていこうとするのである．

以上のように，本書は，とりわけ認知症とされる者への介護経験を中心に，家族介護者の経験の記述・分析を行いながら，その経験と近年の新しい認知症ケアとの関係や，認知症にまつわる現象を分析する社会学のあり方を考えていくものである．本書全体を通じて，それらの課題に取り組み，一定の結論を出すわけであるが，家族介護者の経験のプロセスそのものに特に興味のある方は，序章の後，第3章以降を中心的に読んでいただきたい．とりわけ，第3章から第5章にかけては，家族介護経験のプロセスを分析した章となっている．また，第6，7章は，第3章から第5章の分析を踏まえた上で，家族の外にある介護者の会やデイサービスが持つ支援としての意義を考える部分となっている．

介護者の経験を社会学として考えていく，認知症ケアの（臨床）社会学のあり方に興味がある方は，序章から第1，2章と読み進み，終章に進んでいただきたい．ただし，家族介護者の経験を分析することがその考察の前提に

なっているため，必要に応じて第3章から第7章の分析部分に立ち返っていただければと思う。

　本書で用いる用語について簡単に解説をしておきたい。ここまで用いてきた「認知症」ならびに「痴呆」という用語は英語で言うdementiaの訳である。2004年12月に，公的文書やマスメディアなどにおいて痴呆を認知症と呼びかえることが決定され，2005年度より，法律や出版物等ではdementiaにあたる語は，「認知症」あるいは「認知症（痴呆）」と表記されるようになった。専門書や，訳語も「認知症」が標準となってきている（ex. Kitwood 1997a=2005）。その用語の功罪については議論があるが，本書でもdementiaに言及する際には，原則的に認知症という表現を用いる。しかし，過去の記述（特に第1章における施策に関する資料，文献）の引用，介護者の言葉の引用，医学における疾病単位への言及など，場合に応じて痴呆という表現も用いる。
　また痴呆に加え，「呆け」という用語も「認知症」に呼びかえられる傾向にある（たとえば，2006年6月に「呆け老人をかかえる家族の会」は「認知症の人と家族の会」に改称された）。しかし，本書では「呆け」「呆けゆく者」という用語を，認知症という医学的症状名に限らない社会学的現象を指す中立的概念として，あえて用いている。その意味と詳しい定義については序章を参照してほしい。

　なお，本書の大部分は，序章と補遺とで，その詳細を記しているフィールドワーク（家族介護者へのインタビュー，介護者家族会への参与観察）に基づいている。そのため，介護者の発言などが多く引用されているが，引用の際には，人物名・団体名ともに仮名を用い，プライバシーにかかわる情報は削除を行っている。本文での引用時はインタビューからの引用とフィールドノーツからの引用を，それぞれinterviewとfield-notesという表記で区別し，日付（年/月/日）を付した。また，事例紹介の際には属性などの情報を必要に応じて加え，筆者の補足箇所は［　］で示している。また［ママ］というのは，現在と違う用法，標準的な文法と異なる表現，誤字などでも，引用文献の原文や本人の発言の通りという意味の記号である。

本書で引用する対象者は序章14, 15ページの一覧表で示しており，引用の際の大文字アルファベット名は，基本的にこの一覧に対応している。ただし，第6章において言及する介護者家族会参加者の中には，一覧にない人も含まれるため，仮名を小文字（a, b, c）で表している。そのほか，引用や文献挙示の方法などについて，特別な方法をとる場合は，そのつど指示する。

目　次

はしがき ………………………………………………… i

序　章　呆けゆく者と生きるということ………… 3
1　呆けゆく者という他者 ……………………………3
2　コミュニケーションにおける非対称性 ……………6
3　呆けゆく者の「自己」と社会学の課題 ……………8
4　フィールドワークからの出発 ……………………11
　4－1　概　要　11
　4－2　生成される論点　17
5　本書の構成 …………………………………………23
　注　27

第1章　呆けゆく者への「はたらきかけ」の現在…… 31
1　「新しい認知症ケア」とは何か？ ………………31
2　「はたらきかけ」の変容をとらえる方法 ………34
　2－1　「非自立的」状態への「はたらきかけ」　34
　2－2　資料範囲の設定　36
3　「はたらきかけ」の変容過程 ……………………40
　3－1　寝たきりへの「はたらきかけ」（1980年代前半）　40
　3－2　予防・リハビリと病因論（1980年代後半）　42
　3－3　要介護者への参入／限界（1990年代前半）　43
　3－4　アルツハイマー型という他者とケア（1990年代後半）　45
　3－5　痴呆ケアと相互作用の主体（2000年代）　47
4　「新しい認知症ケア」の生成 ……………………49

5 「新しい認知症ケア」の意義 ………………………… 52
　5−1 予防・リハビリの論理との距離　52
　5−2 有責性の発見　54
　5−3 道徳性の上昇　55
　　注　57

第2章　呆け／呆けゆく者への社会学的まなざし…… 63

1 呆け／呆けゆく者という現象への社会学的アプローチ … 63
2 「認知症の医療化」論の構成 ……………………………… 65
　2−1 医療化論の批判的志向　66
　2−2 文脈としての老いの医療化　68
　2−3 生物-医療化とアルツハイマー型認知症　71
3 「認知症の医療化」論における批判とは？ …………… 74
　3−1 疾患モデルによる否定的帰結　74
　3−2 「認知症の医療化」論の批判的側面　77
　3−3 「認知症の医療化」論の認識論的側面　87
4 認知症の社会学へ ………………………………………… 88
　4−1 社会学的認識モデルとしての〈関係モデル〉　88
　4−2 理解モデル参照過程の分析へ　90
　4−3 疾患モデルによる理解過程　94
　4−4 関係モデル強調の潮流は何をもたらすか？　97
　　注　99

第3章　呆けゆく者への出会い………………………… 107

1 疾患モデルは決定論か？ ………………………………… 107
2 疾患モデルの効果 ………………………………………… 110
　2−1 理解できない振る舞いの説明　110
　2−2 「問題行動」の相互免責　112

2-3　類型獲得／参照過程の考察へ　115
　3　疾患モデルを獲得する過程 …………………………… 117
　　3-1　「おかしさ」の個人帰属への距離　118
　　3-2　準拠点としての「正常な人間」像　123
　　3-3　リアリティのズレ　126
　　3-4　定義更新の過程　130
　4　モデル獲得後の「正常な人間」像 …………………… 133
　5　呆けゆく者と出会う経験とは？ ……………………… 138
　　注　139

第4章　家族介護を生きることの分析に向けて……… 143
　1　家族介護を生きる ……………………………………… 143
　2　「無限定性」という困難経験 ………………………… 145
　3　マネジメント役割 ……………………………………… 149
　4　介護におけるマネジメント役割 ……………………… 154
　5　変化するマネジメント責任 …………………………… 157
　6　マネジメント責任と「正常な人間」像 ……………… 162
　　注　164

第5章　認知症家族介護を生きることとは？………… 169
　1　家族介護過程の比較 …………………………………… 169
　2　「正常な人間」像と限定化【事例1】………………… 170
　　2-1　事例の特徴：家族介護過程比較に向けた物差し　170
　　2-2　医学的基準の拒否　172
　　2-3　個別的な関係性に基づくリアリティ　173
　　2-4　代替不可能な介護者という自己定義　174
　　2-5　「無限定性」の招来　175
　　2-6　限定化の方法　176

2－7　潜在する「無限定性」／くり返される限定化　179
　2－8　小　括　181
3　「正常な人間」像維持の意味転換【事例2】……………183
　3－1　事例の特徴：「衰え」に抗する母親像の維持　183
　3－2　身体的自立性の維持　185
　3－3　「痴呆」への直面　186
　3－4　手段不在と二重の母親定義　188
　3－5　小　括　190
4　固定された「正常な人間」像【事例3】……………191
　4－1　事例の特徴：意思確認の難しさ　191
　4－2　現在を根拠づける「正常な人間」　192
　4－3　限定状況における「正さ」の維持　194
　4－4　小　括　196
5　介護継続のための「正常な人間」像……………198
　注　202

第6章　介護者家族会は何を支援するのか？……………205
　　　——他者定義への支援（1）

1　介護者同士の集まりとコミュニケーション……………205
2　情報／体験的知識の獲得？……………208
　2－1　情報提供という活動内容　208
　2－2　体験的知識の獲得か？　210
3　体験的知識と進展ストーリー……………214
　3－1　エピファニーとしての体験的知識　214
　3－2　進展ストーリー　217
　3－3　評価者の消失に抗する活動　218
4　呆けゆく他者理解への支援……………221
　4－1　意思・意図の解釈活動　221
　4－2　「正常な人間」としての解釈　223

4-3　意思解釈の自由度　226
5　経験の個別性の共通化 …………………………………229
　　5-1　失敗経験の免責　229
　　5-2　〈リアリティ〉の理解者たちの共同性　231
6　会における支援の成立条件 ……………………………232
　　6-1　本章のまとめ　232
　　6-2　進展ストーリーの可能条件　233
　　6-3　解釈活動の可能条件　235
7　解釈活動を超えて ………………………………………237
　　7-1　解釈活動という支援形式の利点　237
　　7-2　呆けゆく者の「変容」という課題　241
　　注　243

第7章　「人間性」の発見はいかにして可能か？ …… 247
　　──他者定義への支援（2）

1　介護者同士の解釈活動の限界 …………………………247
2　呆けゆく者の「人間性」 ………………………………250
　　2-1　意思の存在　250
　　2-2　感情・表情の発見　253
3　「人間性」発見の難しさ ………………………………255
　　3-1　内省過程を有する他者の喪失　255
　　3-2　介護者への帰責　259
4　二者関係への閉塞 ………………………………………261
　　4-1　閉塞がもたらすもの　261
　　4-2　閉塞がもたらされるわけ　263
5　「人間性」を発見する契機 ……………………………265
6　呆けゆく者の「変容」の契機とは？ …………………270
　　注　273

終　章　呆けゆく「人間」と生きていくこと………… 277
　　　　――社会学の課題
　1　本書の要約 ………………………………………… 277
　2　理解へのうながしは何をもたらすか？ …………… 280
　3　「関係」の強調は何をもたらすか？ ……………… 285
　4　認知症の社会学の課題 …………………………… 288
　　　注　293

補　遺　フィールドワークの概要……………………… 297
　1　家族介護者へのインタビュー調査 ………………… 297
　　インタビュー調査1　298
　　インタビュー調査2　298
　　インタビュー調査からのデータ概要　299
　2　介護者家族会への参与観察／講演会等への参加 ……… 300
　　アカシア，ヒマワリ　300
　　アジサイ　302
　　ヒイラギ　303
　　その他の会　304
　　参与観察からのデータ概要　304

文　　献 ………………………………………………… 306
あとがき ………………………………………………… 325
事項索引 ………………………………………………… 329
人名索引 ………………………………………………… 334

認知症家族介護を生きる
──新しい認知症ケア時代の臨床社会学

序章　呆けゆく者と生きるということ

1　呆けゆく者という他者

　異質な他者をいかに理解していくか。理解できない他者といかにつきあっていくか。他者理解と共生についての問いは，複数の人間から構成される社会やコミュニケーションを対象とする社会学の重要課題の一つである。近年，日本の社会学において，他者理解の原理的な不可能性や相互理解の虚構性——相互理解が本当に成り立っているかどうかは知りえないこと——を踏まえた上で，他者とつきあっていく技法や可能性について考察が試みられている（奥村 1998, 数土 2001）。

　これらの諸議論は，明らかな異質性を示す他者を理解することの難しさに焦点を当てているのではない。むしろ，仮に，その相手がなじみ深い存在であったとしても，他者である限り，本質的には理解が難しいということを問題認識の中核に置いている。そして，他者の理解を深めていこうとする志向が必ずしも望ましいわけではなく，理解の難しさや不可能さを普通のこととした上で，他者とつきあっていく可能性を考察していくことが重要だという認識を共有している[1]。すなわち，われわれが暗黙に前提とし，綻びが生じた際には，達成・回復すべき目的の位置に置いている相互理解という状態の危うさを指摘し，その危うさを自覚した上で，他者と共生する（社会的）技術を考えていくことを主題としているのである。

　呆けゆく者と生きていく過程は，そうした「身近な他者の中の異質性」「理解を深めていくことの困難性・不可能性」といった問題認識を前提に置くことの重要性をまさに示している。

　日常生活の中で，呆けゆく者は，まったく理解できない異質な存在として

突然目の前に現れてくるわけではない。その出会いは、理解やつきあいが徐々に困難になり、それまで自明視していたコミュニケーションが崩れていく過程である。むしろ、相手をよく知り、その変容が曖昧に起こっていくために、理解し難さが強い問題として立ち現れてくることになる。

　しかし、呆けゆく者の生活とかかわらざるをえない状況にいる者は、たとえ、彼女／彼を理解できないとしても、日々何とかつきあい共に生きていかなくてはならない。そうした中で、様々な形で理解を深めていこうと試みるのだが、理解が困難なまま、つきあいを続けていかざるをえなくなっていく。呆けゆく者と生きるということは、それまでと同様の理解や相互作用が難しくなっていく他者と長期にわたって共に生きていくことなのである。

　そのように呆けゆく者の生活にかかわる／かかわらざるをえない家族介護者が、呆けゆく者と出会い、相手の理解を試みながら、彼女／彼とつきあい続けていく過程を、本書では呆けゆく者とのコミュニケーション過程と規定する。そして、社会学という立場から、その過程を明らかにしていくことを試みる。

　ここまで「呆けゆく者」という言葉を何の説明もなく用いてきた。この言葉は、本書の考察対象と深く関係した言葉である。具体的な問題設定の前に、「呆け」「呆けゆく者」という概念について説明をしておこう。

　現代社会において、呆けという概念は、認知症[2]（痴呆, dementia）という概念と無関係に語ることはできない。認知症とは、いったん獲得した知的能力の喪失という退行性を示すことと、医学的な原因疾患——高齢期の認知症においては精神神経医学的な原因疾患——を有することなどを要件として定義される症状群を指している（小澤 2005: 2-4）。一般の医学的な説明モデルにおいては、原因疾患である脳の変性は、記憶障害、見当識障害などの認知能力にかかわる部分の障害を導くとされ、その延長上に、妄想や徘徊などの異常行動とされる症状群を導くとされていることが多い（竹中 1996: 161-2, 小澤 2003: 5）。また、この症状はこれまで一般的には不可逆的であることを要件[3]とされ（三好功峰 2000: 362）、特に周囲の者にとって困難になる症状は「問題行動」[4]と呼ばれる。

さらに，認知症は，医学的には，通常，脳血管性認知症，アルツハイマー型認知症，前頭側頭葉型認知症というように原因疾患別に分けて理解される。その違いは，第一には，脳疾患の種類や脳変性の仕方の病理学的分類である。しかし，病理学的分類を意味するだけでなく，認知症をかかえるとされる者の行動，すなわち症状の特徴分類や，それに対応した周囲のかかわり方のモデルが，その区分を用いて示されることもある（室伏 1998: chap 2，小澤 1998: chap8，竹中 2001:40-2）。認知症症状を導く原因疾患には，医学的には，上述の他にも様々な種類があるが，特に，高齢期の認知症においては，進行性であるか否か，症状の発現に一貫性があるかどうか，自己の状態に対する知覚の残存度合いなどの点で，脳血管性疾患に基づく型とアルツハイマー型とに大きく分けられ理解されている。

　しかしながら，本書で言う「呆け」概念は，以上のように医学的に定義づけられる認知症もその構成要素として含む，より広い範囲の現象を指している。具体的には，特に正式な医学的診断がなくとも，高齢期における日常生活の中での「物忘れ」など他者あるいは自己自身から「奇妙」だと認知されている振る舞い，状態，出来事を指している。

　そして，「呆けゆく者」とは，そうした「呆け」様態を示すとされる者を指すが，より理論的に言うと，相互理解のための前提となる意思・意図などの存在が疑わしい，あるいは今後疑わしくなっていくのではないかと，周囲の者から見なされている者である。そのため，呆けゆく者は，認知症患者として医学的にはっきりと診断・定義される場合もあるが，診断・定義づけられないまま，家族など周囲の関係者から，呆けや認知症という表現で，その存在や行動をとらえられている場合も多い。また，認知症の診断を受ける場合でも，厳密に原因疾患と関連づけて診断が下される場合もあれば，認知能力のテストや一定の診断基準[5]によって認知症という判定が下されるといったこともある。加えて，診断の標準化が十分になされていないことが問題とされることも多く，医師によって診断の「精度」が異なっているような現実もある。したがって，認知症という診断カテゴリーそのものが指し示す様態の幅も大きいと言えよう[6]。

　以上のような意味での「呆け」概念を踏まえ，本書では，医学や専門的な

機関から厳密に認知症として診断・定義を受けずに,漠然と周囲の他者が「呆け」を経験していくような時点から,その後の介護などが行われていくまでの全体の過程を「呆けゆくこと」として考察の対象としていく。そして,その過程を,呆けゆく者の変容(呆け)に直面していく介護者の経験に焦点を当てて考察していく。介護者の経験は,相手がいかなる者なのか判然としない曖昧な状況を経験し続けていく過程(Boss 1999 = 2005)であり,認知症の判定や,原因疾患の診断は,その過程の中で登場してくる定義づけのきっかけの一部として,近年,重要性を強調されてきていると位置づけることができる。

したがって,本書の具体的な考察対象は,以前から相手と何らかの形でかかわっていた者が,その相手の呆けへの直面を経て,かかわりの密度を増していき——いかざるをえなくなり——変容する相手の理解を試みながらつきあいを続けていく過程である。その過程は,家族介護者が,呆けゆく者と出会い,介護を続け,そして相手の施設入所や看取りなどの出来事を経験していく過程とほぼ重なることとなる[7]。

しかし,本書の目的は,呆けゆく者とのコミュニケーション過程を,ただ実証的に明らかにすることではない。それは,本書が臨床社会学的研究であることと深く関係している。実証的検討を踏まえて,どこに向かおうとしているのか。次に,呆けゆく者とのコミュニケーションの特徴,呆けや認知症をめぐる近年の動きを踏まえながら本書の目的を明確にしていこう。

2 コミュニケーションにおける非対称性

呆けゆく者の理解や,彼女/彼とのつきあいが徐々に難しくなっていく過程とは,家族介護者と呆けゆく者との間における行為のやり取りが非対称的になっていく経験だと言いかえることができる。本書は,この非対称性を,呆けゆく者とのコミュニケーション過程を考察していく上で重要な特徴としてとらえる。

ここで言う非対称性とはなんだろうか。一般的にコミュニケーションと表現するときに想定されるモデルは,相手に対して意図を有した行為を行なうことのできる行為者間のやり取り,すなわち相互作用である。通常の社会学

においては，意思を持った二者間における相互作用がコミュニケーションのモデルとされる。そして，そのモデルを前提に，相互作用場面における不確定性，葛藤，形成される秩序などについて考察が行われてきたと言えるだろう[8]。

　それに対して，呆けゆく者との間のやり取りは，そうしたモデルをそのまま前提とはできない。少なくとも呆けゆく者と出会う者（介護者）にとっては，そこで生じる関係が相互作用だというリアリティが失われていく過程である。相互作用のリアリティの喪失とは，介護者にとって，相手からの「正常な」反応が失われていくと感じられる一方，自己の側からのはたらきかけが，その二者間の関係や呆けゆく者の状態に対する影響力を増していく経験である。非対称性という言葉にはこうした二側面が含まれている。

　しかし，ここで注意すべきは，相互作用というリアリティの喪失が，即座にそれまでとは完全に異なるやり取りにつながっていくのかどうかという点である。たとえば，強い非対称性の中で，呆けゆく者と出会い，つきあっていく者は，相手を受動的なモノとしてとらえて一方的なはたらきかけを続けていくことになるのだろうか。あるいは，相手をこれまでとはまったく異なる世界を生きる人間として定義づけ，その新しい人間とコミュニケーションを行っていくということになるのだろうか。

　詳しくは，本書第3章以降に譲るが，呆けゆく者と出会う彼女／彼らは，それまでの姿とつながりのある相手の「人間」としての像に出会わざるをえず，また，その「人間」としての相手に様々な形ではたらきかけを続けていこうとする。だが，そのはたらきかけは，それまで相手と築いていたようなコミュニケーション——相互についての一定の理解の下での相互作用——をそのまま反復するものではなく，また，それ以前の相互作用への完全なる回帰を目標に置けるようなものでもない。すなわち，それ以前の関係性から離れていき，それを止めることが難しいものとして非対称性は経験されるが，その過程の中で，介護者は「人間」としての相手に，はたらきかけ続けていくことを試み，そうしたことを試みるがゆえの困難を経験している。本書は，その困難を伴った試みを，あえて「コミュニケーション」という言葉でとらえる。そして，そのコミュニケーション過程がいかなるものなのか，記述・

分析を行っていこうとするのである。

3 呆けゆく者の「自己」と社会学の課題

　しかしながら，以上のように介護者と呆けゆく者との関係の非対称性を前提とし，介護者側，それも家族介護者に注目して考察していくという研究方針は「コミュニケーション」という語感と比べたとき，古びたものに見えるかもしれない。なぜならば，1990年代後半から2000年代にかけての呆けや認知症をめぐる研究や議論は，呆けゆく者の側の「自己」へと注目を移していく，新たな展開を見せているからである。

　呆けゆく者と出会ってきたわれわれの社会は，これまで彼女／彼とつきあっていくための技術や装置を生み出してきた。高齢化という社会変動の中で，まず，主に寝たきりと表象される要介護高齢者に対する対策や介護が注目され，続いて呆けという様態に対する関心が高まり，痴呆（認知症）という概念のもとで社会的対応策の対象とされてきた。そうした注目の中で，われわれの社会は呆けについての知識を蓄積させてきた。このような中で生まれてきた多くの対応策や知識は，呆けゆく者を理解することやつきあっていくことに疲弊した人々――主に家族――に対する支援という性格が強いものであった。

　しかし，1990年代後半から現在にかけては，介護や世話といった，呆けゆく者の周囲にとっての問題だけでなく，呆けゆく者本人の主体的な「自己」の存在へと注目が集まってきている。そうした「自己」の存在を前提に，呆けゆく者の思いを積極的に理解していくこと，周囲とかかわりを持つ「人間」としてとらえていくこと，そして，彼女／彼の尊厳に配慮することなどが議論の中心的な主題とされてきている。また，こうした新たなパラダイムを実現する場として，家族以外の場におけるケアや生活が注目されてきている（第1章参照）。そうした潮流の中で，呆けゆく本人側の語りへ注目し，呆けゆく主体の行為を含んだ相互作用としてコミュニケーションを概念化していくという方向性をとる研究[9]も――当事者視点への注目[10]，介護研究におけるケアの受け手視点欠如の指摘[11]などの学的な潮流とも共鳴しつつ――生まれてき

ている（第2章参照）。

　こうした潮流に対して，あえて介護者，それも家族介護者という，これまでも家族介護研究において中心的対象とされてきた側の経験に注目して「コミュニケーション」を論じていくことにはどういった意義があるのだろうか。

　ここで強調しておく必要があるのは，家族介護者に注目するといっても，本書の最終的な考察対象（＝解き明かすもの）は，家族介護者の経験自体ではないということである。対象となるのは，あくまでも呆けゆく者とのコミュニケーション過程となる。先に述べたように，本書において注目するのは，呆けゆく者とのコミュニケーション過程が，非対称性を増していく過程だという点である。この非対称性の増大自体は，介護者と呆けゆく者双方にとって経験される。介護者にとっては，呆けゆく相手の呈する圧倒的な他者性に飲み込まれ（極端な受動性の経験），逆に，呆けゆく者の状態や，呆けゆく者と介護者間との間に形成される関係に対して，素朴な意味での責任が集中していく過程（呆けゆく者の状態・状況に対する極端な影響力の獲得）[12]として経験される。そうした非対称性は，社会的に呆けゆく者の主体的「自己」が強調されたとしても，何らかの形で残存していくだろう。そのように考えると，仮に呆けゆく者を「人間」としてとらえていくことを理念的目標と置き，その正しさに同意したとしても，実際には残り続けている非対称性を伴うコミュニケーション過程を実証的に検討していく必要がある。その検討を踏まえて，非対称性が軽減・解消・転換していく可能性と，その先にある「人間」としての相手に配慮していくという表現で目指されていることの実質的意味を考えていくことが重要なのである。

　介護者は，いわば，こうした非対称性の中を生き，その過程についての経験を——ときに雄弁に——語る者である。そして，家族は，呆けゆく者と最初に出会い，相手に対する責任を意識しながら「介護者」となっていき，長期にわたってその責任をやりくりしていく過程を生きていく位置にいる。したがって，本書が家族介護者へ注目するのは，非対称性を伴うコミュニケーションのあり方とその過程の経験が集積し，ならびに非対称性に伴う責任が軽減・解消・変遷していく可能性を映し出す「フィールドとしての個人」（佐藤健二 1995: 15-23）として重要だと考えるためである[13]。

ただし，言うまでもなく，呆けゆく者の側に定位して，彼女／彼の主体的な「自己」を発見し，相互作用を見出していく試みの蓄積が，本書を含む認知症ケア研究の前提となる重要なものであることは論を待たない。「フィールド」としての家族介護者に注目する本書は，そうした潮流を無視するものではなく，むしろ，そうした潮流が現実に対して持つ意義を考えることを目的とした試みである。

先述したように，呆けゆく者と出会う家族介護者は，非対称な関係の中で，相手の「人間」としての姿と出会わざるをえず，「人間」としてとらえてつきあっていくことを試みている。まずは，そうした試みのはらむ困難の実際やそれに対処する技術・社会関係を考察した上で，現在の潮流——周囲と相互作用する呆けゆく者の「自己」を強調した新しい認知症ケアの潮流——が，コミュニケーション過程に，論理的にも実践的にも，新たに何をもたらしうるのかを考えていこうとするのである[14]。

したがって，本書は，呆けゆく者とのコミュニケーション過程を，家族介護者の語りという素材を用いて，単に実証的に明らかにするだけにとどまる議論ではない。現在の認知症ケア実践・研究の現状や目標を踏まえ，そうした潮流がわれわれにもたらす意義を見通すために，実際の過程の分析を行っていく。そういった社会的水準での理念の変動と，その先に起きる可能性とを見通していこうという目標志向において，これまでの介護者の負担や介護プロセスを追った実証研究[15]とは異なる——誤解を恐れずに言えば「社会学的」[16]な——試みなのである。

実証的な検討を踏まえて，最終的に答えの方向性を見定めておかなくてはならない具体的課題は大きく以下の二つにまとめられる（終章で検討）。

一つ目は，呆けゆく者とのコミュニケーションにおける新たな考え方の出現と強調という社会的潮流の中で，呆けゆく者を「人間」としてとらえてつきあっていくということの意味内容，ならびに，それを可能にする条件・社会関係について考えることである。

新しい認知症ケアのモデルにおいては，呆けゆく者の「自己」が強調され，そうした「自己」の存在を前提としたはたらきかけ方（ケア）が，呆けゆく者を「人間」としてとらえてつきあっていくという理念の達成につながると考え

られている。そうしたモデルの論理は十分に支持できるものだろうか。また，そうしたモデルの強調は，実際のコミュニケーション過程にいかなる帰結をもたらしうるだろうか。そして，そうしたモデルが強調される「現在」を踏まえた上で，相手を「人間」としてとらえていくとは何を意味し，何を考えていけばよいのだろうか。いわば，呆けゆく者の主体的「自己」を強調することがもたらす，コミュニケーション過程のあり方の考察へと向けた準備作業である。

　二つ目は，こうした一つ目の課題に取り組み，解を提示していく社会学の語り口を考えていくことである。詳しくは第１章と第２章で論じるが，呆けゆく者の「自己」の強調とケアに関する新たなモデルは，たとえば，医療に基づく理解に対して代案を打ち出すといった構図をとる，十分に「社会学的」と言えるような志向を持っている。また，典型的な社会学的視点をとり，その発想を展開していくならば，現在の潮流に棹差すような議論にたどり着く。では，そうした類似の議論がすでに存在している中で，「社会学の立場」に立つ本書が，認知症をめぐる言説に対して何をか新しい議論をつけ加えることができるのか。こうした問題に対して，コミュニケーション過程の分析を実際に試みた上で，解答の方向性を示す必要があるのである。

4　フィールドワークからの出発

　以上で示した課題に答えていくために，本書が行う中心的作業は，非対称性とそれに伴う介護者への責任の集中と変遷に注目した，呆けゆく者とのコミュニケーション過程の実証分析である（第３章から第７章）。本節では，その分析課題を形成し，それに答えていく素材を得たフィールドワークの概要説明をしながら，分析における論点を提示する。まずは，フィールドワークの概要を，分析の焦点の変遷とともに説明しよう。

4-1　概　要

　本書の考察は，家族介護者へのインタビューと四つの介護者家族会における参与観察からなるフィールドワークから得たデータをもとにしている。インタビューに関しては，ほぼすべてのケースについて許可を得た上で録音を

行い，後に内容を書き起こした。参与観察については，録音許可を得た会の場合は，録音したものを後ほど書き起こし，それ以外はメモ書きからフィールドノーツを作成した[17]。

このフィールドワークは，大きく，家族介護全般における困難を明らかにすることに焦点を当てていた第1期と，呆け・認知症の介護経験に焦点を当てていた第2期とに分かれている。最初から2回に分けた調査計画がなされていたわけではなく，第1期の中から生まれてきたテーマの肉づけのために第2期のフィールドワークを行ったという形になっている。

佐藤郁哉によると，フィールドワークは，「正しい答え」を見つけ出すだけでなく，「適切な問い」を見つけ出す作業でもある（佐藤郁哉 2002: 127-8）。フィールドワークは「データの収集」「問題の構造化」「データの分析」という三つの作業が同時進行するものであり，その三つの相対的な作業量が，各段階で変わっていく。すなわち，前半では，「適切な問い」を見つける「問題の構造化」の比重が高く，後半では「データ分析」が中心となる（佐藤郁哉 2002: 129）。本書のフィールドワークも同様の過程をたどっており，二つの時期への分割は，「問題の構造化」中心の局面から，「データの分析」中心の局面に移行したことを単純化した形で示している。

第1期

まず，第1期のフィールドワークは，「家族介護者の経験する困難にはどのようなものがあるか，その経験をどのように概念化したらよいか」という漠然とした問いのもとで開始した。主な目的は，仮説生成的に困難の類型を概念化し，困難の事例・エピソードを収集していくことである。具体的には，それぞれ月に一度2時間から3時間程度の定例会を行っている，都内の二つの家族会アカシアとヒマワリ（いずれも仮名，巻末の補遺参照）に，2001年から2003年まで参与観察を行い，並行して会への参加者や，参加者から紹介を受けた人々などへのインタビューを行った[18]。表0-1が，その時期に行ったインタビューの対象者一覧である。インタビューは，あらかじめ，おおよその質問項目を紙面の形で示して，録音の同意を得た上で，原則的に自由に語ってもらう半構造化された形式で行った。

この第1期に話を聞いた人々は12名である。介護を行う相手の配偶者の死去や相手の異変から同居し始めた2名以外は、相手と以前から同居あるいは近居する中で介護を行なうようになっていった人たちである。10名が女性で男性は2名のみであった。しかし、男性2名の事例も含め、12名とも、他家族の不在や家族内の地位などから、介護の担い手としての責任が集中している人々であった。

　現在の相手の状態（たとえば、指標としては要介護度、医療的対応の必要の有無）や、介護として行う必要があると介護者がとらえている内容・程度などは様々であった。特に、それ以前から主婦として生きてきた女性介護者は、同居や近居している親への配慮が必要となり、かかわりの質が変化することを、具体的な世話行為の量はそれほど多くなくても、それまでとは違う介護という経験の開始時期と位置づけているようであった。したがって、「家族介護」経験といっても、その内容で見たときの共通性は少なく、最大公約数的な共通性は、高齢の親や配偶者に対して特別な配慮をしなくてはならない状況だと自己定義しているという程度の緩やかなものであった。また、それぞれのインタビューで中心的トピックとなった経験・困難は様々であった。

　当初は、こうした多様な経験の海の中から、様々な困難を概念化していく形のデータ処理の方向性をとっていた。しかし、個々の介護者の文脈に即して介護過程を分析していくという作業をくり返しながら、多くのケースで共通して注目すべき二つの点を発見していった。一つは、介護内容や外部資源の利用とは比較的関係なく経験しているように思われた、介護に対する責任意識の問題である。もう一つは、相手に対して介護というはたらきかけをしていく際の基準となっている要介護者の像の問題である。たとえば、個々の介護過程の理解を試みようとしていくとき、介護者の相手に対するはたらきかけを、目的と動機（理由）の連鎖として見ることができる。その際に、多くの介護者は、相手の「正常さ」「まともさ」「ふつうさ」といった言葉で表現されるような相手の像を維持しようと試みているようでもあり、その試みによって内容に区切りをつけにくい介護を、秩序づけているようにも見えた。

　そうした相手の「正常さ」の維持という試みと、それと強く関係した責任意識の問題は、特に、呆け・認知症の介護として語られていた介護のケース

表0-1　インタビュー1

名前 (介護年数)	①介護者続柄 ②要介護者続柄	介護開始時点から インタビュー時 までの経過	①介護関与者 ②在宅時の主な利 用サービス	①疾患名・状態 ②介護認定	必要な支援とされていた こと
A (7年)	①妻 (50代前半) ②夫 (60代前半)	同居 → 入院 → 同居	①なし ②訪問看護ボランティ ア (リハビリのため)	①脳出血, 寝たき り, 呼吸器装着 ②要介護度5	全介助 リハビリ (ドーマン法)
B (9年)	①娘 (50代後半) ②母 (70代後半)	同居 (敷地内) → 入院 → 同居	①なし ②なし	①くも膜下出血 (→歩行可能状態へ) ②なし	リハビリ (歩行訓練) 移動・外出介助
C (3年半)	①嫁 (70代前半) ②義母 (100代)	同居 → 入院 → 同居	①夫 ②ショートステイ (頻繁に利用), 入浴	①ペースメーカー 手術 ②要介護度2	食事の世話 清拭 排泄介助 (ポータブルトイレ)
D (2年)	①娘 (60代前半) ②母 (80代後半)	同居 (敷地内・二 世帯) → 同居	①なし ②なし	①杖を使用して歩行 ②要介護度1	相談・話し相手
E (9年)	①嫁 (50代前半) ②義母 (70代後半)	同居 (5回の入退 院) → 死去	①夫 ②なし	①多発性脳梗塞, 寝たきり (終了時) ②なし (介護保険前)	見守り (入院前) 全介助 (看取る前数ヶ月)
F (5年)	①嫁 (50代前半) ②義母 (70代後半)	別居 → 同居 (義 母夫婦と)	①義父 ②なし	①脳血管性疾患 ②要介護度1	食事準備 見守り
G (5〜6年)	①夫 (80代後半) ②妻 (70代後半)	同居	①息子夫婦 ②デイサービス	①「呆け」, 杖・歩 行器使用 ②要介護度3	食事準備 見守り
H (13年)	①嫁 (60代後半) ②義母 (90代後半)	同居 (何回か入退 院)	①なし ②訪問看護, 入浴, ショートステイ (以前に利用)	①脳梗塞, 脳血管性 痴呆, 寝たきり ②要介護度5	全介助
I (15年)	①娘 (60代前半) ②母 (90代前半)	同居 → 入院 → 同居	①姉, 弟の妻 ②デイサービス	①糖尿病, 脳血栓, 杖・歩行器使用 ②要介護度3	食事準備・管理 (糖尿病) 排泄介助 (見守り)
J (3ヶ月)	①娘 (40代後半) ②母 (70代後半)	近居 → 入院	①なし ②なし	①脳血栓 ②なし	付添い 刺激のための会話
K (7年)	①息子 (50代前半) ②母 (90代前半)	同居 (何回か入退 院) → 死去	①なし ②ホームヘルパー (週5回)	①腎臓疾患, 骨折, 脳血管性疾患 ②要介護度5 (終 了時)	排泄介助 (初期) 全介助 (中盤以降)
L (3年)	①嫁 (50代後半) ②義父 (80代後半)	別居 → 同居	①夫, 弟夫婦 ②デイサービス	①「まだら呆け・ 痴呆」, 腎不全 (後, ガンと診断) ②要介護度2	食事準備 見守り 外出介助 (通院)

*1　介護年数はおおよその年数。網掛けは介護終了者
*2　年齢はインタビュー当時 (前半：年齢の1の位が0〜4, 後半：5〜9), 介護終了者の場合は終了時の年齢
*3　介護関与者はインタビューで言及された人
*4　EからLは本書で言う呆けの経験として語られたケース
*5　「」はインタビューによる表現
*6　デイサービスの利用頻度などは経過に応じて変化があるため基本的に省略 (要介護度は, インタビュー時に把握できた分のみ参考に掲載)

序章 呆けゆく者と生きるということ 15

表0-2 インタビュー2

名前 (介護年数)	①介護者続柄②要介護者続柄	呆けとの出会い時の距離(居住)	介護開始時点からインタビュー時までの経過	①介護関与者 ②在宅時の主な利用サービス	認知症にかかわる診断(有無)・疾患名
M (12年)	①娘(50代前半) ②母親(80代前半)	別居(同居時より5年前)	同居 → 入院 → 特養 → 死去	①妹 ②デイサービス	なし(保健所で、長谷川式スケールの検査のみ)
N (9年)	①娘(70代前半) ②母親(90代後半)	同居	同居(何回か入退院)	①なし ②ホームヘルパー(現在月5), デイサービス(インタビュー時は利用していない)	脳血管性(介護開始5年目に診断書に記載)
O (13年)	①娘(40代後半) ②母親(70代後半)	近居(母は父と同居)	近居(通い介護)	①父(母と同居) ②デイサービス, ショートステイ(2回利用)	脳血管性(MRIで判定)
P (6年)	①嫁(60代前半) ②姑(80代前半)	同居	同居(複数回入院, 老健) → 死去	①夫 ②デイサービス, 訪問看護	痴呆, パーキンソン氏病など複数病名示唆(脳の疾患後)
Q (8年)	①娘(50代後半) ②母親(80代前半)	同居	同居	①夫 ②デイサービス, ショートステイ(頻繁に)	老人性痴呆(介護認定時に指摘受ける)
R (4年)	①娘(60代後半) ②母親(80代後半)	近居(母は父と同居)	近居(通い介護) → 老人病院 → 老健	①父(母と同居) ②デイサービス	老人性(脳神経外科で), アルツハイマー型(精神科で)
S (7年)	①娘(60代前半) ②母親(80代前半)	遠居(母は妹と近居)	同居(呼び寄せ) → 老健 → 入院(複数病院) → 死去	①妹2人(ともに遠居) ②デイサービス, ショートステイ(1回利用)	アルツハイマー型(専門病院)
T (7年)	①娘(50代前半) ②母親(80代前半)	同居	同居 → 入院 → 死去	①なし ②ホームヘルパー(毎日)	老人性痴呆(入院時内科医から)
U (5年)	①嫁(40代後半) ②姑(70代後半)	遠居(義母は義父と同居)	同居(父死去後呼び寄せ) → 入院 → 老健	①なし ②デイサービス, ショートステイ(頻繁に)	アルツハイマー型(長谷川式検査, CT)から前頭側頭葉型(専門病院)へ
V (7年)	①妻(50代後半) ②夫(50代後半)	同居	同居	①なし ②デイサービス, ミニデイ	くも膜下出血
W (5年)	①妻(50代後半) ②夫(50代後半)	同居	同居	①なし ②デイサービス	くも膜下出血
X (20年)	①嫁(50代前半) ②姑(70代後半)	同居	同居	①姉, 弟 ②デイサービス, ショートステイ	なし(脳梗塞で受診のみ)
Y (7年)	①娘(50代後半) ②父親(80代前半)	近居(父母夫婦を呼び寄せ)	近居(通い介護) → 特養 → 死去(母は健在)	①母(父と同居), 姉, 妹 ②デイサービス, ホームヘルパー, ショートステイ	脳血管性(精神科で)

*1 介護年数はおおよその年数。網掛けは介護終了者
*2 年齢(年代)はインタビュー当時(前半:年齢の1の位が0〜4, 後半:5〜9), 介護終了者の場合は終了時の年齢
*3 「呆けとの出会い時の距離」を同居/近居/遠居で示した
*4 介護関与者はインタビューで言及された人
*5 要介護度, デイサービスの利用頻度などは経過に応じて変化があるため, 基本的に省略(終了者5名中, 最終時に介護度5が4名, 1名は入院のため認定なし。介護中の者8名中, 介護度5が3名, 4が1名, 3が4名)

でより困難なものとなっているように思われた。第1期のインタビューでは、対象者の内8名が呆け・認知症という言葉で相手の様子をとらえていた（表0-1のE以降の介護者）。相手の状態が明確で安定している，あるいは相手とのコミュニケーションにおいて相手の現在の姿や状態を確定しやすい介護の場合，「正常さ」の維持にはぶれがない。しかし，呆け・認知症の介護の場合，「正常さ」を維持しようとする試みは，まずは，相手の現状をどう定義・評価するかという問題，すなわち他者理解や他者定義の問題から開始せざるをえないようだった。つまり，そういった意味で，「正常さ」を維持しようとする試みは，呆け・認知症の経験において，より困難なものになっているととらえることができたのである。

第2期

以上で見た注目点が先鋭的に現れる呆け・認知症と呼ばれる事例に焦点を当てて考察するために，第2期のフィールドワークを開始していった。まずは，2003年4月から，呆けや「痴呆（2005年以降は認知症）」という表題を掲げて，月に一度2時間程度の相談・話し合い活動を行っている会アジサイ（仮名，補遺参照）への1年間の参与観察，呆け老人をかかえる家族の会が主催する会やイベントへの参加を行った。この参与観察では，調査目的であることを告げて会に参加し，フィールドノーツの作成を行った。参与観察では，①参加者が表明する問題経験の内容，②参加者同士の「話し合い」の内容・形式，③会に参加する専門家からのアドバイスの内容・形式などに注目した。

以上の参与観察の後，呆けゆく者とのコミュニケーション過程について，個々の介護者による詳細な語りを得るために，2004年2月から7月にかけて，京阪神地区で月一度2時間程度の活動を行っているヒイラギ（仮名，補遺参照）の会員と会員から紹介された人へのインタビュー，ならびに会への複数回の参与観察を行った。この時期のインタビューでは，呆け・認知症の介護をしている（と自認している）人々に対象を絞り，あらかじめ調査主旨と質問内容を記した文章を送った上で，半構造化されたインタビューを行った。対象者一覧は**表0-2**に示している。

表0-2で見るように，第2期のインタビューの対象者は，すべて女性で，

13名中11名とほとんどが世代間介護であり，その内，娘の立場が8名，嫁の立場が3名であった。また夫婦間介護も2名（表 0-2 中の V, W）あったが，いずれも退職前壮年期の「くも膜下出血」による入院をきっかけとした介護のケースである。この2名は，この段階において焦点を当てていた，主に加齢に伴う呆け・認知症の介護経験の問題からは外れていたため，参考事例としつつも，直接の考察対象からは外した。

参加者は，第1期と比べ，デイサービスなど，他者の手による介護サービスや家族外の場を利用している人が多く，特に会参加者の多くが利用している地域のNPO法人によるデイサービスについては，会の場でもインタビューにおいてもたびたび話題となっていた。介護保険制度開始の2000年をまたぐ介護時期，会の所在地域におけるボランティア活動や高齢者福祉活動の積極性，などの要因とも関連し，家族以外との関係の多さという点が特徴である。

この時期のインタビューにおいては，介護経験や困難を一般的にたずねることに加え，上述した他者定義にかかわる点について集中的に聞き，分析の際にもその点に注意をはらった。具体的には，まず，初期時点での相手の定義づけのあり方として，①相手の呆けへの気づきの契機，②診断の有無と内容，③相手を呆け・認知症ととらえる最終根拠などの点について，インタビューの中から関連する内容を抽出していった。また，相手の呆け・認知症が進行していく時期における呆けゆく者のとらえ方について，相手の状態・意思の描写の仕方に注意して抽出を行った。

こうして，呆けゆく者とのコミュニケーション過程における他者定義をめぐる諸問題を考察していくことが，本書の中心的な課題となる。以下では，その考察における，相互に関連した四つの論点を示していこう。

4-2 生成される論点

論点1 二者関係における他者定義の問題

一つ目の論点は，呆けゆく者との二者関係のコミュニケーションにおける他者定義のあり方を明らかにすることである。この課題を中心に，以降の三つの論点も導かれる。

ここで言う他者定義の問題とは，介護者が，相手を「何か変だ」「これまでと違う」ととらえながらも，その一方で，「これまでと同じだ」ともとらえようとしている／とらえざるをえないという形式に伴う問題である。4－1で見たように，インタビューを行った介護者それぞれがつきあっている相手の状況や，かかえる問題は多様である。しかし，多くは，「問題行動」などの異変を示す目の前の相手を，何かしら特別な対処をしなければならないととらえる一方で，現状は「本来の姿」ではなく，これまでと同様に理解を試みなくてはならない相手ともとらえている。

　こうした他者定義の問題は，まずは，特に呆けゆく者への介護を開始したばかりの人たちの語りの中にうかがうことができる。相手の生活の手助けなどで呆けゆく相手へのかかわりを開始した直後の人たちは，切迫した状態で家族会に参加してくる。彼女／彼らは，自分の親や配偶者などの身近な者の「異変」を感じるようになり，かつ，相手の生活にかかわっていくにつれて，その「異変」を見過ごせない「問題」と感じざるをえなくなってこうした会に参加してくる。

　会では，そうした「問題」の背景として，認知症についての専門的な情報が伝えられるが，参加者のうち何人かは，既に，認知症ではないかという疑念をいだき，情報収集の過程の一手段として自分から会に参加している。こうした人たちは，多くの場合，相手の現在の状態は認知症であり，その状態に合わせたかかわり方や方策を考えなくてはならないということを知識として知っている。

　しかし，つい相手の行動に腹を立てる，相手の行動の背景に悪意や嘘を感じてしまう，などの経験をしていく。いわば，これまでとは違う存在だということに気づきながらも，その変化に対応した適切な振る舞いができないという経験である。逆に言うと，「問題」に直面したとき，それまで生活を共にする中で築いていた役割関係に基づく相手の「本来の姿」に照らして，これまで通りに振る舞い続けてしまうことに悩んでいるようだった。

　他方で，逆に，相手の「本来の姿」のようなものをコミュニケーション過程の中で見出すことが，肯定的な経験として語られることもあった。そうした肯定的な経験は，介護者として，呆けゆく者と長期的につきあっている者

からたびたび聞かれる。ほとんどの参加者は,呆けゆく者との出会いを経て,彼女／彼らの生活にかかわりを持っていき,相手の生活のマネジメント[19]を——多くの場合は非選択的に——担う位置に置かれていく。すなわち相手の状態に対する責任意識を持たざるをえない介護者になっていく。介護者たちは,相手の体調の悪化や,反応の喪失などの状況に直面していくのだが,その過程で,たとえば「まともさ」などと表現される相手の姿を発見することを肯定的な経験と感じているようだった。さらに,呆けゆく者とのコミュニケーションにおいては,そうした発見が肯定的である一方／ゆえに,その「まともさ」を発見していくことの難しさは際立ったものとなっているように思われた。

　以上で見た他者定義の問題をまとめると,①「本来の姿」を読み込んでしまうような他者定義の形式に伴う困難経験と,逆に,②呆けゆく者と長期にわたって生きていく上での「本来の姿」「まともさ」を見出すことの肯定的な経験という,両義的にも思える二つの側面である。①については,呆けゆく者との出会いの局面においてよく見られ,②については,呆けゆく者への長期にわたる介護を続けている者の語りの中に見られる。そのため,①出会いの局面と,②長期にわたる介護責任を担いながらつきあいを続けていく過程の二つに分けて他者定義のあり方の特徴と,それに伴う困難を分析していくことが論点となってくるのである。

論点2　二者関係外部の社会的知識・類型の意義

　論点2は,介護者と呆けゆく者との二者関係の外部にある呆け・認知症に関する知識の影響・意義に関する問題である。論点1として考察する他者定義は,まったく「社会」を介在しない二者関係の中のみでなされるわけではない。参与観察を行なった家族会は,認知症に関する社会的な知識・類型と出会う一つの場となっていた。

　論点1でも触れたが,呆けゆく者と最初に出会っていく局面で,呆けについての知識・類型は特に大きな意義を持つと考えられている。たとえば,介護初期段階で会に参加してくる人は,呆けや認知症に関する正しい知識を得て,その上で適切な対応を取っていく必要性についてアドバイスを受けるよ

うになる。会において，認知症に関する「正しい知識」の提供がなされる場合も多い。知識に基づく適切な対応というのは，認知症や認知症高齢者の性質をよく理解し，その枠組みに基づいて，介護者として相手とのコミュニケーションにおいて生じる問題に適切に対処していくことである。専門家やベテランの参加者たちは，そうした認知症に関する知識は，呆けゆく者と出会い始めた者にとって非常に重要だととらえているようであった。

しかし，調査では，会などの集まりやメディア，専門家が書いた本などから得る知識に基づいて，実際の呆けゆく者とのコミュニケーション場面で適切な対応を実践していくことの難しさがよく語られた。また，そうした知識の正しさを意識してしまうことによって，逆に，強いプレッシャーを感じてしまうという経験を述べる介護者もいた。

たとえば，何冊も認知症についての本を読みながら，夫の「問題行動」に対して怒ってしまうという経験を1年以上続けてきたというある介護者は，「痴呆を病気として正しく理解することを説く本は，逆に読んでいてつらくなるので，最近は読まないことにしている」と会の場で語っていた（fieldnotes05/04/19）。彼女は，「問題行動」に対しては病気なので怒るべきではないという知識を本で読んで知っているものの，それを日々のコミュニケーションの中で実践できないことでプレッシャーを経験していたのである。

以上をまとめると次のようなことが考えられるだろう。一つには，相手の示す行動や，相手が何者であるかを理解していく上で何らかの適切な知識・類型を得ることが必要だとされているということである。しかし，一方で，そうした知識を，そのまま，実際の局面で適用していくことが難しいということもうかがえる。

では，適切な知識・類型を得ることの効果はどういったものであろうか。また，実際に呆けゆく者と出会う局面において，適切な知識を適用していくことが難しい背景としてどういったことが考えられるだろうか。いわば，特に呆けゆく者との実際の出会いの局面で，呆け・認知症についての知識を適用していくことの意義と実践について考えることが課題となってくる。

論点3　二者関係外部の社会的知識・類型のあり方

　論点2と関係して，そもそも現在の，社会的な呆け・認知症に関する知識とはどういったものか，どういった状況にあるのかということを明らかにしておくことが必要である。

　参与観察を行った会の場では，呆けゆく者とつきあっていくために通常強調される考え方と，社会的に強調されている認知症ケアの理念から導かれる考え方とのズレを示すような事例を目にした。たとえば，呆けゆく者が示す異食や徘徊などの行動を病気の発現として認識すべきというアドバイスを参加者に対して強く説いている家族会の場で，アルツハイマー型認知症の妻を数年の介護の後，施設に預けたある男性は，「痴呆である本人の気持ち」がマスメディアで強調されることの問題性について語っていた。

　彼は，「テレビでアルツハイマーだと言われる人本人が語っている番組が放映され，解説委員が，本人の意思を重視したかかわり方が必要だと言っていたが，大多数の庶民は，そういった介護をすることはできない」と批判的に述べ，「痴呆の人には痴呆の人の世界があるが，私たちはそれを知ることはできない。だから，知ろうと思うことや，行動を変化させようと思うことは間違っている」と主張していた（field-notes04/01/18）。

　以上の事例からは，参照すべき適切な知識といっても一様ではないというだけではなく，呆け・認知症を理解し，はたらきかけていくためのモデル同士が対立する場合もあるということが想起させられる。現在，正しい知識として，先駆的なケア実践などがマスメディアなどで示されることがあるが，この例のように，そうした知識は会において介護者へのアドバイスとして提示される知識とずれていることもある。

　以上から，呆けゆく者とのコミュニケーションという，いわばミクロな過程を分析していく前提として，①参照すべき呆けや呆けゆく者の類型に影響を与える外部の知識の変化・転換の内容と，②その変化・転換がコミュニケーション過程にもたらしうる帰結とを考えていくことが主要な課題となる。また，これらの課題を考える上で，③社会学的な視点・主張と現在支配的な外部知識の潮流との異同も確認しておく必要がある。実践の場での複数モデルの対立という現実を踏まえて社会学は何を言えるか。この課題は，コミュニ

ケーション過程そのものの分析ではないが,分析を行なう前提として,また,1節で提示したような本書の最終考察に向けて取り組んでおく必要がある課題である。

論点4　二者関係外部のコミュニケーションが持つ意義

論点4は,呆けゆく者との二者関係の外にいる他者との具体的なコミュニケーションが持つ意義についての考察である。

家族会のような集まりの場は,主に呆けゆく者と生きていくという経験を持つ者同士が,相互にコミュニケーションを行う場でもある。呆けゆく者とのコミュニケーション過程においては,家族会のような場も含めて,二者関係の外部から,様々な具体的な他者が――明示的な支援者としてではない場合も含めて――かかわってくる。そうした外部の具体的な他者との関係は,呆けゆく者とのコミュニケーション過程に対して,どういった意義を持っているのだろうか。そのことを,特に,他者定義の問題と関連づけて考えていくことが四つ目の論点である。そうした具体的な外部の他者とのかかわりは二つに分けて考えることができる。

一つは,呆けゆく者とコミュニケーションを行っている家族介護者同士のコミュニケーションの持つ意味である。介護者家族会は,呆けや呆けゆく者に関する一般的・専門的な知識を獲得する場という機能を超え,個々人の個別的な理解方法,つきあい方について聞く場として,固有の意義を持っていると,少なくとも関係者の何人かは考えている[20]。

だが,介護一般,ならびに呆けゆく者とのコミュニケーションという経験の内容は文字通り多様であり,そこで聞く他者の経験は,自分のケースに対して,そのまま適用できるようなものではない。そうであるならば,会の場での多様な経験を持つ者同士のコミュニケーションは有益な情報獲得という機能以上の何らかの意味を持っているのだろうか。たとえば,会の「話し合い」においては,参加者が介護を行なっている呆けゆく者の「問題行動」や様子について,共同で解釈を行うという試みを目にする。こうした試みにはいかなる意味があるのかを考えていくのが一つの課題である。

もう一つは,呆けゆく者自身が,家族介護者とは別様の他者と形成するコ

ミュニケーションが持つ意味である。呆けゆく本人が，家族介護者から独立に振る舞えたり，介護者以外の他者や集団との関係を持つことができる，デイサービス／デイケアなどの場が，家族会での介護者同士の話し合いや，インタビューでたびたび話題となっていた。こうした外部とかかわる機会の増大は，1節で見たような呆けゆく者の「自己」の存在が注目されていくという，呆けに対する社会的まなざしの大きな変更と，時期的にも論理的にも並行して生まれてきている。

　デイサービス／デイケアのような場が，介護者に対してもたらす明らかな機能は，当然，介護負担の代替・援助である。しかし，介護者たちが，そうした場と関係を持った経験についての語りからは，介護の代替や休息以上の意味を持つ経験であることがうかがわれた。その意味とは，それらの場で，呆けゆく者が，介護者以外の他者とのやり取りのもとに置かれることと関係している。いわば，呆けゆく者自身が，家族内とは別様のコミュニケーションの中に置かれるということである。そうした呆けゆく者の新たなコミュニケーションの場への参入が，家族介護者と呆けゆく者という二者のコミュニケーション過程に対していかなる影響をもたらすのだろうか。そのことを考えていくことがもう一つの課題となってくるのである。

5　本書の構成

　4節で見た四つの論点を踏まえた本書の課題をまとめると，呆けゆく者とのコミュニケーション過程における他者定義のあり方を，二者関係の外部にある知識や，外部の具体的な他者との関係が持つ意義に注意しながら考察していくこととなる。その全体像を示すと**図0-1**のようになる。そうした課題に取り組み，3節で述べたような，呆けゆく者の「自己」の強調がコミュニケーション過程にもたらしていくことの社会学的考察という最終課題に向かっていく本書の構成を簡単に述べておこう。

　第1章と第2章は，呆けゆく者とのコミュニケーション過程を考察するための文脈・背景の検討である。新しい認知症ケアの内容・意味と，呆け・認知症をとらえていく社会学的な性格を持つ研究の論理を明らかにし，呆け

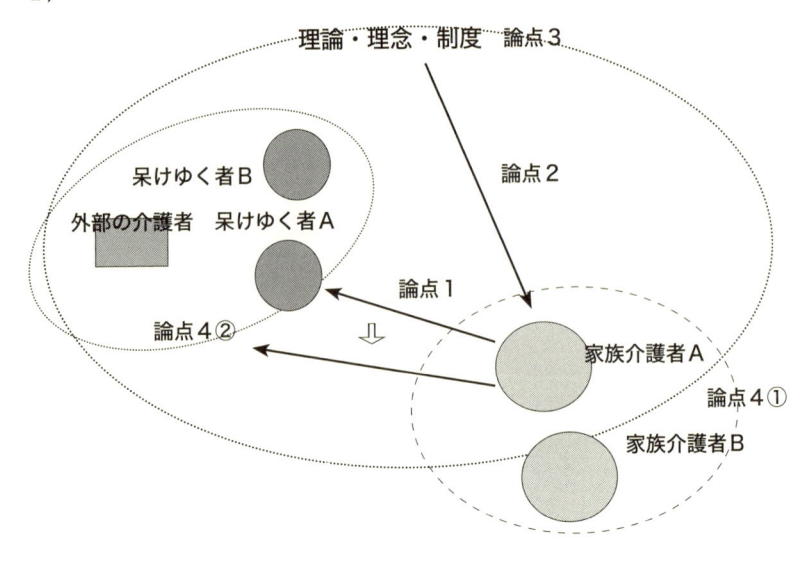

図中のテキスト:
- 理論・理念・制度　論点3
- 論点2
- 呆けゆく者B
- 外部の介護者　呆けゆく者A
- 論点1
- 論点4②
- 家族介護者A
- 論点4①
- 家族介護者B

図0-1　本書の全体構図

ゆく者とのコミュニケーション過程を考察する意義を明らかにする。いわば，先に，論点3として述べた二者関係外部の知識・類型の現在を明らかにし，その現在において，社会学的研究である本書がいかなるスタンスをとるかを理論的に確認する部分にあたる。

　第1章では，本書の考察が行われる時代と場所——すなわち現在の日本社会における「新しい認知症ケア」という呆けゆく者へのアプローチの特徴を明らかにし，そこで明らかになる潮流のもとで考えていくべき課題を提示する。具体的には，寝たきりを含む「非自立的」状態にある高齢者への対応に関する政策言説の中に，呆けや認知症（痴呆）に対する「はたらきかけ」方と，その前提としての呆け・認知症・認知症高齢者の像の変遷を見るという作業を通じて上記の課題に答えていく。

　第2章では，社会学的な認知症研究の現状を検討する。認知症を社会学的に考察していくアプローチについて検討し，本書を含む認知症の社会学のとるべき方向性と，第3章以降の課題を確認する。近年，認知症の医療化を批判し，呆けゆく者の意思・意図の存在の発見を試みる研究や，周囲との関係のあり方によって認知症症状が構築されることを示す研究が多く見られる。

これらの研究は第1章で見る「新しい認知症ケア」と共振するものである。そうした主旨の議論の典型となる「認知症の医療化」論の論理を再構成しながら，認知症に関する社会学的研究として本書の立場を差異化し，第3章以降で行なう分析の必然性を主張する。

　第3章から第5章にかけては，フィールドワークから得た事例をもとに，二者関係に焦点を当てた呆けゆく者とのコミュニケーション過程について考察する。第3章は呆けゆく者との出会いの局面，第4，5章は呆けゆく者に対する長期的な介護過程にそれぞれ焦点を当てる。この三つの章は，論点1で示した他者定義の問題の分析部にあたり，その中で，第3章は，論点2で指摘した外部の知識・類型を適用していく問題と関係している。

　第3章では，呆けゆく者との出会いの局面で，相手をどのように理解し定義づけていくのかという問題を，疾患モデル（認知症についての知識の機能，実際の知識獲得，介護場面での参照のされ方など）について検討しながら考察する。そこで見出されるのは，呆けゆく者とのコミュニケーションが持つ特徴――すなわち，疾患モデルが理解の基盤として指定する「認知症をかかえる者」という類型を超えた「正常な人間」と出会わざるをえないという特徴である。

　第4章と第5章とでは，呆けゆく者とのコミュニケーションが，長期にわたる家族介護の過程として継続していくことに注目して考察を行う。介護者という位置にいる者が，家族介護と呼ばれる活動の中で，呆けゆく者をいかなる存在としてとらえていくのか，とらえざるをえなくなっていくのか，といったことを考えていく。

　第4章では，家族介護という経験の特徴とその特徴をとらえていくための概念や方法について，家族介護者の困難や負担について論じている先行研究と対比しながら検討しなおす。家族介護者あるいは介護経験者が表明している困難経験を，社会学的にいかに理解・概念化するかという問題について議論し，それを踏まえて家族介護という活動を，介護者の観点からとらえていくための方針を提示する。

　第5章では，第4章で検討した家族介護のとらえ方を踏まえて，介護開始期から終盤にかけての長期的な過程について，3人の家族介護者の語りを比

較検討し，呆けゆく者への介護過程の特徴を他者定義の形式という観点から描き出す。

　第6章と第7章では，論点4となる，外部の他者とのコミュニケーションが，呆けゆく者との二者関係におけるコミュニケーション過程に対して持つ意味について考察する。

　第6章では，呆けゆく者とコミュニケーションを行っている者同士，すなわち家族介護者同士の集まりの場における「話し合い」という形式のコミュニケーションの持つ意味について考察する。そうした集まりの場におけるコミュニケーションは，通常は，認知症介護への対応のために情報・知識を得ていく機会と位置づけられている。しかし，本章では，そうした想定を一度脇に置き，第3章から第5章で明らかになる，呆けゆく者とのコミュニケーション過程の特徴に伴う介護者の困難に対する支援機能に注目して「話し合い」を分析する。

　第7章では，デイサービス／デイケアなどで，呆けゆく者自身が，介護者以外の他者との間のコミュニケーションに入ることの持つ意味について考察する。呆けゆく者とのコミュニケーション過程において，呆けゆく相手の中に「人間性」を発見していくことが，介護者にとって重要になっていく。だが，重度化などに伴う介護者と呆けゆく者との二者関係への閉塞は，そうした発見を困難とさせる。そういった状況下で，二者関係の外の他者たちの中に呆けゆく者が入ることが，二者間のコミュニケーションに対して何を及ぼすことになるのか，といったことを考察する。

　終章は，第7章までの実証的検討を踏まえた上で，本章3節で述べた最終課題に対する結論的な考察を行う。まず，近年の「新しい認知症ケア」に見られる，呆けゆく者を意思・意図を持つ主体と見なし配慮の対象としていくという認知症理解の論理が，呆けゆく者とのコミュニケーション過程に対してもたらす可能性を，前章までの実証的考察を踏まえて検討する。その上で，呆けゆく者を「人間」として理解しつきあっていくことの意味，そのための条件，そして社会学が展開すべき方向性について検討していく。

注

1 たとえば，数土直紀は，暗黙の内にその成立が前提とされている相互理解は虚構に過ぎないと指摘している．その上で，理解できる他者と理解できない他者との実体的な区別を無効化して，理解できているという日常的な感覚に安住しない他者一般への注意能力の維持と，他者一般を自覚的に受け入れることの重要性を説いている（数土 2001: 239-44）．また，奥村隆は，「完全な理解」への志向が，逆に様々な人と社会で共存していくことを阻害してしまうことを指摘し，理解を目指すという方向性以外の「他者といる技法」の回路を開く必要性を説いている（奥村隆 1998: 247-56）．

2 痴呆／認知症の用語の使い分けについては，はしがきを参照．なお，認知症という呼称への変更理由である，痴呆という用語の問題点として，①侮蔑感を感じさせる表現であること，②痴呆の実態を正確に表していないこと，③早期発見・早期診断などの取り組みの支障になること（「痴呆」に替わる用語に関する検討会報告書（案）http://www.mhlw.go.jp/shingi/2004/12/s1224-8a.html より 2005 年 8 月に，ダウンロード）があげられている．だが，逆に，認知症と表現することで，「痴呆」という言葉で表現されてきた問題を，認知という（医学的・科学的に説明される）機能の問題に切り詰めてしまったという批判もある（三好春樹 2005: 52-5）．

3 ただし，米国の精神医学診断マニュアル（DSM）では，1987 年の DSM-Ⅲ-R 以来，可逆性の認知機能低下も認知症に含まれうるようになった（東儀 2003: 92）．

4 昨今の専門書，公的文書等ではこの用語を使わずに，「行動障害」（柄澤 1999: 48-50, 高齢者介護研究会 2003: 37-8）「BPSD (behavioral and psychological symptoms of dementia)」（加藤伸司 2004: 66-7, 国際老年精神医学会 2005）と呼ばれ，環境因を有する精神医学的症状とされている．本書では，呆けゆく者と出会う者が，「異常性」を感じたり，円滑なコミュニケーションを行う上での障害となっていると定義する出来事を指して「問題行動」と呼ぶ．すなわち，医学の教科書や認知症ガイドブックなどの定義のように，その行動自体に問題性があるととらえる（ex. 徘徊，異食など事例・類型として定義する）のではなく，呆けを見つめる者が「問題だ」と感じる行動を指してそう呼ぶ．また，呆けゆく本人も，自身の呆けを見つめる者になりうる（伊藤 1997）．その意味で，物忘れに基づく行動などの，自己の行いを「問題行動」と定義づける呆けゆく者も存在するだろう．これに関して，呆けゆく者自身の物忘れ，呆け，自己の状況への自覚に注目した社会学的考察がある（出口 1999a, 2002, 天田 2004: 75-86）．また精神医学の立場で，呆けゆく者の内的世界を明らかにしようと試みた研究もある（小澤 1998, 2003）．

5 精神科医の標準化された診断マニュアルである米国の DSM-Ⅲ-R では記憶と認知能力に重点を置き，「A. 短期および長期記憶の障害の証拠が明瞭」に加え，「B. 以下のうち少なくとも 1 項目」として，①抽象的思考の障害，②判断の障害，③その他の高次皮質機能の障害，④人格変化の四つをあげているが，最後に，「C. A および B の障害は，仕事，日常の社会的活動，または他者との人間関係を著しく障害している」（山下 2004: 146-7）という基準を設けて，他者との関係や社会活動における障害の存在を判定要件としている．診断には，認知症以外の可能性を排除した上で，スクリーニングテストとして，長谷川式簡易知能評価スケールや，MMSE (mini-mental state examination) などが用いられる（長坂他 2003: 169-71）．

6 加えて，近年，MCI (mild cognitive impairment) という概念で，「記憶低下または認知機能低下の客観的証拠（家族の観察，神経心理検査など）はあるが，生活上明らかな支障をきたしていない状態」「健常でも認知症でもない」状態の群を把握し，認知症予防のための介入の対象としていこうとする動きが見られる（本間 2005）．何らかの介入の対象の幅が広がるという意味で，認知症概念の拡大を示す新たな動きとも言

えよう。

7 本書は、「呆けゆく」という社会的出来事の構成要素として、家族とのコミュニケーションに注目することが重要だと考えるが、認知症の人の所在を示す統計的データの面から、家族が認知症の人とかかわりを持っていることへ注目することの重要性を言うこともできる。たとえば、厚生労働省老健局の行政説明資料によると、要介護高齢者中の認知症とみなせる者の内49.0%が居宅に所在し、昼夜を問わず何らかの行動障害を伴う認知症の35.4%も居宅である（本間2004: 35）。

8 たとえば、N・ルーマンは、以下のように述べている。「（社会システムが）新しい条件づけに開かれているということは、否定性と同じ条件、すなわち自我が他者をもう一人の自我（alter ego）として体験することに基づくコンティンジェンシーの二重化に依拠している。自我は、自らのパースペクティブと他我のパースペクティブの非同一性を経験しており、その反面では、そうした経験の非同一性を自我の側でも他我の側でも経験している。そのために、自我と他我の双方の側では、そうした状況は未規定であり、不安定で耐えがたい。自我のパースペクティブと他我のパースペクティブは、こうしたことの経験で一致しているのであり、そのことをとおしてこうした否定性の否定に対する関心、つまり規定に対する関心があると想定することができる」（Luhmann 1984=1993: 188）。

9 また、施設などでの、認知症高齢者同士の関係性をコミュニケーションとして概念化し、その世界をわれわれに伝えてくれる研究も現れてきている（阿保2001, 2004）。

10 医療や社会福祉学の中で扱われていた障害カテゴリーそのものを問いなおしていく志向を持つ「障害学（disability studies）」と呼ばれる研究実践の基調に、ケア・介護における当事者視点（障害者の視点）の重要性の主張がある。日本における障害学の紹介の端緒として、石川・長瀬編（1999）。また、中西・上野（2003）では、障害者運動、女性運動の立場から、当事者主権という考え方について説明・主張されている。

11 高齢者介護について議論したものでは、笹谷（1999）、内藤（2000）などがある。笹谷春美は、夫婦間ケアリングの増大という介護をめぐる現状を踏まえ、「両者のあいだの感情や態度を含む行為」であるケアリング関係を考察し、「介護者からのみの視点、あるいは要介護者からのみの視点を乗り越え」て、「両者のどちらも犠牲になったり不平等をこうむることのないような」介護のあり方を構築する必要があるとしている（笹谷1999: 214）。

12 この非対称性は、「介護行為が型として持たざるをえない構造」である「あることを自分はできて、かつ、それをできない人がいて、自分がその人に代わってそれをする、という形式」（岡原1995: 141）に伴う非対称性の極北とも言えるが、それ以上の含意がある。それは、相手への――介護関係を依託・解消するという選択も含めた――はたらきかけが、相手の存在に対して大きな影響を及ぼさざるをえない関係（家族関係）の中にあるという意味においてである。

13 すなわち、社会生活を送る上での「自己」の存在が疑わしくなってきているとされる者を、変容以前からかかわりを持つ者がどう定義し、その後にどのようなはたらきかけを継続していくのかを考えていく。老いという過程の連続性（木下1997: 19-20）を踏まえて、介護へと展開していくコミュニケーションのあり方を考えるために、家族に注目するのである。

14 1980年代の社会学というタイトルのつく痴呆性高齢者問題を対象とした研究でも、痴呆性高齢者理解の問題が扱われている。そこでは、「……『痴呆性老人の世界』を痴呆性老人以外の人間が知ることは難しい。痴呆性老人を知るためには、人間の行動は『理解』可能であるという前提にたった、人間に対する一般の人びとがもっている

意識を変革することから始めなくてはならないからである」(岡本多喜子 1989: 146) と述べられている。いわば,われわれとは違う世界に住まう他者(＝非「人間」)として相手を理解することの必要性が述べられているが,2000年代の今日において考えるべきは,それでも「人間」としての理解を試みようとしてしまうわれわれのあり方と,「人間」としての理解を要請していく社会的な理念の展開との関係である。

15 認知症介護に関する人間科学,社会学的研究としては,家族介護者の負担感研究や介護過程を考察する研究が多くなされてきた(第2章3-2,第4章2節参照)。そうした研究に対して,近年は,呆けゆく本人側の視点を取り入れるべきという主張がなされている(第2章3-2参照)。本書は,そうした対立軸のどちらかに立つという議論ではなく,そうした対立構図を前提として成立・展開していく,認知症ケアにおける思想の潮流自体が,論理的にあるいは実際に,現実のコミュニケーション過程に何をおよぼすのかを考えていくための基礎作業である。

16 ここで言う「社会学的」とは,認知症をめぐってコミュニケーション場面で生じる出来事を,全体社会における知識が再帰的に生活世界を構成していくという,A・ギデンズが言う近代の再帰性の過程にある出来事(Giddens 1991=2005)として位置づけて,考察を展開していくことを意味している。野口裕二は,マクロな社会変動がミクロな援助実践に影響を与えていくことの分析を援助実践の社会学の課題としている(野口 2005: 153)。また,以上のような視点に立つ研究として,天田城介は,近代社会における再帰的自己という規範的価値が「自立した主体的存在」と「痴呆性老人」という他者を生み出すという議論を踏まえ,様々な場における「痴呆性老人」の／をめぐる相互作用を考察している(天田 2003)。本書は,近代社会における価値規範と,呆けゆく者の存在や彼女／彼をめぐる相互作用とを関連づけていこうとする点で天田の議論に大きな示唆を受けている。

17 インタビューを書き起こしたものをデータとして扱う場合,方法との関連で,そのデータが何を表しているのかを明確にしておくことが重要である。たとえば,インタビューは,行われた場の相互作用のあり方に影響を受けるものであるという認識をもとにした「アクティブ・インタビュー論」(Holstein and Gubrium 1995),「対話的構築主義」(桜井 2002: 28-30)などであれば,データと,インタビューの状況や場,インタビュアーの属性などとの関係が問題となる。本書の用いるデータを例に言えば,同じ介護者の経験であっても,筆者との一対一で語られたものと,会の場において語られたものの身分はまったく違うということになろう。また,ナラティブ分析においては,語りは,現実を反映したデータという身分を与えられるのではなく,語りそのものの構造がデータとして分析の対象となる。そのため,語る主体である介護者がいる時点(介護中か終了後か)によって語られたものの意味は変わってくるだろう。一方,本書における,介護者の語りの身分は,あくまで実証主義的に現実を解読していくためのものであり,コミュニケーション過程を明らかにする「フィールド」である「介護者の経験」を反映したものと素朴にとらえていく。語りの身分をこのように設定した場合,それが経験の実態を,より近似的に表しているということを担保する方法が重要になってくる。本書におけるその方法の一端については注18を参照。ただし,対象である「呆けゆく者とのコミュニケーション過程」についての言明それ自体が介護者による解釈だということに注意が必要である。その意味で,モノを対象とするような素朴な意味での客観主義ではなく,分析者が「行為者の解釈」を解釈するという手続きを踏んでいる。

18 1999年に同主旨の調査をアカシアとヒマワリ参加者(主に1980年代後半から1990年代中盤まで嫁としての立場で介護を経験した人たち)に対して行って,その時点で

の考察を拙稿（井口 2001）でまとめた．1999年時点の調査が参加者への単発のインタビューだけであったのに対して，2001年からの第1期のフィールドワークは，家族会における介護についての「話し合い」などで提示されている問題を踏まえてインタビューを組み立てることや，逆にインタビュー内容の「一般性」を「話し合い」の場で確かめることなど，より支援実践の場での問題構成に即して，分析の焦点をしぼっていくことを試みた．

19 ここで言うマネジメントは，世話を必要とする人のために，介護サービスなどの資源をやりくりすることに限らず，呆けゆく者の生活への様々な手助け，相手の管理，相手を気にかけることなどまでを含意した広い概念である．詳しくは本書第4章の議論を参照のこと．

20 また，こうした集まりの客観的機能について考えているセルフヘルプ・グループ論の文脈においても，個別的な知識を得る場，受苦者同士が集まることの意義などの点が強調されている（ex. 春日 2001: chap 9）．詳しくは本書第6章参照．

第1章　呆けゆく者への「はたらきかけ」の現在

1　「新しい認知症ケア」とは何か？

　本書は，家族介護者が，身近な呆けゆく者に出会いつきあっていくという，いわばミクロなコミュニケーション過程を主要な考察対象としている。だが，序章で述べたように，身近な相手の老齢期における変容（呆けゆくこと）は，呆けや認知症に関する類型的な知識をモデルに理解され，はたらきかけられていくことが想定される。ここで言う類型とは，われわれが社会的意味世界において，他者を理解していく際に参照する社会的に流通しているカテゴリーを指している（cf. Schutz 1964 = 1991: 63-77, 奥村隆 1998: chap 6, 栗岡 1993: chap 1，詳しくは本書第3章で論じる）。

　日本社会において，呆けの理解や呆けゆく者へのはたらきかけ方は，1990年代後半から現在にかけて，劇的な転換期にあり，新たな理解モデルが現れ，制度化されてきたとされる（春日 2003: 216-8, 永田 2003, 認知症介護研究・研修東京センター 2005: 9-16）。ここで言う理解モデルとは呆けや認知症に対したときの類型的な知識を近似的に示したものと考えることができる。本書の最終的な課題の一つは，呆けゆく者を「人間」として配慮していくということの意味内容，ならびに，それを可能としていく条件を明らかにしていくということであった。その考察に向けて，現在，呆けゆく者とのコミュニケーションにおいて参照される理解モデル（類型）のあり方を踏まえて，呆けゆく者とのコミュニケーション過程を考察していくことが必要である。

　そこで，本章では，呆けゆく者を理解していく上での，現在現れてきている類型的知識の特徴を概略的に描くこと（2～4節）と，そうした「新しい類型」の出現が，呆けゆく者とのコミュニケーション過程にもたらしうる影

響を仮説的に提示すること（5節）を目的とする。そこで提示される仮説を念頭に，次章における認知症の社会学の理論的立場の検討，第3章以降のコミュニケーション過程の実証分析，ならびに最終考察を行っていくことになる。

以上の目的のために本章で行う具体的な作業は，日本の高齢者福祉政策において，呆け・認知症や認知症高齢者がどういった存在として規定され，それらに対してどういった「はたらきかけ」がなされていくべきだとされてきたのか，という変遷を大づかみに見ることである。詳しくは後述するが，ここでは「はたらきかけ」という言葉を，呆けゆく者や寝たきりの人に対する周囲からの世話や対応などの行為を指す探索的な概念とする。そして，「はたらきかけ」のあり方は，「はたらきかけ」の相手をいかなる者として表象するかということと相互規定的であると考える。すなわち，呆けゆく者に対する「はたらきかけ」とその前提としての呆けゆく者の像のセットを，相手はいかなる「はたらきかけ」を試みるべき存在かということについて一定の共通了解を導く類型的知識としてとらえる。

そうした「はたらきかけ」の変遷を見ていくのは，現在提唱されている「新しい認知症ケア」と言われるモデルの特徴とその意義を確認するためである。現在，日本の高齢者介護施策・実践においては，身体介護から認知症介護へと課題がシフトし，様々な試みがなされてきている。1990年代後半からの病院などに端を発する身体拘束廃止等の動きを経て，2000年以降には，認知症や認知症高齢者への対応が重点的な課題とされ，これまでとは違った，新しい認知症・認知症高齢者像とその像を前提とした「はたらきかけ」のモデルが「新しい認知症ケア」として強調されてきている。また，この「新しい認知症ケア」は，これまでの寝たきりへの「はたらきかけ」に始まる身体介護モデルに代わる高齢者介護の標準モデルとすべきであると政策的にも位置づけられてきている（高齢者介護研究会 2003, 金田 2004）。

もちろん，本章で考察対象とする政策言説から抽出される「はたらきかけ」のあり方は，直接に，家族から呆けゆく者への「はたらきかけ」を規定しているわけではなく，また実際の「はたらきかけ」のあり方をそのまま写像しているわけでもない[1]。しかし，現在の新たなモデルへの変容は，呆け

ゆく者に出会い，相手の変容を見つめていくことになる家族にとってもまったく無関係な動きとは言いきれない。2004 年には，家族介護者たちが運営をしている全国組織を中心に，認知症をかかえる本人の思いや人権をテーマの一つの柱とした国際会議が開催されたり[2]，それまで用いられてきた痴呆という用語の蔑視性が指摘されて，公的な文章中で認知症という用語に変更されたりと[3]，呆け・認知症に対する社会的な関心は高まってきている。また，認知症をかかえる当事者が徐々にマスメディアにおいて発言したり，出版物を出したりするようになってきた[4]。筆者が参加する家族会においても，そうしたマスメディア等への登場を受けて，実際の介護を反省したり，逆に，昨今強調される新しい呆けゆく者像に対する疑問が出されたりするなど，話題となってきている。

こうした，認知症への新たな「はたらきかけ」の思想は，単純に言えば，本人のペースに合わせた個別ケアであり，それは，疾患に起因した認知症症状という理解に基づく，抑制の対象であるモノとしての認知症老人の扱いから，自己意識を持った人間に対するかかわりや支援へという，1990 年代を通したケア実践の潮流の象徴ととらえられている（春日 2003: 216-18）。そして，こうした方向への変化は，基本的には，呆けゆく人本人の思いを重視することや，われわれが呆けゆく者と共に生きることの第一歩として肯定的に評価されていると言えるだろう（石倉 1999，小澤 2003）。

確かに，様々な先駆的なケア実践の報告は，われわれに呆けゆく者を「人間」として発見させるに足る十分なインパクトを与えてきた。ときにセンセーショナルな実態として紹介されてきた，老人ホームや老人病院・精神病院などでの業務的な対応から小規模の場における個別ケアへという変化は，インパクトのある重要な転換の実例であることは確かだろう。だが，全体的な流れとして「新しい認知症ケア」の論理は，どういった意味で新しい「はたらきかけ」の論理となっているのだろうか。また，それ以前の呆けゆく者を理解するための論理と，いかなる意味で異なり，連続している（しうる）のだろうか。そして，そこで浮かび上がる論理は，呆けゆく者とのコミュニケーション過程にいかなる影響をもたらしうるだろうか。強調されている新しい「はたらきかけ」の意味を，そういった観点からより精緻に問いなおす必要

がある。なお，本章では，歴史的な変化について議論をしていくため，次節以降は，「痴呆」という用語を主に用いて議論をし，近年の動きを指す際に「認知症」という用語を使う。

2 「はたらきかけ」の変容をとらえる方法

2－1 「非自立的」状態への「はたらきかけ」

　日本社会において，呆け・痴呆と呼ばれる状態は，寝たきりとともに，生と死の間にある「非自立性」を象徴する状態とされ，大衆的な「ぽっくり信仰」「PPK運動」のブーム[5]に見られるように，個人の老後において避けるべき否定的状態（井上1978，上野1986），自己や自分の家族にとっての老後の最大のリスク（藤村2001）などとして位置づけられてきた[6]。だが，われわれの社会は，そうした「非自立的」な状態にある（なっていく）他者――とかかわりを持たざるをえず，また，その他者に対する何らかの「はたらきかけ」を生み出さざるをえなかったと言えるだろう。

　こうした「はたらきかけ」の一部が，現代的な意味での，長期間相手の生活の世話を行う家族介護や，急性疾患に対する治療的な支援とは異なる社会的な専門領域として位置づけられてきた介護サービス[7]と言えるだろう。しかし，現在の観点から見て，「非自立的」な状態の人への「介護の不在」と評価される対応も，一つの「はたらきかけ」のあり方である。たとえば，岡本祐三は，1960年代の東北地方の農家において，病臥（びょうが）した老人は特に看病もなく一日中寝かせきりの状態におかれたことを例に，現在の，長期にわたって生活を支える家族介護は，以前から存在するようなものではないと述べているが（岡本祐三1996: 29-33），本書の用語法にのっとれば，こうした対応も病臥した老人に対する一定の自明視された想定とそれに応じた「はたらきかけ」のあり方を示したものだと考えることができる[8]。

　では，呆けゆく者に対しては，現代日本社会においてどのような「はたらきかけ」が生まれて（きて）いるのだろうか[9]。そして，それをどのようにとらえていけばよいのだろうか。呆けゆく者に対する実際の「はたらきかけ」については，介護者家族と先駆的な臨床医などを中心に1980年に結成され

た「呆け老人をかかえる家族の会（現，認知症の人と家族の会）」などの団体による自助的な取り組みや，地域におけるデイケアや宅老所の試み，精神病院・老人病院・施設などでの先駆的な実践報告の中に見ることができる。そうした実践の中には，自治体や国の施策に影響を与えてきたものもある。このような様々な先駆的な実践を含め，ある時期における呆けゆく者に対する「はたらきかけ」を一枚岩のものとして描くのは困難である。

　だが，呆けや痴呆は介護政策の展開の中で徐々に注目を集め，現在においては，認知症高齢者への「はたらきかけ」として，見えやすい統一的な形として示されてきている（cf. 認知症介護研究・研修東京センター 2005）。そこで，本章では，そうした統一的な形で現れている政策的な「はたらきかけ」を一つの社会的なモデルとしてとらえ，政策言説の領域において「はたらきかけ」のあり方，ならびに呆けゆく者の像がどのように変容してきたのかを見ていく[10]。もちろん，現在見られる政策言説において提示されている「はたらきかけ」のあり方は，1990年代の前半からなされてきたローカルな実践をその地層として含むなど，政策言説の中に突然現れたものではない。だが，政策という形で象徴的に示されるようになったことを，大きな意味を持つ出来事としてとらえ，現在までの変遷をやや図式的ではあるが，整理することとする。

　政策言説における「はたらきかけ」のあり方の変遷の概略は，高齢者福祉や医療に関する制度の施行や政策の流れを整理した研究の中に見ることができる。それらの研究においては，1970年代までの福祉施策の不在期，1980年代なかばの地方自治体の取り組み先行の中での痴呆性老人の福祉施策における対象化の開始，1990年代以降の身体介護から独立した痴呆性老人への介護・ケアの制度化と公的な認知，という流れとして変遷が記述されている（宮崎 2002，柄澤 1999:chap 8，植田 1999）。

　以上のような研究は，痴呆の介護においてどれだけの援助資源や政策的対応があるかという観点からの考察を行っていると言えるだろう。確かに，そこからは，痴呆性老人や，彼女／彼らに対する実際の「はたらきかけ」の主体であり続けてきた家族への福祉・介護施策がどういった内容のもので，高齢者介護・福祉全体の中でどの程度注目されていたのかという水準での変化

は見えてくる。その流れは,「痴呆介護の不在から政策対象へ,そして,認知症介護の質を問う段階へ」という展開のストーリーである。

しかし,そうした記述からは,痴呆や痴呆性老人が明確な政策対象ととらえられる以前の「はたらきかけ」のあり方や,特別な世話などの対象となっていった以降に,どういった存在として想定され,どのようにはたらきかけるべきだと考えられてきたのかなどの「はたらきかけ」とその前提にある対象像の変容が明らかにはならない。本章では,1960年代から現在までの政策言説を「はたらきかけ」についての想定・方針と,その前提に想定されている痴呆・痴呆性老人像を示している資料ととらえる。そして,その中で示されている「はたらきかけ」の変容過程について検討していく。

2-2 資料範囲の設定

以上のような検討を,表1-1に記したような1960年代以降の高齢者福祉関連の答申や審議会の報告などを資料として用いて行っていく[11]。ここで扱う資料群は,政策決定レベルにおける構想の様子を示しているものに過ぎないため,本章で時期ごとの特徴として見ていくような「はたらきかけ」のあり方が,そのまま政策全体を貫いて執行・実践されているわけではない。さらに,政策決定レベルと言っても,本章で対象とする答申や審議会報告の内容は,実際の規制などを行う関連政策の中にそのまま反映されているわけではない[12]。しかし,本章の目的は政策の中に示される呆け・痴呆・痴呆性老人の像や,それに対応した「はたらきかけ」の構想を一定の社会的表象と仮に設定した上で考察を行うことである。そのため,これらの資料は,当時の政策領域の底流を流れる理念を見る上で,妥当な資料であると考える。

そして,本章では,主に国の政策言説を資料としてとりあげる。呆けゆく者への「はたらきかけ」は,痴呆性老人対策として,東京や大阪などの地方自治体によってリードされてきた[13](柄澤1999:135,植田1999)。また,痴呆性老人に関する政策形成に影響を与えたアクターとして介護者団体の活動や,施設や地域における先駆的なケア実践についても見逃せない。しかし,本章の目的は政策形成における政治的力学のwhyを分析することではなく,また,「はたらきかけ」の実態やその帰結を見ることでもない。施策中に現

れている「はたらきかけ」の特徴とそれが前提としている痴呆・痴呆性老人像とを分析することである。国の政策言説はアクセスしやすく，老人福祉という領域が成立した1960年代から現在までをカバーしている。そのため，国の政策言説を代表的な資料としてとりあげる。

　対象とする資料で注目する範囲と関係し，もう一つ付言しておく。本章では，痴呆や痴呆性老人のみでなく，寝たきりや寝たきり老人に対する「はたらきかけ」の変容にも注意をはらう。その理由は，一つには，介護の社会問題化とそれに続く政策的対応の展開において，寝たきりがシンボルとして強調され，それに対する政策が先行する形で，要介護老人総体への「はたらきかけ」が生まれてきたためである[14]。

　そうした要介護老人の中には，痴呆とされる者も含まれるため，痴呆性老人も寝たきりに始まる要介護老人施策の対象になる。もちろん，痴呆に関する施策の展開を追った先行研究も，寝たきりを中心とした要介護老人全般に対する施策の展開を，痴呆性老人にかかわる出来事としてあげている（岡本多喜子 1989，宮上 2003）。また，現実の問題として，痴呆とされる老人は，身体的な介護や何らかの医療が必要な場合が多く，そうした問題に対して何らかの支援を必要としている。そのため，一般的に，長期的支援が必要な状態に対するサービスや医療サービスの中に含まれる形で，「はたらきかけ」が生まれていく。

　だが，本書で寝たきりに対する政策の展開に注意をはらうのは，その政策が，結果として痴呆性老人を対象にしているという理由からだけではない。政策言説の中に見られる，寝たきりに対する「はたらきかけ」の形式が，痴呆における「はたらきかけ」と深く関係しており，一方で，その形式におさまりきらない点に，痴呆における「はたらきかけ」の特徴が見えてくると考えるためである。

　先取り的に言うと，まず痴呆は「非自立的」状態一般に含まれるものとして，寝たきりに対する「はたらきかけ」の論理に含まれる形で対象とされる。そして，その後，そこから分岐する形で痴呆として対象化されていくことになる。本章の最後では，二つの「はたらきかけ」の展開過程を対比することで，痴呆に対する「はたらきかけ」の持つ／持たざるをえない特徴を明らかにする。では，次節において，1960年代以降の流れの中でも，寝たきりに対する「は

表1-1　主要な検討対象答申・報告一覧

年		提出元	答申・報告名称	関連の出来事（参考）
1963年	2月	社会保障制度審議会	「老人福祉法案要綱について」	
	7月	厚生省公衆衛生局	「精神衛生実態調査」	
1966年	1月	中央社会福祉審議会	「養護老人ホーム及び特別養護老人ホームの設備及び運営の基準に関する意見具申」	
	?	国民生活審議会	「深刻化するこれからの老人問題」	このころ，地方自治体・社協・国の「寝たきり」調査（67〜69）
1969年	10月	老人問題懇談会	「今後の老人対策についての提言」	
		厚生省	「厚生白書 昭和44年度版」	
1970年	11月	中央社会福祉審議会	「老人問題に関する総合的諸施策について」	有吉佐和子『恍惚の人』（72） 老人医療費無料化（73） 東京都の老人の生活実態調査（73）
1977年	10月	老人保健医療問題懇談会	「今後の老人保健医療対策のあり方について」	
1977年	11月	中央社会福祉審議会老福専門分科会	「今後の老人ホームのあり方について」	
				呆け老人をかかえる家族の会，京都で発足（80）
1981年	12月	中央社会福祉審議会	「当面の在宅老人福祉対策のあり方について（意見具申）」	
1982年	11月	公衆衛生審議会	「老人精神保健対策に関する意見」	老人保健法（82） 特養で痴呆老人受け入れ開始（84）
1985年	1月	社会保障制度審議会	「老人福祉の在り方について」（建議）	
	8月	中間施設に関する懇談会（厚生省）	「要介護老人対策の基本的考え方といわゆる中間施設のあり方について」	
				老人保健法改正（86）
1987年	8月	痴呆性老人対策推進本部	「痴呆性老人対策推進本部報告」	
1988年	8月	痴呆性老人対策専門家会議	「痴呆性老人対策専門家会議提言」	
1989年	8月	63年度厚生科学研究特別研究事業	「寝たきり老人の現状分析並びに諸外国との比較に関する研究」	
	11月	介護対策検討会	「介護対策検討会報告書」	
	12月	老人保健審議会	「老人保健制度の見直しに関する中間意見」	ゴールドプラン策定（89）
1990年	11月	老人保健制度研究会	「老人保健制度研究会報告書」	福祉関係八法改正（90） 老人保健福祉計画（90）
1991年	3月	厚生省大臣官房老人保健福祉部長	「『寝たきりゼロへの10か条』の普及について」	
	7月	老人保健審議会	「老人保健施設のあり方について（意見具申）」	
	10月	「障害老人の日常生活自立度（寝たきり度）判定基準」策定検討会	「『障害老人の日常生活自立度（寝たきり度）判定基準』策定検討会報告書」	

年		提出元	答申・報告名称	関連の出来事（参考）
	？	地方老人保健福祉計画研究班・痴呆性老人調査・ニーズ部会	「老人保健福祉計画策定に当たっての痴呆性老人の把握方法等について」	
1992年	6月	厚生省大臣官房老人保健福祉部長　老計第86号	「老人保健福祉計画について」	老人訪問看護ステーション創設（92）
1993年	6月	高齢者等の在宅生活支援方策に関する検討会	「高齢者等の在宅生活支援方策に関する検討会報告」	
	9月	高齢者施策の基本方向に関する懇談会	「高齢者施策の基本方向に関する懇談会報告」	
	10月	老健第135号，厚生省老人保健福祉局長	「『痴呆性老人の日常生活自立度判定基準』の活用について」	
1994年	5月	介護計画検討会	「介護計画検討会中間報告書」	
	6月	痴呆性老人対策に関する検討会	「痴呆性老人対策に関する検討会報告書」	新ゴールドプラン策定（94）
	7月	初老期における痴呆対策検討委員会	「初老期における痴呆対策検討委員会報告」	
	12月	高齢者介護・自立支援システム研究会	「新たな高齢者介護システムの構築を目指して」	
1995年	7月	老人保健福祉審議会	「新たな高齢者介護システムの確立について（中間報告）」	
				痴呆対応型老人共同生活援助事業（痴呆老人向けグループホーム）の創設（97） 介護保険制度開始（00）
2001年	3月	老発第83号・厚生労働省老健局長	「指定痴呆対応型共同生活介護（痴呆性高齢者グループホーム）の適正な普及について」	
2001年	5月	老発第213号・厚生労働省老健局長	「介護予防・生活支援事業の実施について」	
2003年	6月	高齢者介護研究会	「2015年の高齢者介護」	
				厚生労働省「痴呆対策推進室」を設置（04）
				国際アルツハイマー病協会国際会議・京都（04）
				厚労省痴呆から認知症への名称変更決定（04）
				認知症を知る1年（05） 改正介護保険制度開始（05）
				「呆け老人をかかえる家族の会」が，「認知症の人と家族の会」に改称（06）

*1　左列の年は，答申・報告の提出年
*2　2003年までの文章を扱った
*3　関連の出来事について，植田（1999）などを参照して記述した（網羅的な記述ではない）

たらきかけ」の輪郭が明確になっていった1980年代を見ることを出発点にして，その後の痴呆に対する「はたらきかけ」の展開過程を追うこととする。なお，以下で参照する文書については，38, 39ページの一覧で確認して欲しい。

3 「はたらきかけ」の変容過程

3−1 寝たきりへの「はたらきかけ」（1980年代前半）

　1980年代以前の，1960年代から70年代にかけては，戦後の高度成長という急激な社会変動がもたらす老人の社会的孤立や健康・就労の機会の不在などが問題とされていた。身体的な機能減退も痴呆も，一括して，以上のような問題の延長上に起こる老齢期の一般的な問題として区別されずにとらえられていたと考えられる[15]。そうした認識のもとで，本人の個人的な努力，周囲からの鼓舞，努力を活動に結びつけさせる就労支援，参加できる奉仕活動の充実など，老人の心身に活力を与える「はたらきかけ」が必要という認識が示されている（『厚生白書』[1969]，「今後の老人対策についての提言」[老人問題懇談会, 1969]）。

　だが，1960年代後半から病床に臥せている状態が寝たきりと名づけられて，民間団体や政府による各種の調査[16]が行われ，「はたらきかけ」の中心対象として認識され始めていった[17]。その流れの中，1980年代に入ると，病院でも生活施設でもない中間施設という施設概念に注目が集まる。中間施設とは，広義には，医療と福祉，在宅と家庭の間にある様々な問題を解決するための施設を指している。

　この中間施設についての議論の中で強調されていたのは，いわゆる予防・リハビリの重要性である[18]。ここで言う予防・リハビリとは，寝たきりという否定的な状態になることを防ぐための事前の「はたらきかけ」全般，すなわち原因疾患の発症予防や障害悪化の防止などの広範な内容を指している。たとえば，「要介護老人対策の基本的考え方といわゆる中間施設のあり方について」（中間施設に関する懇談会, 1985）では，老人にとっての一番の価値は健康の維持だとされ，そのためには，日ごろからの努力や，家庭へのリハビ

リ教育が必要だとされる。そして、「寝たきり老人にならないことが寝たきり老人対策として最も重要である」と述べられている。中心的な対象である寝たきりへの「はたらきかけ」の形式として、寝たきり状態にならないことや、これ以上悪化させないことが重要だと強調されていったのである。ここで示されているような、何らかの否定的な状態を見据え、その状態に到達しないような様々な「はたらきかけ」を総称して、予防・リハビリの論理と呼ぼう[19]。こうした予防・リハビリの論理は、その後の要介護状態に対する「はたらきかけ」のあり方の底流を流れる基調の一つとなる。

では、そうした流れの中、痴呆性老人はどう位置づけられていくのだろうか。1960年代から1970年代にかけては、上述したように老齢一般の問題として痴呆状態がとらえられていた一方で、「生活」の場で対応困難な痴呆は老齢期の精神病という病理状態の一つとして位置づけられていた（新福 1972）。そして、痴呆性老人は、治療不可能な病人として、福祉施策としての「はたらきかけ」の対象からは除かれていた[20]。だが、1980年代になると、痴呆とされる人が結果的に多く存在していた政策領域（老人福祉や精神医療）において、他の対象者（寝たきりの人、若年の患者）と同様に扱うべきだという主張がなされることになる。たとえば、「老人精神保健対策に関する意見」（公衆衛生審議会、1982年）においては、要介護老人一般として、当時その重要性が強調されていた「在宅福祉」の中に位置づけていくことが望ましいとされる[21]。

だが、痴呆性老人自体に対する「はたらきかけ」の具体的方法や装置についての言及は、主に精神医療による管理・治療についての言及以外にはほとんど見られない（「老人精神保健対策に関する意見」）。そもそも痴呆という様態については、1960年代から1970年代と同様に、精神病院に入院する程度の重度の者を、老年期精神障害の下位類型としてとらえている一方で、いわゆる在宅にいる痴呆の様態とされる者については、その背景を「扶養機能の脆弱化」や「都市での相互連帯意識の希薄化」と、老人の精神的孤独一般の延長でとらえていた（「老人精神保健対策に関する意見」）。そのように何らかの日常的な世話を必要とするような呆け・痴呆様態についての、具体的な原因論への関心が政策言説の中では不在であることと関係して、上述のように、

痴呆も「在宅福祉」の中で扱っていくことが望ましいという見解が示されても，予防・リハビリに内実を与えるような具体的な方針・技術は設定されていかなかった[22]。寝たきりを主な対象として形成されてきている施策へ，何らかの形で取り込もうとする意向は見られたが，具体的な方策は不在であったと言えよう。

3－2　予防・リハビリと病因論（1980年代後半）

　1980年代後半になってくると，政策の対象として痴呆や痴呆性老人が浮上し，痴呆専門の部や会議が厚生省内に誕生して報告書を出している。その報告書では，痴呆の定義や介護の課題，調査研究の推進など，全般的な対策が明示されている。

　ここで，特に注目したいのは，痴呆の病因についての言及が政策言説の中に明確な形で登場してくることである。「痴呆性老人対策推進本部報告」[23]（1987）では，痴呆は原因やメカニズムが明らかでないため，これまでは対症療法的な対応しかとれなかったと指摘され，まず「物忘れ」と「痴呆」との判別が必要とされている。また，翌年の「痴呆性老人対策専門家会議提言」（1988）でも同様に，「ぼけ」という包括的な一般用語と痴呆という学術用語との区別した使用の必要性，うつ状態と痴呆との判別の必要性が指摘される。すなわち，「はたらきかけ」の前提として，診断によって医療における病因論の枠内で語ることのできる真の痴呆を判定することが必要であるという主張がなされていく。

　では，なぜ，判別が必要だとされたのであろうか。この時期における判別の必要性は，実際に痴呆になった時点での「はたらきかけ」のためというよりも，事前の対応である予防・リハビリ，そのための早期発見などに関連して強調されている。

　先に見たように，予防・リハビリは寝たきりに対する「はたらきかけ」の論理として登場していた。その延長で，この時期は，要介護状態のシンボルとして寝たきり概念がさらに積極的にとりあげられ，寝たきり予防の論調が高まってきている[24]。諸外国の状況との比較などから[25]，寝たきりは動かしうるという人為性が発見され，たとえば，疾病予防，障害予防，障害の悪化

の予防という三段階のステージに分けた予防という方法論が提唱されている（「寝たきり老人の現状分析並びに諸外国との比較に関する研究」［昭和63年度厚生科学研究特別研究事業, 1989］）。また, 日常生活のあらゆる動作が残存能力の維持活用につながるという認識を深めて, 生活の場で残存能力の活用に努めるべきだ（「介護対策検討会報告書」［1989］）というように, 予防・リハビリを医療従事者等の専門家に説くだけでなく, 日常生活まで拡張して考えるべきことが提唱されている。この流れは1990年からの寝たきり老人ゼロ作戦というキャンペーンにつながっていく。

同様に, 痴呆においても, 老年痴呆[26]に比べての脳血管性痴呆の多さ[27]という日本の特徴を根拠に, 脳血管性痴呆を中心的対象として定めて, 生活機能を回復させるような対応をとる必要があることが強調されている（「痴呆性老人対策専門家会議提言」）。脳血管性痴呆とは, 脳卒中や脳梗塞など脳の血管にかかわる疾患を原因とした痴呆症状で, その状態となったきっかけが明らかであるという意味で, 「原因」が分かりやすい。つまり, 原因や過程が比較的明らかで, かつ日本の痴呆症状の原因疾患として割合が多いとされる脳血管性障害に当たる対象者を確定し, そこに当てはまる対象を予防・リハビリという事前の「はたらきかけ」の中に取り込んでいくという考え方である。このために, 状況を悪化させる前の早期発見・判別の重要性が説かれるのである[28]。こうした比較的対応しやすい脳血管性痴呆に限定する形での予防・リハビリがこの時期に強調され, 痴呆に対する「はたらきかけ」の一つの形として採用されていく。

3－3　要介護者への参入／限界（1990年代前半）

1990年代前半も寝たきりとの関連の中で痴呆への「はたらきかけ」が展開していくことになる。1990年代に入ると, 1989年の「高齢者保健福祉推進十カ年戦略（ゴールドプラン）」に基づき, 地方自治体で介護サービスのニーズ把握を踏まえた老人保健福祉計画の設定が課題とされていく。そうした文脈のもとで, それまでに行われていた概念の精緻化に基づき, 予防・リハビリによって避けるべき目標として対象化されてきた寝たきりの対象把握の標準化・精緻化が試みられることになる。

具体的には，各地でバラバラに使われていた寝たきりという概念が，「障害老人の日常生活自立度（寝たきり度）判定基準」として標準化される。その内容は，将来的なサービス量の推計に向けた「寝たきり予備軍」把握のために，寝たきりかそうでないかといった二値的把握ではなく，完全な「寝たきり」状態からの距離を示す日常生活動作の程度把握の概念としての設定である。また，この概念は，「非自立的」な状態の全体像を把握するだけではなく，移動・食事などの個々の動作項目においてもレベルを測定するものとなっていった（「『障害老人の日常生活自立度（寝たきり度）判定基準』策定検討会報告書」[1991]）。

以上のような概念設定の仕方は，寝たきりに二つの意味を付与することになる。まず，程度概念によって段階ごとの目標が明確になった寝たきり像は，予防・リハビリによって避けるべき目標としてさらに強調される。しかし，その一方で，部分ごとのADL（Activities of Daily Living: 日常生活動作）の程度で把握される要介護者は，身体機能の必要な部分に様々な援助資源を用いて生活する主体という性格も併せ持っていくことになる。いわば，予防・リハビリと，援助を用いての自立という二つの論理が，寝たきりという身体において同時に成立するようになるのである。

痴呆についても，寝たきり同様に，基準・尺度が作成され，要介護老人としての対象把握が目指されていくことになる。まず，要介護状態かどうかに注目して痴呆性老人を把握するという方針が示される。それは，移動能力中心の身体能力を前提とした介護施策の体系の中に，痴呆性老人も組み込んでいこうとする基調のものである。たとえば，痴呆の中でもサービス計画のニーズ推計量にカウントすべきは，要介護の痴呆性老人のみとされていた。診断に用いられるスケールによって測定される認知判断能力の程度ではなく，「行動障害」に代表される介護の手間に注目することが重要だとされたのである。

だが，ニーズ推計量のカウントにあたって，寝たきりと痴呆では前者が優先され，寝たきりかつ痴呆の老人は，寝たきり老人とされるという規定になっている。そのことに見られるように，施策は，身体的な介護度の基準の方により準拠した形で考えられていったのである[29]。

以上のような方針を踏まえて，医師によって痴呆と判定された高齢者の生

活自立度を，福祉職や保健婦（現在は保健師）等が簡便に測るための基準が作成される（「『痴呆性老人の日常生活自立度判定基準』の活用について」［老健第135号，1993］）。80年代から，痴呆の程度と実際の介護の必要度とは別であるという認識は示されていたが（「痴呆性老人対策推進本部報告書」，「痴呆性老人対策専門家会議」），この時期に，痴呆性老人の介護の必要度を表す基準が実際に設定されるのである。しかし，この基準による判定は，認知テスト等による痴呆の程度の医学的判定とは必ずしも一致しないとされ，さらに，実際の福祉等の処遇に際しては寝たきり度，家族の介護力等も総合的に勘案するとされる。また，個別性の高い痴呆の症状には，基準の各程度の状態像として示されている症状のすべてが見られるわけではないとも付言されている（「『痴呆性老人の日常生活自立度判定基準』の活用について」）。

これらの記述からは，寝たきりと比べたとき，実際の運用上，痴呆性老人の自立度の判定，ならびに介護の手間の判定は個別性が高く，一義的な了解を得ることが困難だと認識されていたことがうかがえる。このことは，寝たきりに準拠した介護の必要度の判定の中において，避けるべき目標として痴呆性老人像を設定し，それとの距離を示すような程度基準を設定していくことが難しいことを示している。また，同時に，部分ごとの機能不全等と全体としての状態とを関連づけることが難しいという性質は，身体における個々の機能の減退を補うようなサービスの利用主体として痴呆性老人を位置づけることも難しいことを示している[30]。

3-4 アルツハイマー型という他者とケア（1990年代後半）

寝たきりに関しては，90年代前半に輪郭が与えられてきた，身体機能の必要な部分に様々な援助資源を用いて生活する主体という像をもとにした「はたらきかけ」の構想が明確化され，後に介護保険制度につながる介護システムの構築が目指されていく。たとえば，「新たな高齢者介護システムの構築を目指して」（高齢者介護・自立支援システム研究会，1994）では，高齢者が自らの意思に基づき自立した，質の高い生活を送れるように支援する「高齢者の自立支援」[31]の理念が掲げられ，これに即した新介護システムを構築することが目指されている。

一方，痴呆に関しては，この時期も1980年代から続いて，脳血管性疾患に伴う痴呆の予防・リハビリとそのための早期発見などが強調されている。1990年からの「寝たきりゼロ作戦」，1995年の「新寝たきり老人ゼロ作戦」の展開と共鳴し，「作られた痴呆状態」を生み出さないことが説かれ，周囲の人々は高齢者を孤独や寝たきりの状態にしないことが重要だとされる。

　だが，この時期の特徴として注目すべきは，予防・リハビリという「はたらきかけ」からはみ出ざるをえないような対象に焦点が当てられるようになってくる点である。それは，「痴呆性老人対策に関する検討会報告書」(1994)におけるアルツハイマー型痴呆への言及として現れている。アルツハイマー型痴呆は，その原因疾患自体の治癒はもちろんのこと，発症の予測やメカニズムの確定についても困難だという特徴を持っている。そのため，予防・リハビリという枠組みからはみ出す存在である。

　実際のところ，アルツハイマー型痴呆（老年痴呆）に関しては，政策において痴呆の病因が言及され始めた80年代後半の「痴呆性老人対策推進本部報告」で，その性質に関する知識自体の不足と研究の必要性，全人的ケアの重要性など様々な分野にわたった重大な検討課題として認識されている。だが，この時期には，より具体的に「はたらきかけ」の方針や方法とともに言及されてくるようになる。精確に言うと，日本において，それまで大半を占めていた脳血管性痴呆に代わってアルツハイマー型痴呆が増加しているという認識のもと[32]，今現在の痴呆をかかえた者を対象とした「はたらきかけ」である，「ケア」が重要であるとされている。ここで言う「ケア」とは，発症防止，悪化の防止といった事前介入のニュアンスの強い予防・リハビリの論理と対照的に，治癒の難しい痴呆状態になった人に，その時点において，最善のはたらきかけを試みようとする志向性である。

　この「ケア」の志向性は，80年代後半から強調されている，診断や早期発見の重要性の持つ意味の変化を伴っている。これまで診断や早期発見は，予防・リハビリという事前の対応にとっての重要性という観点から強調されていた。しかし，この時期には，痴呆性老人の個別ケアにとって，痴呆疾患の適切な診断の重要性が示されている。痴呆をかかえた，その人に対する適切な対応のために，うつ状態などの類似状態や，治療可能な疾患によって生

じている痴呆状態を診断によって除外していくことが大切だとされるのである。そして、早期発見・対応は、呆けゆく者の介護者として中心になっている家族による、その後の対応に適切な方向づけを与えることを可能とするために、望ましいとされている。

そうした志向性のもと、痴呆の治療ケアの目的・方針が、「残存能力を生かしていくこと、そして生活機能のレベルを改善していくこと、あるいはおかされた機能の一部の回復を図りながら患者のQOLを改善すること」として提示される。さらに、QOL（Quality of Life: 生活の質）を高めるためには、住み慣れた地域での生活継続、そのための公的サービスが必要だとされ、サービス供給体制整備の方針が示されている（「痴呆性老人対策に関する検討会報告書」）[33]。

以上で見てきたように、診断の確定や疾患として理解することは、「ケア」のために重要だという位置づけが示されるようになる。そして、痴呆という状態になってからの「ケア」のための周囲の具体的なかかわり方について示され、「ケア」のために社会資源を動員していくという構想が示されている。

3－5 痴呆ケアと相互作用の主体（2000年代）

介護保険制度施行前後から2000年代にかけては、1990年代後半から提起された「痴呆ケア」の位置づけがより明確になっていく時期だと言えるだろう。2000年度の介護保険施行後、身体的介護の枠組みでは対応しきれない痴呆性高齢者[34]の介護が、今後の第一の課題[35]としてあげられていくことになる。そして、「痴呆ケア」を介護の一特殊分野として見なすだけでなく、高齢者介護全体を見なおす上での重点的課題として位置づけようとする認識が示されてきている。

こうした「痴呆ケア」の独立した位置づけは、新たな痴呆・痴呆性高齢者像の設定を伴っている。高齢者介護の大きな方針転換を象徴的に示した文書である「2015年の高齢者介護」（高齢者介護研究会, 2003）に、以下のように示されている。

　　痴呆性高齢者は、記憶障害が進行していく一方で、感情やプライドは残存して

いるため,外界に対して強い不安を抱くと同時に,周りの対応によっては,焦燥感,喪失感,怒り等を覚えることもある。徘徊,せん妄,攻撃的言動など痴呆の行動障害の多くは,こうした不安,失望,怒り等から惹き起こされるものであり,また,自分の人格が周囲から認められなくなっていくという最もつらい思いをしているのは,本人自身である。こうしたことを踏まえれば,むしろ痴呆性高齢者こそ,本人なりの生活の仕方や潜在する力を周囲が大切にし,その人の人格を尊重してその人らしさを支えることが必要であり,「尊厳の保持」をケアの基本としなければならない(「2015年の高齢者介護」:38)。

　ここで述べられているのは,痴呆性高齢者につらさを感じる感情やプライド,すなわち自己が存在しているという指摘である。もちろん,こうした指摘自体は,これまでも,「痴呆性老人には感情が残存している」(「痴呆性老人対策推進本部報告」)などの形で,1980年代から指摘されていた。だが,ここで示されている認識において重要な点は,「問題行動」と呼ばれる,痴呆の介護において最大の問題とされてきた「症状」が,痴呆性高齢者の自己意識の存在との関係のもとで「行動障害」として位置づけられている点である。痴呆性高齢者本人の感情やプライドという自己が存在するため,周囲の対応や自分の置かれている状況に対して反応して何らかの行動を起こし,「行動障害」という痴呆症の症状の典型(とされるもの)が生じているとされるのである。すなわち,周囲の者や環境などに対して反応し何らかの適応行動をとろうとする,相互作用の主体としての痴呆性高齢者が政策言説の中に設定されることになる[36]。

　こうした痴呆性高齢者像は,二つの意味を持っている。一つは,呆けゆく者が自己(意識)を持ち周囲と相互作用する主体であるとして,われわれ,あるいは痴呆となる以前の彼女／彼と連続的であることを明示した点である。このことは,われわれの側から痴呆性高齢者の自己に対して配慮する必要があるという主張につながっている。

　もう一つは,これまでは変わることのない症状と考えられていた「問題行動」が「行動障害」とされ,かかわり方によって変容可能であることを主張している点である。これは同時に,「行動障害」が変容すること自体が,自己(意

識）の存在の根拠であるという循環の論理の中に置かれている。そして，その呆けゆく者の変容は，われわれと痴呆性高齢者との相互作用の中で，われわれが適切にかかわっていくことや，かかわりの場を設けることで可能となると位置づけられている。こうした痴呆性高齢者像と「はたらきかけ」の理念をもとにして，小規模多機能施設やユニットケア，その場に対応した職員のケア技法の研修等が具体的な政策として強調されていくことになるのである[37]。

4　「新しい認知症ケア」の生成

　前節では，痴呆に対する「はたらきかけ」の変容について，寝たきりに対する「はたらきかけ」との関係に注目しながら検討してきた。政策の中における像の大まかな変遷は，それぞれ**表1-2**，**表1-3**のようになる。その変容のプロセスを，まずまとめておこう。

　心身の衰弱した老人に対する「はたらきかけ」の明確な対象認識が不在の時点から，まず身体的な虚弱状態（床に臥せった状態）が，寝たきりという言葉で把握され，予防・リハビリによって避けるべき目標として位置づけられていった。そして，同時に，1990年代以降，「寝たきり度」として概念が精緻化されていく中で，身体の部分ごとの機能を補うための，介護サービスの必要(ニーズ)がある主体として位置づけられていった。

　痴呆の場合も，その過程を半歩遅れて，そこに含み込まれる形で対象設定がはかられていく。その際，その状態は，一般的な加齢の結果としてではなく，疾患に起因するものとして対象にされていく。まずは脳血管性痴呆の判別という関心のもと，予防・リハビリの論理へと接続するものであった。すなわち，脳血管性障害にならないような「はたらきかけ」が提案されていくのである。

　だが，痴呆における予防・リハビリの論理は，以下のような二つの壁に直面することになる。一つは，予防・リハビリの論理の内に，痴呆性老人に含まれる対象全体を含めるのが困難であること。もう一つは，部分ごとに介護サービスの必要がある——そのため個々に必要な支援を利用する——主体と

表1-2 要介護（寝たきり）像

	定義（像）	原因	対策（対処）
60～70年代	・明確な規定不在 ↓ ・自主性を喪失した主体 ・寝たきり	・社会的孤立 ・健康・就労機会の不在	・壮年期からの努力 ・就労等支援 ・奉仕活動のうながし
80年代	・寝たきり ↓ ・寝かせきり	・周囲の不適切な対応	・中間施設からリハビリで家庭復帰 ・三段階の予防モデル （疾病，障害，障害悪化）
90年代前半	・重介護の象徴 ・寝たきり度の設定 ・介護ニーズが複合する身体 （生活動作ごとの介護ニーズ）	・周囲の不適切な対応 ・自主性の発揮が難しい環境	・予防（①段階に応じた予防，②生活＝予防・リハビリという発想） ・寝たきりゼロ作戦 ・必要な介護サービスの利用
90年代後半 ～介護保険以後	・潜在的な自立・選択の主体	・介護システムの不備 ・未成熟な社会意識	・社会参加活動を含むリハビリ ・予防的ケア

表1-3 痴呆・呆け・老年期の精神疾患

	定義（像）	原因	対策（対処）
60～70年代	・老人の精神障害 ・施設入所老人からの逸脱	・老化，周囲の環境，身体的状態の悪さなど複合要因	・周囲の励ましによる自主性の発揮 ・分離処遇
80年代前半	・精神病患者 ・要介護老人の一部	・社会変動（①扶養機能の脆弱化，②相互連帯意識の希薄化）	・医師の治療 ・施設（在宅サービスで補完）
80年代後半	・疾患に起因した状態 （ぼけ／痴呆の区別） ・感情残存	・疾患（特に脳血管性障害）	・早期発見と予防の強調 ・啓発活動 ・全人的ケア
90年代前半	・要介護者（要介護／不要の区別）		・現行の介護システムへの取り込み
90年代後半 （～介護保険）	・新しい環境への適応困難な主体	・アルツハイマー型増加の指摘 （治癒不可）	・適切なケアのための早期発見，診断 ・予防・リハビリの強調（脳血管性） ・介護予防・生きがい支援（軽度痴呆）
2000年代 （介護保険以後）	・選択－決定システムへの適応困難	・選択主体であり続けるための制度が未成熟	・権利擁護制度 ・初期認知症の診断，認知症に関する情報提供
	・環境変化に敏感でコミュニケーション困難	・不適切な環境と周囲の対応	・生活支援の場の確保 ・コミュニケーション重視の介護技術

して位置づけることが，難しいということである。それは，部分ごとの介護の必要度という尺度に乗せることが困難なためである。すなわち，予防・リハビリの主体，ならびに，そこから派生する「介護サービスを部分的に利用する主体」という像から外れてしまう痴呆性老人という「他者」をどう位置づけるかということが課題となっていく[38]。それは，具体的には，アルツハイマー型痴呆の増加という事態の認識と強調とともに現れた。

そうした予防・リハビリという論理の枠内に入れることが難しい痴呆への注目とともに，「痴呆ケア」という「はたらきかけ」へと焦点が移っていった。つまり，避けるべき目標として痴呆を設定した上での事前の対応（＝予防・リハビリ）を追求するという方向性とは異なる，「いま，ここ」の痴呆をかかえる人自体を対象とするような対応（＝ケア）の論理が1990年代後半から政策言説の中に現れてきたのである。そして，2000年代以降に現れる痴呆ケアを中心としたモデルとは，そうした痴呆ケアの論理の基盤となる痴呆性高齢者像の基礎づけであった。それが，相互作用の主体という像である[39]。こうした像の設定により，かかわり方による相手の変容という論理が明確になり，各種の「はたらきかけ」が生み出されていくのである。

以上で見たように，1990年代前半までの予防・リハビリの論理の展開の窮屈さに対して，1990年代後半以降に「痴呆ケア」の試みの重要性が提示されていき，2000年代以降，その基盤に相互作用の主体という痴呆性高齢者像が置かれる。昨今，提示されている「新しい認知症ケア」の新しさはそうした人間像が設定された上で，様々なはたらきかけが構想されている点にあるのだ。

では，以上の変遷についての考察を踏まえて，最後に，こうした相互作用の主体という像の設定が，本書が考えていく呆けゆく者とのコミュニケーションに対して及ぼしうる影響と，考察していくべき点を，仮説的に数点指摘しておこう。前提として確認しておかなくてはならないのは，相互作用の主体という像の設定が，そのまま，呆けゆく者の「いま，ここ」での存在のあり方を認めていくことと等しくなるわけではないということである。

5 「新しい認知症ケア」の意義

5-1 予防・リハビリの論理との距離

まず考えていくべきことは，相互作用の主体として呆けゆく者の像が設定されていくことで，「はたらきかけ」のあり方が，それまでの予防・リハビリの論理——否定的な状態にならないことを目指すような「はたらきかけ」——と，どれだけ違ったものとなりうるかという問題である。

その問題について，何人かの論者から危惧の見解が示されている。たとえば，天田は「呆けゆく者」との関係性の中に生起する新たな自由を，先駆的な宅老所で行われてきた他者の操作不可能性を前提としたケア実践の中に見出そうとしている（天田 2004: chap 4）。天田の問題認識の根幹にあるのは，老い衰えゆくということが，本人にとってもかかわる者にとっても徹底的に不自由な経験となっているということである。そうした中で，自由と言えるような経験や関係性が見出せないかということを探っている。

天田の言及している先駆的な実践とは，「即興劇」と呼ばれるような実践である。この実践においては，ある種のあきらめを前提に，呆けゆく相手の振る舞いに対して，徹底して受動的に合わせることから，職員の側の能動性が引き出されるという。天田は，本書で言う，相互作用の主体としての認知症高齢者像の設定とそれに基づくケアの制度化が，そうした実践とは異なり，呆けゆく者を一定の操作可能な固定した像として設定した「はたらきかけ」への志向につながってしまう可能性を危惧している。具体的には，2000年前後からの，政策における小規模多機能ケア施設などの機能の過剰な称揚と一律な制度化は，それまで蓄積されてきた各地の宅老所の中での先駆的実践——「根源的偶有性」に基づく自由を可能とするような実践——を忘却することにつながってしまうのではないかと批判的に述べている（天田 2004: 40-2）。

また，1980年代から特別養護老人ホームなどで独自の介護実践を主導してきた理学療法士の三好春樹は，「関係障害論」をとなえ，周囲の対応が「問題行動」と言われる呆けや認知症の本質とされる状態を作っていることを主張してきた。しかし，一方で三好は，周囲の関係や環境を因果的に認知症の

原因として同定する考え方や，そうした発想に基づいたユニットケアの制度化を批判している（三好春樹 2003, 2005: 134-45）。もちろん三好はユニットケアのすべてを批判しているわけではなく，介護職が固有の問題に対応していく中で，色々な方法が生み出され，それがユニットケアである場合は，それを評価するという論理をとっている。したがって，三好の批判は，ユニットケアという方法を一つの制度として，そうした制度によって認知症や呆けに影響を与えることができる，という論理が想定されている点に向いていると言えよう。

以上で例としてあげた論者たちの批判は，相互作用する主体という像を前提に置いた上で，相手の状態を変容させることが，呆けゆく者にかかわる周囲の標準的な目的として設定されていくことや，変容することが「はたらきかけ」の与件となってしまうことの問題性を指摘しているのだと思われる。

「新しい認知症ケア」の潮流に，論理的な意味で影響を与えてきたと言える先駆的実践家や，先駆的な実践の場へのフィールドワークを行ってきた論者が以上のような問題性を指摘していることに注意が必要であろう。第3章で詳しく論じることになるが，認知症症状とされる様態は，異変への気づき難さ，診断の非均一性などから，どの時点からが「本来の」疾患の症状なのかという判断が容易ではなく，また，どこまでの範囲の行動を疾患に伴うものと理解すべきなのか難しいという特徴を持っている[40]。そのために，認知症ケアは，本来的には変容の予測が困難な偶然的な試みであり，そうした偶然的な発見を模索していく過程として実践され，語られてきた。そうした実践の中から「周囲のかかわり方による変化」が見出されてきたとするならば，それは，結果の担保がない中で，相手を「人間」として想定して，試行錯誤しながら「はたらきかける」ことで，事後的に見出されていくような性質のものであろう。呆けゆく者の存在のあり方をそのまま認めるということは，本来的には，そうした試行錯誤の実践空間をそのまま認めることを意味している[41]。

だが，「新しい認知症ケア」が理念として設定され強調されていくことは，そうした先駆的な実践の空間から見出された呆けゆく者の変容を制度の文脈に乗せ，達成が期待されるべき目標として掲げるものである。確かに，そこで提示されているのは，予防・リハビリの論理に見られる，否定的な状態に

ならないことを目指した「はたらきかけ」ではない。だが，ある一定の変容の像を設定した上で，それを目標に「はたらきかけ」を編成していくことが，担保のない人間性の承認という立場から見たとき，明確な目標設定を置いた上ではたらきかける予防・リハビリの論理に近いものに見えることになると考えることもできるだろう。したがって，そうした危惧を踏まえて，「新しい認知症ケア」の論理が，呆けゆく者の生活する場や，かかわる主体との関係で，予防・リハビリの論理とは違った帰結に結びつくことになるのかどうかを考察していくことが必要になる。

5-2 有責性の発見

「新しい認知症ケア」の根拠として，呆けゆく者を相互作用の主体として設定することによって，認知症に対して周囲からの何らかの効果的な「はたらきかけ」の可能性が拡大する。5-1で述べたことと強く関係しているのだが，そうした「はたらきかけ」の可能性の出現が，呆けゆく者とつきあっていく周囲の者に対して，どういう意味を持ってくるのかを検討していく必要があるだろう。

相互作用の主体という設定は，通常の生活の中で呆けゆく者とかかわっている者が，呆けゆく者の状態や意思に対して強い影響を与えているという感覚を強める。こうした相手の意思・意図に配慮し，ケアを行っていく必要があるというメッセージは，直接は専門的なケアワーカーなどに向けられたものである。

だが，周囲との相互作用が，自己意識に影響を与えるという経路の発見は，少なくとも呆けゆく者の状態を不可逆的な疾患の発現である症状としてとらえることとは大きく異なる。コミュニケーションそのものが，相手の自己への「はたらきかけ」であり，変容のための一つの要因という意味を強化する。

コミュニケーションは，ケアワーカーとの間に限らず生活を共にする家族との間にも当然生起する。いわばよかれ悪しかれ，論理的には——その不可能性の判定を含めて——唯一変容にたずさわる可能性を有していた「聖域」としての医療領域から，家族にとっては，その専門性が曖昧に見える介護・ケアの領域へと「降りてきた」ということである。ゆえに，ケアワーカーと

のかかわりにしろ，家族とのかかわりにしろ，ともにコミュニケーションとして，類似の意味を持ったものとして映ることになってくるだろう。

　以上のような変化は，目標設定が困難である呆けゆく者の介護において，相手に対する「はたらきかけ」自体が，何らかの意味を持っているという信憑性を周囲の者に与えるという肯定的な意味を持ちうる。しかし，一方で，そうした「はたらきかけ」が，呆けゆく者の周囲の者が置かれている状況や，彼女／彼らの「能力」——それは置かれている状況と深く関係している——のもとで可能なのかどうか，という問題を提起する。すなわち，目標として相手の変容が強調されていく一方で，それに到達するだけの十分な条件があるのか，いかなる条件が必要となってくるのかという問いが浮上してくるのである。

5－3　道徳性の上昇

　さらに，相互作用の主体という設定によって，呆けゆく者とのコミュニケーションが，強く道徳性を帯びたものとなっていく可能性があることに注意する必要がある。

　認知症高齢者に対するアプローチの変遷について論じている永田久美子によると，すでに1980年代から，「痴呆の人にしっかりと向き合っていた現場」の職員の課題として，相手の言動の背景や意味を探りながらの個々に応じたケアへのとり組みがあったという（永田 2003: 863）。また，家族向けの出版物などにおける「1.お年寄りを安心させる，2.プライドを傷つけない，3.お年寄りのペースに合わせる（できることはしてもらう）……」（笹森［1989］2001: 10，東京都老人総合研究所 1993: 89）といった介護の基本の提示に見られるように，家族介護者が効率的な介護を行っていくためのアドバイスとして，呆けゆく相手の意思・意図を汲み取ることの重要性は指摘されてきた。

　しかし，近年の相互作用の主体という設定は，そうした介護の効率や達成のために相手の意思・意図を強調するということを超えたメッセージを発している。もちろん，相手の意思・意図に注目することの重要性は，結果として介護者にとっても効率的な介護を可能にするという論理の中で述べられる場合もある。だが，近年の傾向は，呆けゆく者本人の意思・意図を措定して，

その意思・意図を持つ自己に「人間」としての配慮を向けていくことを強調するようなものである。すなわち，呆けゆく者の自己そのものを，介護を行う中で目的として重視しなくてはならないという意味を持ってきているのである。

　こうした呆けゆく者像の設定と「はたらきかけ」のあり方は，第一義的には，ケアワーカーに向けてなされたものであろう (cf. 野村 2004)。だが，5－2で述べたように，かかわり方とは，疾患に対する「はたらきかけ」(投薬に代表される医療行為) などと違い，多くの人にとって直接的な関与が可能に思われるものであり，かつ，疾患に起因する行動を投薬や物理的手段によって抑えることとは違い，行為として抵抗の少ないものである。そのために，呆けゆく者と出会い，コミュニケーションを続けていく家族にとっても，一つの理念として意識されるものとなっていくということが考えられる[42]。

　目的としての相手の自己への配慮とは，相手をわれわれの道徳の対象としていこうということである。その道徳的配慮は，相手と同居をしている場合は24時間の実際の介護の中で，別居の場合でも相手の生に対する責任を強く意識した中で，なされていかなくてはならない。そうした状況下において，相手の自己に対する道徳性重視の傾向が何をもたらしていくのか。また，そうした呆けゆく者の自己へ配慮したと言えるような状態へと，実際にはどのようにしたら近づいていけるのか。これらのことは，家族介護と呼ばれる，呆けゆく者との実際のコミュニケーション過程の考察を踏まえた上で考えられていかなければならない。

　次章では，本章で見たような「新しい認知症ケア」が強調されている状況を踏まえた上で，呆けや認知症という現象の考察における社会学的なアプローチの潮流について概観する。そこで概観するアプローチは，これまでの呆けや認知症のとらえ方について批判的な観点を持ち，呆けゆく者の自己の存在を強調するという点で，本章で見た「新しい認知症ケア」の考え方と近似したものである。そうしたアプローチが提起した可能性と，実際の研究の展開とを批判的に考察した上で，第3章以降の呆けゆく者との／をめぐるコミュニケーションの考察を行う意義の確認と，より具体的な分析課題の設定を行っていきたい。

注

1 たとえば,「2015年の高齢者介護」で認知症ケアの重要性が強調される一方で, 2006年から施行予定の2005年改正の介護保険制度では, 認知症高齢者向けの新しい施策はなく, 介護給付全体の抑制の流れの中で, 後発の認知症高齢者向けの施策であるグループホームの数が抑制される傾向にあるという (日本経済新聞2005年12月16日朝刊)。こうした事例は, 理念の展開と現実の実態に乖離があることを示しているだろう。しかし, 本章では, 呆けゆく者, 認知症に対する理念, すなわち, まなざしの位相のみを問題としている。

2 2004年10月に国際アルツハイマー病協会の国際会議が, 日本支部である「呆け老人をかかえる家族の会」主催で開催された。この会議においては, 認知症と診断された当事者である者が講演を行うなど, 認知症の人の人権ということがメインテーマの一つとされた。

3 2004年12月に公的な文書において認知症という用語を使用することが決定され, 公的な文章では認知症という用語が用いられている。また, 2005年6月の介護保険法改正において, 介護保険制度の文言として認知症という用語を使うことが定められた。

4 若年認知症患者を中心に, 本人が積極的に講演をしたり, マスメディアに登場したりするようになってきている (ex.『りんくる』2005年2号の「認知症の人が語る」特集の越智俊二氏)。認知症当事者の気持ちや, その気持ちを引き出す実践, 周囲との関係などをまとめた著作として, 一関 (2005), 呆け老人をかかえる家族の会 (2005), 太田他 (2006) など。

5 「PPK」とは,「ピンピンコロリ」の略である (宮本2000:72)。井上勝也は, 日本各地のぽっくり寺への参拝者にインタビューをして, ぽっくり死にたいという願望は, 寝たきりや「ボケ」になった老人は, 非人間的な生を送ることになることを老人が承知しているから, と分析している (井上1978)。すなわち, 寝たきりやボケという状態に対する恐怖がその背景にあるとしている。2006年現在において, 法制化の動きが見られる尊厳死や安楽死の思想の源流である太田典礼の文章は,「PPK」の思想や論理を典型的に示したものである (大谷2005)。

6 1996年の「高齢者の生活と意識 第四回国際比較調査報告書」によると, 日本, アメリカ, ドイツ, 韓国, タイのうち, 日本の高齢者は健康が損なわれることや要介護状態になることへの不安感が最も強い (経済企画庁1998: 88-9)。この「非自立的な」状態に対して否定的な意識を持つ背景は文化によって異なることが, 意識調査やケアが行われる場へのフィールドワークなどから指摘されている。たとえば, アメリカでは,「非自立的」な状態になること自体が, 自立を至上の価値とする文化において否定的な意味合いを持つと考えられている (藤田1999)。一方, 古い調査ではあるが, 日本では, 家族など周囲の者に迷惑をかけたくないという点が, 要介護状態への忌避感の大きな理由となると指摘されている (井上1978: 200)。

7 広井良典は, 医療と福祉が一体化した介護・ケアという制度的領域が出現し,「医療モデル」ではなく「生活モデル」的な考え方が現れてきている現状を, 慢性疾患の時代から老人退行性疾患へという疾病構造の転換と結びつけてとらえている (広井2000: 34-44)。

8 こうした「はたらきかけ」方は, 現代では, 実態調査やアメリカの法律などにおいて, 虐待の一類型として規定されている「ネグレクト (neglect)」に分類されるだろう (高齢者処遇研究会1997: 5-7)。「ネグレクト」とは, 放置・世話の怠慢を指している。こ

れが虐待という行為の一類型になるのは，社会的通念に照らしたときに，可能なだけの「はたらきかけ」を行わない——「必要」(武川 2001)を満たさない——という不作為の行為ととらえられているためである。その行為が「無意図」であっても定義上「ネグレクト」に含まれる(寝たきり予防研究会 2002: 1-4)。すなわち，現在，寝たきりなどで，生活上「非自立的」な状態の高齢者に対しては，一定水準以上の世話をしなければならない，という通念があることを意味している。その世話とは，相手を回復させることとは異なるが，相手の生活を一定の状態に保つために，積極的なはたらきかけをするということである。

9　上野千鶴子は，哲学者のケア論を，規範性，抽象性，脱文脈性，脱ジェンダー性を帯びたものとして批判した上で，ケアの社会学的アプローチを，歴史的社会的文脈のもとで，ケアがいかに配置され，遂行されるかという，経験的な問いに答えるものとしている(上野 2005: 29-34)。本章の議論も，内容をあらかじめ規定することなく「はたらきかけ(＝上野の言うケア)」の変遷を見ていこうとするという意味で経験的アプローチの一つである。

10　社会史的な方法を用いて，近代以前からの呆けや痴呆へのまなざしを問うている研究もあるが(ex. 新村 2002)，本章では，政策において老人福祉という領域が生まれた1960年代以降の政策言説の資料に限定して考察する。

11　本章では主に，『社会福祉関係施策資料集』(全国社会福祉協議会 1986-2004)を用いて，検討対象施策を選定した。選定は，①高齢者福祉関連施策をリストアップし，②文章中に，「寝たきり」「痴呆」「要介護者」などへの言及を含むものを選び，③全体の論調の中で，その時期の傾向を示すものを選ぶという三つの手順で行った。引用する際には，初出時に提示主体と年が分かる形とする。また，より詳しい資料も掲載されている刊行物(厚生省大臣官房老人保健福祉部老人保健課 1989，厚生省保健医療局・痴呆性老人対策推進本部事務局 1989，厚生省老人保健福祉局企画課 1994)も参照した。

12　本章は，政策文書中の家族の規定のあり方を追った研究(庄司洋子 1984，土屋 2002: chap 2, 藤崎 1998: chap7)を参考にしている。また，『厚生白書』における「介護」の行為内容と行為者属性の変化を追った森川(1999)も参照。

13　柄澤昭秀によると，痴呆性老人対策は地方自治体の事業が先行し，1987年の国の事業から医療面での対策が進んでいった(柄澤 1999)。たとえば，東京都では1973年に第1回の調査，1980年に実態調査が行われた。その後，テキスト作成，ショートステイ，特養特別介護等の設置などの独自事業が行われた。自治体の先駆的調査・事業として，横浜市，神奈川県，川崎市，大阪府，愛知県，名古屋市，福岡市，北海道の専門的調査がある(柄澤 1999: 133-5)。

14　天田は，日本における，寝たきり老人と痴呆性老人が表象される領域の違いに注意をうながしている。天田によると，前者は，社会政策，福祉領域で主に用いられる公的用語で，後者は生物 - 医学的なまなざしから構築された言葉だとする(天田 2003: 145, 注33)。その考察を前提とするならば，より深く，日本社会全体における表象のあり方に迫るためには，医学領域における概念形成と，社会(たとえばテレビ，新聞，雑誌などのマスメディア)や政策との相互作用を考えていく必要があろう。

15　1969年の『厚生白書』では，身体的状態の悪い人に痴呆が多いという統計資料が示され，そこから，「寝たきり」状態に近づくことと痴呆の悪化とは関係があるという認識が示されている。

16　1967年に東京都社会福祉協議会が初の『寝たきり老人実態調査』を行い，その後，1968年の全国社会福祉協議会の調査，1969年の厚生省の実態調査へと続いていく(宮

崎 2002: 517)。

17　1969 年には厚生省が初の寝たきり老人対策の予算請求をし，『厚生白書』に要介護老人の問題がとりあげられている。ただし，岡本祐三によると，寝たきり老人問題は，寝たきりという状態そのものが社会問題化されたというより，悪徳な老人病院告発キャンペーンの中でのシンボルとして問題化されたという（岡本祐三 1996: 72）。

18　「要介護老人対策の基本的考え方といわゆる中間施設のあり方について」(1985) では，リハビリテーションの理念のもと，デイサービスやショートステイなどの在宅型のサービスと入所型施設の双方が検討されている。

19　リハビリは，「全人的復権」と訳されるリハビリテーションの略で，対象領域，時代に応じてその言葉が含意する内容は相違を見せる（cf. 上田 1983: 6-12）。本章の寝たきりに対する「はたらきかけ」の文脈では，疾病や障害を得た状態から通常の状態へと復帰するための医学的・身体的訓練を主に指している。一方，予防とは，厳密には，要介護状態になる，あるいは状態が悪化する要因となるリスクファクターを防ぐようなはたらきかけをして，疾患や障害を持った状態になることを防ごうとする試みである（ex. 転倒予防，脳卒中予防のための健康教育，引きこもり予防など）。しかし，要介護とされる状態は，「健常」状態と障害との連続的な過程全般を指すため，両者の区分はそれ程明確とならない場合が多い。そのため，寝たきり対策の文脈では，「介護予防」という表現のもと，次の衰えの段階を予期的に見据えて，そこへの到達を防ぐために生活改善や運動などのリハビリを行うといった意味合いで使われている。そこで言うリハビリは，「現状を維持する」といった意味に近くなる。2005 年度改定の介護保険制度における筋肉トレーニングを中心とした介護予防の強調も，以上のような意味での予防・リハビリの論理の延長上にある考え方である。すなわち，寝たきりという最終段階を，直接に避けるべき目標と置くのではなく，それより以前の段階である「要介護」となることを避けるという目標のもとに行われることになる。

20　この時期，虚弱な老人に対する施設処遇の対象（被収容者）は「身体上又は精神上著しい欠陥があるために常時介護を必要とする老人」と記されているが，重い精神疾患を有する老人の入所は別枠ととらえられている。たとえば，「今後の老人ホームのあり方について」（中央社会福祉審議会老福専門分科会，1977）では，老人が①現在重介護，②援助が必要，③将来的に援助が必要という三類型に分けられ，それぞれに対応した施設を設定するという今後の方針が示されているが，精神疾患を有する老人は，上記生活施設への適応が難しいため，別施設での処遇が必要だと位置づけられている。また，1981 年時点で，「厚生省の所轄課長は『老人ホームの入所者がぼけていく場合はお世話していますが，本来（痴呆老人の対策）は精神衛生対策の分野。狭い意味での老人福祉では何の対策もありません』…（昭和 56 年 1 月 13 日付毎日新聞『記者の目』）」（森 1983: 21）と述べている。

21　この他，「老人福祉の在り方について（建議）」（社会保障制度審議会，1985）でも，要介護老人一般の中で処遇する方針が示され，痴呆対策は分離処遇ではなく，一般の重介護を要する人と同様の施設処遇，在宅サービスでの補完が望ましいとされている。

22　この時期，寝たきりについては「在宅」への橋渡しとなる中間施設の重要性とそこでのリハビリについて論じられている。だが，痴呆については，「『ねたきり』を中心とした要介護老人対策の体系のみでは対応しきれない問題」という別立ての検討課題として先送りになっている（「要介護老人対策の基本的考え方といわゆる中間施設のあり方について」）。

23　この会議における「痴呆性老人」という名称については，医学的に痴呆と判定される人だけでなく，老年期において物忘れなどから「呆け」とされる状態の人も対象と

するため,「痴呆性」という名称となったという(当時,同会議委員の一人中嶋紀恵子氏との2004年10月の国際アルツハイマー病協会国際会議における個人的会話より)。

24　辻正二は,1970年代から1990年代にかけての老人の社会問題化のされ方を概観し,老人問題から老後問題へ,そして,1980年代に興隆する高齢化社会問題へという流れを指摘している(辻2000: 2-8)。老人問題・老後問題が,高齢者個人の生活問題であったのに対して,高齢化社会問題の特徴は,社会システムの問題として語られることにある。1980年代に入って,要介護問題が強調されたのも,年金問題に加えて介護問題が社会システムと関係した高齢化社会における問題の一つとして語られるようになってきたためと言うこともできよう。

25　昭和63年度厚生科学研究特別研究事業の「寝たきり老人の現状分析並びに諸外国との比較に関する研究」では,寝たきりという用語の多義性を指摘し,精確な状態を指し示す概念を設定して,諸外国の障害老人の統計との比較を試みている。その考察の結果として,欧米諸国(イギリス,スウェーデン,アメリカ)に比べたとき,日本における厳密な意味での寝たきり(ベッドに常に寝たきり)の多さが指摘されている(厚生省大臣官房老人保健福祉部老人保健課 1989: 5-16)。

26　老年痴呆とは,老年後期に見られる症例で,アルツハイマー病と同様の病理学的な特徴を持つとされている。ただし,1980年代中盤の研究者による記述では,疾患の本質は同様でも臨床像に若干違いがあるため,若年期に発症するアルツハイマー病と老年後期の老年痴呆とは区分する必要があるとされている(柄澤1985)。しかし,このころから,老年痴呆を,アルツハイマー型老年痴呆(senile dementia of Alzheimer type)と呼ぶことが一般的になってきているとも記述されている(厚生省保健医療局・痴呆性老人対策推進本部事務局 1988: 48-9)。

27　この時期の10都道府県の調査結果より集計した在宅の痴呆性老人の原因による分類は,男性の場合,脳血管性痴呆が54.6%で老年痴呆(アルツハイマー型)が21.8%,鑑別困難な痴呆が14.0%であり,女性の内,脳血管性痴呆が38.7%で,老年痴呆が35.0%,鑑別困難が,14.6%となっている(大塚・清水1986)。この調査結果と各国の疫学的調査を引用して比較している痴呆性老人対策推進本部事務局によると,脳血管性痴呆がアルツハイマー型より多いのは,欧米諸国と逆傾向で,それは日本における脳血管障害の発生率が欧米より高いことが一因ではないかと述べられている(厚生省保健医療局・痴呆性老人対策推進本部事務局 1988: 45-6)。

28　もちろん,判別・診断は,脳血管や神経の変化を伴った疾患である痴呆とは違う枠組みでの対応が必要な老人性うつなどの対象(=治る痴呆,仮性痴呆)を除いていくという意味でも強調された。

29　こうした身体介護中心の要介護老人把握について,呆け老人をかかえる家族の会代表の高見国生は痴呆性老人対策に関する検討会における意見陳述において,①痴呆初期の対応が重要であるにもかかわらず,要介護とそうではない痴呆とを分けることは好ましくないこと,②寝たきりの痴呆は,意思疎通の問題等から通常の寝たきりとは違う問題をかかえることになるので,痴呆としてカウントすべきであることの二点を主張している(厚生省老人保健福祉局企画課 1994: 41-2)。こうした痴呆介護の異質性と介護の必要度の把握の難しさについては,要介護認定との関係で,介護保険制度施行時にも議論されている(石倉他編 2000: 81-7)。

30　呆け老人をかかえる家族の会の中心メンバーである笹森貞子(介護経験者)は,2003年時点の座談会で,それまで,介護保険制度の「自立支援」という理念に痴呆性高齢者が合致していない印象を持っていたと述べ,「痴呆性高齢者ケアモデルの確立」を一つの柱とした高齢者介護研究会の報告書『2015年の高齢者介護——高齢者の尊厳

を支えるケアの確立に向けて』(2003 年) において新しく掲げられた「高齢者の尊厳」という理念を高く評価している (高橋紘士他 2003)。

31 この理念の具現化とも言える 2000 年から施行の介護保険法の第一条では,「加齢に伴って生じる身体の変化に起因する疾病等により要介護状態となり……これらの者がその有する能力に応じ自立した日常生活を営むことができるよう,必要な保健医療サービス及び福祉サービスに係る給付を行い……」と, サービスを利用することでの自立という考え方が示されている。

32 1973 年から 1996 年までの, いくつかの地域における痴呆の有病率の疫学的調査 (36 件, パネル調査を含む) を集めて,各国の疫学的調査との国際比較も含めて,結果の比較検討を行った研究で, 1980 年代には脳血管性痴呆の割合が多かったが, 1990 年代に入ると, アルツハイマー型の割合の方が多い調査も散見されるようになってきたと指摘されている (中村・本間 2000: 369)。

33 具体的には, E型 (痴呆性老人対応) デイサービス, デイケアの充実の必要性, 痴呆性老人の受け入れ可能な施設のできる限りの増加, その上で, 精神病院, 老人病院, 老人保健施設, 老人ホーム等の役割分担の検討の必要性が示されている。

34 なお, 本文の記述においては, これ以降は, 政策において痴呆性高齢者という言葉が使われるようになってきたため, 高齢者という用語を用いている。杉井潤子は, 高齢者という言葉の出現が, 自立や主体性という概念の強調とともになされてきたことを指摘し, その陰で老人の依存性が隠蔽されていったと述べている (杉井 1995)。また, 1990 年代中盤以降, 白書等の文章で自立をキーワードとした「新しい高齢者像」が盛んに喧伝されるようになってきたことも指摘している (杉井 2002:80-6)。

35 介護保険制度の中で, 主に提起されてきた課題は, 要介護認定が身体的動作中心であるために, 主観的な負担感と介護度が一致していない——介護度が低く出る——とされる批判である。この批判に対して, 2003 年 4 月からコンピューターによる一次判定のロジックが変更されたが, それに対して, 要介護認定のスケールを作成した筒井孝子は, 痴呆症状ありとはどのような状況なのかを明確にせぬままに, 対応が展開していることを批判している (筒井孝子 2004: 52-4)。その上で, 痴呆に伴う介護負担の状態像を, 問題行動のある認知機能の低下した高齢者と, 認知能力が低下し身体機能が著しく低下した寝たきりでコミュニケーションの難しい高齢者の二つに分け, 痴呆の介護の負担とはどういった状態像に対する介護なのかを探っている (筒井孝子 2004: chap 2,3)。また, 現場, 当事者の視点から, そもそもスポット的な手助けとして提供されるというホームヘルプサービス等の性質が, 援助として使いにくい, かえって負担であるということや (ex. 佐藤義夫 2002, 庄司洋子 2003), 問題を起こさないようにするという痴呆老人介護における「予防的ケア」の側面が, 介護概念から抜けているという点も指摘されている (石倉他編 2000: 81-7)。

36 石倉康次は, 1994 年の「痴呆性老人に対する検討会報告書」における, 周囲の人間との関係の中で「心の痛みを感じやすい」という痴呆性老人の特徴についての記述を, 周囲との関係の中で問題をとらえようとしている社会学的な視点として評価しつつも, 痴呆症状の本質とされる問題行動についても, 人間関係の中で生起するという視点を持つことが重要だとしている (石倉 1999: 3)。それに対して, ここで述べられている相互作用の主体というとらえ方は, この石倉の立場から見た, 認知症に対する「社会学的な (=望ましい)」認識を示したものだと考えられよう。

37 たとえば, 痴呆介護研究・研修センター (2005 年度からは, 認知症介護研究・研修センター) が, 東京, 大阪, 名古屋と全国に 3 箇所設置され, 痴呆ケアに関する調査研究, 主に介護職に対する啓発活動を行っている (認知症介護研究・研修東京セン

ター 2005)。また，2005 年度からは，認知症ケアの 3 年以上の実務経験者対象の認知症ケア専門士という資格が，認知症ケア学会認定の資格として設けられている（http://www.chihoucare.org/ 参照［2006 年 3 月 1 日現在］）。日本認知症ケア学会（2004）をはじめとする 4 巻組のテキストが発行されており，上述のセンターにかかわる人たちが執筆している。

38 寝たきりの高齢者などに対する身体介護においては，予防・リハビリの論理における身体的自立から，介護サービスを利用しての自立／自己決定に基づく自立へと援助理念が変化してきたととらえることが可能であろう（近代における援助と自立概念の詳細な検討として，岩崎［2002］，また本章注 31, 34 も参照）。だが，認知症においては，そもそも，変化させる部分，補うべき部分を同定することが困難であるために，そうした理念の枠の中での議論自体が困難であったということができるだろう。

39 ただし，一方で利用者が介護サービスを選択・利用するというモデル設定がされたシステムの論理展開のもとで，認知症などに伴う不完全な自己を支援する装置として，表 1-3 に記した権利擁護制度が導入されてきている。

40 たとえば，認知症高齢者とされた人は，本人にとっての散歩も徘徊という認知症症状としてとらえられてしまう（阿保 2004: 50）などの指摘がある。そのため，症状と行動を区別していく方法の考察などが行なわれている（Shomaker 1987）。

41 近年の認知症ケアにおいて，「生活」や「暮らすこと」がキーワードとして重視されることが多い（ex. 認知症介護研究・研修東京センター 2005，和田 2003）。これは，目的 - 手段として設定できるような「はたらきかけ」のモデル（個別ケアという行為に近い概念）から距離をとり，新しい実践を場の雰囲気づくりや集団づくりとして位置づけていこうとする試みだと考えられる。

42 たとえば，国際アルツハイマー病協会の理事でもあり，当事者のスポークスマン的役割である，オーストラリアのアルツハイマー病患者，C・ブライデンは，夫のポールと共にマスメディアに出演し，「ケアパートナー」としての介護者の存在の重要性を主張している（Boden［Briden］1997 = 2003）。クリスティーンの手記や，ポールとの間のやり取り等は，出版物として，あるいはマスメディアでとりあげられるなどの形で紹介されている。また，注 4 であげた日本における当事者がかかわっている本も，基調として周囲からのはたらきかけの重要性をメッセージとして提示している。

第2章　呆け／呆けゆく者への社会学的まなざし

1　呆け／呆けゆく者という現象への社会学的アプローチ

　本章では，呆けおよび呆けゆく者に関する社会学的アプローチの論理構成の検討を通じて，前章で見たような「新しい認知症ケア」の潮流の中で，本書を含む社会学的研究が，いかなる議論をしていく必要があるのかを考える。その考察を踏まえて，本書の最終課題の確認と，その課題に向けて本書の範囲で行うことになる次章以降の呆けゆく者とのコミュニケーション過程の考察における分析課題を再確認する。

　まず，あらかじめ述べておくと，本章で検討対象としてとりあげる議論には，社会学的アプローチをとる学的な認知症研究とともに，先駆的なケア実践の理論化という性質の議論も含まれている。実践にかかわる議論も含めるのは，実践において提示されている命題や理論が，社会学的発想を一つの柱として構成されており，社会学的な発想を論理的に展開した姿を示していると考えるためである。また，逆に，学的な研究も，先駆的実践の場を議論のためのフィールドとしていることが多い。

　精確に言うならば，本章で議論の対象とするアプローチは，呆けという出来事や呆けゆく者に対する「はたらきかけ」のあり方を分析する社会学的な先行研究であると同時に，遂行的に，呆け・認知症という現象の理解の変更を求める，あるいは，あるべき理解の仕方を示す理解モデルとしての意味を持っている。このように，本章で扱う議論が，学的であり，かつ実践的なメッセージを持つという二重の性質のものであることに注目しながら先行研究を概観していくことになる。

　近年の認知症や認知症高齢者をめぐる研究においては，認知症とされる本

人の意思への注目や，本人の意思の無視や抑制につながる周囲の対応のあり方への批判といった志向が見られる。そうした志向は，第1章で見たような「新しい認知症ケア」という「はたらきかけ」の潮流と軌を一にしている。そうした志向に基づく研究は，これまで生物‐医学的原因に一義的に関係づけられて理解されてきた「問題行動」や「認知能力の衰え」といった認知症の症状が，関係や環境の中で構築されている面を多分に含んでいることを指摘する議論を端緒とし，先鋭的なものとして，周囲の「はたらきかけ」の仕方による認知症症状の「変化」「回復」という実践的な議論につながっていくようなものもある。

　本章では，そうした社会学的アプローチ[1]を，その端緒であり典型的な論理を示している「認知症の医療化（medicalization of dementia）」論を中心にとりあげて整理しつつ，下記のような手順で議論を展開していく。「認知症の医療化」論とは，呆けという現象が，生物学的な原因疾患に基づいた認知症症状として理解されていく過程を「認知症の医療化」として，批判的に同定・記述していくという特徴を持つ議論である。

　まずは，生物‐医療モデルに基づいた認知症理解に対する批判として理解されている「認知症の医療化」論という社会学的アプローチの要点を，医療化論と呼ばれる批判的議論の形式を明らかにしながら示す（2節）。次に，そのアプローチの展開とも言うべき議論やその論点を明らかにしながら，呆けや呆けゆく者とのコミュニケーションを理解していく上での，疾患モデルと関係モデルという二つの理解モデルを理念型[2]として取り出す（3節）。ここで言う理解モデルとは，呆けゆく者の像とそれを前提として試みられる「はたらきかけ」方についての枠組みであり，前章で述べた類型と同義である。特に，関係モデルの立場からの，従来の認知症理解に対する批判のポイントと，その立場が批判において前提としている疾患モデルの姿を明確にする。簡単に述べると，関係モデルは，従来の認知症理解のあり方を自身のネガである疾患モデルとして描き，それへの批判を行う中で，呆けゆく本人の意思・意図の存在を明らかにし，「人間」としての呆けゆく者への配慮を説く形になっている。ゆえに，こうした関係モデルの論理とそれを前提とした試みは，呆けゆく者を「人間」としてとらえていくことの意味や要件を考察していく

本書の最終課題に示唆を与えるものと言えよう。

　だが，以上のような対立の構図を中核とした議論の設定は，認知症という現象の社会学的な探求の可能性を開いた点で評価できるものの，理論的にも，日本社会における認知症をめぐる状況を踏まえたときにも，「認知症の医療化」論の有しているポテンシャルを，十分に発揮する形の展開ではない。そこで，次に，以上で示したような対立の構図を前提に生み出されている研究の方向性を批判的に検討しながら，本書のとる理論的立場を示す。その上で，どういった対象に焦点を当てて，その対象をどういった観点から考察していくべきなのかという次章以降の方針を論じる（4節）。

2　「認知症の医療化」論の構成

　まず，最初に，呆け，認知症に関する社会学的アプローチとして，「認知症の医療化」論という名称でくくることのできる潮流について検討する。この潮流の研究群は，主に欧米における，アルツハイマー型認知症への注目と，それに基づく医学的研究やケア体制の組織化という流れを念頭においた議論である。基本的な議論の内容としては，以下の二つの位相を含んでいる。第一の位相は，認知症に関するまなざしや知識，それに応じた制度などの変遷を「認知症の医療化」というマクロな歴史的変化として記述・分析することである。第二の位相は，呆けゆく者（アルツハイマー病患者など）と周囲のケア提供者（ナーシングホームやデイケアなどのスタッフ，あるいは家族）とのコミュニケーション場面における，医療化によって生まれた知識に基づく「はたらきかけ」のあり方を批判的に分析することである。

　第一の位相にあたる議論は，認知症という症状の定義や位置づけの歴史的変容過程についての議論である。医療化という概念をマクロな社会変動を記述する概念ととらえるならば，この過程自体の分析を進めていくことが医療化論の中心となるだろう。

　だが，「認知症の医療化」論という名称がついた議論を見ると，多くは第二の位相の議論が成立する前提として，第一の過程が論じられていることが多い。すなわち，第二のミクロな場面での問題は，第一の過程が進展するこ

とによって帰結すると想定されており，逆に，そうした第二の位相のような事態が存在することから,総体としての「認知症の医療化」という現象が「批判的に」議論の対象になっていくことになる。こうした二つの位相間の関係が問題意識に据えられていることを念頭において，本節では，まず，医療化論という形式の議論の構成を簡単に見た上で，その一部に位置づく「認知症の医療化」論の構成を見ていこう。

2-1 医療化論の批判的志向

　進藤雄三によると，もともと，医療化論は，医療専門職支配への批判的考察と並行した，伝統的な逸脱行動に対する病気ラベルの付与という，医療の統括権拡大の議論（Freidson 1970 = 1992）から，現代社会全域における医療システムによる社会統制を批判的に検討する議論（Zola 1972, Illich 1976 = 1979）へと拡大する形で展開していったという（進藤 1990: 174）[3]。こうした近代社会における，生活全般の医療化という議論は，医療化の進展に関する現状認識や，それを促進する医療専門職の性格や権力の程度について見解の相違はあるものの，現代社会の長期的趨勢として医療化という現象が認められるという点[4]，ならびに，そうした趨勢に対する批判や解放の方途を議論の中心としている点で共通している[5]。

　そうした，生活全般における医療による支配という趨勢命題をめぐって展開される「帝国主義的アプローチ」に対して，P・コンラッドとJ・シュナイダーによる議論は，主に逸脱現象という対象領域に限定して，その医療化過程を経験的・帰納的に明らかにすることを試みている。すなわち，悪や罪といった道徳の枠組みで説明されていた，アルコホリック，狂気，多動症などの個別の領域・出来事が医療化されていく過程を経験的に描こうとする「社会構築主義アプローチ」（筒井琢磨 1993）だとされる。

　彼らの提示する経験的研究の端緒となる広義の医療化の定義は，「非医療的問題が通常は病気あるいは障害という観点から医療問題として定義され処理されるようになる過程についての記述」（Conrad and Schneider 1992 = 2003: 1）となる。彼らが切り開いた潮流は，個別な領域・出来事の医療化の経験的・記述的な研究であり，社会学における医療化論と呼ばれる議論は，こうした

個別領域の医療化過程を経験的に描いていくという研究プログラムのもとで発展してきたとされている[6]。

　以上のようなコンラッドとシュナイダーの議論に対して，最もインパクトを持ち，医療化論の特徴をより明確にするきっかけとなった批判としてよく言及されるのが，P・ストロングによる批判である（Strong 1979）。その基調は，医療化論は，必ずしも現実的であるとは思えない医療者たちによる「医療帝国主義的意図」を想定した上で，それに対して「社会学帝国主義」から領土拡大・侵犯を図る議論に過ぎないという批判である。そうしたストロングからの批判に対して，コンラッドとシュナイダーは，自分たちの議論は，医療化を企図する主体（医療専門職）の意図を直接的に批判する議論ではないとし（Conrad and Schneider 1980），経験的研究として，多様な利害集団間における定義の政治過程としての医療化の分析を行っている。こうした理論的視角から，医療化とは，必ずしも医療専門職という主体が中心となって推し進める現象ではないということが指摘される。

　また，彼らの議論の特徴は，医療化過程をいくつかの個別領域において検討した上で，逸脱行動や出来事が，医療というシステムにおいて処理されていくことが，社会的にどのような帰結・機能をもたらすかということを考察している点にもある（Conrad and Schneider 1992=2003:chap 9）。この社会的帰結の考察においては，医療化の帰結を単純に否定的なもの[7]としてとらえようとしているのではなく，肯定的な帰結[8]も提示され，医療化の帰結の中立的な把握が試みられている。

　上述したように，コンラッドとシュナイダーの医療化論は，それまでの文明批判的な「帝国主義的アプローチ」に対して「社会構築主義アプローチ」として自己を規定している。しかし，何人かの論者が指摘するように，彼らのバージョンの医療化論においても，医療化という事態に対する，批判的な企図が含まれている，あるいは含みうると考えるのが妥当である（安藤1999，平井 2004，進藤 2003）。それは第一に，ある問題の帰属先が，他でもない医療という近代社会における特定の領域・論理に属し，その領域の論理で処理されていく事態を，自明のものと見なさず対象化するという意味においてである。医療という領域への帰属を問題として対象にしている点で，医療

という領域の強さ，あるいは他のシステムとの質的な相違に目を向け，それを前提としているということになる（進藤 2003）。

また，彼らは，医療化過程の記述だけでなく，医療化の進展が，その結果，どういう社会的機能を果たしているか，ということについても焦点を当てている。たとえば，個別事象の，特に逸脱行動に関する医療化過程を論じる研究は，医療化過程を記述した後に，コンラッドとシュナイダーが提示している医療化の帰結命題のうち，責任帰属にかかわる命題——たとえば，後述する「社会問題の個人化」など——を適用するなどして，その医療化の帰結を批判的にとらえる形式のものが多い。

では，特定の出来事・領域の医療化過程を描く「記述的アプローチ」の系に位置づけることのできる「認知症の医療化」論は，具体的には，どういった内容の議論であり，どのような意味での批判と言えるのだろうか。次に，「認知症の医療化」論の大枠を，その不明確な部分を再構成しながら，検討していこう。

2-2 文脈としての老いの医療化

「認知症の医療化」論の内容を最大公約数的に言えば，次のようになる。すなわち，高齢期にある者の呈する何らかの逸脱行動から同定される，呆け（dementia），耄碌（senility）といった現象が，医学的知識と関連づけられる認知症「症状」として理解され，その理解に基づき，医療制度や医療的知識に基づく処遇の対象となっていく過程を記述した研究群である。

具体的には，こうした「認知症の医療化」という言葉を使う研究は，精神医療史や社会学においてたびたび主題となってきた，狂気という逸脱が医療の対象として位置づけられていくことと同様の過程として，「認知症の医療化」という現象をとらえている（cf. Lyman 1993: 13-8）。この意味では，コンラッドやシュナイダーが分析している「狂気の医療化」論と同様の議論だと言える[9]。

しかし，「認知症の医療化」として言及される現象は，狂気などの逸脱の医療化とは違った文脈の中にもあることに注意が必要である。それがどういうことなのかを考えるために，ここで医療化の対象（＝「医療化されるもの」

として設定されている出来事）が何であるか，ということに注目して，もう一度「認知症の医療化」論が何を論じてきたのかを確認してみよう。

コンラッドとシュナイダーは，医療化の対象を，精神病，アルコール依存症などの「逸脱」，出生，死亡，加齢などの「通常のライフプロセス」，不妊や性的機能障害などの「共通の人間的諸問題」の三つに分けている（Conrad and Schneider 1992 = 2003: 1）。上述したように，「認知症の医療化」とは，呆け（dementia），耄碌（senility）として表現される逸脱的な振る舞いが，悪魔の仕業などの超自然的なものを原因とした逸脱や，道徳的な悪としてではなく，医学による理解と処遇の対象，すなわち精神疾患とされてきた過程である。

だが，加齢に伴う呆けの医療化は，逸脱の医療化であるとともに，「老い（aging）」という「通常のライフプロセス」の医療化の一部にもなっていることに注意が必要である。すなわち，「老いの医療化（medicalization of aging）」という文脈の中で，呆けが「通常の老い（normal aging）」と区別された病理である認知症症状として直接的な医療の対象となり（Gubrium 1986a: 71-8），その症状が，アルツハイマー病などの原因疾患の存在によって確定されるという構成になっているのである。こうした「老いの医療化」は，認知機能の衰えや奇異な振る舞いを加齢に伴う必然ではなく「異常な老い（abnormal aging）」であり，かつ医療の対象である認知症として規定する[10]。

こうした「老いの医療化」の文脈として，アメリカを中心とする老年医学研究の大きな傾向である「通常の加齢（normal aging）」論の視点がある。天田によると，アメリカの老年学研究においては，壮年期からの「老いの連続性」を重視して，否定的な老いのイメージである「老いの神話」を否定するようなアプローチが1970年代以降共通の前提であった。そうした問題関心の流れの中で，老年医学的アプローチの研究は，それまで老年期の衰えの必然的な過程としてとらえられていた呆けや耄碌という現象を，生物 - 医学的な疾患を背景に持つメカニズムから生じる認知症という「病理」，すなわち逸脱した老いとして位置づけていった（天田 2003: 92）。老年学（Gerontology）研究を解説している書によると，加齢には，「理想的な加齢」「通常の加齢」「病的な加齢」の三つがある（Atchley and Barusch 2004 = 2005: 41）が，この区分に

従うと,「通常の加齢」は,「病的な加齢」の代表格である認知症にならないで老年期を送る過程ということになる。さらに, 1980 年代から 90 年代にかけての, 老いを健康に生きることに力点を置く「サクセスフル・エイジング論」や高齢者の生産性や労働を強調する「プロダクティブ・エイジング論」の興隆 (安川・竹島編著 2002: 36-41) を念頭に置くと,「病的な加齢」と「通常の加齢」が分けられるだけでなく,「理想的な加齢」の前提として,「通常の加齢」は維持すべき最低限の目標となっていくだろう。

すなわち, 老いというプロセスの中に「認知症の医療化」を位置づけたものが「老いの医療化」である。そして,「老いの医療化」は, 単純に認知症という状態のみを, 医療がはたらきかけるべき対象としているのではない。「老いの医療化」という名の通り, すでに,「正常な」老いと「異常な」老いとの差異を判断していく時点での医療化過程を含意し, 真の認知症であるか否かという同定と診断の過程が,「通常のライフプロセス」である老いの過程に埋め込まれていくことになる。

「異常な」老いとして認知症が設定されることにより, 認知症という状態は老いの過程において避けるべき病理となり, それに対応した予防・リハビリなどの医療と密接に絡んだ「はたらきかけ」の要請が生まれてくることになる[11]。「老いの医療化」という文脈の中で見た時,「認知症の医療化」とは, 認知症という逸脱の像を「通常のライフプロセス」の中に作り出すと同時に, その認知症を医療の対象にするという二つの局面を内包しており, 認知症という状態をめぐって老いという時間的な過程が編成されていくことを意味しているのである。

こうした,「老いの医療化」という文脈で「認知症の医療化」を理解していくことは, 本書が,「何かおかしい」と他者 (あるいは呆けを見つめる自己) から見なされるようになっていく, 呆けゆく過程についての考察である点を踏まえると重要である。すなわち, 識別の過程や, 先を見据えた予防・リハビリという試みの出現までも含んだものが,「認知症の医療化」過程であり, そうした過程全体が問題となってくるのである。「認知症の医療化」のこうした性質が何をもたらすのかは, 4 節で設定する本書全体における課題との関連で詳しく述べる。

2－3　生物‐医療化とアルツハイマー型認知症

　では，そうした「通常の老い」から分節化される形で設定される認知症そのものが医療化されるとは，一体どういったことなのであろうか。「認知症の医療化」の歴史的過程を追った議論や，その議論が前提とする認知症（痴呆）の医学的知識や社会問題化を扱った（神経精神）医学史の記述にそって考えてみよう（Beach 1987, P Fox 1989, Robertson 1990, Holtsein 1997, 新福 1987 など）。

　「認知症の医療化」論において，「認知症の医療化」とは，個人の内部の生物‐医療メカニズムを背景とした現象として認知症が理解されるようになってきた過程を指している。19世紀以前から，痴呆，老年痴呆という概念は存在していた[12]。しかし，19世紀に入って，「疾患は，身体組織に何らかの痕跡を残すが，その痕跡はライフステージによって異なる」という病因論の隆盛の中で，疾病の考察に際して老年期が独立して考えられるようになっていき，老年期において細胞の再生ができなくなるという病理論が確立していく（P Fox 1989: 61）。その後，20世紀に入って，アルツハイマー病という疾病単位の発見の後，神経生理学（neurophysiology）のディシプリンの枠内で，老年痴呆（senile dementia）を老年期以前に痴呆症状を引き起こすアルツハイマー病の変性と結びつけて考えるという研究上の展開を契機に，「認知症の医療化」が進展してきたとされる。

　原因疾患として注目される脳の変性――アルツハイマー神経原繊維変化と老人斑――とそれに伴うとされるアルツハイマー病の症例は，すでに20世紀初頭にドイツの精神医学者であるA・アルツハイマー（Alois Alzheimer）によって報告（Alzheimer 1907）され，1910年にE・クレペリン（Emil Kraepelin）が，彼が執筆する教科書にはじめてアルツハイマー病という概念を載せた（Maurer und Maurer 1998 = 2004: 308）[13]。だが，その時期においては，その症例は，老年期以前（40~60歳）に発症するとされ，老年性の痴呆は，別の疾病単位として概念化され，病因もそれ以前と同様に多様なものが考えられていた（Holstein 1997: 1-2）。

　しかし，20世紀中盤になってから，神経精神医学の研究において，老年期の認知症患者の脳の病変が，アルツハイマー病変と同様のものであるとされ，老年痴呆が，アルツハイマー型痴呆症という症例として，アルツハイマー

病と同じカテゴリーの疾患と位置づけられていくことになる[14]。そうした医学上の「発見」の後，呆けがアルツハイマー病に転換されるアルツハイマー化が起きたとされる。たとえば，アメリカにおいては，アルツハイマー化は神経精神医学という学問上の展開からだけで説明できることではなく，心臓病とがんの研究資金獲得活動の成功に追随し，神経医学研究の資金獲得のための運動と関連している（P Fox 1989）。すなわち，アルツハイマー病変という神経医学的原因を持った疾患としての定義と，研究資金獲得のための動きが結びついていくのである。こうしたアルツハイマー化によって，「問題行動」などの認知症症状群が，その病変から直接に説明されるという形式の理解モデルが一般的になっていくようになる。

近代医療システムには，当初から，個人を対象として介入する医療とは別に，人口を対象とした社会医学・公衆衛生という系列のものもある（進藤2004，市野川 2001，2002，2003a）とされる。そう考えるならば，医療化論自体は，原因の想定が素朴な意味での個体内か外かを問わず[15]，ある出来事が医学的知識や医療制度の対象となっていく過程も医療化として対象になる広い射程の枠組みである（佐藤哲彦 1999）[16]。だが，老年期の認知症については，上述したように，生物‐医療メカニズムによって認知症と同定されるような症状が発現しているととらえる認識が生まれ，その認識に基づいて研究や運動などの様々な対応が組織化されてきた。そして，その歴史的過程が，欧米の研究においては，「認知症の医療化」と規定されてきた。すなわち，医療化と言ったとき，「生物‐医療化（bio-medicalization）」の過程が想定されてきたのである。

そうした「生物‐医療化」とも言うべき意味での「認知症の医療化」において，「認知症が医療の介入の対象となる」ことは，二つの帰結をもたらすことになる。

まず，一つに，認知症という現象を生物‐医学モデルに基づき，何らかの物質的な原因疾患から生じるものと位置づけることによって，老いに必然的に伴う認知機能の衰えという「老いの神話」に抗して，医学・医療による原因の同定と対応・治療の可能性を開くことになる。たとえば，アメリカにおける，アルツハイマー型認知症研究の隆盛，生物学的研究への重点的予算配

分，家族と当事者を主とした組織の隆盛とそうした組織が研究へ協力していくこと[17]などが，その志向の現れである[18] (P. Fox 1989, Robertson 1990, Beard 2004a)。

ただし，そこで言う対応・治療可能性とは，近代医学をもとにした医療の領域における将来的な目標として設定できるという意味である。したがって，その発現メカニズム（発生論）がいまだ完全に明らかになっていない，アルツハイマー神経原繊維変化と老人斑という原因疾患と強く関連づけられる限り，実際の臨床現場においては根本的には治療の不可能な疾患である。また，MRIやCTなど脳診断技術などの開発に影響を受けて，その原因の同定方法や対処手段は変化していくことになる（Robertson 1990: 431）。

そして，二つ目の帰結として重要なのは，治療が難しい生物-医学的な根拠を持っているということが，認知症のメカニズムとして通常の知識となっていく点である[19]。そうした知識により，呆けゆく者，ならびに彼女／彼を取り巻く人々——臨床空間，生活空間における人々——にとっては，逆に臨床の場や生活の場における自らのかかわりの範囲内においては，治療の方法のない「不可能性」(Parsons 1951 = 1974: 443) を帯びた現象として立ち現れてくる。「自己の喪失」(D Cohen and Eisdorfer 1986=1989)，「社会的な死」(Sweeting and Gilhooly 1997)，「終わらない埋葬」(Cutler 1986) などのその状態についての一般的な表象のされ方，「治療ニヒリズム」(E Cohen 1988) という対処の困難性の表現は，そうした治療の難しさという認識を反映していると言えるだろう。

すなわち，欧米の研究を中心とした「認知症の医療化」論が語る「認知症の医療化」は「生物-医療化」である。それは，①個体内部に，症状に先行する原因疾患が存在し，何らかの生物-医学的な発症のメカニズムを持つ，生物-医学という体系内の現象として確定され，②アルツハイマー型病変という現在のところ治癒が不可能な原因疾患と関連づけて考えられる。そのために，臨床レベルでの変化や回復がほとんど見込めない「不可能性」の認識を生み出す。すなわち，医学という人間の営みの対象となると同時に，日常生活レベルでの対応不可能性という二重の意味を持つものとして規定される。この①と②の特徴は，「認知症の医療化」という現象に対する批判の構

成の組み立てられ方を考えていく上で重要になってくる。こうした点を踏まえて，次節で「認知症の医療化」論は「生物‐医療化」の何を批判してきたのかを見ていこう。

3 「認知症の医療化」論における批判とは？

　では，上で見たような「生物‐医療化」である「認知症の医療化」は，どういった帰結をもたらすとされ，いかなる帰結が特に批判の対象になるのだろうか。「認知症の医療化」論の批判は——明示されていない場合もあるが——呆けゆく本人，あるいは呆けゆく本人をめぐって形成される介護関係に対して「生物‐医療化」という認知症理解モデルがもたらす問題の考察として展開されている。すなわち，E・フリードソンが言う医療を研究する社会学者の仕事である「一定の状態に疾病概念を付与する行為がどのような社会的帰結をもたらすかを研究」(Freidson 1970 = 1992: 4)してきたと言えるだろう。

　以下では，前節で述べたような「生物‐医療化」の二つの内容を念頭に置きながら，「認知症の医療化」において先鋭的に問題となってくる点を再構成してみよう。先取り的に言うと「認知症の医療化」論は，周囲の者が，「生物‐医療化」という理解に基づいて呆けゆく本人にはたらきかけることを，「認知症の医療化」という社会的な理解モデルの傾向の必然的な帰結ととらえるとともに，そうしたはたらきかけ方を，呆けゆく者本人の統制や疎外につながるという点から，問題化している。「生物‐医療化」に基づいたはたらきかけとは，2節の最後で提示した認知症理解を核に組織化された，呆けゆく者に対する振る舞いである。

3－1　疾患モデルによる否定的帰結

　コンラッドとシュナイダーは，医療専門職の権力を過分に見積もっているという主旨のストロングによる批判（2－1参照）に応じる中で，医療化のレベルを概念，制度，相互作用の三つに分けて考えている（Conrad and Schneider 1980）。概念レベルとは，特定の問題を秩序づけ，定義づけるための医学的な語彙が用いられるか否かにかかわる水準，制度レベルとは問題を

取り扱う際に医学的なアプローチやシステムなどが採用される水準，相互作用レベルとは医師 - 患者関係に代表されるような関係の中で治療実践が展開される水準である（Gabe 2004: 59）。彼らが主著で展開しているのは，主に，逸脱行動が，マクロ社会的な長期的趨勢として，道徳的な悪から医療問題として定義されていく概念レベルの医療化過程の議論である。しかし，上の三つのレベルの指摘を考え合わせると，ある個人や集団が，ある種のトラブルに際したときに，それを医療的なカテゴリーで整理・理解し，対処していく過程も医療化概念の中には含まれ，そうした観点からの研究も生まれている（平 1995，安藤 1999，Hanson 1996）。

　論理的には上述のレベルそれぞれに，医療化の度合いを考えることが可能であり，コンラッドとシュナイダー自身も，それぞれのレベルにおける医療化の度合いを見ていくことを，医療化論の課題としてあげている（Conrad and Schneider 1992 = 2003: 527-8）。だが，「認知症の医療化」論に関する限り，多くの研究が，上述したような「生物 - 医療化」というマクロな概念レベルにおける趨勢によって，相互作用レベルにおいてある種の問題が生じるととらえ，それを根拠に，「認知症の医療化」を批判的にとらえるという構成になっている[20]。

　「認知症の医療化」論における相互作用レベルとは，医師 - 患者関係に限定されたものというよりは，呆けゆく者との介護関係全般の過程と考えた方が妥当であろう。すなわち，「老いの医療化」という過程の中での，呆けゆく人に対する，認知症か否かという定義づけの段階から，治癒の不可能性の認識の一方で必要となってくる介護・ケア関係までを含めた「はたらきかけ」のあり方と，その帰結を問題関心としているのである（Bond 1992, Lyman 1989, 1993, 出口他 1998, 出口 2004d）。では，どういった「はたらきかけ」のあり方が問題となってくるのであろうか。

　問題とされる「はたらきかけ」の帰結を単純化して言うと，呆けゆく者と直接的にかかわり，介護を行う側にとっての肯定的効果と，その一方の，呆けゆく本人にとっての否定的効果である。そして，後者の，呆けゆく本人にとっての否定的効果が存在すること，それにもかかわらず，それが介護を行う側にとっては，自明視されてしまうことが，「認知症の医療化」という現

象に対する批判の要点になっている。

　まず,「認知症の医療化」論は,概念レベルの「認知症の医療化」の進展が,相手の「問題行動」を疾患の発現という病理的なものととらえる理解の仕方を導き,そうした理解に基づいた対応の仕方を生み出すとしている。ここではそうした理解の仕方を疾患モデルと呼ぶ。

　こうした疾患モデルの介護者にとっての肯定的な効果は,単純に言えば介護過程の秩序化である。K・ライマンによると,呆けゆく者に対する介護における大きなストレスは,経路の「不確実性」と状況のコントロールの困難性だが,それに対して,疾患モデルは,変化の経路のモデルを与えるとされている (Lyman 1993: 22-9)。また,「生物‐医療化」に基づいた疾患モデルの持つ認知症に関する想定や内容は,介護者側による相手の統制を正当化するものとなるという。すなわち,神経生理学的に規定される認知症の軌跡のモデルにおいては,臨床や生活の場において治療の方法はなく,脳の疾患の進展に伴い症状の段階は必然的に衰えの方向へと変化（悪化）するとされる。そのために,介護を行う側の「はたらきかけ」の失敗は,こちらからの操作が不能な原因疾患に規定される症状段階の変化によるものとして理解されたり,段階の変化に合わせ,薬やごまかし (deception) [21] などによる相手の統制や抑制が不可避なものとして,正当化されたりすることになるという[22]。

　一方で,上述のような疾患モデルに基づく理解と対応は,呆けゆく本人にとっては否定的な効果をもたらすとして批判の対象となっている。その批判は,直接的には,呆けゆく者に対する周囲の「はたらきかけ」のあり方が,相手の意思を無視した統制的なものとなることの指摘である。

　そうした統制の背景として指摘されるのは,認知症症状が実在することの無根拠性と,さらに,認知症が生物‐医学的基盤を持つものとして理解されることによって,自己成就的予言のようなメカニズムで症状が構築されていくことの二つである。たとえば,J・F・グブリウムらは,認知症の診断テストの実践などの場面の分析から,そもそもの疾患モデルに基づく理解の必要性の根拠とされている認知症の「症状」そのものの実在性が疑わしく,正常と病理の区別は恣意的なものであると述べている (Gubrium 1986a, Gubrium and Lynott 1987)。また,一般的なエイジング研究においては,イデオロギー

として，高齢者像の多様性が発見され続けるのに対して，アルツハイマー病の像や軌跡のイメージは単一であり，それに基づいた相手の行動の予期と，相手の呈する行為に対する症状段階というラベル付与がなされるとされる（Lyman 1989）。さらに，そうした定義の恣意性に加え，疾患モデルに基づいた周囲の呆けゆく者に対する振る舞いが，呆けゆく者の社会的活動に制限を与えることで，「過度の障害（excess disability）」（Brody et al. 1971）や「学習された無力（learned helplessness）」（Hofland 1988）といった状態を，認知症症状として積極的に構築しているのではないか，ということが指摘されている（Lyman 1993: 22-5, Bond 1992, Bond et al. 2002）。

そして，こうした認知症症状の構築とは，相手の行動が，意思に基づく合理的な行為であっても，病因に基づく症状として理解する結果となるという意味で，呆けゆく本人の意思や意図を無視したものとされる。「まわりの人々は，彼らが普通の人間のように活動したり働けないと勝手にきめつけてしまう」（Strauss et al. 1984 = 1987: 106）と規定される「アイデンティティの決めつけ（identity spreading）」と統制が帰結することが，問題点として指摘されていくのである。

3－2 「認知症の医療化」論の批判的側面

以上で見てきた「認知症の医療化」論は，それまでの認知症に対する自明視された理解の仕方を，医療化（生物-医療化）された理解として記述の対象とした。そして，そうした医療化に基づく理解は，呆けゆく者と介護者との間に，ある一定の関係性を生み出し，その関係性が，症状としてとらえられている「問題行動」に影響を与えたり，場合によっては症状を生み出していることを主張している。

さて，こうした「認知症の医療化」論の主張の中には，実際は重なりあっているものの，慎重に区別して議論する必要がある二つの側面がある。ここでは，一つ目を「批判的側面」，二つ目を「新しい対象認識の側面」と呼ぼう。その上で，ここでは，まず一つ目の側面の展開を見ていくこととしよう。

一つ目の批判的側面とは，疾患モデルに基づく理解が，呆けゆく者の意思・意図の存在の無視と，「問題行動」の不可避性の認識につながってきたとい

うことを直接批判し、オルタナティブの提示を試みる面である。実は、これまで「認知症の医療化」論も含む、呆けゆく者の自己や彼女／彼とのコミュニケーションに注目した社会学的な研究は、主に、こうした一つ目の側面を強調するような方向性の研究を積み上げてきたと考えることができる。

　その内容は以下の三つにわたっている。すなわち、(1) 疾患モデルとは異なるメカニズムによる認知症症状の出現をモデル化すること、ならびにそのメカニズムに基づいた周囲からのはたらきかけ方（＝ケア）の重要性を主張すること、(2) それまでの認知症の研究において無視されがちであった、呆けゆく者の自己の存在を今までとは違う研究方法で積極的に提示する試み、ならびに (3) 呆けゆく者の意思・意図や、それが帰属される自己の概念化の試みである。疾患モデルに対する (1) のような新たなモデルが、呆けゆく者の自己の存在を要請するものであるため、(2) や (3) の議論が論理的な前提として必要となってくる。

(1) 新たな認知症症状の発現モデル

　まず、(1) の内容について概観してみよう。疾患モデルに基づいた理解に対する批判の論理は、疾患モデルとは異なるメカニズムに基づいて認知症の症状とされる現象が現れてくることを示す試みとして展開されている。そうした試みは、社会学の範囲を超えた実践の議論としてなされているが、内実としては社会要因を取り入れた議論であり、そうした実践から社会学者も示唆を受けて議論を行っている。いわば、認知症症状と言われる現象を、「生物‐医療」メカニズムの範囲外の要素を導入しながら説明していこうとする試みである。多くの議論は、中核にある「生物‐医療」的な要因の存在を保持した上で、「問題行動」など、認知症において問題視される症状群を生理学的な要因から必然的に導かれるわけではない現象として概念化するような形をとっている (Kitwood 1989, 1990, 1993a, 1993b, 1997a = 2005, Kitwood and Bredin 1992, Caron and Goetz 1998)。また、こうした現象の発生モデルを踏まえて、認知症患者に対するサポートのあり方を説く研究もある (Boden [Bryden] 2002)。

　そうした概念化を行う論者の代表格である、イギリスの社会心理学者のT・

キトウッドは，認知症ケアにおける焦点を，疾患（disease）から人間（person）へと変化させたとされる（Woods 1997, 1999, 石崎 2004）。彼は，神経病理学に基づく説明とは異なる認知症症状（と言われている状態や行動）が生まれるメカニズムを理論化した[23]。彼が提起したのは，神経生理学的な原因と，周囲の悪い環境との「弁証法的プロセス（dialectic process）」（Kitwood 1990）によって，「問題行動」と呼ばれる認知症症状が生まれているというモデルである[24]。彼の議論では，支配的な神経生理学的な認知症症状の説明に対する批判として，「悪性の社会心理」という社会心理学的な要因の影響力が強調されている。

ここで彼が指摘する「悪性の社会心理」の中で最も影響力のあるものとして，ケア提供者との関係があげられている。「認知症の医療化」論の議論と同様に，周囲のケアを行う者が，症状に対する積極的な要因となっているとされるのである（Kitwood 1993a, 1997a = 2005）。こうした認識から，キトウッド，ならびに彼の追随者たちは，認知症症状に対するケアの持つ重要性を積極的に主張し，「人間中心のケア（person centered care）」という認知症ケアにおける新しい志向性を，それまでの「古い文化」に対する「新しい文化」として提示している（Kitwood and Benson eds. 1995, Benson ed. 2000=2005, 平野 2002: 63-6）。

疾患モデルとは異なる，以上のような症状の発現モデルや，そのモデルに基づく対応のあり方と同型の議論は，日本では，認知症や呆けの臨床に携わってきた先駆的な精神科医の研究の中に見られる。そうした精神科医の議論においては，あくまで医学・医療の枠の中で対応する症状として認知症が位置づけられる。その上で，中核症状という，原因疾患からの影響を直接受けて発現しているとされる症状と，周辺症状という，中核症状を持つ呆けゆく本人が不安から周囲に適応しようと思って呈することになる症状という二つの概念が提示される（小澤 1998: chap1,5, 2003: chap 1）。そして，神経生理学的な原因は，記憶障害や見当識障害，失認などの症状をもたらすものの，それだけでは，「問題行動」と表現されているような認知症の症状にはならないという点が強調される。すなわち，周囲の関係や環境に対して，疾患に起因した中核症状を持つ主体による周囲への適応行動が，「問題行動」という周

辺症状として現れてくるという理解である。

精神科医の理論的なモデルだけでなく，社会学や介護実践の議論の枠内においても以上のような新しいモデルと同様の考え方が紹介されている。たとえば石倉は，先駆的なデイケアやデイサービスの実践の詳細を紹介した研究（石倉編 1999）の社会学的意義を主張する文章の中で，関係や社会によって規定される呆けゆく人の自我という考え方を押し出し，社会関係による自己への影響という理論を基礎に置く社会学は，痴呆性老人のケアのあり方を考えていく上で，福祉や精神医療に対して十分に貢献の余地があると述べている。そして，介護関係や社会制度が，呆けゆく者の振る舞いや自己に影響を与えているというモデルを構想し，社会学の役割を位置づけようとしている（石倉 1999: 2-3,8-15）。また，社会学者ではないが，理学療法士である三好春樹が一連の著作で示している「関係障害」という発想は，周囲の関係が認知症に対して大きな影響を与えているという認識のもとでの介護実践論として，認知症ケアを行う現場に対して大きな影響力を持っている（三好春樹 1997, 2003）。

以上のような，新しい認知症の発現モデルと，そのモデルに基づく周囲からの「はたらきかけ」やケアの方法についての議論は，疾患モデルとは違う新たな認知症症状の発現モデルを提示しようという試みである。そうした新たな症状の発現モデル自体が臨床実践において，妥当なものかどうかという点は，社会学的研究である本書が議論することはできない。

しかし，本書の議論にとって重要なのは，認知症をめぐる言説において，そうした新たなモデルが提示されていく中で，そのモデルを構成するカテゴリーとして，自己と社会（関係）という二つの概念が設定されてきていることである。まず，呆けゆく者が，周囲の「はたらきかけ」から何らかの影響を受けているという経路が設定される。その周囲からの影響というメカニズムを説明する際に，周囲に対して反作用を示す呆けゆく者の像，つまり，意思・意図を持つ自己が設定される。そうした構図の設定によって，疾患のメカニズムという問題から，社会学が対象とする単位である，個人と周囲の他者や環境との相互作用へと考察の焦点が移り，社会学的な研究が介入していく余地が生まれてくる。すなわち，上述のような，主に臨床実践の場と深くかか

わっている認知症症状の発現モデルの提示と並行して，呆けゆく者の自己の概念化や，彼女／彼の自己を発見していこうとする以下（2）の試み，すなわち社会学的な自己論が介入する余地が生まれ，実際にそうした研究が行われていくことになるのである。

(2) 呆けゆく者の主観的経験に迫る試み

　呆けゆく者の自己を発見するために，呆けゆく者自身の心理的変化や彼女／彼のとっている対処戦略などを，臨床場面における面談や，フィールドワークなどから明らかにしていこうとするシンプルな試みがなされてきた。それらの議論は，臨床的に見て軽中度の認知症とされる者からの言明を得るなどの方法をもとに展開されてきている。そうした研究方法をとることが，新たな試みとなるのは，これまで，伝統的に（老年）認知症に関する研究においては，特に，介護者の介護負担や，適応，介護プロセスなどが探求されるべき対象として注目されてきたためである。

　負担（burden）という概念を初めて用いた，家族介護者の負担感尺度（Zarit尺度）構成の先駆けであるS・ザリットらは（Zarit et al. 1980），アルツハイマー病の介護者家族を「隠れた犠牲者」（Zarit et al. 1985）と名指し，家族介護者の負担感を探求していくことの重要性を主張して，その後の介護負担研究をリードしていった。また，それに引き続き，負担やストレスなどの概念で家族介護者の負担感を測定する研究が生まれてきた（Cantor 1983, Poulshock et al.1984, Zarit et al. 1986, Creasey et al. 1990）。日本においても，大規模な調査機関をはじめとして，心理学やストレス・モデルをベースとした社会老年学などの研究が，家族介護全般に関して，負担感を測定する研究を生み出してきた[25]。看護学などの領域では，認知症高齢者を介護する家族の心理的変化を考察した研究（室伏編1993，中島他1996，鶴田1995，諏訪他1996，太田1994, 1996）や，グラウンディッド・セオリーを用いて，認知症高齢者を娘や嫁の立場で介護する者の自己の軌跡を明らかにしようとする研究が見られる（山本1995）。

　介護者側の負担への注目とは，一つに，介護者側の経験を把握するという方法が，呆けや認知症の研究において中心的であったということを意味して

いる。そうした議論の設定の中では，呆けゆく者の変化や状態は，呆けゆく本人の主観的状態や心理的変化ではなく，介護者の負担感に影響を与える，疾患に基づいた症状の変化として位置づけられていた。そのため，認知症高齢者の行動や状態に焦点を当てるといっても，それは症状・状態の測定であり，少なくとも，呆けゆく本人の側は，認知症の介護の過程に対して有意味な情報を伝達してくる主体とは見なされていなかった（Beard 2004b: 417-8）。すなわち，認知症をかかえる者は，認知症の研究プログラムにおいても，「症状の変化」を示す「負担」として位置づけられ，「自己の喪失」状態にあると考えられていたと言えよう[26]。

　T・ウッズによると，1980年代から認知症をかかえる人を人間としてとらえること，彼女／彼らの選択を認めること，彼女／彼に対して敬意をはらうことの必要性は強調されていた（Woods 1999）。しかし，それからしばらくの間，呆けゆく本人の声や視点は不在であり続けたという（Cotrell and Schulz 1993）。そうした研究基調の前提には，呆けゆく者は，意味が通るようなコミュニケーションができないという想定があったとされる（Woods 1999）が，徐々に，研究プログラムの中で，認知症の本人は人間としてとらえられるようになってきたという（Downs 1997）。

　呆けゆく者自身を研究の情報源として，当事者の経験に迫ることを試みる研究群は，直接的には，早期診断の進展などにより，初期や中期の認知症をかかえる者と臨床家や医師との接触頻度の増大や，彼女／彼とのコミュニケーションをとる技法の開発によって促進されてきたという（Woods 1999）。そうした中で生まれてきた，呆けゆく者の心理的変化や経験に注目する研究は，基調として，認知症症状を引き起こす疾患をかかえた者が，その疾患にどう対処していっているか，かかわってくる周囲の者はどういった影響を与えているか，という社会心理的な側面に注目している。たとえば，D・コーエンは，呆けゆく者の心理的変化を，E・キューブラー・ロス（Kübler-Ross 1969 = 1971）の死にゆく過程の段階論を参考にしながら明らかにし，心理的変化の契機として，呆けゆく本人が，周囲の対応のあり方に対処していることを指摘している（D.Cohen 1991）。V・コトレルとL・レインは，「問題行動」と言われる行動が，認知的欠損に対するアルツハイマー病患者の対処行動で

あるということを論じている（Cotrell and Lein 1993）。また，M・バーローらは，呆けに対して否認することを，呆けゆく者の心理的な防衛機制としている（Bahro et al. 1995）。

　医療社会学においては，疾患をかかえた人の経験や自己の再構築過程を考察する研究があるが（cf.Charmaz 1983, 1991），生物‐医療化された認知症理解に対する批判という基調のもとで，軽度から中度の認知症患者の生活の意味の再構築とアイデンティティの存在を指摘する研究や（Lyman 1998），「正常と異常」という区分のもとでアルツハイマー病患者を他者として理解していくことに対して患者のナラティブをもとに批判を提起する研究が現れてきている（Beard 2004b）。日本においては，以上のような議論を受け，出口泰靖が，老人ホームや先駆的なケア実践の場へのフィールドワークに基づき，呆けゆく者の主観的体験の把握や，周囲との呆けをめぐる相互作用のあり様の考察を試みている（出口 2004a，2004b，2004c，2004d）。

　また，アカデミズムという限定を解くならば，1990年代から欧米で小説や当事者の語りという形で呆けゆく者の主観的経験を記したものが発表されている（McGowin 1993 = 1993, Rose 1996 = 1998）。続いて2000年代に入ってから，当事者が認知症の経験や望ましい支援のあり方を公の場で語り（Boden [Bryden] 1997 = 2003），その事例を研究者がとりあげるような形で，呆けゆく者の自己に迫る試みや，呆けゆく者の自己を知ることの重要性の強調がなされるようになってきている[27]。

　以上のような研究群の大きな意義は，呆けゆく者を，語ることが可能な主体と見なし聴くという方法をとったことと，その結果として，呆けゆく者が疾患を認識し，苦悩や葛藤を経験する自己であることを見出した点にある。しかし，それ以上に重要なのは，その自己の発見が同時に，呆けゆく者を取り巻く関係のあり方の発見でもあるという点である。それは，呆けゆく者が，疾患と苦悩をかかえながら，周囲の他者や社会への適応行動を試みていることを示したとともに，研究者などの聴く側が態度や姿勢を変化させることによって，呆けゆく者の自己は十分に認められるという「驚き」や「発見」が，一つの「研究成果」として遂行的に提示されてきたということである（ex. Caron 1997=2003，出口 2002）。

(3) 関係性の中における自己

　呆けゆく者本人を語りの主体として，聞き取りなどを中心にその経験に迫るというシンプルな方法に対して，理論的に自己概念を基礎づけるという形で呆けゆく者の自己の存在を探求していこうとする研究の流れがある。

　まず，そうした自己の概念化として，呆けの中核症状である認知能力の喪失に対して，認知能力に重きを置く文化を「超認知的社会（hyper cognitive society）」として批判し，情緒や霊性といった要素を，人間性の根拠として位置づけ，そこから呆けゆく人の人間性の存在を主張するという議論がある（Post 1998, 2000: chap 5）。こうした論理は，認知能力とは異なる呆けゆく者の何らかの機能や性能を同定して，それを根拠に自己や「人間性」を基礎づけようとするものである。当事者の団体などの標語や実践的知識として提示される「呆けても心は生きている」という認識も同様のものであり，専門的研究や臨床医の認知症理解を説く本の中にも見られる（小澤 1998：231，杉山編 1995: 7）。

　だが，ここで，より社会学的な研究として注目したいのは，周囲との関係性において，人間性や自己の存在があるという認識論をもとにしている研究である。先に触れたキトウッドは，認知能力，感情などの個人に属する「能力・機能」から呆けゆく者を人間として見なすのではなく，人間性は関係性の中で創造されたり，減じられたりするものであるという位置づけを行っている。先にも触れたように，悪い社会心理学的状況として，呆けゆく者の症状に大きな影響を与えうるケアの関係が，呆けゆく者を非人間化したり，人間性を低下させたりするとしている（Kitwood 1997b）。

　そうした関係性の中での自己という主張の具体的な展開を示すものとして，心理的現象を人間の内面の隠れた現象に還元してとらえるのではなく，何らかの現象そのものが心理学的現象そのものであるとする（Sabat and Harré 1994: 146），「言説心理学（discursive psychology）」の立場に立つS・サバットらの研究がある（Sabat 2001, 2002, Sabat and Harré 1992, 1994）。疾患モデルのもとで，呆けゆく者は「自己の喪失」「社会的な死」などと表現され，人間ではない状態として理解されてきた。そうした「自己の喪失」とされる事態とは一体いかなる事態なのかということについて，サバットは，自己（self）という

概念を，自己1，自己2，自己3の三つの側面に分けて理論化した上で説明を試みている。

　サバットの言う自己1とは，個人の一貫した自己であり，自己2とは，個人の属性や信念のようなもので，生涯を通じて継続するものもあれば，ある一時期に付与される場合もある。それに対して，自己3とは，場面ごとに異なって表出される自己で，周囲との関係の中で現れてくる自己である。人が自己3を維持するためには，自己1や2と異なり，周囲からの承認が不可欠だとされる（Sabat 2001: 17-8）。

　サバットは，アルツハイマー病患者においてよく言われる「自己の喪失」について，アルツハイマー病というカテゴリーが自己2として付与されることで，社会的役割，すなわち自己3が承認されないという意味の喪失だと述べる。すなわち，「自己の喪失とは，疾患から直接もたらされるのではなく，彼女／彼の周囲からの自己を維持するための協働が不足することからもたらされる」のである（Sabat 2001: 296）。このようにサバットは，「自己の喪失」と言われている事態も，疾患に基づく呆けゆく者の人格のような個体に内在した自己の喪失ではなく，あくまでも周囲の協働の不足という点から説明している。

　以上のような，周囲の協働の中で自己が維持されているという視点は，J・クルターに代表されるような，人々の実践の中で行為の帰属先として心が構成されているという観点に立つ心の構成主義（Coulter 1979 = 1998）と同様の研究である。そうした視座を共有する議論として，たとえば，グブリウムは，自己内のIとmeとの相互作用から精神の社会性について論じたG・H・ミードに対して，自己の周囲の他者同士の協働実践の中で精神が実践的に成立しているという，精神の社会性の議論の拡張を試みている。そのための実証的根拠として，施設のケア・スタッフ間のやり取りの中でアルツハイマー病患者の精神（mind）が維持されている過程の分析を行なっている（Gubrium 1986b）。また，R・ボグダンとS・テイラーは，逸脱者の「排除を論じる社会学」に対する「受容の社会学」の構想（Bogdan and Taylor 1987）という問題意識のもと，健常者である親が，重度の知的障害の子どもを意思のある主体として見なし続ける実践を記述した（Bogdan and Taylor 1989）。

これらの研究において，(2)で論じたような研究と異なる点は，周囲の実践の中から心や自己が現象するという視座をとることで，言語的能力の存在を理論的には前提とせずに自己について議論していくことが可能なことである。すなわち，研究者が呆けゆく者の個人としての主体性を強調することや，その存在を実証的根拠とすることなく，自己や人間性の存在について論じることを可能としていくような議論だと言えるだろう。したがって，たとえば，重度の認知症をかかえる者における自己についても議論していくことができる。ただし，呆けゆく者の自己の存在を示すということを大きな目的としている点では(2)で論じた議論と同様である。

　以上で見てきたような議論は，力点は様々ではあるが，認知症の「生物‐医療化」という現状の認識を共有した上で，呆けや認知症を理解するモデルの脱「生物‐医療化」を図ることを基調にしている。そのモデルを提示する前提として，呆けゆく者の苦悩する自己の発見や，その自己に影響を与える周囲のあり方についての議論が位置づくことになる。そして，そうした試みが基調としている理念は，呆けゆく者を「人間」としてとらえていこうというものである。

　ここで言う，脱「生物‐医療化」とは，「問題行動」として同定される認知症症状の発現を，生物‐医学的メカニズムとは異なるメカニズムから説明しようとする志向である。その説明の際に注目されるのが，呆けゆく者本人に対する周囲からの「はたらきかけ」方である。周囲の「はたらきかけ」によって，いわゆる「問題行動」が現れる，あるいはその程度が変化するとするならば，周囲の「はたらきかけ」に対して，呆けゆく者が反応を返すという経路が論理的には必要とされる。その際に，周囲にはたらきかける，あるいは，はたらきかけられる呆けゆく者の意思・意図やそれに基づく解釈の存在が注目されていくのである。

　このように，呆けゆく者の意思・意図の存在を想定し，その意思・意図を前提として周囲からはたらきかけることで，認知症症状の変更可能性を強調したり，症状に焦点を当てない相手の理解——人間としての理解——の重要性を主張したりするような認知症理解のモデルを，3－1で提示した疾患

モデルと対比させて，ここでは関係モデルの認知症理解（以下，関係モデル）と呼ぼう[28]。

3-3 「認知症の医療化」論の認識論的側面

ところで，「認知症の医療化」論の強調点は二つの側面に分けて考える必要があるのであった。以上で見てきた議論は，関係モデルを提示することで，疾患モデルに基づく理解の仕方を批判していくという構図を基調としており，一つ目の批判的側面の展開として考えることができる。

それに対して，二つ目の側面とは，認知症と呼ばれている現象や，呆けゆく者とのコミュニケーションを説明する上での，対象認識における新しい視座の主張である。すなわち，呆けゆく者の周囲にいる者が参照している認知症についての認識モデルや，そのモデルに基づいて形成されている関係に注目する必要があるという主張である。これは，現在の認知症に関する研究や，呆けゆく者へのアプローチの出発点にあたる認識論であり，当然，一つ目である批判的側面もこうした認識論の土台の上に成り立っている。そして，この二つ目の側面で頭に入れておかなくてはならないのは，従来の疾患モデルに基づく認知症理解も，ある特定の関係を導く理解の仕方の一つであり，その意味で，疾患モデルに基づく理解によって築かれる呆けゆく者との関係は，「認知症の医療化」論の考察対象の一つとなるという点である。

本書では，現在の日本において呆けゆく者とのコミュニケーションを考えていく上で，この認識論的側面のポテンシャルを十分に展開させていく必要があると考える。確かに，疾患モデルに基づいたコミュニケーションが，呆けゆく者の「アイデンティティの決めつけ」や統制につながり，それが自明視されてきたのならば，3-2で見てきたような研究群が行ってきたような関係モデルの提示や，呆けゆく者の自己の発見の試みとその自己の強調によって，疾患モデルの自明性を解体していくことは疑いなく重要であろう。

しかし，そうした研究の隆盛と充実は，いわば再帰的に，認知症の社会学が，二つ目の側面のポテンシャルを発揮していくような議論を行っていくことの重要性を高めていると考える。次節では，「認知症の医療化」論が示している二つ目の側面の展開の必要性を示した上で，そうした展開のきっかけ

となるような先行研究を検討し，本書の課題を設定していく。

4　認知症の社会学へ

4−1　社会学的認識モデルとしての〈関係モデル〉

　ここまで，近年の社会学的な要素を取り入れた認知症論が，「生物‐医療化」に基づく理解モデルに対して，呆けゆく者についての新たな理解モデルに基づくかかわり方の重要性を提起してきたことを概観してきた。そして，批判の対象であるこれまでのモデルを疾患モデル，新しいモデルを関係モデルと名づけた。社会学的な認知症論は，関係モデルに基づいた「はたらきかけ」の試みを重要だと主張する議論に共鳴して展開してきている。

　だが，そうした議論は，「認知症の医療化」論の持つポテンシャルを十分に発揮したものではないと考える。なぜそう考えるのか。ここで，「認知症の医療化」論が何を批判したのかということを厳密に考えることから明らかにしていこう。

　まず，認知症の「生物‐医療化」に対する批判は，概念レベルにおける「生物‐医療化」自体への批判ではなかったということをあらためて確認しておこう。その内容を精確に言うと，「生物‐医療化」メカニズムに基づく認知症理解が社会的に進展しているという把握を前提に，コミュニケーション場面で，疾患モデルの参照に基づくはたらきかけが行われることで成立する関係性に対する批判であった。つまり，一連の議論の中で主に提起されてきた批判は，あくまで，疾患モデルという理解に基づいた周囲の対応やケアのあり方という関係の問題だったのである。

　そうした疾患モデルという理解に基づいて成立する関係への批判が，疾患モデルそのもの，あるいは，それを生み出す「生物‐医療化」という概念レベルにおける変動自体に対する批判の根拠となるためには，その前提として強い決定論の成立が言えなくてはならない。ここで言う強い決定論とは，「生物‐医療化」が，呆けゆく者と出会う者たちの社会・文化において，支配的な潮流であること（全域性）や，「生物‐医療化」が呆けゆく者の統制につながる関係を必然的に，あるいは多くのケースで形成してしまうということ

（高い必然性）である。また，呆けゆく者の「アイデンティティの決めつけ」や統制という点に関して言えば，「生物-医療化」に基づく理解のみが，コミュニケーション場面において，そうした帰結をもたらしうるのかどうかという点や，「生物-医療化」された理解の持つ肯定面と否定面との差し引き計算について検討を行う余地がある。

したがって，「認知症の医療化」論が提示した問題を，認識論的側面に注目して考えたとき，「疾患モデルに抗する関係モデル」という日常的な認識モデルの対立項を設定し，関係モデルを解放のモデルとして提示し強調していくことは，特殊な前提を置いた上で設定される一つの課題に過ぎないということが明らかになる。「認知症の医療化」論の目的を形式的に言うと，認知症症状と呼ばれている現象が，周囲とのコミュニケーションの中で生じているという，現象の「社会学的」存在論を基礎に置いた上で，支配的な認識モデルのもとで形成される，コミュニケーション場面での関係性を批判的に検討するものである。その際の支配的な認識モデルは，これまでの議論においては「生物-医療化」に基づく疾患モデルが置かれていたのであるが，論理的には，時代や文化によって変化してくるであろうし，コミュニケーションの時期や場，主体に応じても変わってくるだろう。

そうした点を踏まえると，疾患モデルを，その採用の不適切さの指摘が不動の目標となるような，強い対抗モデルととらえることには一定の留保をつけなくてはならない。また，疾患モデルの誤りに対して提示される，関係モデルというメカニズムの強調や，疾患モデルのもとで注目されなかった呆けゆく者の自己を発見していくことも必ずしも第一の課題ではない。もちろん，そうした試みは，われわれに新たな発見をもたらしてくれるという意味で重要ではあるが，「認知症の医療化」論の認識論的側面の展開という観点からは，別様の議論を行う余地がある。

仮に，疾患モデルと関係モデルとを対立させて，どちらかの優位性を問うような問題設定の意義があるとしたら，以下のような問題を考えた後であろう。一つは，疾患モデルは，批判の対象として置かれるほど支配的なものなのかどうかという問題。もう一つは，実際に，そのモデルが，参照されるコミュニケーション場面に強い影響力を及ぼしているのかどうかという問題で

ある。

　そもそも，現在の支配的な認知症理解のあり方を「認知症の医療化」と名指しした時点で，疾患モデルは，われわれが認知症を理解していく複数のモデルの選択肢の内の一つという位置に置かれることになる。つまり，実際のコミュニケーション場面における認知症と名指される現象を構成する理解モデルとして，疾患モデルとそれ以外のモデル（その一つとして関係モデル）が存在していることを指し示すような観点が，「認知症の医療化」論から導き出される，メタな位置に立って現象をとらえる，社会学的な認識モデルだと言うことができよう。

　以上で論じてきた認知症現象を理解していくための問題認識のあり方を，〈関係モデル〉と呼ぼう。〈関係モデル〉という視座のもとでは，呆けや認知症とは，周囲の者の認知症についての理解モデル[29]とそれに伴う「はたらきかけ」のあり方によって出現する現象である。そして，疾患モデル／関係モデルとは，その複数のあり方の傾向を理念型的に二つに縮約した表現である。さらに，より精確に表現すれば，疾患モデル／関係モデルとは，理解モデルを分類する類型ではなく，理解モデルの変容という軸の方向性の両極に位置する概念である[30]。

4-2　理解モデル参照過程の分析へ

　3節で見たように，これまで，疾患モデルに変わる望ましい理解モデルとして，関係モデルの重要性が強調される形で議論が展開されてきた。そして，そのための実在根拠の提示として，呆けゆく者の意思・意図の存在を発見しようとする試みや，そうした意思・意図の存在を発見することを可能にするケア関係の指摘などの考察がなされてきた。

　こうした議論が反復されていくことは——明示的にせよ，暗黙の内にせよ——理解モデルのあり方が，関係モデル的な方向へと強調されていく傾向を示していると言えるだろう。そう考えると，社会学者の考察を含む，これまでの社会的要因を組み入れた認知症論は，関係モデルの優位性を主張するような議論の流れを形成する一端を担ってきたと言える。

　しかし，自己反省の言説形式であることが社会学のアイデンティティであ

るとするならば，社会学的考察である本書は，関係モデルという説明様式自体も対象とした考察を行っていかなくてはならない。ここまでの議論においてわれわれが手にした認知症という現象についての〈関係モデル〉という基盤の上で，以下のような諸点についての考察へ道を開いていくことが重要である。すなわち，まず，①家族などの身近な関係にあって，呆けゆく者と出会っていく者が，どのような理解モデルを参照して，どういった関係を生み出していくのかを分析すること，ならびに，②仮に社会的な潮流として関係モデルが強調され通常化していくとするならば，その潮流がコミュニケーション過程にいかなる影響をもたらしていくかを考察することである。本書もこうした考察を行っていくわけだが，より具体的な本書の立場と課題について論じる前に，そうした考察のヒントとなるような先行研究を見ておこう。

たとえば，「認知症の医療化」の影響を，呆けゆく者が通所するデイケア・センターをフィールドとして考察したライマンは，疾患モデルの参照を，呆けゆく者との間でのコミュニケーション場面での介護者にとっての合理性という観点から考察している（Lyman 1993）。ライマンによると，デイケア・センターを取り巻く制度的・組織的な背景として，認知テスト実施の必要性やエビデンスの重視など医療化が進展している。そのため，疾患モデルに基づく利用者(認知症患者)の理解と処遇方法は，認知症患者とのコミュニケーションにおける不確実性に伴うストレスをなくすというだけでなく，組織レベルで正当化され評価を受けやすいものだとされる。そのため，スタッフが認知症のクライアントと関係を作る場合に，医療化された理解の仕方をとることが合理的ということになる（Lyman 1993: chap 3）。

ライマンは，家族という場でも「認知症の医療化」は，合理性をもたらしうるとしているが，実際には，デイケア・センターにおけるスタッフとクライエントのコミュニケーションの事例のみが分析されている。社会的に支配的な論理（市場・産業の論理など）によって，専門的な施設においてケアワーカーとクライアントとのケア関係が不適切なものとなってしまうということを指摘した研究があるが（Diamond 1992 = 2004, Foner 1994），このライマンの議論も同様の論理の作用を，認知症という対象に焦点を当てる形で描き出したものだと言えよう。

だが，そもそも「認知症の医療化」を前提とした議論において，まず呆けゆく者と出会い，徐々に介護のエージェントとなっていく家族に対しての介護モデルの効果について，実際には，あまり考察されぬまま自明視されているように思われる。たとえば，S・アルバートは，家族が呆けゆく相手との関係を秩序化していく際に，呆けゆく者に対して，患者化，幼児化，他者化などの役割再定義を行うとしている（Albert 1990: 30-2）。しかし，そうした役割再定義が，介護プロセスの中で自然史的になされるという点や，セルフヘルプ・グループなどの場で適切な役割再定義のうながしが行われること，特に患者化を行うことが対処戦略として望ましいとされていることなどが指摘されているのみで，そうしたモデルによる理解が獲得されていく過程や，実際にどういった介護関係をもたらすのかという帰結についての考察はない。また，家族と理解モデルの関係についての研究の多くは，医師とのコミュニケーションにおける診断や疾患としての定義づけの局面のみで（Miller et al. 1992, Hanson 1996），介護場面までを考慮に入れた考察は少ない。

以上で見たのは，いわば，認知症の「生物 - 医療化」のもとでの疾患モデルの参照に焦点を当てた議論であるが，日本の介護現場における，関係モデルのコミュニケーション場面に対する影響というアクチュアルな問題意識を示している研究として，春日キスヨの研究がある（春日 2003）。春日の研究は，1990年代から徐々に身体的介護から独立した領域として強調されてきた認知症ケアが，介護保険施行後に重要な政策課題となってきた時点に発表された。「新しい認知症ケア」の技法を伝授するモデル研修会へ参与観察し，そこでケアワーカーに対して要請されていること（高度なケア倫理）が，施設における実際の労働の条件のもとでは，ケアワーカーに過重な負担を与えるものとなることを指摘している。

春日によると，新しい認知症ケアモデルにおいて要請されていることは，A・R・ホックシールドの言う「感情労働」である。「感情労働」とは，職務においてクライアントの適切な感情状態を作るために，ワーカーが自己の感情を管理することが要請される労働であり（Hochschild 1983 = 2000: chap 6），春日の議論の文脈だと，これまでの「業務的ケア」とは異なる性質の労働である。感情労働遂行の出来／不出来は，通常の業務的ケアよりも，ケアワー

カーの自己と深くかかわるものとなるため,大きなストレスとなる。しかし,介護の母性＝自然性という観念のもとでの「共感」や「受容」という能力開発,大きなストレスを緩衝するスーパービジョンなどの仕組みの不在,および業務的ケアの遂行にすら不十分な人員設置基準のもとで,ケアワーカーは困難な状況に追い込まれていく可能性があるという（春日 2003: 220-35）。すなわち,春日は,本書の言うところの関係モデルが,理念として制度化され,それを参照して労働を行うことが,労働の強化としてケアワーカーに跳ね返ってくる過程を分析していると言えよう。

　前述の春日の議論は,主に職業的なケアワーカーの現状を対象としたものであるが,本書で焦点を当てる家族介護者の経験においては,春日の言う高度なケア倫理の問題は無関係なのだろうか。

　まず,家族介護においても,社会的な介護の基準との関係で「はたらきかけ」の内容が決まってくるのではないかということは,いくつかの先行研究が間接的に指摘している。たとえば,何人かの論者は,家族の介護力の衰退という議論に対して,家族の介護力などというものはもともと存在しなかったことを指摘しているが（岡本 1996: chap1,新村 1998: chap13,武川 2000),これらの議論は,現代の家族が行う介護という行為領域が,数十年前までは家族内には存在しなかった非常に高水準・高負担なものであることを示す試みである。前述の春日も,現代の家族介護の特徴として,高度化した介護水準,高密度な介護関係,長期間の介護生活の三つを指摘している（春日 1997: 91-3）。これらの議論は,主に医療や栄養水準という生命を保持する技術の高度化を念頭に現代の家族介護においては高水準で重い労働が要求されていることを主張したものである。

　また,1990年代以降の「介護の社会化」との関連で家族介護という領域について触れた筒井孝子は,社会化の進展と同時に,家族介護という行為領域の基準の設定がなされてきた点に注目している。筒井によると,家族介護は,これまで基準がなかったが,介護保険制度などの社会的な介護概念の設定とともに,基準が意識されるようになってきたという（筒井孝子 2001: 181-94）。筒井の議論は,実態を検証したものというよりは,介護や介護サービスといった概念群を整理する一環として家族の行うことを位置づける中で

提示されたものだが，少なくとも，家族介護という事象が何らかの社会的な基準との関連でまなざされていくことを指摘したものだと言えるだろう。

仮に，以上のように，介護一般において，方法・技術の浸透や社会的な基準との関連づけなどがあるならば，認知症に対する「はたらきかけ」に関しても，認知症介護としての自律化と標準化が進められてきている現在，同様の現象が生じうると考えられるだろう。たとえば，春日は，介護と呼ばれる行為の内容が，量的にも質的にも高度になってきているということを主張する文脈で，「現代では『痴呆老人を支える会』などの会報をみると，『呆けた人には呆けた人なりの内的真実があるのですから，それを聞き入れ介護することが肝心です』といった介護のアドバイスが満ちみちてい」て，「弱者の人権を重視する思想の普及は，生存維持のための世話だけでなく，密度の濃い人間関係が介護関係の中にあることを要請している」（春日 1997: 95）と述べている。認知症に関する，グループホームなどの実践や呆けゆく当人の語りの増大は，家族においても，呆けゆく相手との関係の重要性を意識させ，相手への配慮の要請を高めるようなものとなっていく可能性を持っているだろう。

4－3 疾患モデルによる理解過程

では，ここまでの先行研究の概観を踏まえると，本書の課題はどういったものとなるだろうか。すでに第1章では「新しい認知症ケア」と呼んだ関係モデルが社会的に強調されているということを確認した。それを踏まえると，介護者が関係モデルを参照して呆けゆく者とコミュニケーションを行う中で経験する事態や，帰結する介護関係を考察していくことが課題となっていくのが必然に見えるかもしれない。

しかし，本書では，関係モデルの効果を問うという形の議論を直接は展開しない。関係モデルを参照した呆けゆく者への「はたらきかけ」が実際に生み出していく関係を考察していくための一歩手前の準備作業を行いながら，関係モデル的な理解が強調される潮流がもたらす意義の考察に道を開いていくという段階までの考察に限定する。なぜかと言うと，家族が身近な呆けゆく者を理解しコミュニケーションを続けていく過程においては，疾患モデル

の獲得や参照が，実際には強く求められることが多いため，まずは，疾患モデル参照の持つ意義の射程を把握する必要があるからである。近年の，関係モデルに基づく認知症理解の強調は，いわば，疾患モデルが強調されているという現実の中，さらに加えて登場したものだと言えるのである。

そもそも，本章で設定した関係モデルは，もともとは，2節でとりあげた「生物-医療化」のもとでの疾患モデルのネガという性格のものである。だが，そうした対立図式を設定する前提となる，明確な対抗モデルとしての疾患モデルが，これまでも呆けゆく者とのコミュニケーション場面で貫徹されてきたと言えるかどうかは疑わしい。

こうした疑念は，まずは「認知症の医療化」論が置いている暗黙の前提——すなわち，「生物‐医療化」がそのまま疾患モデルを参照した相互作用に結びつくという決定論的な論理構成に対する疑問として生じてくる。そうした論理構成の問題点については，特に，現状の日本の文脈で考察を展開していく上で慎重に考えておかなくてはならない。つまり，「ネガである疾患モデルに対する関係モデル」という対立項自体の設定を批判的に問いなおす必要がある。

欧米の「認知症の医療化」論において，「生物-医療化」として記述を行っていく上で想定されていた原因疾患は，アルツハイマー性疾患であった。すなわち，個体内に原因を持つが，治癒が不可能であるという認識に基づいた疾患モデルとそのモデルに基づく介護のあり方が，強力な対抗モデルとして設定されていた。

だが，日本における認知症理解は，同じく原因疾患に関連づけられて理解されていく一般的傾向はあるにしても，原因疾患との関連づけられ方と疾患モデルがコミュニケーション場面にもたらす効果は，欧米における「生物‐医療化」を前提とした議論が想定する効果とはいく分か異なっていると考えられる。

たとえば，すでに第1章で見たように，1960年代以降の政策言説の中においては，寝たきりという問題が先行し，予防・リハビリの論理の内での対応が形成されていく中で，脳血管性疾患に基づく認知症が最初に対象とされていった。この過程は，原因疾患と関連づけられて呆けの理解が展開していっ

たという意味では,「生物‐医療化」であるが，脳血管性疾患という原因疾患の強調は，治癒の不可能性の認識へと直接つながっていくものではない。むしろ，寝たきりに対する「はたらきかけ」と共鳴する中で，脳血管性疾患を起こさないことや，早期発見などの予防・リハビリの強調といった方向へと進んでいった。その流れを経て，政策的には，1990年代なかば以降になって，アルツハイマー型認知症の統計的な増加を根拠に，アルツハイマー型認知症に焦点を当てた議論が展開してきたのであった。こうした流れから，呆けや認知症自体が，一般的な「非自立的」状態の高齢者に対する予防・リハビリの強調という論理の内にある「はたらきかけ」の対象に含まれてきたということが考えられる[31]。

他方で，認知症・呆けが周囲からの「はたらきかけ」の対象として，寝たきりに遅れて表象されてきたことは，脳血管性疾患から外れるタイプの認知症は，特別な対応が不在の状況にあったことを示している。具体的には，家族領域への放置や精神病院における隔離的な処遇とも言うべき状態を生み出してきた[32]。「認知症の医療化」論が想定する「生物‐医療化」が，老いに伴うととらえられていた衰えを理念上は医学的に対処するものとして設定していく強力な動きだとするならば，そうした積極的な対象化自体が不徹底な状況が続いてきたと考えることもできるだろう。厳密な「生物‐医療化」に基づく理解ではなく，疾患モデルというメカニズムに関する知識の浸透や具体的な対応策を不在としたまま，病院という領域において処遇されてきたか，家族の中に放置されてきたと考えられる。

以上のように「認知症の医療化」が，相対的に不徹底な状況にあるがゆえに[33]，疾患モデルは，ときに「生物‐医療」メカニズムによる「問題行動」の不可避性を強調しながら，介護者への支援団体などの場において強調されてきたと言えるのではないだろうか。たとえば，認知症の家族介護者の団体である呆け老人をかかえる家族の会は，認知症を病気として認識することを，相手の呆けに出会う段階における重要な課題として出版物などで強調しているが，会員が実際に集まる「つどい」の場や，介護相談などでもくり返しそうした認識の重要性が強調されている。

以上のような事情からは，疾患モデルそのものが，実際に「認知症の医療

化」論が想定しているようにコミュニケーション場面における決定論的効果を有しているのかどうかという点が，まず検討すべき問いとして浮上してくる。すなわち，身近な呆けゆく者とコミュニケーションを形成する家族介護者が，実践の場において疾患モデルを必要としている背景と，その実際の効果とは何であり，その強さがどの程度のものかということを，まずは検証しておく必要があるのである。

4－4　関係モデル強調の潮流は何をもたらすか？

　同時に，疾患モデルの強度自体が疑わしい中で，第1章で見たような，関係モデル的な理解の重要性が強調されていく潮流がもたらす帰結は何かという問いに向けても道を開いておく必要がある[34]。

　次章以降の分析において論点となるのが，呆けゆく者とのコミュニケーションにおいて，呆けゆく者の「人間」としての姿と出会わざるをえないことである。一方，関係モデルの強調とは，相手を「人間」と見なしはたらきかけていくことの重要性——呆けゆく者が周囲と相互作用する主体的自己であること，ならびにこちらからの「はたらきかけ」が相手の自己の変容をもたらしうること——を強調するものである。したがって，関係モデルが強調されるという事態は，すでに「人間」としての姿に出会わざるをえないコミュニケーション過程を経験していることに加えて，関係モデル——すなわち「人間」に対してはたらきかけること——が社会的に強調されるということを意味している。

　また，本章2－2で見たように，「認知症の医療化」とは「老いの医療化」という文脈のもとでの現象であった。「老いの医療化」とは，認知症を「正常な老い」と切り離された逸脱的な老いとして，避けるべき目標の位置に置く形で，老いの過程が編成されていくことを指している。老いがそのようにとらえられていく傾向は，相手が物忘れなどの呆けとして疑わしい状態を呈するようになってきたときに，早期発見や予防などの，何らかの対応の必要性が示唆されるということを意味している。それは，いわば呆けゆく者に対して，周囲の者が，認知症にならないように適切にかかわることの重要性を主張するものである。

呆けゆくという過程が，そうした曖昧な状況下での対応過程を含むとするならば，医療などによって明確に認知症と定義される状態を先に見据えて，時間的に先取りした時点において[35]，相手に適切にはたらきかけていくことが重要だととらえられるようになっていくことも考えられる。すなわち，関係モデルに基づく「はたらきかけ」とは，厳密に医学的に定義づけられた認知症そのものに対してだけでなく，より広い呆けゆく過程にわたって，介護者からの「はたらきかけ」を強調していく可能性がある[36]。

以上をまとめると，疾患モデルに基づく理解がいまだ不徹底なため，その重要性が強調される一方で，同時に関係モデル的な発想が強調されるという，二つの方向への理解モデルの強調が同時に起こっている可能性が考えられる。4－3で述べたように，本書においては，そうした関係モデルの強調という事態が，いかなる帰結に結びついていくのかということについてまで，データで裏づけた直接の答えを出すことは難しい。だが，疾患モデルを採用することが実践的に必要とされる中で，社会的には関係モデルが強調される傾向になっていくという状況の分析を先の課題として見据えた上で，呆けゆく者とのコミュニケーション過程を分析していくことが課題となる。

そうした分析を行っていく上で，考慮に入れるべきは，家族にとって，呆けゆく者とのつきあいとは，単に相手の「問題行動」との出会いだけで終わる出来事ではないということである。呆けゆく相手は一体いかなる者なのかという問題は，出会い，身体を介した世話（＝介護）を行い，施設入所等によって別れる，看取るなどの過程を通して経験していく問題であり，状況に応じて相手の像は更新され続けていく。すなわち，生活の大部分を占めることになる介護というかかわりの中で，以前から知る相手をどういった存在として理解しつきあっていくのかという問題の中に入っていくのである。それは，相手の介護を中心に組織されていくことになるコミュニケーション過程において，家族介護者が介護を継続していくための価値や目標と強く結びついていく。すなわち，介護という「はたらきかけ」との関係の中で呆けゆく他者理解のあり方を見ていく必要があるのである。

したがって，次章以降では，まず，呆けゆく者とのコミュニケーション過程を，出会いの局面（第3章），介護を継続していくという局面（第4章，第5章）

とに分けて見る。その上で，二者間のコミュニケーションを継続していく中で，二者の外部の他者との出会いが持つ意味（第6章，第7章）について見ていく。そうした考察を踏まえた上で，関係モデルの強調は何をもたらしうるのか，また，関係モデル的な理解の持つ可能性を有効なものとするためには，どういった条件が必要になってくるのかということについての考察を行う（終章）。そして，そうした考察が，呆けゆく者を「人間」として理解しつきあっていくとはいかなることかという問いへの答えと，そのためにいかなることを考えていくべきかという認知症の社会学のあり方の考察へとつながっていくのである。

注

1　すでに序章で述べたように，本書は，医師や保健医療機関における公式的な臨床診断として認知症の判定を受けたケース（のみ）を対象とするのではなく，様々な情報や専門家とのかかわりなどの中から，相手の変容を呆けや認知症として判断している家族介護者などが，呆けゆく相手とつきあっていく過程を対象としている。そのため，考察対象自体が，医学的カテゴリーに基づいてではなく，本章で検討するような社会学的アプローチの認識論を出発点に設定されている。

2　ここで言う理念型は，M・ヴェーバーの言う「ひとつの思想像であって，この思想像は，そのまま歴史的実在であるのでもなければ，まして『本来の』実存であるわけでもなく，いわんや実在が類例として編入されるべき，ひとつの図式として役立つものでもない」「純然たる理想上の極限概念であることに意義のあるものであり，われわれは，この極限概念を規準として，実在を測定し，比較し，よってもって，実在の経験内容のうち，特定の意義ある構成部分を，明瞭に浮き彫りにするのである」（Weber 1904 = 1998: 119）という性格の概念である。認知症という現象の理解を試みる研究などに見られるモデルを検討した上で，その傾向を理解するために，有益だと思われる特徴を強調して疾患モデル／関係モデルという対の理念型を設定した。したがって，ここで疾患モデル／関係モデルと言っても，現実に存在する理解の仕方は，この二つの間にある。だが，後に議論するが，こうした二つの理解モデルのどちらの理解の仕方に振れているか，という観点から現実の動きを見ていくことができると考える。

3　この医療システムによる社会統制への批判形式としてはいくつかのバージョンが存在する。たとえば，感染症に対する医療の効果が神話であることを指摘する議論（Dubos 1959 = 1977，佐藤純一 2001），医療そのものが依存性向をつくるという「医原病」批判（Illich 1976 = 1979）などである。

4　全体社会とサブシステムとして概念化される古典的な社会システム論的に言えば，家族が教育機能，保健機能などを教育システム，医療システムという外部に委譲し，さらに教育システム自体も医療システムに機能を譲り渡していくというような経路で，医療化の進展を描くこともできる（進藤 2004）。たとえば，老人福祉医療において，医療化と呼ばれるような記述がなされることがあるが，その場合，福祉システムが医療に侵食されるような事態を示すことを企図した記述と言えよう。そうした「医療の

拡大」という一方向の変化としての概念化に対して，医療システムの境界設定過程として医療化を概念化する試みもある（庄司俊之 2005）．

5 たとえば，R・フォックスは，近代社会の医療化という傾向に対して，セルフケアの勃興や消費者志向などの医療化への対抗的傾向が出現してきていることを指摘し，脱医療化の傾向を読み取っているが（R. Fox 1977: 11-13,17-19），全体社会における医療化という趨勢を認めた上で，現状を脱医療化という傾向にあるという判断をしているという点で，それまでの医療化論者と共通の前提に立って議論をしている．

6 ちなみに，日本における逸脱の医療化にあたる議論として，たとえば，アルコホリック（野口 1996），薬物（覚せい剤）（佐藤哲彦 1996），性同一性障害（杉浦 2002），学習障害（木村 祐子 2004）などがある．

7 コンラッドとシュナイダーがあげる逸脱の医療化の否定的帰結は，①責任の転嫁，②医学における道徳的中立性の仮定，③医療専門職による統制の支配，④医療的社会統制，⑤社会問題の個人化（原因の個人帰属，社会水準での問題から注意をそらす），⑥逸脱行動の脱政治化がなされること，などである（Conrad and Schneider 1992 = 2003: 470-5）．

8 肯定的帰結として，①逸脱処遇のヒューマニズム化，②病人役割を拡大することによる社会的責務・非難の免除・軽減，③治療可能なものとしての逸脱規定，④医療専門職の威信による逸脱処遇の制度的保護，⑤司法的統制よりも柔軟かつ効果的の五点があげられている（Conrad and Schneider 1992 = 2003: 466-9）．そこであげられているのは，逸脱行動が司法などのシステムではなく，医療の範疇に組み込まれることによる肯定的な効果であり，本書で扱う「認知症の医療化」とはそれほど関係がない．だが，重要なのは②と③の前提にある医療化されることによる「病人役割」（Parsons 1951 = 1974: 431-4）獲得の肯定的帰結である．免責を可能にするという点と，治療可能性に開かれるという点は，「認知症の医療化」論の帰結としても同様に指摘できる．これに関連する議論として，市野川容孝は，ドイツの精神医学者である W・グリージンガー（Wilhelm Griesinger）の 19 世紀における実践を，現代の精神医療の不十分な医療化に対置する典型的な医療化として例にあげている．市野川によるとグリージンガーは，精神病を身体の病ととらえ，自然科学としての精神医学を提唱したが，その実践においては，T・パーソンズの言う病人の権利である「通常の責任の免除」――すなわち，精神病者に対する脱道徳化の試みと自由の付与――が徹底してなされている（市野川 2003b）．

9 日本における認知症老人の歴史を社会史的に描いた新村拓は，幕末から明治にかけての翻訳医書や明治政府が採用した西洋医学によって，老耄者が精神病者としてとらえられるようになり，「かつては聖俗の境界にいた老耄者も，ただの病人となり，誰も彼の話に耳を傾けなくなる」と述べている（新村 2002: 120）．

10 サバットは，耄碌（senile）という概念は，医学的カテゴリーの生成とともに，否定的な意味で使われるようになったと，事典や精神医学のテキスト・ブック等の用例をもとに述べている（Sabat 2001: 21-2）．この指摘に従うならば，もともと老いに伴うものであった認知機能の衰えが，認知症の医療化（dementia としての概念化）で切り離されたというよりは，医療化によって，耄碌（senile）に認知機能の衰えという否定的な意味が含まれるようになり，アルツハイマー病などの原因疾患の確定によって，「異常」としての明確な切り離しが行われたと考えることができる．

11 マルクス主義的な政治経済学を老年学に援用した批判的老年学の立場から，老いの医療化が産業と結びついて進展していくことを「老いの事業体（aging enterprise）」ととらえ論じている研究がある（Estes and Binney 1989, Biney et al.1990）．

12　新福尚武は，いわゆる老年期の「呆け」につながる痴呆（dementia）概念の系譜について，「ピネルによって『知能の全般的低下』という意味するものとされ，さらにエスキロールによって『後天的に生じた知能の全般的低下』とされて……。さらにジョルジュによって『回復不可能』『持続性』の内容がつけ加えられ，いっそう今日的な概念内容に近づいた」としている（新福1988: 97）。

13　クレペリンは，当時広がりつつあったS・フロイト（Sigmund Freud）の精神分析に対して懐疑的であり，精神病は幼児期の精神的外傷ではなく，脳の変化に由来することを裏づけたかった。そのため，アルツハイマーの業績は高く評価され，E・ブロイラー（Eugen Bleuler），A・ピック（Arnold Pick）といった当時高名な学者を押しのけて正教授職を得たという（Maurer und Maurer 1998 = 2004: 309）。

14　ただし，P・フォックスによると，20世紀中盤におけるアルツハイマー型老年痴呆という疾病の成立は，「パラダイムチェンジ」ではない。なぜならば，アルツハイマーの報告以来，老年期の痴呆とアルツハイマー病変とが関係あるのかどうかは論争点であったことと，アルツハイマー型老年痴呆の発見が電子顕微鏡などの技術の発展によって「通常科学」内でなされたためである（P. Fox 1989: 64）。このように認知症の生物‐医療化は，生物医学的研究などの発達に支えられて進行していく（Estes and Binney 1989）。原因疾患に関しては，分子生物学や神経化学研究の発達，臨床診断に関しては，脳画像診断の技術発展などが大きく寄与している。こうした医療そのものの基盤自体の変遷については，近年，生物‐医療化論（Clarke et al. 2003）として，科学社会学的な視点から議論されてきている。

15　近代医療の特徴は，病院（収容施設），専門家としての医師，科学としての近代西洋医学とされるが（黒田浩一郎1992: 70-1），基盤となる医学的知識（病因論）において，何らかの観点から複数のパラダイム区分ができるとするならば，そうした知識の性質の結びつきから近代医療の多層性を指摘することもできよう。たとえば，特定疾病論とそれを補強する確率論的病因論という二つの支配的なモデルがあるとされるが（佐藤純一 1995a: 17-31, 1995b: 74-7），後者の考え方は，個人に対する医療の介入を予防に広げるだけでなく，個人とその症状の自覚を超えた統計的な病気把握と，その把握に基づく社会的介入につながりうるものである。

16　医療化は，非常に広範な現象記述を含んだ，あるいは含みうる概念である。それに対して，近年，その広さを概念の拡散として否定的にとらえ，社会的事象に医療のラベルが貼られるという論理構成ではなく，「生物‐医療化」が進展する中で，科学社会学的立場から，医学知識自体の構成を論じていくべきとする議論（碇 2005，額賀 2006）が出てきている。一方で，拡散を踏まえた上で，現代社会・医療の状況を念頭に再概念化し，これまでの医療化論のさらなる展開を目指す論者（平井 2004，庄司俊之 2005）もいる。

17　アメリカにおけるAA（Alzheimer's Association）を中心としたアルツハイマー病運動は，主に介護者と研究者から構成され，公的言説や調査コミュニティを成しており，医療組織や医学に対して批判的な運動ではなかったという（Beard 2004a: 799）。

18　日本においても，東京都老人総合研究所等を中心に，アルツハイマー型認知症の病変研究が積極的に進められる。1970年代以降の日本におけるアルツハイマー型認知症の研究状況やキーパーソンの動きを詳細に記述したものとして早瀬（[1994] 1997）。

19　脳におけるアルツハイマー病変の診断は，厳密には死後の解剖でしか分からないが，CTやMRIなどの脳の画像診断技術の発達によって認知症疾患の病巣についての情報を得ることが容易になってきた（竹中1996: 161-2）。だが，脳の画像診断は原因疾患を明らかにしていく際にとられる方法である。臨床における，認知症という症状群と

しての診断（スクリーニング）は，まずは，病歴の確認などから除外診断（他の類似症状・疾患の可能性を排除）が行われ，その後，ミニメンタルテストや長谷川式スケールのような認知能力を測定するスケールを用いたテストなどが行われていく（柄澤 1999: 85-95，長坂他 2003）。そのため，仮にアルツハイマー型認知症と診断を受けたとしても，そこには，厳密に脳の病変をもとに同定された人以外も含まれている。また，診断する主体（医師の専門分野，医師以外の他専門職）や状況などの違いによって，本人や家族が感じる診断の持つ重み，意味合いは異なってくる。だが，日常の相互作用レベルにおいては，アルツハイマー型認知症の症例や，特徴とされる知識などを意識して，呆けゆく相手の定義づけや，それに基づく「はたらきかけ」が行われていくことになるだろう。

20　「制度レベル」も含めた議論としては，「認知症の医療化」論が主に考察されるデイケア・センターにおいて実践の評価基準が，疾患モデルに基づく対応により適合的であるということを論じたものがある（Lyman 1993）。だが，ここで重要なのは，「認知症の医療化」論に言及する研究においては，制度レベルを媒介とした専門的ケアの場における問題だけでなく，家族などによる理解においても，医療化との関係を前提とするか，その影響を見て取ろうとする傾向があるということである（Bond 1992, Lyman 1989, Miller et al. 1992）。本書では呆け・認知症をめぐる相互作用の中核となる，呆けゆく者を以前から知る身近な者の理解とコミュニケーションの経験を中心に見ていくため，ここでは「概念レベル」と「相互作用レベル」との関係に焦点を当てることとする。

21　S・ブラムの言うごまかしの実践とは，呆けゆく者の周囲の者が，呆けゆく者の「問題行動」や奇妙な言動を隠し情報管理を行うことを指しており，最初は呆けゆく者と協働して行っていくが，症状の進行に伴い本人を介護者側からの一方向的な実践となっていく（Blum 1994）。出口は，ごまかしの実践と類似だが，対極の実践としてパッシング・ケアという概念を提示している（出口 2004a）。パッシング・ケアとは，E・ゴフマンの「社会的アイデンティティ」についての情報の操作に関する議論におけるパッシング（passing）という概念を参考に構成された概念である（Goffman 1963 = 1970: 73-5, 120-49）。パッシングとは，「まだ暴露されていないが［暴露されれば］信頼を失うことになる自己についての情報の操作」（Goffman 1963 = 1970: 75）である。パッシングが，主にスティグマをかかえる本人の情報管理の戦略を指しているのに対して，パッシング・ケアは，呆けゆく人にかかわる周囲の者が，呆けゆく本人が認知症や呆けであることを気づかないように配慮して行うケアを指している。ごまかしの実践もパッシング・ケアも，ともに呆けに気づくことを回避するためのものであるが，出口によると何に志向した実践かという点で違いがある。ごまかしの実践は，主に，周囲の者との間でのトラブル回避のために，「問題行動」やスティグマを隠す点に主眼がある。それに対して，パッシング・ケアは，呆けゆく本人に対する配慮を志向し，本人が呆けに直面して否定的な感情を経験することの回避を目指している（出口 2004a: 183）。

22　また，ライマンは，衰えていく一方であるという認知症の経路の想定は，相手を幼児のように扱うことを正当化するという（Lyman 1993: 68-70）。ここで言う，幼児のようにとは，相手に対する言葉遣いなども指しているが，相手の決定を認めないなど，個人として扱わないということを意味している。入居者を幼児扱いすることを，スタッフ側にとっての合理性という観点から考察したものとして出口（1998）。

23　キトウッドは，ブラッドフォードグループと言われる認知症研究の拠点を組織し，1998年の没後も認知症ケアの領域で大きな影響力を持っている。このグループの研究

成果の紹介として，キトウッドとベンソン（Kitwood and Benson eds. 1995）．

24 こうした形式の議論は，社会学の文脈で言うならば，第一次的逸脱にラベル貼りなどの他者からの反作用が加わっていく（第二次的逸脱）ことで，逸脱アイデンティティが形成されていくとする逸脱のレイベリング理論（Becker 1963 = 1978, Lemert 1967）と似た構成をとっていると言えるだろう．社会学において，こうした構成の議論は，構築主義とくくられる議論につながっていくが，論理的必然として，構築に先立つ「構築されるもの」の実在をどう位置づけるか，どの程度見込むかということをめぐって論争を呼び込むことになる（Woolger and Pawluch 1985）．こうした問題構図に対して，たとえば中河伸俊は，レイベリング理論が「ラベルを貼る」という設定で出発したために，逸脱の実在論に反駁される余地を残したとし，貼られる出来事とラベルという二元的構成ではなく，あるカテゴリーが構成されていくカテゴリー化過程の研究の必要性を説いている（中河 2005）．「カテゴリー化」研究の多層性，社会学にとっての意義については，片桐（2006）の序章などを参照．また，科学社会学の研究では，医療ラベルと社会的出来事を二分した上で，前者のラベルが社会的出来事に貼られていくという医療化論の基本的な論理構成の限界が指摘され，医療化論の再生のために，医学的知識そのものの多層性と，その構成に目を向けることが説かれている（碇 2005, 額賀 2006）．

25 たとえば，1980年代の『社会老年学』誌上に，多くの負担感研究が掲載されている．痴呆性老人の家族介護特集の序論として佐藤豊道（1989）．また，そうした一連の研究をまとめたものとして東京都老人総合研究所社会福祉部門（1996）．これらの研究は，欧米の研究の展開を取り入れながら，負担感だけでなく「介護継続意思」（坂田 1989）などの肯定的側面への注目，プロセスとして介護をとらえていくことの必要性の主張（新名 1991），対処（coping）概念の導入（和気 1998）などの展開を見せてきた．

26 この点は，認知症症状についての医学的解説によっても正当化されている場合がある．老化に伴う物忘れとアルツハイマー型疾患などの認知症との対比において，病態についての自覚の有無という点が指摘されている．

27 たとえば，邦訳されたC・ブライデンの著作（Boden [Bryden] 1997 = 2003）には，呆けゆく者にもの忘れ体験を語ってもらうというケアを実践していた小山のおうちの石橋典子や，認知症高齢者の主観的世界に1990年代から注目していた小澤勲などが寄稿しており，小澤は，2005年の一般向けの著書（小澤 2005）でも，彼女と夫との関係性を事例としてとりあげている．また，ブライデンの様子は，テレビ番組でもとりあげられている．認知症ケアの新しい展開を紹介する著書（小宮 1999）を持ち，厚生労働省の審議会に招かれるなど，認知症ケアの展開に影響力を持つNHK解説委員小宮英美も，ブライデン夫婦の事例を引き合いに出して，呆けゆく者本人の気持ちを汲んだケアをすることの重要性を積極的に主張している．

28 関係モデルに基づいた「はたらきかけ」方として，精神療法などの，生物 - 医療モデルとは異なる医療・療法・技法として位置づけられるような流れ（小澤 2003, 2005）や，認知症をI・イリイチの言うような医原病ととらえる認識を核に置き，認知症に伴う問題の発生源として，近代的社会関係や「競争原理」などの近代的価値観の問題を強調するものがある（大井 2004: chap 1, 高橋・石橋 2001）．一般的な意味での「はたらきかけ」についての提案である前者の内にも，「バリデーション法」（Feil 1993 = 2001）などの，過去の出来事・無意識に注目する精神分析理論に影響を受けた，一対一のケア技法を強調するようなものもあれば，集まりの効果を重視する集団精神療法的（石橋他 2001）なものもある．また，そうした「はたらきかけ」は「回想法」（cf. 奥村由美子 2003）や「認知行動療法」（cf. 坂爪 2003），「リアリティ・オリエンテーショ

ン」(cf. 若松・加藤 2003)、「activity therapy」(cf. 杉村 2003)、「memory training」(cf. 勝俣 2003)などの非薬物療法全般(cf. 柴山・水野 2003)までグラデーションをなしている。以上のようなタイプを踏まえると、関係モデル的な発想という潮流自体のバリエーションを、①想定されている自己像、②はたらきかける方法の違いなどの面で分類して考えることが可能である。だが、本書の眼目は、認知症についての言説を生み出す医療を含む様々な領域で、関係モデルの潮流が支配的になってきている局面をとらえることにあるので、あえて単純化して議論する。

29 したがって、ここで言う理解モデルは、〈関係モデル〉が、問題の性質・構図を示す社会科学的理論(二次理論)であるのに対して、「行為者自身が自らをとりまく世界について抱いている了解の内容」である「一次理論」である(盛山 1995: 179)。

30 二つのモデルの対比のさせ方については、注2を参照。したがって、本書の「認知症の医療化」論を〈関係モデル〉として展開させていく問題設定においては、医療の領域における言説であるか否かという問題はそれほど重要ではない。注28で述べたように医療においても、関係モデル的な発想の強まりを見出していくことが可能である。「病気を認知し、原因を同定・追究し、対処方法を提示する理論体系」(佐藤純一 1995a: 6)である医学における、認知症性疾患についての理解や力点の変化である。たとえば、原因疾患に基づく変更不可能な「中核症状」、周囲のかかわり方で変更可能な「周辺症状」として分離され、変容の可能性がある症状として後者へ注目が集まっている(小澤 2003)。また、小澤は、ケアによる中核症状の変容の可能性についても議論を展開しているし(小澤・土本 2004: 33-4)、神経精神医学者でもある心理学者のキトウッドは、神経生理学的な変性の非可逆性という「標準パラダイム」の想定に対して、周囲の環境による神経生理学的レベルでの変化の可能性について述べている(Kitwood 1997 = 2005: 117-21)。

31 1999年時点で、呆け老人をかかえる家族の会は、国際的な潮流にのっとり、名称をアルツハイマー病協会と変更しようとしたが、会員から実態を反映した名称ではないといった批判が多数寄せられ、正式名称は現行のままにとどめるという判断を下している(「家族の会会報老人をかかえて」235号、237号など)。これは、少なくとも、アルツハイマーという原因疾患を示す名称によるテーマの表象の仕方が、呆けゆく者とかかわる家族介護者の現在の経験に適合しないということを示した出来事だと考えられよう。

32 精神医療領域における対応をどう位置づけるかについては、慎重な議論が必要である。精神科併設のデイケア「小山のおうち」を主催する高橋幸男は、日本において、認知症患者が精神科医の領域で、不十分な理解のまま「薬物療法」か「放置」という形で対象となってきたのに対して、欧米では、認知症患者は「精神医療」の対象とはなっておらず、福祉領域において対応されてきたと述べている(高橋幸男 1999: 244-6)。この言が妥当ならば、欧米の文脈では、認知症の医療論においては、福祉的システム(非医療的対応システム)が相対的に自律している中で、認知症が生物 - 医療化されていくという問題設定になる。そのため、非医療的対応システムの中で、医療知識(生物 - 医療からの知見)がいかに参照されるかという点に焦点が当たる。だが、一方の日本では、アルツハイマーやそれに基づく認知症としての独立した対象化と、それに伴う積極的介入の不在のため、結果的に精神医療領域の対象となっていたものの、治療やそれ以外の積極的はたらきかけを欠いたものだということになるだろう。

33 都市部(首都圏、大阪、仙台)における老年期痴呆に関する意識調査の報告(本間 2001)では、老年期痴呆を病気と考えているものが半数程度、抗痴呆薬の使用者が2割程度、治療による進行遅延についての知識を持っているものが4割程度という結果

が出ている。この結果が何を示しているのかは、他国との比較調査等が必要であるが、医師であるこの報告の著者は、痴呆に対する諦観的態度が見られると述べている。

34　家族も関係モデルを意識する傾向になってきていることが想定される。たとえば、介護者同士の相互援助を第一の目的とする、呆け老人をかかえる家族の会でも、2002年度より、認知症をかかえる人の気持ちの汲み取りを目指した調査研究が実施され、その結果が報告されている（呆け老人をかかえる家族の会 2004a, 2004b）。また、ある介護者家族会では、自らの対応が認知症の相手の状態の悪化につながっているのではないかという自責の念がよく語られていた（field-notes03/11/27）。認知症（アルツハイマー病）の診断の早期化に伴う認知症患者の語りの出現と、その意義について論じたものとしてビアード（Beard 2004a）。

35　「医療化」を語る議論の記述形式を詳細に検討した平井秀幸は、後期近代における医療の状況を考えたとき、「医療化」の記述の中に、より広い時間幅を導入することの重要性を主張している（平井 2004）。すなわち、これまで医療化論が主な考察対象として設定してきた、治療の医学（発症後の介入）だけでなく、社会医学・予防医学（疾患として同定される以前の、リスクファクターの把握に基づいた予防的な介入）までをも、医療化論の対象に組み込んでいくような理論構成が必要とされているという。また、医療化論と呼ばれる議論の底流に暗黙に流れているリベラリズム的な価値判断（個人の自由を重視）と、そうした価値的な立場が福祉国家の危機後の医療費削減の動きと共振することなどの問題については、医療化論をはじめとする医療社会学理論の日本への導入をリードしてきた進藤が一貫して議論している（進藤 1990, 1998, 2003, 2004）。

36　序章注6で述べたように、近年は、MCI（mild cognitive impairment）という概念で、認知症予備軍を把握し、予防を促進していこうという動きが見られる。こうした流れはA・フランクの指摘する「健康人役割」論に適合的である。フランクは、M・フーコーの規律権力、P・ブルデューのハビトゥスの再生産という議論を付加する形でパーソンズの病人役割概念を発展させ、「健康と病気の間には断絶が存在していない。……複数の権威によって規定され、あるべき自己像を追い求める自己によって実効化される一連の体制」（Frank 1991=1995: 280）として存立する「健康人役割」の出現について論じている。パーソンズの「病人役割論」に対しては、急性期疾患をモデルにしており、明示的な回復が想定しにくい慢性疾患や精神疾患などについては当てはまらないなどの批判が当初から出されていたが、フランクの議論は、それを受けて、健康増進広告などに現れる、日常生活と直接につながる介入のあり方のモデルを加えた点に意義があるだろう。

第3章　呆けゆく者への出会い

1　疾患モデルは決定論か？

　第3章から第5章にかけては，呆けゆく者とのコミュニケーション過程を考察する。まず本章では，呆けゆく者との出会いの局面に焦点を当てる。出会いの局面とは，相手の何らかの変容に気づき，眼前の相手が認知症だという定義づけを得ていく前後を指している。ここでは便宜的に，診断をする医師や保健医療関係者——定義づけの正当性を有している他者——から定義づけられる時点を念頭に考えていく[1]。

　すでに第1章では，近年の日本社会における呆けと呆けゆく者に対するまなざしの傾向を示す例として，政策言説の変容を検討した。そこで見出されたのは，近年，周囲と相互作用する呆けゆく者の自己の存在が示されていること，その自己を持つ「人間」としての尊厳の重視という理念の誕生，そして，そうした自己を根拠に，「相手の変容」を目標とした呆けゆく者に対する「はたらきかけ」の重要性が，「新しい認知症ケア」として提起されてきているということであった。

　他方，第2章では，認知症についての社会学的な研究の潮流について確認した。そこで見た議論は，「認知症の医療化」として認知症をめぐる現状を批判的に認識した上で，呆けゆく者の自己や人格の存在を重視し，それに配慮することの重要性という点を強調している。そういった立場に基づき，呆けゆく者本人の自己の存在を確認することや，その存在を前提とした，周囲のかかわり方や，適切なケアのあり方についての研究が盛んに行われている。すなわち，多くの研究において，本書で名づけた関係モデル（第2章）に基づいて呆けゆく者を理解することの重要性が強調されているのであった。

以上のような潮流の議論は、疾患モデルに基づいて呆けゆく者を理解していくことに対する批判的考察を基調としている。あらためて述べておくと、疾患モデルとは、認知症の症状が、脳の原因疾患に基づき発現していると規定する考え方である。その疾患モデルが批判の対象となる理由は、疾患モデルに基づいた呆けゆく者の理解が、認知症症状の構築につながることや、そうした理解に基づいた対応によって、呆けゆく者の自己の存在が無視され、統制されてきたと考えられているためである。前章で見たように、「認知症の医療化論」の前提にあったのは、支配的な理解モデルが、コミュニケーション場面に対して強い効果をもたらすということであった。ここで支配的なモデルととらえられているのが疾患モデルであり、そのモデルがコミュニケーション場面において、決定論的効果をもたらすことが前提とされて批判がなされているのである。

　さて、こうした疾患モデルは、呆けゆく家族を介護する者同士の会においては、逆に、呆けゆく者との出会いの局面で採用すべき認識モデルとして肯定的にとらえられ、そのモデルに基づく理解の必要性が強調されている。

　たとえば、呆けや痴呆に関する施策や社会的な啓発に強い影響力を持ってきた呆け老人をかかえる家族の会（現、認知症の人と家族の会）において、「認知症を疾患として理解すること」は、一つの文化や理論といった程度に抽象化・一般化された理解の仕方となって流通している。会の初期からの中心的な人物である医師は、認知症への対応ガイドブックを出版している（杉山編1995など）。そうしたガイドブックの最初に強調されるのは、日常的なもの忘れと「痴呆」との相違であり、そうした疾患をかかえる「痴呆性老人」の記憶障害における「記銘力低下」「全体記憶の障害」「記憶の逆行性喪失」という三つの特徴である。「この特徴を理解することによって多くの痴呆症状が理解できるようになる」（杉山編 1995: 4）とされ、こうした理解を前提に、「痴呆をよくするための7大法則」という、介護における原則が提示されている。会の集まりでは、そのガイドブックに示されている対応や理解の仕方を参照しながら助言などがなされることになる。また、会のある中心人物は、会への電話相談を受けてきた経験から、呆けゆく相手の行動を疾患として理解することの効果について、「［受診は］介護者の問題行動に対する態度を安

定させる機能もある。たとえば，電話相談において，今経験しているような状態が病気によるものだったら許せるが，もし病気ではなくて，それが性格や意図したものであったら許せないという人がいる」と述べている（03/09/04 呆け老人をかかえる家族の会東京支部代表・笹森貞子講演会）。すなわち，呆けゆく者と直面する者への援助をする家族の会においても，想定されているのは，コミュニケーション場面において，疾患モデルに基づいて相手を理解することによって得られる混乱状態からの脱却や安定である。

　しかし，特に，なじみのある者の呆けと出会い，「はたらきかけ」を行っていく者が，認知症の知識を診断などで得ながら相手を理解していく過程とは，関係モデルを主張する批判的議論が，明示的，あるいは暗黙に想定するような決定論的なものなのだろうか。また，介護者向けの実践的な議論が強調する，混乱からの脱却や安定をもたらす肯定的効果は，理論的にはどのように説明でき，その効果はどの程度強力な効果を持つものなのだろうか。それは，転じて批判の対象となるほど，果たして決定的な効果をもつものだろうか。これらの問いは，第2章で導き出した認知症の社会学の方向性——すなわち，呆けゆく者を理解していくためのモデル自体の効果を問いなおした上で，昨今，強調されてきている理解モデルの潮流の効果や意義を考えていくことにそった問いである。

　そこで，本章では，呆けゆく者との出会いの局面に焦点を当てて考察していく。考察の資料とするのは，序章で述べた第2期のインタビュー調査で得た事例と，参与観察を行なった家族会の「話し合い」で提示されていた困難経験，ならびに介護者と呆けゆく者のコミュニケーションに言及している実践家が記した文書資料である。インタビュー調査で対象とした人々は，呆けゆく者の介護者として自己を定義している。各々の人による介護の初期や認知症に気づいた局面についての語りに焦点を当てて分析する。

　まず，疾患モデルが，なぜ呆けゆく者との出会いの局面において重要だとされているのか，その効果を理論的に明らかにした上で（2節），次に，呆けゆく者と出会っていく実際の過程について，疾患モデルとの出会い（3節），疾患モデル獲得後の参照のし方（4節）に焦点を当てながら検討する。

2 疾患モデルの効果

　呆けゆく者の家族介護者たちの集まりなどで，疾患モデルに基づく理解の必要性が，特に介護初期の人に対して強く説かれているが，疾患モデルは，呆けゆく者と出会う局面で，いかなる効果を持っているのだろうか。まず本節では，疾患モデルに基づく理解が，何らかの転換をもたらしたと認識されている事例をもとに，その効果について考察していこう。

2-1　理解できない振る舞いの説明

　実母と同居する実父を近居で介護して看取ったYさん（interview04/07/21）は，認知症であったという父親への介護の経験を語ってくれた。

　彼女は，当初，体調を崩した父と，その父の世話を主に行っている母が住む家から徒歩圏内に近居して生活しており，母からの相談を受けたり，2人を定期的に訪ねて様子を見ていたという。他に姉妹がいるが，Yさんが両親ともっとも近くに住んでおり，結果として父母2人の世話の責任者という形になっていた。そのYさんが，父親の異変に気づいた初期のころについて以下のように語っている。

　　それまでに幻覚症状と言うんですか，ああいうのがとにかく出まして。で，何かもう女の人の顔が，次から次へといっぱい出てくる，出てくる。ちょっと最初は，それが私たちには気持ち悪くてね。「あそこで誰かがしゃべっている」とか。そういうことを最初に言い出して。で，うーん，あの家族の会の保健婦［ママ］さんに精神科の先生を紹介していただいて。で，そこに行ったりしたんですけれどもね。だけど，ペースメーカーを埋め込んだ後は，かなり楽になったみたいでね。で，「わしは病気は治った」って言って，「とにかく薬なんかもう飲まん」と言って。そういうふうに1回はだまして先生のところに連れていったこともあったんですけども。

　Yさんが父親に対して，世話が必要だという意識を向けるようになった

きっかけは，上にあるように，心臓の疾患に伴いペースメーカーを入れたことであった。そうした手術とその後の療養における世話の中で，「幻覚を見る」という父の奇妙な振る舞いに出会っていくことになる。そして，病気の治療に必要な服薬管理が心配だったため，ごまかしながら精神科医のもとに連れていくことになる。その過程を経て，父の異変についての認識を深めていく。Yさんは，父は認知症であるという認識を得る以前の状況を振り返りながら，以下のように述べている。

　　で，私も痴呆っていうのが最初は分からなかったから，何で，そんな気持ち悪い話ばっかり，何でそういうことをするんだろうって。それがちょっと最初わからなくてねえ，母も分からなかったもので。だから，父が常に夜中起きてきては，そこに人がいるとか，あそこに人がいるとか。あそこのカーテンに人がいるとかね。そういうことばっかり，ずーっと。人は今上に上がっていってるとか，そういうことばかり言ってましたから，なんかもうそれが気持ち悪くって。で，私たちも何か怖くて怖くて。……。ていうようなことが，あったんですけどねえ。母はそれを聞くのが嫌で。私たちも何か順を追っておかしくなっていったような感じなんですけどね。だから，母はやっぱり大変やったように思いますけどねえ。

　上述のようなYさんの言明からは，医師から認知症であるという説明が与えられる以前は，父が示す振る舞いが何であるのかを理解できず，混乱状態にあったことがうかがえる。こうした混乱状態は，父と同居している母も同様であったため，Yさんにとっても，理解できない「気持ち悪さ」であった。
　そうした状況において，父の振る舞いが疾患に起因する認知症であるという情報には，以上のような「異常」なものとして経験される振る舞いに合理的な理由を与え，納得させるような効果があるということが見て取られる。西欧における病の経験の特徴について述べている，医療人類学者のG・フォスターとB・アンダーソンは，西欧においては，疾患の原因が，症状体験に（時間的に）先行するというモデルのもとでとらえられ（Foster and Anderson 1978 = 1987: 187），病いに名前をつけることは，①名づけることで既知のものにすることによる恐怖の緩和，②病因の確定という二つの機能を持っていると

いう（Foster and Anderson 1978 ＝ 1987: 188-9）[2]。

　以上の議論に従うと，疾患モデルという知識は，曖昧な問題経験を，それを引き起こす原因を有したものとして対象化し，何らかの対応を要する「問題」として認知上の位置づけを与える機能を果たしているということができる。このことは，われわれ／（特別な対応を必要とする）呆けゆく者，という比較的明確に区分された範疇のもとに，相手を位置づけていくということである。そして病因が想定されることで，以後の対応の仕方を指示する[3]。
　以上のような異常な出来事に対する認知上の説明付与と対応への道を開くことが，疾患モデルという知識の一つの効果だと言うことができる[4]。
　だが，疾患モデルという知識は，「分からない」ことに対して，認知上理解可能な合理的説明を付与するという意義を持っているだけではない。呆けゆく相手と共在しながらのコミュニケーション場面における重要な実践的機能を有している。以下で，その重要な機能について，夫婦関係の中で，呆けゆく者に出会っていく事例をとりあげて考察してみよう。

2−2　「問題行動」の相互免責

　先のYさんが経験していたような妄想等の理解困難な出来事が，具体的な生活の場において，周囲の者から障害だと認知されるとき，それは「問題行動」と名指されることになる。一般的に認知症の介護の初期において，相手の徘徊，異食，妄想，暴力などの出来事への対応が困難だと言われる。呆けゆく者と生活を共にしている者にとっては，これらの「問題行動」への対応を中心に，呆けゆく者をいかに理解していくかが，出会いの局面において大きな課題となってくるようである。ここでは，そうした「問題行動」への直面と，それへの対応という文脈における疾患モデルの効果を考察してみよう。
　認知症患者の診療にたずさわり，家族へのケアの重要性を説くある精神科の医師は，認知症についての情報を得られる介護者教室の役割を説く文脈において，以下のような事例を紹介している。

　　　最近では妻に嫉妬妄想が発現したため，A氏を片時も自分のそばから話そう［マ

マ］とせず，買い物にも行きにくい状況になった。あまりにも妻の妄想が激しくなり時にはA氏につかみかかることもある。たまりかねたA氏は町内で開かれていた介護教室に参加し，講師であった保健師の話を聞いてアルツハイマー型痴呆についての情報をはじめて得ることができた。これまで妻の行動に対しても「なぜ，妻は自分を憎むのか」と解釈したためにどうしても妻に対して憎しみの気持ちが浮かんでいた。時には殴ってしまうこともあったからこそ，悩んだ末に家族教室に参加したのである。妻の行動が痴呆という病気のために出るものと理解できることでA氏は気が楽になった（松本 2003: 157）。

　ここでとりあげられているA氏は，長年連れ添ってきた相手の度を超えた「問題行動」が自分に対する「憎しみ」という内的な感情に基づいてなされていると考えてしまうことで，自分にも相手に対する「憎しみ」の気持ちがわいてしまっているという。ここで医師は，アルツハイマー型痴呆という原因から帰結する「問題行動」だという疾患知識を得ることが，妻の行動を理解し，気持ちを安定させていく上で効果を持っていると述べている。では，ここで医師の言う効果とはどのように説明できるであろうか。
　心の哲学の議論によると，われわれは日常生活において，他者とコミュニケーションを行う際，民間心理学（素朴心理学，folk psychology）を前提として他者の心を認識しはたらきかけているという。民間心理学とは，日常成員が持つ，相手は自分と同様に，内省過程（＝心）を有しているという常識的前提である（中山 2004, Dennett 1987=1996, Astington 1993=1995）。
　まず，われわれは日常的に，相手は自分と同様に何らかの意図を持ち，その意図をもとに何らかの行為をする存在であるという想定のもとで，他者とのコミュニケーションを行っていると言うことができる（「意図→行為」の想定）。そのコミュニケーションにおいて，相手の行為が自分に対して何らかの害悪をもたらした場合，その意図の有無を確認するという形で加害行為か否かの判断をする。そして，加害の意図が確認された場合，その害悪の責任を問うことになる。つまり，行為の結果としての害悪自体ではなく，相手が意図して害悪をもたらしたのかどうかを判断し，その意図の有無を基準に責任を問うという形のコミュニケーションを行っているのである[5]。

ここでのA氏は,妻による「問題行動」を経験するようになる。A氏にとっての妻とは,長年,上述したような意図の有無を判断しながら継続していく相互作用を前提にしてきた相手である。そのため,「問題行動」に出会ったとき,まずは,それまでと同様,相手の意図の有無を判定すべきという前提で,行動を解釈していくことになる。事例にあるように自分に対して害悪をもたらす行動は,「憎しみ」という感情に基づいていると解釈される。その「憎しみ」に基づく行動は,A氏に対して害悪をもたらすという意図を有した行為であると解釈され,相手を,その行為に対する責任を有している加害者ととらざるをえなくなるのである[6]。その帰結として,相手への暴力にまで至っている。

　だが,妻の「問題行動」は頻発し,かつ,A氏の方から,暴力などで相手に行為の変容を求めても,加害行為と解釈されている「問題行動」は直接的には修正されない。すなわち,「問題行動」の頻発とそれに続けてのやり取りの中で,そこでの出来事を,お互いの意思・意図に基づく行為の連鎖である,通常の相互作用だと定義づけることが難しくなっていくのである。

　そうしたやり取りの継続の中で,相手の「意図→行為」という前提の保持が難しいと気づいていく。しかし,それに変わる「問題行動」を解釈する何らかの枠組みがないため,どうしても相手の意図を問いその変容を求めるという形式のコミュニケーションを続けざるをえない。こうした状況にいるのが家族会に参加する以前のA氏である。

　このような状況に対して,疾患の発現として「問題行動」を説明するモデルは,意図の外部の要因を指示し,相手の意図に基づく行為,そして,その行為の連鎖である相互作用といった前提を迂回（うかい）した説明の選択肢を与える。そして,その選択肢に基づいて妻との間で生じた出来事を解釈することによって,「意図の有無を問う」という形式のコミュニケーションから脱却が可能になり,「問題行動」から相手を免責するのである。

　さらに,この相手の免責は,相手の「問題行動」に対する,自己側の免責にもつながっている。相手の「問題行動」は意思・意図に基づいたものでないとされるならば,自己の側の行為に接続して生じてくる出来事ではない。そのため,日常的に起きる「問題行動」そのものは――少なくとも直接のコ

ミュニケーションの相手である「現在の自分」が——コントロールできない不可避な出来事と規定されることになる。それによって，介護者側の責任は，「問題行動」によって生じる日常的な不都合への対処か，相手の意思・意図とは関係なく「問題行動」そのものの抑制を試みることに限定されることになるのである。

　疾患モデルに基づく相手の理解とは，このように「問題行動」に出会ったときに，相手の意図の有無に焦点を当てるコミュニケーションを回避することによる双方の免責を目指したものである。こうしたメカニズムが，疾患モデルの効果（＝介護者にとっての安定）の説明の一つとなるだろう。論理的には，こうした「問題行動」の相互免責の論理を貫徹して相手とコミュニケーションをとり続けていくことが，すなわち，疾患モデルに基づく呆けゆく者理解の貫徹だと考えることができるだろう。

2−3　類型獲得／参照過程の考察へ

　だが，実際の呆けゆく者とのコミュニケーションにおいて，上で見たような自他の免責の論理は貫徹されうるのだろうか。その考察の準備作業として，2−2で見た相互の免責という出来事を，類型に基づく相互の役割定義が設定されるメカニズムとして記述しなおしてみよう（Berger and Luckmann 1966=1977: 123-35，栗岡 1993: 13-16）。

　まずここで言う類型という概念について説明しておこう。P・バーガーとT・ルックマンは，役割概念を，日常的な行為者が，ルーティーンの中で他者を理解する際に用いる類型化図式としてとらえている（Berger and Luckmann 1966=1977: 123-35）。この類型とは，相手の行動の類型であり，「行為しつつある自己と行為しつつある他者は，ともに独特の個人として理解されるのではなく，さまざまなタイプとして理解される」というように，一般化されたものである（Berger and Luckmann 1966=1977: 126）。われわれは，その類型を参照して他者の行為を予期しながら，コミュニケーションを行っている。

　「問題行動」を呈する者へと変容していく相手についても，社会的な何らかの類型に基づいて振る舞いや様子を理解し，対応を選択していると考えられよう。2−2で見た例において，相手の「問題行動」理解のために参照さ

れている有力な類型が,「認知症症状を引き起こす疾患をかかえた者」である。「認知症症状を引き起こす疾患をかかえた者」とは,その「問題行動」が意図に起因したものではない,という内容を指示する類型である。

　疾患モデルの効果を強調する立場においては,診断などで疾患という知識を得た後,次のような過程が理論的に想定されている。すなわち,相手の「問題行動」は意図に起因したものではないという予期が可能となり,意図の有無に焦点化したコミュニケーションという前提を放棄して,相手の「問題行動」を解釈することで免責が可能になるという過程である。こうした類型に基づく理解を可能にするのが,主張されている疾患モデルの意義だと言えよう。つまり,疾患モデルの知識とは,直面する「問題行動」解釈のための妥当な類型の選択肢を与えるものなのである。

　だが,こうした疾患モデルの理論上の効果を踏まえた上で,慎重に検討しておかなければならないことが二つある。

　一つは,本節で論じたような,類型による理解を可能にする,原因モデルを伴う疾患としての知識を獲得していく過程についての検討である。疾患に基づく認知症という知識の獲得とは,ただ単純に認知症のメカニズムを知るということを指しているだけではない。身近な者とのコミュニケーションの中で直面した出来事が,認知症に起因する出来事として同定されていく——類型に基づいて自らが経験する状況を定義していく——過程を伴わなくてはならない。その過程はどういった特徴を持っているのだろうか。特に,疾患モデルに基づく理解が,これまでの議論の前提にあるような決定論的な効果を持つものかどうかを問うている本章の関心からは,その過程がスムーズに問題なく進行していく過程であるのかどうかを検討する必要がある。2-2で見たような効果が理論的には想定されているとしても,その知識は,呆けゆく者と出会う家族が,容易に得られるものであろうか。

　また,二つ目として,疾患に基づく認知症という知識を十分に得ることと,身近な他者を「認知症をかかえた者」という類型に基づいて定義し,一貫したかかわりを継続(=「認知症役割」の全面的付与)していくこととは論理的には同義ではないという点にも注意が必要である。果たして「問題行動」に直面した者が,疾患という知識を参照してコミュニケーションを行っていく

過程は，関係モデルの立場が，素朴に批判の前提としているような，相手を認知症高齢者として全面的に定義づけてしまうようなものだろうか。以下，3節で前者の問題について，4節で後者の問題について検討していこう。

3　疾患モデルを獲得する過程

　　まだらボケってありますよね。あれから段々普通のボケに移行するわけですか？　まあ，家は加齢もいいところで，104歳なんですけどね。今年あの，聞きましたらね。名前は？って聞きましたらね，初めて旧姓を言い出しましてね。びっくりしましてね。今までは103歳のころまではちゃんと答えたんですよ。西暦も何年くらい……。今年になってからちがう姓を言い出したんでね。やっぱりときどき分からなくなるっていうかね，あの。そういうのが段々ね，全体的にボケに進行していくんでしょうかね（field-notes03/12/01）。

　通常の加齢（normal aging）によって生じるとされる物忘れなどの状態と，医学的な根拠を持つ認知症症状との違いについて医師が説明を行っている家族会の集会において，高齢の親の身体面の世話を行っている参加者が，医師に対して以上のような質問をしている。
　ここでこの参加者が問題としているのは，ときどき物忘れなどの状態を見せる「まだらボケ」と不可逆的で特別な対応が必要な「普通のボケ［＝認知症］」との違いである。この参加者は，「まだらボケ」という段階と「普通のボケ」との二段階が明確に区別されるのか，前者から後者に移行していくのかどうか，などについて尋ねている。
　こうした事例にも見られるように，認知症——上記参加者の言葉遣いで言えば「普通のボケ」——という判断は簡単になされるわけではない。認知症の正しい診断の重要性が強く説かれている一方で，それをいかにして同定するのかは，日常生活のレベルでも，場合によっては医師の診断においても非常に曖昧である。
　また，逆に，人々が呆けや認知症（痴呆）という言葉で指している相手の

状態が，厳密な意味での診断名としての認知症であるとは限らない。出口によると，慣れ親しんだ者との間の，「何かおかしい」という，「不分明なトラブルのゼロ地点」から問題が明確化されていく過程が呆けであり，この明確化の過程の中で，医学的知識とその公式の与え手である医師等の医療専門職による診断が強い影響力を持ってくる（出口 1999b: 40）。

以上のことを踏まえ，介護者が，医師の診断，家族会や保健所への相談などで，認知症という類型と関連づけを試みる時点を，さしあたり，疾患としての認知症という知識を受け入れる仮のゴールと置き，相手との間の異変に気づき始めてから，診断までの過程がどのような特徴を持つのか考察する。

以下では，呆けゆく者と介護者として一定期間生活を共にした者による，介護の開始期についての回顧的な語りをもとに，相手が疾患としての認知症であるという認識に至っていく過程を見ていこう。

3-1 「おかしさ」の個人帰属への距離

前節で論じたように，日常の他者とのコミュニケーションにおいて，われわれは，類型を通じて他者を理解している（栗岡 1993, Schutz 1962=1983）。他者とのコミュニケーションとは，すべて類型に基づく理解であるという観点に立つと，相手はいかなる者なのかということに関する理解を深めていくためには，適切な類型を参照し，理解のための類型を精緻にしていくことが必要とされる（奥村隆 1998: chap6）。

「疾患としての認知症」という知識は，われわれが，通常の生活において相手を理解していくために無意識に参照する類型（夫，妻，母親，義父など）とは異なった類型を提供する。すなわち，それまでなじんでいた——意識化する必要がなかった——夫，妻，親などの手持ちの類型で，相手やその状況を理解することが困難となっていくために，「疾患としての認知症」という知識に基づく類型が必要になってくると考えられるだろう。したがって，その知識を得て，適用していく必要が生じてくるに際しては，相手が理解不能な者となっていく過程を踏んでいることが条件とされるだろう。相手が理解不能な者となっていく前提には，まず，相手とのコミュニケーションにおいて起こる出来事が，何らかのトラブルとして経験されていく過程が先行する

と考えられる[7]。そのトラブルの経験はどういう特徴を持っているのだろうか。

　呆けへの気づきへのきっかけは多くの場合，回顧的に「今から考えてみれば」というニュアンスで語られることが多い。たとえば，考察の前提となるインタビューから得た事例の大まかな傾向を述べると以下のようになる。まず，相手の配偶者の死去，相手の疾患管理の必要性の出現など，相手が高齢であることに伴う出来事があって，相手の生活とかかわらざるをえない必要が出てくる。その中で，異変に気づいていく。ただし，事例の中には，同居して生活を共にしている中で気づいていく場合もある一方で，呆けゆく者とそれまで生活を別にしていたが，何らかのきっかけでかかわることになり，気づいていくという過程をたどる場合もあった。

　たとえば，Oさん（interview04/04/02）は，母親が体調を崩し始めたことから，両親との近居を考え始め，現在はすぐに訪問できる距離に住み，母親の通院の付添いや世話を行っている。彼女は，母親の疾患管理のために，徐々に母親の生活にかかわっていくようになる。その中で，母親の行動に対して，奇妙な感じを受け，それをトラブルとして感じるようになっていく。

　　そうなんですよ，［病院には］予約制っていうのがなくって。だから，私も子どもを連れてはいけなかったんで，父が出勤のときに母を送って，私が診察終わるころを見はからって，子どもを車に乗っけて迎えにいく。こういうふうな状態だったもんで，先生とのお話もできなかったんです。で，おばあちゃんどうだったって聞いたら，特に変わりないんでこのまま様子見ましょうって言っていたというので。で，ある日電話がかかってきて，あの，血糖値がすごく高いので，これは入院してコントロールしないとだめになるよ，と言われたんですけども，本人はそんなこと聞いてないっていうことを言うんですよ。

　このように，Oさんは，通院の世話のために，母親とかかわるようになり，その中で，母親の物忘れに気づいていった。Oさんの母親は長期間，保健医療関係の仕事をし，その職業アイデンティティが強かったため，Oさんは，疾患管理は，母自身で十分できるという役割期待を母に対していだいていた。

だが，Oさんは，母が，その疾患管理における重大な事項に関する物忘れをしていることに気づき，何かおかしいということを感じるようになっていった。

このOさんの場合，父と母で形成する家族があり，Oさん自身にも夫と子どもとで形成する家族があるため，最初は，同居をして生活を共にしていたわけではなかった。しかし，疾患に伴い医療機関への受診が必要となったことによって，母親の世話を行う必要が出てきた。その際に，疾患管理の必要性という範囲の中で，物忘れをトラブルとして気にせざるをえなくなっていったのである。

その後，Oさんは，疾患管理という範囲を越えて，以下のように，日常の母親の行動全体に気を向けるようになり，様々な奇妙な行動を見つけていくことになった。

　で，それから何か記憶が定かでないっていうのが私自身も気になって。で，シュークリームとか自分のお饅頭とか甘いものをね，10個20個買ってくるんですよ。で，私の友達がたまたまそこのお店でパートで働いていたので，「おばあちゃん変やで」って。「毎日毎日その数がね，5個やったら5個って買って。それが1週間に1回とか買ってくれるんならいいけど，毎日10個20個買ってくるけど，あなたたちもらって食べてるの？」って聞かれたんですよ。「ううん，もらってないよ」って。
　それから，私が探る，詮索するようになっちゃって。そしたら洗濯機の中にケーキを隠しているんですよ。で，自分が隠したのを分からず洗濯物を入れてまわしちゃうから，とんでもないことになっているんですよ。でも，それが普通だと思って干しているから，なんかわけのわからないものが服にくっついて。で，干されて乾いてたたんでいるから，何これ？って。で，それからちょっとおかしいって気づいたのが平成の3年です。だから［昭和］61年からずーっとこうきて色々な合併症も出てきて，本当にいっぱい病気があって。で，それくらいですよねえ，骨折したりとか，何もないところで転んで骨折したりとか。それからですよね，おかしいおかしいって，私の中であって。で，こんなのってテレビでよく言っている呆けなんかなあ，って。

ここで注意しなくてはならないのは，Oさんが，最初に「おかしい」と気づくきっかけは，あくまでも疾患管理という限定された問題に対してだという点である。疾患管理は，母の生活にとって重大なことであり，かつ医療にかかわる専門職であった母にとっては十分に理解していると期待される領域の行為である。そうした限定されてはいるが，重大な領域における問題経験をきっかけとして，徐々に別の場面においても，物忘れや行動中の奇妙な部分を探すようになり，母親の生活全般の中にそれらを見出すようになっていった。つまり，即座に母親の状態全体が，認知症という疾患から起因する状態として理解されるのではなく，見過ごすことのできない重大な行為領域の問題として気づいてから，相手の全体としての変容という定義までは帰納的に推論を積み重ねていく間があるのである。

　Oさんの事例は，母親と物理的に近接し，直接のコミュニケーションをきっかけとしていたが，空間的に離れている相手とのコミュニケーションの中から「おかしい」ということに気づいていく場合もある。Sさん（interview04/04/08）は，遠方に住む妹と近居をしていた母親を最終的に引き取って，3年間介護を行い看取り終えた。このSさんの「痴呆」への気づきのきっかけは以下のような出来事であった。

　　7年くらい前になりますけれど，母が一人暮らししていまして。で，あの，近くの妹が看るということになっていましたが，あの，今から思えば痴呆の始まりだったんだと思うんですけど，なんかうまくいかなくなって，最悪の状態というか。あの，母も「こんなところ住みたくない」って。妹も仕事を辞めてでも看るって言ってくれていたんですけれども，「もう私は知らない」っていう感じで。で，そういう状態だったんで……。

　　あの，やっぱり，アルツハイマーって診断される1年前くらい。そのころね，いわゆる物取られ妄想があったみたいで，私に，「××ちゃん［＝近くに住む妹］生活に困っているって言っていなかった？」って言うんですよね。だから，母は，そのやっぱり，まだら［呆け］なわけでしょ，まだらっておかしいけどね，母のところが残っているからね。「生活が苦しくって，何かそうしているんじゃない

か［＝妹がお金をとっているんじゃないか］」って。自分が，どこかしまい忘れて，「これはあの子には言わないし，言ったらあかんけれど，なくなるから」って言うんですよね。で，電話で私に言うときは，まともにそんなふうに言っているんだけど，今度は妹が来たときにはね，妹に［直接］言うみたいなんですよ。そうすると妹はもう不愉快でしょう。で，それががーっと私に電話でくるんですよね。それで私しんどくて。で，妹も段々と頭にきて。そういうのが半年間続いていたんで。で，あのしんどさを味わうくらいなら自分が看た方がいいわっていうのがあって。来てもらったんですけどね。

Sさんは，母親と妹との間の関係の変調から，母親の変化に気づき，最終的に自分が介護を行うという決断につながっていった。

この事例の場合，Sさん自身が異変を目にしたわけではなく，相手が最も深くかかわりを持っている妹との関係における異変が，遠方から伝わってくることで，何か変だというトラブルの認識に至っている。母親自身はSさんに妹のことで電話をかけてくるときは，生活に困っている妹のことを気遣う態度を見せている母である。だが，妹から伝わってくるのは，その気遣いとは異なる行動，すなわち，財布を盗ったという嫌疑をかけてしまう母親である。それによって，母の直接の世話をしている妹と母の関係は悪くなり，怒っている妹の様子がSさんに伝わってくる。

Sさんにとっては，母も妹もそれまで通常のコミュニケーションを行っていた相手である。しかし，その2人の間で意見が食い違い，関係が悪くなっていく。その中で，母親が何かおかしいということに気づいていくわけだが，少なくともSさんとのコミュニケーションにおいては，母は以前と同様の気遣いを妹に対して向けている様子に見える。このように明らかに母親と妹の関係における異変が感じられる中で，その関係を形成する一方である母親を，一体どう定義づけていいのか分からないということが，このSさんの経験している問題であり，母親を自分のもとに呼ぼうとする契機となっている。

このように，介護者による状況の定義は，その状況が問題だと認識されたとしても，すぐにコミュニケーションを行っている相手に対して特別な対処

が必要であるという確信につながっていくわけではない。Oさんの事例では，通院の管理という限定された領域における問題であり，Sさんの事例では，何か問題があるようだが，それが母と妹との関係性に基づくものなのか，それとも別の問題なのか確信が持てず，母親個人の問題への帰属がなされぬ状態が続くのである。

　すなわち，「何かおかしい」というトラブルは，疾患としての理解のための前提となる，個人（相手）への原因帰属へと簡単につながっていくわけではない。Oさんの事例で見たように，場面ごとの「おかしさ」について，統一した説明を与える「母親の認知症」について思い当たる時点までには間がある。また，Sさんの事例のように，経験される「おかしさ」は，人間関係のおかしさという観点から解釈され，母親個人に帰属することができる「おかしさ」であると認識していくまでには間があるのである。

3－2　準拠点としての「正常な人間」像

　だが，「おかしさ」を個人に帰属させていくようになっても，呆けや認知症という判断にすぐに直結していくわけではないようである。その理由の一つは，その「おかしさ」が，眼前の相手のパーソナリティの参照によって，何らかの出来事に対する相手の「正常な」反応として回収されていくためである。Mさん（interview04/04/01）は以下のように述べている。（引用中のIはインタビュアーである筆者を指す。以降も同様）

M：市内に住んでいたんです。そこで，母が60歳のときにリュウマチということで。起き上がるのにすごい時間がかかったりしてね。「何でかなあ」ってことで，大きな病院で診てもらおうってことになりました。それで，国立××病院というところで診察を受けたら，リュウマチと診断してくれましてね。そのときに先生が，「もう高齢やし，リュウマチっていう病気は治りません」っておっしゃったんです。それでね，「高齢やし，進むのは徐々にかも分からないけど，治りません」っていう診断をしました。というか言ってしまったんです本人に。

I：本人の前で？

M：うん，告知というか，そんなことでもないんですけど，えらいはっきり言うて

くれるなあって思いました。年寄りに向かって。それで,「治りません」っていうのが本当に本人にとって,ショックで。それで,それからうつ状態になって,段々と痴呆が始まってきた。

　……。

　それで,そのときに,リュウマチって言われて。どっちかと言うと落ち込む傾向がもともとある人で,子どもには迷惑をかけたくないってずっと以前から言い続けていた人なんで,リュウマチでもう治らないということを聞いて,これから子どもたちに迷惑をかけるっていうことでうつ状態が始まって。それで,あのねえ,痴呆の方も変やなあ,と思って。まあ,リュウマチでそういうふうになって。で,食事の方も普通に元気なときは作ってくれていたんですけど,味つけがおかしくなってね。

　ここでの「何かおかしい」状態は「痴呆」と呼ばれているが,あくまで呆けゆく者の「落ち込む傾向」という以前からのパーソナリティ[8]に関連づけた「うつ」という観点から解釈されている[9]。その「うつ」の直接的原因は,リュウマチと診断された受診であり,より精確に言うと,そこで出会う医師の不適切なコミュニケーションによるものとされている。そして,この「うつ」はその後の「痴呆」という状態につながっていったととらえられている。

　ここでMさんが言う「痴呆」とは,相手が何か変だということを指しているのであるが,特別な対応が必要な病理としてとらえられているわけではない。以前のパーソナリティとの関連のもとで生じてきたと理解されている現象なのである。その後,Mさん自身は「痴呆の家族会」に参加し続けたものの,母親を看取り終えるまで,専門機関による正式な診断は受けなかったという。

　また,Yさん（interview04/07/21）は,以下のように「痴呆」となった原因をあげている。

　××市内に一応住んでいたんですけども,寝たり起きたりの入退院だったから,じゃあ,っていって両親をこちらの方に,すぐ側なんですけども,呼び寄せまして。それで,呼び寄せてから,ずっと寂しい寂しいって言うようになりましてね。あ,

やっぱりあかん，80になってから引っ越したから，ちょっとダメやったんかなあと思ったんだけども，ねえ，来てしまったから。それからまあとにかく，どういうのかしらねえ，お年寄りがいるような所を一生懸命探しましてね。来てからちょっと寂しいから段々とこう，痴呆の方に入りかけたいうんですか。

　Yさんは，父親の「痴呆」の原因は，それまで父にとってのなじみのあった場所から，世話にとっては都合がよい自分たちの近所に引っ越してきたためだと解釈をしている。すなわち，「痴呆」という状態になった原因は，環境の変化に反応した「寂しさ」という，人間としての反応であると解釈している。

　以上で見た二つの例は，「痴呆」という言葉を使っていても，個体内の原因疾患の存在と，そこから生じている「痴呆」症状として相手の状態を理解しているわけではない。周囲との関係の中で，要介護者がいわば「正常に」反応することで，「痴呆」と呼ばれるような状態が生まれてきたと解釈しているのである。

　また，「正常な」反応としての解釈の別な事例を見てみよう。Nさん（interview04/04/02）は，以下のように，投与された薬を原因としてその後の母親の状態が生じたという解釈をしている。

　　それで不整脈の検査のために病院をかわりましてね。24時間の。心電図撮るの。で，そのために病院をかわったんですよ。で，その時に，あの，脳循環代謝改善剤という薬をそのときから飲むようになったんですよね。で，その時点で，私も変わったことがあったらわりと本を買ったりとかして読む方なんですよ。それがちょうど平成7年で。で，その時にもらった薬が，脳梗塞後遺症，脳出血後遺症とかでね，それによる物忘れ，意欲の低下，情緒障害といった症状を改善しますという薬なんですよ。で，家の母の場合は，その時点では，そういう痴呆とか何とかっていうことは全然なかったんです。ただ不整脈っていうか高齢による体のしんどさくらいで。何でこんな薬飲まさなならんのか，ってことを思っていたんですね。そう思っている内に年が明けて，ここでお客さんがおるときにね，「私もう40歳になりました」って言うたんですよ。それが初めて。びっくりしまし

たね。何を言い出したんかなあと思って。

　Nさんは，この薬の使用に対して現在でも批判的であった。Nさんは，確かに相手の身体の状態が変化したととらえている。しかし，脳が変性したととらえるのではなく，薬という外からの何らかの作用が「痴呆」状態を導いたととらえている。その意味では，周囲の対応のまずさによる「うつ」とか，「寂しさ」といった解釈と類似である。相手の身体の内部における不可知なメカニズムによって「痴呆」になったのではなく，外部からの誤ったはたらきかけ（＝間違った薬の投与）というきっかけによって，本来ならば，なりえない「痴呆」になったととらえているのである。本来ならば防ぎえたかもしれない間違った薬によって，「痴呆」という症状になったわけであるから，Nさんにとって，それは周囲のかかわりに対する相手の「正常な」反応として生じた状態である[10]。

　以上で見てきたような事例における解釈の――医学的な――真偽についてはここでは問題ではない。ここで重要なのは，呆けゆく者と出会っている者にとって，現前の相手の呆けや「痴呆」と表現される状態は，必ずしも診断に結びつくようなものとして解釈されるのではなく，それまでの相手のパーソナリティや社会関係の延長上に，何らかの出来事が加わることで生じるものとして理解されていく場合が多いということである。

3－3　リアリティのズレ

　以上で見たような，以前のパーソナリティの延長での位置づけや，「正常な」反応としての解釈は，介護者自身の認知過程だけに焦点を当てて見たものであった。一方で，介護者と呆けゆく者を取り巻く関係の中においても，疾患としての痴呆という知識獲得に至ることを難しくしている要因がある。それはリアリティの競合（天田 2003: 266-8）による，介護者の状況定義の無効化である。「何かおかしい」という状況の定義を介護者が持ちえたとしても，周囲の他者――多くは家族・親族――が，その状況の定義を共有しないために，そうした「何かおかしい」という状態が「正当な」ものとして定義づけられないケースが多く見られるのである。たとえば，嫁という立場のU

さん（interview04/04/19）は，同居して介護する義母の以前の様子について以下のように語っている。

> ［夫の両親は］孫の顔を楽しみにしていましたから，たまに行きますよねえ。そうすると，最初はとても歓迎してご飯も一生懸命作っていてくれたんですけど，その内に，お弁当屋さんのお弁当を買ってきたり，ご飯のおかずがパンだけとか，そうすると，包丁を振り回すというか，持ったままでしゃべりはるんですね。で，ちょっと，みんなが危ないよって言うても，何も危ないことないって怒ってはったりとか，そういうことが，よくありましたねえ。で，ちょっとおかしいんじゃないかなあって私は気づいていたんですけど，周りの主人の父と，主人は，ちょっとした物忘れくらいにしか思っていない状態でね。それが，何年も続いていましたねえ。

　このUさんは，定期的に訪問したときに目にする義母と義父との間のコミュニケーションを「おかしい」と感じていたものの，義母と血縁関係にあるUさんの夫と，義母と生活を共にする義父は，「ちょっとした物忘れくらい」と定義していたという。
　この時点では，義父が義母と共に生活しており，その中で経験する一見違和感のある出来事を，それまでの義母の姿に引きつけて解釈しながら，つきあいを続けていたと考えられる。また，夫は，実の子どもということもあって，母親の変容を受け入れられなかったようだという。一方で，Uさんは，外からそのコミュニケーションの「おかしさ」に気づいていた。しかし，Uさん自身は，義母や義父と生活を共にしていたわけではなく，Uさんと彼女らとの日常的なコミュニケーションに障害となるほどの影響がなかったため，「おかしい」という異議の申し立てや，周囲の他者との間の定義をめぐるコンフリクトにまでは至っていない。そのため，そのまま義母と義父の生活は継続していったと言うことができるだろう。
　それに対して以下のOさん（interview04/04/02）の場合，Oさん自身が「おかしい」という疑いを感じ始めていた母は父と共に生活し，Oさんはその2人と近居していた。そのため，Uさんに比べて両親と生活を共にしている度

合いは高かった。「普通の物忘れ」とは違う状態にいるように見える母と同居している父について，Oさんは以下のように述べている。

O：で，おじいちゃんに相談しても，おじいちゃん，まだ働いていたんですよ。で，「[痴呆だなんて] そんなアホなことないわ」って。おじいちゃんは帰ってきて，ご飯を食べて寝るだけ。で，また朝は早く出勤するんで，おばあちゃんの日ごろの様子っていうのが分からなくって，で，私がやっぱ文句言いますよね。「おばあちゃん今日こんなことしたあんなことした」って。そしたら「お前そんなアホなことあるか」って。「お前，大げさやぞ」と叱られていたんですね。でも，[私は] そんなことないよねえ，と。
……（中略）。
I：診断を受けられるときっていうのは，もうすんなりですか。特に行きたくないとかそういうことは？
O：あ，そんなのは，全然なかったです。「自分 [＝母] が行って，娘の気持ちがおさまるんやったらいいよ」って。でも，父親はそんなこと言ったって，という感じでしたね。でも，こと細かく「今日は，あんなことしたん，こんなことしたん」と言ってもぜんぜん信じてくれんで。で，悪いことはみんな私の子どものせいなんですよ。ジュース飲んだのも子どものせいね。「孫が飲んだ」「孫のために買ってきた」「孫が食べたんや」。で，子どもに聞いたら「そんなんもらっていない，食べてない」って言うしね。じゃあ，もう子どももおばあちゃんの家，行かさんでおこうと思って。私もちょっと意地悪な感じでしてたんですよ。

　ここで登場する「おじいちゃん」はOさんの実の父親であり，Oさんが「認知症をかかえる者」として語っている母親とこれまで生活を共にしてきた。Oさんによる生活面での世話の比重は大きくなっていたものの，「何かおかしい」状態にある母親にとって，父が最も近くにいる他者である。こうした重要な他者である父が認めないということは，何らかの対応が必要な症状であるという定義が承認されないことを意味している。また，母と，その母と父に対して強い配慮を向けているOさんの定義が，母と最も生活を共有している父に認められないために，Oさん自身は対応の仕方を決めかねている。

すなわち，呆けゆく者と身体的に共在している時間や頻度が最も多くなる世話をする者と，家族の中での定義権を持つ者のズレが生じているのである。

同様に，嫁の立場で義母の介護をしているXさん（interview04/07/20）は，以下のように述べている。

> えー，本人はそれ程呆けていないけど，呆けているんですよね。傍目から見ると，呆けていない。そういうときは周りからの理解はないし，家族しかないし。で，子どもも3人いるんです。うちの夫はまん中の長男なんですけど，あとは姉と弟なんですけど，あたしが一番分かっているでしょ。一緒にいるから。そういうこと［＝義母は認知症ではないかということ］を言うと，何か誇張して言っているんじゃないかととられているときがあるなあと。

この「一緒にいるから一番分かっている」という言明は，認知症という明確な実体があってそれを介護者が一番よく理解し確信を持っているというニュアンスではないと想定される。そもそも，呆けとの出会いは，相手の療養や身体的世話の必要性などの限定的なかかわりをきっかけとして，「おかしさ」を発見していくという過程であった。ここでXさんは，一日中義母とかかわりを持つ中で，「おかしさ」に出会っている。義母の生活が，一緒にいるXさんに依存したものとなっている以上，Xさん自身が生活を支える中で経験せざるをえない義母の姿が，Xさんにとってのリアリティである。つまり，認知症という定義につながっていくような「おかしさ」の経験は，相手の生活に関係を持つ者との間でなされるものなのである。

だが，一方，呆けゆく者と日常生活におけるかかわりがそれほどなければ，そこで問題を経験することもない。呆けゆく者の生活とかかわりを深く持たない周囲の者は，その出来事のリアリティを十分に理解することができない場合があるのである。

そのため，介護者となっていく者は，呆けゆく者との間でのトラブルを他者に表現していかなくてはならないのだが，それが承認されないという状況に陥る。「本人はそれ程呆けていないけど，呆けているんですよね」という言明はそうした状況に置かれていることを示している。こうした状況は，「お

かしさ」自体には気づいているものの，介護者が生きている社会的世界の中で，認知症という定義がなかなか承認されていかない状況だと言えるだろう。

3−4　定義更新の過程

　以上の3−2と3−3とでは，認知症であるという明確な定義を得ることの難しさについて見てきた。このことは，トラブルの経験の後，自分の面前の相手が何らかの特別な対応が必要であると定義されていくことが，一時点で達成されるようなものではなく，徐々になされていきがちなことを示している。同居したり何回か通っている内に相手の異変に気づきながら，徐々に面前の相手が呆けゆく過程にあるという状況の定義がなされていくのである。

　だが，徐々に定義づけられていくと言っても，それは徐々に精確な知識を得ていって，そのゴールにおいて，明確な定義づけが得られるといった段階論的な過程なのだろうか。本節の冒頭では，診断などの形で他者から定義づけられる地点を，定義づけの仮のゴールと設定した。結果として，医師から明示的に認知症という診断を受けた二つの事例を見ながら確認してみよう。

　もともと同居していた夫の母の介護を1年前に終えたPさん（interview04/04/07）は，相手を認知症として定義づけていく過程について次のように語っている。

P：同居してて，母が78くらいのときにちょっと変だなって思うようになったんですけど。
I：それは，どういうことがきっかけだったんですか？
P：色々あるんですけどね，まず，5分ほど向こうの集会所から家に帰るのに，半日くらいかけて帰ってきた日があったんですよ。それは後から分かったんですよ。それと，食卓に調味料色々と置いてありますよね。「それをどうやって使うんだ？」っていうふうに言うようになっちゃって。で，主人が，「そんなんわかってるやん，好きなもの使ったらええ」とかいって。そんな感じだったんですよ。

　以上のような，近所からの長い時間をかけた帰宅，日常使っている調味料

の使い方が分からなくなってしまうことなど，義母の日常生活において円滑さが失われていくという出来事がPさんが「変だな」って思った最初のきっかけである。それに引き続き，「一番のきっかけは，夜中にお布団で躓いて転んだって言ってそれで腰が痛いって言い出したんですよ。でも，お医者さまに診ていただいても骨折なんかしていないし，全然おかしい」という，周囲からは「妄想」ととれるような出来事があったという。

　　それから，そのころにね，老健ではないのですが，ご近所のお年寄りがお昼もごちそうになれて，みんなで治療，治療っていうのは赤外線かなんか当てていただいて，そういう治療もしていただいて無料でどうこうっていう場所があったんです。そこへ行くっていうから，私も送っていったんですが，段々嫌がるようになって，それでずっと自宅に閉じこもるようになったんです。

その後，もともと老人会で会長などをやっていた活動的な義母が，自宅に閉じこもるようになった。このようなパーソナリティとかみ合わない行動を目にすることも，普段とは違うという印象を強めていくことになった。そうした経験を経て，Pさんは，保健師に相談をしたという。

　　それで，おかしいので，母の友達の，お嫁さんに保健婦［ママ］さんがいらしたんですね。その方にご相談をしたら，地域の担当の保健婦さんがそのころいらしたんですよ。で，訪問してくださって，で，お話したら，ちょっとおかしいんで，精神科医の先生に診ていただいたらどうですか，と言われて，で結局。あの，あたしたちの母はとってもしっかりした人だったんですね。

「保健婦さん」への相談の結果，精神科医の先生に診てもらうことを勧められるが，義母はしっかりした人であったため，疑念を持たれないように，内科医の先生だと言って診てもらったという。その結果，入院することになり，入院して，脳の疾患について判明することになる。その診断までは，本人が質問に答えて点数化する長谷川式スケールによる認知能力のテスト，脳の検査という二段階で行なわれている。だが，専門家の介在する診断といっ

ても、以下のようにそれが確定的なものであるわけでもないという点に注意する必要がある。

　　本当にうつ状態みたいになったと思います。それで、一つのこと同じことを一日中くり返して。で、あの、ちょっと弟のことで気にしていたのかしら。その弟の話ばっかり、本当に一日中。で、主人はもう、聞かなくって。で、いつも、ふーんとか言って2人で話していましたねえ。で、先生に来ていただいたのは19日で、入院したのは10月22日だから、本当にすぐだったですねえ。その時の診断書がここにあるんですけど、一過性の虚血発作っていうのと、脳梗塞ってなっているんですけど。で、他に考えられる病名というのが痴呆症と急性腸炎と、パーキンソン氏病になっているんですけど、全然これは違ったと思う。痴呆の方はそうだけど。

　以上のように最初の診断の際には、いくつかの病名がついており、認知症症状の直接的な原因疾患とは違うパーキンソン氏病という疾患名の可能性も示されている。このようにPさんの経験は、最終的には診断を受けるというストーリーであるが、その最終的に得る診断自体も、「考えられる病名」で、確定したものではない。
　また、やはり義母を介護しているUさん（interview04/04/19）の場合は、明確な原因疾患を含む診断を受けている事例である。Uさんは、以下のような過程で診断の変更を経験している。
　まず、「痴呆」という診断を受けてショートステイに入った後、「施設の窓から外に出ようとするという出来事」や「夜中にいなくて、近くの道を歩いている出来事」があったという。そのため、「施設の人から、本当は、アルツハイマーではないのではないか。アルツハイマー型で、こういった症例は見たことがない」と言われ、「痴呆疾患センターのある大きな病院へ検査で入院」したという。「検査結果は、稀な前頭側頭葉型痴呆。逸脱した行動を行うピック病に近いが道徳的に逸脱した行動をしていないので、ピック病自体ではない」と診断され、「予後はすごく悪くて、裸で飛び出していくような状況が起きると精神科のお世話になって、そこで一生を終えるというよう

なことを言われた」。だが,「結局,その後から段々と動かなくなったので,心配していたことは起きなかった」という。

　すなわち,このUさんの場合は,最初の診断が,義母の行動から疑念の対象となり,そこから別の診断名がついた。そして,その新たな診断名ピック病においては,予後の見通しもアルツハイマーと診断されていた時とは異なっており,なおかつ,結果としてその後の行動自体もピック病という疾患に基づく予想と外れたものとなった。

　以上で見た二つの事例からは,認知症と診断されていく過程は,複数の段階を含んでいると想定される。大まかには,疾患としての対応の必要性自体の判定と,その原因疾患を確定するという二段階に分かれている。

　しかし,後者については,複数の疾患名の可能性が示される場合や,除外診断のため,行動や様子から遡及的に再診断におよぶ場合があるなど,重要だと意味づけられている割に,確定的なものではない。また,前者の,疾患としての対応の必要性という点についても,確定的な判定がなされない場合がある。このように定義に際して幅があり,その定義のどの段階も,認知症やそれに準じた言葉でとらえられていくことは,認知症という知識で同定する出来事・事象が大きな幅を持っていることを意味している。

　さらに,付与される疾患名や認知症としての同定は,日常生活の中で経験する「認知症症状」や「問題」として経験される行動パターンのある程度の予期と,何らかの対応の方法を指示するものの,それは生活における個別の問題に対応できるような明確な指示となるわけではない。すなわち,呆けゆく者を見つめる者にとって,医師による診断は,日常のコミュニケーションに際して,実際の相手の行動の判定基準や対応方法を与えてくれるようなものではなく,常に,解釈の余地を呼び込むようなものなのである。

4　モデル獲得後の「正常な人間」像

　3節で見たように,医療機関などと関係を持つことで得る疾患としての認知症という知識は,その後も変更され続けるような不安定な知識である。一方で,呆けゆく者と出会う初期の介護者への助言などで強調されるのは,疾

患としての診断などで正しい認知症の知識を得ることであった。本節では，相手とのコミュニケーションの中で直面する「問題行動」を認知症の症状だととらえ始めるようになった時点を，便宜的に，疾患に基づく認知症についての知識を得た時点としてとらえ，知識を得た後における呆けゆく者とのコミュニケーションの特徴について事例に基づき考察する。

　2節で見たのは，疾患としての類型に基づいて「問題行動」を解釈することの持つコミュニケーション場面での免責の機能であった。そこで，本節は，疾患という類型に基づいた呆けゆく相手の理解と免責が，コミュニケーション過程において，貫徹されうるのかどうかということを検討する。以下では，コミュニケーション場面において，疾患という類型に基づく理解に失敗した経験に注目しながら考察を行う。こうした失敗とは，いわば適切な類型を選択することの失敗である。

　家族会の様子や会を対象とした研究からは，多くの介護者が，実際に相手と対面したコミュニケーションを継続していく中で，疾患症状としての解釈が貫徹できないという問題についてたびたび語っている様子がうかがえる。「頭で分かってはいるけど，ついかっとなってしまう経験」(伊藤1997: 148) をしているのである。また，アルツハイマー型認知症という診断を受けた母親を介護して1年以上になり，介護者家族会にも継続的に参加しているある介護者は会の話し合いの中で，「子どもならば介護者に対して，たいしたことは言わないのだけど，相手は大人だから高度なことを言うんですよね。こんなに理路整然としているのに，本当に痴呆なのだろうか，という思いが生まれるんですよ」(field-notes03/04/23) と述べている。このような相手の状態の不規則さの経験は，ある家族会においては「[認知症の人は]たまにスイッチが入る」と表現されている。

　このように，ある程度の経験をつんだ介護者であっても，ときどき「問題行動」が出現し，かつ「問題行動」自体にも解釈の幅が残されるような相手とのコミュニケーション過程において，一貫して相手の行動を疾患による認知症症状として解釈し続けることは難しいようである。そして，以下のLさん (field-notes02/03/06) のような失敗を呼び込んでしまう場合がある。

何回もあったんですけど，トイレをすませて出てきたとき，ズボンがびっしょり。明らかにね。それで，「お父さん，これ取り替えましょう」って言ったら，「何を取り替えるんだ」って言うのね。で，こっちが「おしっこを」って言ったら，「おしっこなんてしていない!」って言うんですね。それでね，あたしもぬれている所を触らせたのよ，お父さんに自分で。そしたら「どうしてなんだろう，なぜなんだろう」って言うのね。もうお父さん，今トイレに立ってたのにそう言ったのよ。今してて，今ぬらして，その瞬間に触らせて，ここがぬれているって言っても，それがもう分からないのね。……。でもね，本当に私も自分でも気が慣れてないなあって思っちゃうんだけどね。ちょっと［ぬれている所を触らせて認めさせるのは］きつかったかなあって。だってさあ，本当にほら，［こういう状況になるのは］よく考えてみれば無理もなくってね，痴呆だって分かっていて世話しているんだから……。

この事例のLさんは，介護を開始して3年目で，疾患としての認知症に関する知識がないわけではない。だが，彼女は，相手が「痴呆だって分かっていて」，この対応をしてしまったと述べている。「痴呆だって分かっていて」とは，「忘れたこと自体の記憶を忘れてしまう」という症状[11]を特徴とする認知症において，「問題行動」における意図の有無を問うようなコミュニケーションの困難性を理解していることを意味している。

しかし，そのように理解しているのにもかかわらず，この場面では，その行動の責任を相手の意図に帰属させ，行為の変容を求めてしまった。2節で見たように疾患という類型に基づく理解は，相手からの作用を，「意図→行為」というモデルを迂回したメカニズムでとらえることにより，相互に免責する効果を持つ。だが，一度は「意図→行為」という前提を放棄すべきと理解した相手に対して，その問題を認知して変更することを要請してしまったのである。

疾患としての認知症という知識を持っているということは，こうした要請に対して，相手が行為を修正するわけではないことを介護者自身も認識しているということを意味している。そして，こうした認識があるゆえに，疾患モデルに基づく適切な免責ができない自分に対して回顧的に自責の念を感じ

こうした免責の失敗を2－3で見たような類型という観点から考えると，他者理解の際に，「認知症をかかえる者」という類型とそれ以外の類型とが競合している問題として記述することができるだろう。

　まず，本節の冒頭の事例で見たように，呆けゆく者とのコミュニケーションとは，「意図→行為」の想定可能な「正常」とそれが不可能な「異常」とが入り混じって継続していく過程である。しかも，疾患としての認知症という認識を得ている者とは，呆けゆく者とのコミュニケーションの頻度が高い者，つまり介護者である場合が多い。そのため，濃密で継続していく過程の中で，相手の行動は「問題行動」だけではなく，断続的に，これまでと同様に相互行為が見込める相手として現れてくることになる。こうした相互行為の見込める相手としての姿を，ここでは「正常な人間」という類型と規定しておこう[12]。この断続的に現れる「正常な人間」は，相手の行動を解釈していく上での類型として，一つの選択肢となる。

　また，これまで家族として身近であった者が見せる「問題行動」への直面の際，変容以前からなじんでいる相手のパーソナリティは，「問題行動」を含む相手の行動全体を解釈していくための有力な類型の一つとなる。前節で，診断という形での定義づけに至らない理由として，コミュニケーションにおけるトラブルが，以前のパーソナリティに回収されてしまうということについて論じたが，疾患としての認知症という類型を獲得した後も，同様の事態は生じている。

　たとえば，Lさんは，たびたび義父の振る舞いを，「病院に連れて行く際に，必ず自分の前を歩きたがる」「自分の状態は特に何でもないと思われたい気持ちが強いみたい。変だと思われたくないみたい」(field-notes01/11/07)，「プライドが高いので，デイサービスで楽しんでいる様子を家族には認めない」(field-notes02/04/03) など，「プライドの高さ」という義父のパーソナリティと関連づけて解釈していた。

　さらに，上で記した「正常な人間」と過去のパーソナリティという二類型は解釈のための選択肢として，単に並列して存在しているだけではない。端的に言うと，過去のパーソナリティは「正常な人間」と結びつきがちである。

M・ポルナーによると「人の正常な自己という定義は，人がその正常な自己からまさに逸脱していくという観察と同時に構成される」（Pollner 1975=1987: 83）。「問題行動」という通常想定していなかった逸脱的な出来事が起こったときに，それまで自明なものとして前提としていたパーソナリティが意識化され，「正常な人間」像として浮上し，強調されていくのである。

　したがって，ここでのLさんの失敗経験とは，本来ならば「認知症をかかえる者」という類型に基づいて相手の行動を理解すべき場面において，「正常な人間」という意味を付与された「プライドの高い義父」という類型が参照された事例だと考えることができるだろう。その参照に基づき，「過ちを認めない」という義父の意図の存在を想定することになり，「問題行動」の帰責がなされたのである。このように相手の「問題行動」解釈のための有力な類型が他に存在することを考えると，「認知症をかかえる者」という類型は，重要ではあるが，解釈の一つの選択肢に過ぎないと考えることが妥当であろう。

　もちろん，疾患としての認知症についての知識には，様々な認知症介護の先達の事例が蓄積されることで，先述した「正常」と「異常」の不規則なくり返しという認知症の進行の特性自体の知識や，そうした進行に対応する介護者側の経験の段階論も含まれていると考えられる。

　だが，そうした段階の存在についての指摘は可能であっても，呆けゆく者との日常生活の中における出会いと対応させて，その段階の終点の設定や規則性，規則性の開始時点などを指示することは極めて難しい。すなわち，相手と生きる過程の時間的進行自体がメタなレベルの「異常性」として経験されるのである。そのため，「問題行動」として同定される相手の状態は，まさに個別の状況に応じた変化として経験されることになる。

　高齢者に対する介護は，回復や発達としてとらえることはできず，老い衰えに対するケアの意味をどう確保していくか，ということが，大きな課題とされている（藤崎2000b，藤村2000）。だが，少なくとも呆けゆく者と出会っていく局面においては，相手の状態が上昇していくか下降していくか，自立していくか非自立的になっていくか，といったこと以上に，規則性や時間性の喪失といったことが大きな問題となってくる。さらに言うならば，ときど

きに「正常さ」を呈する相手に対して，下降や落下という意味づけすら許さないという特徴があるのである。それゆえ，「異常」な状態を同定し，疾患という類型に基づいて適切な対応をしていく試みは極めて困難なものとなる。

以上から，ここで見たような相手の「問題行動」免責の失敗経験は，疾患としての知識を十分に得ていても起こりうると考えられる。2節で見たように，介護者にとって，疾患としての知識は，相手の「問題行動」解釈のための類型として確かに重要な意義を持っている。だが，上述したように，身近な呆けゆく者とのコミュニケーションの過程で，「以前の像」「正常な人間」という二つの類型を参照して，呆けゆく相手の理解を試みてしまう可能性は高い。呆けと出会い始めの時期や，相手の身体的な活動能力が以前とそれほど変わらない場合，特にそうした理解に誘われるだろう。

そのため，身近な関係にあった呆けゆく者とのコミュニケーションにおいて，疾患としての認知症という知識が，そのままスムーズに自他の免責につながっていくわけではなく，類型の参照の失敗をくり返す過程となる。つまり，疾患モデルの参照によって，そのままコミュニケーション過程での自他の相互免責とそれに伴う安定が帰結するわけではないのである。

5　呆けゆく者と出会う経験とは？

本章の考察から，経験する出来事を，疾患として定義づけていく過程がスムーズに進行していく過程ではないこと，モデル獲得後の類型の参照においても，疾患モデルに基づいた相手の行動理解の貫徹が困難であるということを見ることができた。そうした考察を踏まえると，家族と呆けゆく者とが出会っていく局面を，疾患モデルと関係モデルの素朴な対立図式を前提に考察していくことには留保が必要だと言えよう。少なくとも疾患モデルによる理解が貫徹されているわけではない。家族という関係における呆けゆく者との出会いとは，相手のパーソナリティと強く結びついた形での「正常な人間」像に出会い，ときに「問題行動」の免責の失敗を伴いながら，コミュニケーションを続けていく過程なのである。

以上より，相手の意思・意図を無視してしまう疾患モデルに対する関係モデルという図式を，身近な呆けゆく者とのコミュニケーション場面の考察において前提することはできない。疾患モデルが重要だと強調されていても，それに基づく理解が貫徹できず，相手の人間としての姿に出会わざるをえないという経験が，呆けゆく者との出会いである。したがって，現在の関係モデルの強調傾向が，こうした出会いの過程に何をもたらすのかという問題は，以下のように設定しなおされなくてはならない。すなわち，すでに「以前の姿」に引き寄せられる形で「正常な人間」像に出会わざるをえないコミュニケーション過程を生きている中で，呆けゆく者を「人間」としてとらえることがさらに強調されることが何をもたらすのか，と。その問題については終章で再び考察することになる。

さて，呆けゆく者と出会う局面において，「正常な人間」像とは出会わざるをえないということであった。だが，呆けゆく者と生きていくことは，出会いの局面だけで終わるわけではない。出会いを経て，相手の生活の支援をするという介護関係になり，その介護責任を保持しながら継続していくことになる。では，その介護関係において，「正常な人間」像はどのように位置づけられていくのだろうか。疾患モデルに基づいた理解に向けて，呆けゆく者の劇的な再定義がなされていくのだろうか。次章以降は，まず第4章において，家族介護と言われるような活動全般の特徴とその活動をとらえるための方法について議論を行った上で，第5章で介護過程において呆けゆく者はいかなる存在として定義され，コミュニケーションが続いていくのかということを検討する。

注

1 逸脱行動・逸脱者のレイベリング理論は，逸脱行動における他者定義の影響力を強調するが，その他者定義の内，特に，警察や精神医療などのフォーマルな統制機関による定義づけの効果を強調している（cf. Lemert 1967）。一方，エスノメソドロジーの立場の逸脱研究は，精神病者という定義づけにおける，フォーマル機関による定義づけ（ラベル貼り）以前の，友人関係などのインフォーマル領域における，カテゴリー化段階の考察を重視している（Smith 1978 = 1987: 88-91）。本章は，認知症（痴呆）という定義づけ過程における，医師などからの定義づけ以前のカテゴリー化段階にも注目して考察する。このように公的機関からの定義づけを，介護者が呆けゆく者を定

義づけていく上で決定的なものとは考えないのだが，考察の便宜上，医師などから定義づけられる時点を一つの転機としてとらえて，それ以前／以後という区分けを設定して議論を行う。

2　G・ウィリアムズは，慢性疾患に伴う生活史の中断について考察してきた医療社会学的研究を踏まえ，生活史の中断に対しては，病気がなぜ起こったのかという説明の構築が「ナラティブの再構築」として重要だとし，リュウマチ患者の疾患の説明モデルをインタビュー調査から明らかにしようと試みている。説明を構築することの効果は，①そのショックが緩和され，②症状に正当性が与えられることである（Williams 1984）。

3　フォスターとアンダーソンは，病人役割についての議論の中で，西洋社会における，病の諸段階を以下のように提示している。①症状体験の段階（どこかがおかしい），②病気の役割につく段階（人が病気であり，専門的なケアを必要とする段階），③医療ケアとの接触の段階（専門的な医療ケアを求める決定），④依存的患者の役割の段階（医師に統制権を譲渡し，処方された処置を受け入れ，それに従う決定），⑤回復あるいはリハビリテーションの段階（患者の役割を放棄する決定）という五段階である。本論の文脈で言うと，②の段階が，認知症として判断する段階であり，すなわち，①の症状体験に名前をつけることである（Foster and Anderson 1978＝1987: 186-94）。

4　福島智子は，症状知覚→受診→患者役割獲得という一般的な病気行動のモデル（注7参照）に対して，自覚症状のない糖尿病を事例に，症状の知覚がなく，切迫した治療の必要性がないにもかかわらず，病人役割，患者役割を獲得し，糖尿病という医学的知識に行動が規定されていくという病気行動の過程を考察している（福島 2005）。この議論は，病人あるいは患者という役割獲得後には，自覚症状がなく明示的な治療目的ではない場合でも，何らかの個体内の原因が現在の状況を規定しているという疾患モデルが採用されて，心身状態の説明・対処に強い影響力を及ぼしていく場合があることを示唆している。

5　野矢茂樹は，意図と欲求という概念を比較し，前者の特徴を，単なる心的状態の表明ではなく，行為に結実することが要求されるという規範的側面に求めている（野矢 2000: 220-32。その議論を踏まえると，ここでのA氏による暴力は，あくまでも合理的な行為を導く相手の心的状態（＝意図）の正しさに疑念を呈し，その相手の意図を変更させようと意図した合理的な最終手段として発動されていると言える。

6　ただし，ここでA氏は，妻が通常の状態ではないことにすでに気づいていて，妻が現在時点におけるA氏への「憎しみ」から，A氏の不利益を意図して行為しているとは考えていないかもしれない。たとえば，通常の状態にあった過去の妻が自身に対する憎しみをいだいていて，過去時点の憎しみから現在の「問題行動」が生じていると，A氏がとらえていると考えることもできよう。その場合，現在時点の相手の意図の有無ではなく，過去時点から継続する妻の感情が，通常状態時における妻の意図に結びつけられて，「つかみかかる」暴力行為につながっていると解釈されていると言うことができる。

7　注4でも触れた病気行動（illness behavior）の理論は，一般的には，症候体験，病人役割取得，医療ケアとの接触，患者役割段階といった段階モデルを想定し，何らかの症状の知覚を，病人役割を取得する前提として置いている（Suchman 1965: 114, Zola 1973）。このモデルにのっとるならば，認知症という診断獲得の過程においては，症候体験の段階は，何らかの形での他者とのトラブルという形で知覚されると言えるだろう。

8　相手の行為の予期を導く類型としてパーソナリティは重要である。ルーマンは，認

知的予期と規範的予期の二種類に予期を区分している。「予期には違背（つまり，予期が外れること）がつきものである」が，二つの区別は，「違背の処理の仕方のちがいに注目した区別である」（橋爪 1985: 173）。すなわち，違背が生じたときに，「学習の用意ができている」のが認知的予期で，「違背から学ばないという決意」のもとにあるのが規範的予期である（Luhmann 1972: 43 = 1977: 50）。パーソナリティとは，他者とのコミュニケーションにおいて，予期に違背する出来事が起きたとしても，修正の効きにくい他者の像——すなわち，規範的予期を導く像——である（加藤篤志 1992，芦川 2000）。ただし，身近な呆けゆく者とのコミュニケーションにおいて，あらかじめ実体的なパーソナリティが存在し，それが変更されないと考えるのは，疾患モデルの決定論的効果を想定すると同様にリアリティをとらえていない。なじんだ関係として成立しているコミュニケーションにおいては，相手のパーソナリティは解釈の際に，いわば前意識的に参照されている。したがって，ここで言う，パーソナリティとされる像はあらかじめ定まっているのではなく，相手が呆けゆく中で，多くの予期への違背を経験しながら，遡及的に結晶化・意識化されていくものだと言えよう。

9 一般的に，医学的な認知症の診断は，うつ病やせん妄，普通のもの忘れなどと判別することが重要だとされている（長坂他 2003: 169）。だが，実際には，認知症症状とうつ症状との関係は複雑であり，特に，認知症とうつが重なった状態において，症状を，医学上別のカテゴリーに分けて入れることや，どちらが原因かを確定することは困難である（Kitwood 1997a = 2005: 55）。また，認知症と診断されることや，診断を受けること自体からうつとなり，そのうつから生じる「問題行動」が，認知症の症状の証拠となっていくといった論理も考えられ，それこそは，「認知症の医療化」論が批判的に記述した認知症症状の構築の一例として理解することができる。

10 さらに，Nさんは，食事をしたことを忘れてしまうという出来事を「ちょっと変な出来事」として，「痴呆」と判断する一つの根拠として語ったが，その出来事も「自分がおらず，親戚の者と食事をした」というように，母が通常と違う状況に置かれたことで生じたものだと解釈している。すなわち，薬にせよ，いつもと違う状況にせよ，母親という個体における疾患に対してではなく，通常とは違う状況や出来事に変容の原因を帰属している。

11 認知症は，健忘症と異なり，「自分が何を知っており，何を知っていないかについての記憶」である「メタ記憶に侵襲が及ぶ」とされている（小澤 2005: 40）。

12 本書で言う「正常な人間」像とは，規範的／実体的な意味での「正常な（normal）」人間像を指しているのではない。呆けゆく相手の変容に直面する中で，遡及的に構成される相手のイメージであり，具体的内容はそれぞれの介護者によって個別的で，しかも常に一貫しているものではない。本書では，こうした意味での「正常な人間」像の構成や，コミュニケーション過程における機能をめぐって議論を展開していく。

第4章　家族介護を生きることの分析に向けて

1　家族介護を生きる

　前章で見たように，呆けゆく者とは，出会いの局面において，どういう存在として定義づけてよいのか曖昧な相手である。だが，明確な定義づけが難しいとしても，彼女／彼の周囲の者は，相手の生や生活に対して，何らかの世話が必要だと感じ，そうした世話を行う立場に立たされ，実際に何らかの世話を行っていくようになる。むしろ，より実際に即して言うと，前章で見たように，相手への身体的・医療的な世話が必要になっていくにしたがって，コミュニケーションの頻度が高くなっていき，その中で「問題行動」を経験しながら，呆けや認知症と名指される現象が構成されていくという側面を強く持っている。

　すなわち，呆けゆく者の近くにいる者（多くは家族）は，何らかの世話を行うという形のかかわりに——相手の身体的な衰えの傾向自体は，自然なものであるという意味で——「非選択的」に巻き込まれていく。そして，呆けゆく者に対して，世話を中心として関心を向けることを——その世話を手放すという決定も含めて——長期にわたって継続していかなければならない。いわば，相手の生活や生そのものに対する責任[1]を伴った関係となっていくのである。

　そこで本章と次章では，それが世話の責任を内包した長期的なつきあいの過程であることに焦点を当てて，呆けゆく者とのコミュニケーション過程の特徴について考察する。その長期的なつきあいとは，相手との出会いの局面を経た後の家族介護の過程という言葉で総称することができる。呆けや認知症と言われる相手への介護過程の場合には，どのような特徴が見出せるのか，

という問いを立てて，家族介護者の経験について考えていくことになる。

第3章の考察が示していたのは，介護者が呆けゆく者と出会い，その存在や行動を理解していこうとする局面において，疾患モデルに基づく理解は重要ではあるが，実際に貫徹することは困難であるということであった。その理由として，疾患としての認知症という知識の内容が確定的なものではないという特性，相手の行動の解釈に際して，それまでなじんでいた相手の姿（＝パーソナリティ）などの類型に引きつけられること，呆けという出来事が直線的な衰えという線からはみ出すような変容経験であること，などがあった。つまり，疾患モデルに基づいて，相互作用が不可能な存在として呆けゆく者を位置づけようとしても，そうした理解の範疇にはおさまりきらない「人間」としての像が出会いの局面において現れてこざるをえないということであった。そして，その過程の中で，その像は遡及的に「正常な人間」[2]として解釈されるようなものとして位置づけられていきがちであった。

では，そうした呆けゆく者とのコミュニケーションにおいて出会うことになる「正常な人間」像は，その後の長期にわたる相手への「はたらきかけ」——すなわち家族介護——という文脈から見たとき，介護者による「はたらきかけ」方や，介護経験に対していかなる影響をもたらすのだろうか。そして，そうしたコミュニケーション過程の考察を踏まえると，呆けゆく者を相互作用の主体として位置づけ，相手の自己に配慮することを目指した関係モデルが社会的に強調されていく傾向は，家族と呆けゆく者とのコミュニケーションにいかなる帰結をもたらしていくことになると考えられるだろうか。

以上のような問題を考えていく上で，まずは，呆けゆく者に対する介護も含む家族介護という経験をとらえていくための視角について論じておく必要がある。介護者は，責任をはらんだ長期的な関係をどのようなものとして経験しているのか。そのことを考えていくための準備作業として，家族介護をどう概念化し，どういった方法でとらえていけばよいのかを考えるのである。

そこで，第5章での実際の分析に先立ち，本章は，若干回り道をすることになる。まずは呆けや認知症に限らない，家族介護経験一般について，特に介護者の困難経験に注目して論じながら，家族介護をこれまでの研究とは違う形で概念化し，新たな視角でとらえていく必要があることを示す。先取り

的に言うと，排泄介助や食事介助，移動などの個々の介護行為の内容の集積として家族介護をとらえるのではなく，目的とそのための手段とが連鎖して進行していく過程という，かなりオーソドックスな行為の連鎖過程として理解していくことの重要性を主張する。

そうした過程を理解するという視角で，介護者の語りを分析することで，呆けゆく者をめぐるコミュニケーションにおける「正常な人間」像の位置づけを考えていくことが可能となり，呆けや認知症の家族介護経験の特徴を発見していく方法となる。こうした本章での基礎的な考察を踏まえて，次章では具体的にいくつかの事例を分析していく。

これまでの研究とは違う「新たな方法」を考えるといっても，それは社会学という土俵の中においては，決して新奇なとらえ方をしようというわけではない。むしろ，一つひとつの行為の動機や意味を理解していくという，オーソドックスな社会学的行為論の観点からとらえようというのが本章での主旨である。

では，なぜそうしたオーソドックスなとらえ方を，あらためて強調する必要があるのだろうか。それは，家族介護者の困難として表明されている，家族介護を生きる経験のリアリティに迫るために必要だと考えるためである。そのことを示すために，以下では，まず，家族介護を経験している人々や，地域の家族会への参加などで家族介護者への助言を行っている人々が言及している，家族介護に特徴的だと思われるいくつかの困難経験を探索的な概念としてとりあげる。そして，そうした困難経験の理解を試みていく上で，これまでの先行研究が暗黙の内に前提としている介護負担という考え方では不十分であるということを示しながら，新たな家族介護のとらえ方の必要性を提起していく[3]。

2 「無限定性」という困難経験

会ヒマワリへの参加者であり，会の運営にも協力しているJさん（interview 02/05/10）は，家族介護者が陥りがちな困難経験として，以下のような例をあげている。

でも，本当に自分たちで看ちゃって，病気になる方が多いんですよね。で，私の知り合いの方でも，ご主人が脳溢血かなんかで倒れて，奥さんがほとんど面倒みなきゃいけないような状態で。ところが，奥さんは旦那さんを24時間看るような形になったんで，精神的に段々こうまいってきちゃって。で，自分も今病院に通っていて，でも，人の助けは借りないで何とかやろうとしているけど，もう限界っていうような方もいらして。で，私も，今，ここの会に誘ってるんですけど，そんな時間［＝家族会に出席する時間］はないって言うんですけどね。で，やっぱりそういう人を助けてあげたいという気持ちがあるんですけど，彼女には，ここまで来る気はないっていうふうに言われて，ちょっとね。で，あたしが代わってここ［＝彼女の自宅］にいるから，って言っても，やっぱりそれじゃあ駄目なんですよね。自分で看たい，と。で，旦那さんの方でも，やっぱり奥さんが一番，なんでも気持ちがあれ［＝楽］になるからっていう状態で。だから，今すごくそれは彼女は本当につらいと思うんですよね。自分もつらいし，旦那さんの面倒も看なきゃいけない。でも，あたしたちはただ見ているだけでどうすることもできないっていうのが，またすごく歯がゆいんですよね。

Jさんは，家族会に出席して介護から一時離れ，その会で介護経験者からアドバイスを受けたり，同じ立場にいる人たちと語り合うことが，この事例の「奥さん」への支援になると考えている。しかしながら，Jさんが支援したいと考えている「奥さん」は，仮にJさんが，その時間だけ代替の介護者として，夫の見守りを行うという条件であっても，他ではない自分自身が介護を行いたいと思っていて，夫と離れたくないという。このことが支援者としてのJさんに「歯がゆさ」を感じさせるようである。
このJさんが言及するような，要介護者のもとから離れられないという形で，介護に対して強く志向してしまうような介護者は，他の家族会参加者の話や介護体験記等の中にも見られることがある[4]。このような介護者は，常に介護を行わなければならないと考え，仕事の際限のなさを経験しているようである。また，以上のように，常に相手と共在して何かを行わなければならないと感じている介護者だけでなく，現在遂行中の介護の内容に不足感を

いだき，常に新たな介護方法を追求し続けるという形で，対象に対して強く配慮・関心を向けている介護者も見られる。

このように，介護者が要介護者に対して強く介護・ケアを志向してしまう事態を，ここでは家族介護の「無限定性」と名づけたい。いくつかの事例を踏まえ，経験的な事象をとらえるための「感受概念（sensitizing concept）[5]」として「無限定性」経験を規定するならば，相手に対する配慮とそれに基づく介護行為を限りなく増大させていかなければならぬと感じていること，となる[6]。

こうした家族介護者の経験する「無限定性」の問題として重要な点は，この「無限定」な介護遂行を，当の介護者自身が困難だとは認識していない場合があるということである。上述の例では，要介護者から離れられない介護者自身が「限界」という形で苦しさを表明している。だが，周囲から見て，明らかに「無限定」な介護を遂行していて負担となっているように見えても，介護者本人からは特に負担だと認知・表明されないまま——場合によっては介護遂行を肯定的に意味づけながら——続けられていく場合も見られる[7]。つまり，介護者の視点に立ったとき，単純に負担として否定的に意味づけられたり，単純に好ましくない労働としてのみはとらえられたりしてはいないということが，家族介護経験を介護者の視点から考えていく上で，重要な特徴の一つなのではないかと考えられるのである[8]。

しかし，これまで，家族介護者の経験に関する研究の大半を占める，社会老年学などにおける負担感研究やストレス研究は，主に家族介護の仕事の重さ・負担とそれに対する介護者の対処について議論してきた[9]。一連の研究は，家族介護を労働という側面でとらえ，仕事の重さ・負担を数量的に把握できる形にし，検証可能な変数間関係として定式化していく試みである[10]。これらの研究の場合，介護者の負担は，個々の仕事（chores）の内容を明らかにし，それを累積させた総量との関係でとらえられる。また，要介護者の身体状況は，負担感を高める可能性のある変数として概念化される。加えて，手助けやサービスなどは資源として，負担を緩衝するものとして位置づけられる。つまり，これらの研究から把握される介護者の負担感やストレスは，相手の心身状態や，それに伴って生じる様々な介護内容の集積の関数としてとらえ

られる。そして，その把握を精緻化していく学的研究は，様々な要因を，その関数の計算に影響を与える変数としてつけ加えていくという運動となる。

以上のような研究は，サービス・ニーズの測定という目的に照らした上で，重要な研究である。だが，上述した支援者たちが問題としている「無限定性」経験を理解していくには，そうした個々の仕事の集積そのものの問題という観点から離れなくてはならない。問題となっているのは，過重な労働という結果ではない。相手に対して何らかの「はたらきかけ」をしていく際に，その量に制限を設けることが困難になっていることや，その介護者の経験の外部の——たとえば支援者の——視点から，その当人が置かれている状況における様々な行為選択肢の集合を見た場合に，「非合理」に一定の選択肢に限定されているように見えるという事態が問題なのである。

ただし，一方で，そうした制限を設けることの困難性は，あらゆる介護者が同じように経験しているものでもないことに注意が必要である。社会科学的視線によって対象化されるような家族介護概念は，ある程度社会的な共通了解を得た介護ニーズや，介護行為・介護サービスという概念の設定とともに輪郭(りんかく)を持ってくると思われるが[11]，個々人の経験する「家族介護」総体について言及していこうとするとき，そうした均質なものとしての対象化だけでは不十分である。確かに，さまざまなケースに共通する何らかの行為内容は抽出できるのだが，介護者の個別の介護過程の経験の中で，それぞれの行為の意味や位置づけは異なってくるのである。そして，家族介護者の間で問題となりながら，周囲が理解することが難しい「無限定性」経験の存在は，その個別ケースにおける意味の違いへと注目することが，その経験の理解と，その経験への何らかのはたらきかけを考えていく上で重要だということを想起させる。

したがって，いくつかにグルーピング可能な労働内容の集積という結果に焦点を置いて概念化していた従来の研究とは違った形で，家族介護の理解を試みていくこと，すなわち，個々の介護者に定位した介護過程[12]の分析が必要になってくる。具体的には，個々の介護がどのように「無限定性」経験につながっていくかという問いのもと，彼女／彼が，なぜそうした介護行為を選択したのか，ある行為はどういった目的や基準のもとで選択されているの

か，を介護者の言明などから考察していくことが必要である。

3　マネジメント役割

　上で見たのは，介護者が，主に相手と共在して介護行為への没入にいざなわれてしまう事例を念頭において概念化した「無限定性」経験であった。だが，現代の家族が経験する介護とは，その程度は様々であるが，様々な専門機関によるサービス等を利用して行われていくことが一般的であろう。すなわち，介護者が1人で介護行為のあらゆるメニューを，いついかなる時も行うというよりも，何らかのサービスを利用しつつ，あるいは利用を念頭に置きながら行っていると言えよう。ここでは，そうした様々なものを利用して対象にはたらきかけていくという状況にあることを踏まえた上で，上述した「無限定性」経験という概念をより精緻にしていこう。先取り的に以下の考察で指摘することを述べると，それは，従来の研究も，本節で指摘するような困難経験について言及しているが，その考察が不十分だということである。

　先ほどのJさんも参加していたような，家族介護者が経験する問題について相互にアドバイスや話し合いを行う介護者の会などにおいて，介護者に対して「完璧を目指してはいけない」「適当にやっていい」「あなた自身が休まなくてはいけない」というアドバイスがたびたびなされている。これは，前節で述べた「無限定性」に介護者が陥らないことが重要だと説くアドバイスである[13]。こうしたトピックが家族会においてたびたび語られるということからは，介護者は生活全般において介護に強く関心を向けた状態となってしまいがちなこと，そのため，そうした「無限定性」から抜け出すことが，在宅で介護を行いながら生活していく上で非常に重要だと認識されていることがうかがえる。

　一般的に，介護へ関心を向けた状態から抜け出すためには，介護者の行っている世話を代替するような資源を利用することが必要だと説かれることが多い。だが，ここで注意すべきは，上で見たような生活全般において介護へ関心が向いてしまう状態は，介護労働への一時的な「手助け」があったとしても解消されないととらえられていることが多いということである。たとえ

ば，夫とその母親（＝要介護者）との3人で暮らし，義母の食事や下（排泄）の世話を行っているCさん（interview02/03/13）は，外部から何らかの「手助け」を家庭内に入れて自分の労力を軽減したほうがよいという家族会のメンバーのアドバイスに対して，以下のように述べている．

　　主人がそのときはいてくれるようにして，午前中いるときだけこっちが交代でね．留守にはできませんからね．だけど男ってのは気がまわらないから，何にもあれしてくれない．ただいるから安心ってだけで，だから，結局こっちはいつも心から離れないですよ，外に出てもね．いくらでも確かにリフレッシュできそうだけど，神経がね．帰ってから，これしなくちゃとかそういうのが離れないと思うんですよ．

　このCさんの場合，家族外部のヘルパーなどの手を借りることについて「[義母が]昔の人なんで，恐縮してしまう」ため，その義母の意向を汲んで在宅で家族の手で介護を行っているという．そのため，日常の具体的な介護代替者として現実的に期待できるのは夫のみである．だが，実際に夫に介護を代替してもらってその間自分は自宅を離れたとしても，義母や義母を中心に編成されている自宅での生活が頭から離れないという．すなわち，このCさんは，代わりの「手助け」となる可能性がある夫が，介護者として自分と等価の能力を持っていないと認知しており，形として代わってもらっても介護から気を離すことができないと述べている．

　一方，寝たきりの状態で，「痴呆である」義母を介護して8年のHさんの場合は，代替者の能力というよりも，一時的に代わってもらうだけでは家族介護における困難経験に対して効果がないという点を指摘している．Hさんはヘルパーを一度利用した経験について，「ヘルパーはねえ，お願いしていたんだけど，……．何時間くらい何とかしてくださるっていうのはあんまり助けていただけることにならないんだ，やっぱりすっかりお願いするってことじゃないと私解放されない」（interview02/04/12）と自宅での介護の一時的な代替は，自らの困難を本質的には解消しないと評価している．

　以上の例のように，「手助け」という形で，一時的に介護行為を代替して

もらい在宅での介護場面から離れても，要介護者やその世話を中心とした生活のことに気が向いてしまうという経験を表明している介護者が存在する[14]。こういった介護者は，自身の生活と介護との間に区切りをつけることが難しくなっているようである。こうした事例の存在から示唆されるのは，相手の世話という活動が生活の中に出現することで，その活動が生活の多くの領域を覆ってしまうという問題である。上述したように直接的な世話を離れた場面や別の活動をしている場面をも覆ってしまう場合もある。

　なぜ，こうしたことが経験されるのか。まずは，家族介護という語に包含されている，二つの性質の異なる役割を考えることから考察を試みてみよう。Jさん（interview02/05/10）は，以前経験した数年間にわたる夫の親の世話と現在行っている自分の母親の世話との両方を，介護という言葉で包含できるものとして語り，その上で二つを比較している。

　　　私が母にしてあげている色々なこととかが，向こうの親［＝夫の親］の場合は違うわけですよね。というのは，お兄さんがいるんで全部やってくれるというのと，私が動かないでよいということと。お兄さんのところで止まってしまう，色々な情報が。それなんで，うーん，やっぱり違いますよね。［情報として］入ってくることも違うし，私たちはお兄さんとかに言われて動いてくれっていうときに動くだけであって。今，自分の母の方は病院からの指示で私が動いてたりとかするんで，全然度合いが違う。今私が動いているのと［以前の介護で］お兄さんが動いていたのと同じような感じなんで。

　Jさんは，以前7,8年間定期的に通いながら行っていた夫の親の介護をきっかけとして，現在の介護者家族会に参加するようになり，様々なアドバイスを受けるようになった。最初に経験した夫の親の介護については，「通うのが大変でした」と述べているが，上で「情報がお兄さんのところで止まってしまう」と表現しているように，そのときの困難とは「情報」が集まる兄の指示のもとで，一時的に介護行為を代替することに伴う労力的な負担であった。

　一方，突然の脳梗塞で入院し，要介護となった実母の介護においては，も

ともと近居していたという事情もあり、Jさん自身が母親の状況把握と、それに基づいて今後の生活のあり方を想定して介護体制を整える役割を担っている。いわば「情報」はすべてJさんのもとに入ってくる。Jさんは、母親の退院後は、老人保健施設への入所も考慮に入れつつも、「病院や施設では母に社会から情報があまり入らないので刺激がない……」と考え、同居して介護生活を始めることを第一の選択肢としている。彼女は親族間で分担した夫の親の介護を経験する中で、家族会に参加して様々な介護経験者の話を聞いて、今後の自分の介護過程の展開についていわば予期的に語っている。すなわち、これから予期される在宅での介護生活を、ヘルパーなどを入れて行ったとしても、「でも、やっぱり［介護の責任］は自分に、最終的には自分ですよね」と不安をいだいている。Jさんの現在の生活の中心は、自営業の夫を手伝う形の仕事や受験期の子どもの世話である。その生活を組み立てなおさなければならないこと、そして、母親に対して配慮することが、生活の全域を覆ってしまうことを危惧していると考えられる。

　以上のように、この時点でJさんが母の介護において担っている役割とは、単純にあるあらかじめ設定された基準のもとで労働の一部を担うだけでなく、「情報」を集め、自らが介護の基準と範囲を確定すること——たとえば、老人保健施設への入所か在宅での生活かの選択など——である。いわばマネジメントの役割である。さらに、Jさんが、将来的に危惧しているのは、そうしたマネジメントの役割を担い続けることであり、その役割を担うことがJさん自身の生活を覆ってしまうものとなっていくことである。いわば、マネジメント役割を担うことと、その負担の過重が予期され不安感を経験しているのである。

　以上のような、マネジメント役割の存在とその負担とは、前節での指摘と同様、家族介護を、個々の仕事の総量として概念化し、その関数として困難を測定するという方向性では把握し難い困難性であろう[15]。だが、これまでの家族介護研究や家族社会学の研究は、マネジメントに関する困難について、労働の量に対する質という対立図式を明示的に、あるいは暗黙の内に念頭に置きながら言及してきた。たとえば、①家庭内の仕事（＝家事）に関する研究（山田 1994: chap 3, 直井編 1989, 天木 1993, 石川 1997）や、②参与観察やイ

ンタビュー等の質的方法をもとに介護者の日常経験に注目している欧米の在宅での家族介護に関する先行研究（Gubrium 1991, Gubrium and Sankar eds. 1990, Abel 1991）などである。これらの研究は，介護者の困難の本質を理解する上で，マネジメント役割に注目することの重要性を指摘している。

　①に類する研究群においては，ケアラーという主婦の役割を概念化するため（天木 1993），一般的な労働・仕事との異同をとらえて概念化し，実証研究に生かしていくため（直井編 1989），マルクス主義フェミニズムと感情社会学の立場から家事労働概念を原理的に考察するため（山田 1994），社会変動と家族が遂行する機能の関係を見るため（石川 1997: 73-4）などの関心から，家庭内のケアの中心人物（主婦）が担うマネジメントの役割という位相を指摘している。②に類する研究では，介護の出現に伴う家族・親族全体の調整，家族内の他の仕事との調整，外部の専門機関との調整などを，特にキーパーソンになりがちな女性が，女性性に割り当てられた期待から過剰に担ってしまうことが指摘されている。こうした研究群において指摘されているマネジメント役割を，介護に限定して言うならば，要介護者に向けられる個々の介護行為（ex. 食事介助，排泄介助，移動介助，見守りなど）のメタあるいは別の位相に存在する，情報収集や調整などの役割を指していると言えるだろう[16]。

　こうしたマネジメント役割を含んだ総体として家族介護をとらえるならば，個々の介護行為に対する何らかの手助けの存在が，それだけで，介護者の役割を減少させるわけではない（山田 1994: 150-2）ということが理解できるだろう。具体的な介護行為を行っていない局面においても，介護全体のマネジメント役割を意識せざるをえないということがありうる。そう考えると，在宅サービスの量的拡大という傾向の中で，全体のマネジメントに対する援助なしにスポット的な代替資源だけが極端に増大していく場合，介護者の担う仕事の内で，このマネジメント役割の存在が，むしろ浮き立ってくるととらえることも可能である[17]。

4 介護におけるマネジメント役割

　だが，前節の冒頭で指摘した，介護行為の依託ができない経験や，介護場面を離れても要介護者への配慮をなくすことができないという経験を，家庭内の一般的なマネジメント役割を担うことと同様の経験として考えるだけで十分だろうか。言いかえると，そうした経験を食事準備や洗濯などを具体的行為内容として含む通常の「家事」にも当てはまる特性と等値して考えるだけで十分であろうか。また，家族介護経験を考えていく上で，マネジメント役割の「存在」を指摘するだけで十分であろうか。言うまでもなく，本章で論じているのは，呆けゆく者という，生活・身体面において，依存状態にある／なっていく他者に対する介護におけるマネジメント役割である。ならば，生活・身体面における援助であること，ならびに，その援助は「呆けゆく」「衰えゆく」という変容過程にある相手に対するものであることを踏まえた，マネジメント役割の特徴と，その特徴から考えるべき課題を導き出していく必要があるのではないだろうか。

　その問題について，介護経験者のEさん（interview99/7/16）の在宅介護の経験を事例に考えてみよう。Eさんは，介護を開始してからの10年間で義母の入退院を5回経験している。彼女は，最終的に在宅で介護を行うようになった時期について，入院以前に「痴呆」状態で動き回っていた在宅生活の時期に比べて労力的負担は少なかったととらえていた。だが，在宅で日中1人だけでの寝たきりの介護に直面した際の経験については以下のように語っている。

　　　最初にその，まるっきり寝たきりになって，5回目の入院が終わって，家につれてきたときはねえ，やっぱりちょっと怖かったですよ。この人の生きるも死ぬも，私がね，全部責任持たされたんだなと思ったら。

　Eさんにとって，それ以前の，義母が病院にいるときの介護は，病院という枠の中で，限定的に行われる世話であった。しかし，義母の在宅という場への移行は，相手の生活などの基準を自らの手で決め，それにしたがって様々

な世話を遂行していくことを意味していたと考えられる．さらに，その時点で，Ｅさんが目の前にしていた義母は，同居して生活し，「痴呆」と思われる時期や入院などの様々な状況を経て，十分な対応の必要な寝たきりとなっている．そのため，Ｅさんによる介護基準などの決定は，生と死にかかわることへの責任とも言えるものとなり，その重さはそれ以前の在宅での生活に比べて非常に強く意識されていた．

　このように，介護にかかわるマネジメント役割は，その極限において，眼前の具体的な他者の死までの可能性を含んだ生のあり方の決定をも意識せざるをえないものとなる．このＥさんの場合は，看取りの直前という極限的な時点ではあるが，多くの場合は，相手は疾病や障害をかかえ，生活していく上で何らかの他者の手を必要としているか，あるいは，「老いのプロセスの展開において徐々に連続的にその必要性が現れてくる」（木下 2001: 85）ことを介護者に予期させる状態にある．また，特に，相手の意思を汲み取ることが困難な場合や，認知症という定義のリアリティが増していく場合などは，相手の状態や相手と形成する関係を，介護者の側の何らかの「はたらきかけ」が強く規定してしまうと介護者自身が観念するようになっていきがちとなる（詳しくは第 7 章参照）．したがって，その場にかかわることになった者のマネジメント役割は，衰えという変化のただ中にいる他者の生そのものを決定づける重い責任として経験されていくことになるだろう．

　また，実母の介護を主に 1 人で約 12 年担い看取り終えた M さん（interview 04/04/01）は以下のように語っている．

　　それが．でもさっき言ったみたいに，私，5，6 年で亡くなるっていう勘違いをしていたんです．だけど，この辺から，これはそうではない，っていうふうに，分かってくると，え，こんな生活がいつまで続くのかな，この人のことをいつまで面倒みなあかんのかなあ，とか思うように．で，そういうことから，こっちの精神状態が悪いときに，手が出てしまう？うん……．

Ｍさんは，認知症だとされる母親の介護を続けていく内に，介護がいつまで続くのかは明確には分からないという現実に気づいていく．このことは，

相手のマネジメント役割をいつまで担うか分からないということであり，そのことに気づくことで，大変な負担を感じていたと述べている。こうした期間の不確定性という点も，介護におけるマネジメント役割を重くさせていく特徴の一つである。それはなぜだろうか。続けてMさんの言明を見てみよう。（引用中のIはインタビュアーである筆者を指す。以降も同様）。

I：たとえば，今はあの××会で色々な方を看ているっていうことですが，ご自分のお母さんではなかったら。

M：そうなんです。他人にはやさしくできるんです。そのときだけですむから。その一瞬だったり何時間だったりですむじゃないですか。たとえば昼間いくらデイサービスに預けていてもこの人のことを自分が全部責任持たないといけない，ていうプレッシャーっていうか，ストレスっていうかそれってすごい。だから，いくら昼間預けても……。ただ，1日24時間一緒にいるより，ちょっとは，いる時間を少なくすることでストレスが少なくなるんじゃないかなって思ったから，預けたりしたんですけどね。それでもやっぱりこの人をずっと看ていかないといけないということに対する，いつまでかなあ，というつらさ？ それでどんなふうに進んでいくのかなあ，もっとこれ以上にひどくなるのかなあ，っていうのが，やっぱりありました。

Mさんは，相手のことを，最終的には自分が責任を持たなくてはならないと感じている。加えて，いつまで続くか分からないという終点の不確定性，ならびに，どのように相手が変化していくのか分からないという疾患経路の不確定性について語っている。この二つの不確定性の存在は，マネジメント責任を重くさせることになる。なぜならば，責任を果たしたくても，一体何をすればマネジメント役割を果たしたこととなり，一体いつ終わることになるのかも不明確なためである。

以上で見てきたように，介護にかかわるマネジメント役割は，相手の衰えた状態への直面や，終点の見えない衰えを予期する中で担われることになる。さらに，その遂行基準を確認することが極端に難しい状況の中で担われていく。これらのことにより，マネジメント役割の内容は，周囲からの診断など

の定義づけや，相手の様子・振る舞いなどを通じて迫ってくる相手の衰えという変容のリアリティに対して，その時点時点で判断をしながらはたらきかけていくという変化するものとなる。

　以上より，介護にかかわるマネジメントとは，一般的なマネジメント役割と比較したとき，「変化するもの」という特徴を強く持つことになる。したがって，その役割責任の存在を指摘するだけでは，その性質を十分にとらえたことにならない。すなわち，いつまで続くか分からない中で最終的な責任を負うという条件を踏まえながら，相手の変容に対応したマネジメント役割の変容を見ていくことが，その本質を把握していくために重要になってくるだろう。こうした観点から2節で見た「無限定性」という概念は，相手の衰えを目にする中で，マネジメント役割に対する責任を過剰に感じていき，結果として「無限定」な「はたらきかけ」とも言える状態を経験している事態の記述と位置づけなおすことができるだろう[18]。

5　変化するマネジメント責任

　4節で見た先行研究が指摘しているように，マネジメント役割の存在を指摘することは，「家族介護」に共通する特徴を示すという認識利得をわれわれにもたらす。だが，家族介護においてマネジメント役割と表現できるような労働が存在しているとしても，それは変化することを本質としたものであった。4節で見たのは，特に個人の介護経験を時間軸で見たとき，マネジメント役割が変化しているということであった。死を見据えた相手の衰えや変容という性質を持つことになる家族介護においては，マネジメント役割の変化について十分に注意をはらって考えていく必要があるのである。同様に，マネジメント役割と名づけたとしても，それは個人間でも同じものではないだろう。この個人間の違いについて，マネジメント役割の依託をめぐって生じる問題経験についての事例から考えておこう。

　3節で見たのは，在宅での介護行為の「手代わり」的な援助では困難が解消されないという問題であった。それは個々の介護行為を依託してもマネジメント役割が残るためである。それでは，マネジメント役割自体を依託して

しまうような援助は存在しないのだろうか[19]。その点について，ホームヘルプサービスとデイサービスを利用しているLさんの事例から考察してみよう。Lさんは，「痴呆状態」にあり腎臓の疾患もかかえている義父（夫の父）と，2人で同居し介護を行っている。Lさんの言う主な介護内容は，目を離すと外出してしまう義父と共在し相手を見守ることであった[20]。

そのLさんは，デイサービスを「自分の家族を取り戻すため」に重要なサービスととらえている。デイサービスに義父を依託することは，相手の行動を見守ることから一時的に離れることを可能とし，義父の世話を中心に組み立てられている生活から一時的に離れ，自分の夫や子どもとの生活の確保を可能とするととらえられていた。

このように，Lさんをはじめ何人かの介護者たちは，デイサービスやショートステイなどの要介護者が在宅から離れ専門機関が預かる形のサービス──介護者の休息の意味合いが強いサービス──を，一時的にでも介護とは違う活動に気持ちを向けることを可能にするものとして評価している。自宅外の専門的な施設への依託が，1日や1週間程度の，ある一定期間の要介護者の生活そのものの依託となるため，在宅生活に対する労働の一時的な援助以上のものとして評価されていると考えられる。こうした援助は，マネジメント役割の代替という意味を相対的に強く持つものと考えることができるだろう[21]。

だが，ここで注目したいのは，デイサービスへ相手を依託したとしても，介護から気持ちを離すことが難しいという経験が語られているということである。家族会の「話し合い」において，Lさんはデイサービス利用の際の問題経験を表明している。この問題経験は，「話し合い」の中でLさんが義父の最近の様子について語り，それに対して参加者同士で様々な解釈がなされているという文脈で提示されたものである。

Lさんによると「常に靴を履いていないとそわそわしちゃう」義父は，デイサービスで他の通所者とは違い特別に靴を履かせてもらっているが，その日は，職員が見ていない間に「トイレに行って日中の1時半ころ出ていって」しまい家に帰ってきたという。この出来事についてLさんは以下のように語っている。

しっかり看ていただきたいなあと思っちゃうじゃない。やっぱり家族としては。どうしてもその日は絶対プロに，施設に預けたんだから，いないってことが前提だからね，上［＝家の２階］にね。帰ってこないし，大丈夫だってことが前提だから。私もとっさに思っちゃったんですよ。靴を隠してもいいから。一応まだら［呆け］だから……。そういうこと［＝帰ってきてしまうこと］があると家族としてはぞーっとなっちゃうんですよね（field-notes02/06/07）。

　この出来事以降，Lさんはデイサービスに義父が行っている間も義父の様子に不安をいだいてしまうという。
　この出来事は，要介護者の身体を他の介護主体へ依託しても，マネジメント役割に対する責任意識の依託にならない場合がありうることを示している。先に述べたようにマネジメント役割の依託のためには相手の生活そのものの依託が必要となってくる。相手の生活そのものを依託するためには，相手の身体を自分たちの生活の場である在宅から施設などの外部の生活の場へ依託することが条件となってくる。
　だが，介護者にとっては，マネジメント役割の依託は，単純に要介護者の身体が外部の施設に移され，自宅にいなくなることだけで達成されるわけではないようだ。Lさんにとって在宅でのマネジメントの基準の一つは「外を歩き回る」義父の行動を見守りその生活をコントロールすることである。その基準に基づく課題が自らとは違う介護主体によっても遂行されているという信頼が得られた上で，はじめて責任意識の解消がなされる。つまり，Lさんにとって，デイサービスへの身体の依託がマネジメント責任の依託として評価されるのは，在宅での義父の生活を支える自分の代わりに自分が通常完遂していること――義父が１人で出歩くという危険を回避すること――が行われているという確信を得られる限りにおいてである。そのため，義父がデイサービスのコントロール下から離れて帰ってきてしまった出来事は，その確信を得ることを難しくさせる問題経験であり，不安として語られているのである。
　このLさんのデイサービス利用の際の問題経験からうかがえるのは，外部サービスに要介護者の身体を依託した場合でも，依託先において，在宅で

設定しているマネジメント基準が維持されていることが重要だととらえている者もいるということである。すなわち，家族介護者のマネジメント役割とは基本的には在宅における対面的なマネジメントであるが，その結果に対する責任意識は，外部サービスの場などにおける，介護者とは違う主体による要介護者への対応のあり方をも含みこんだ範域のものとなっている場合があるということである[22]。

さらに，より長期の依託である施設入所や短期入所の場合にも，施設におけるマネジメントのあり方や，入所している要介護者の振る舞いに対して強く気が向いてしまうという経験も語られていた。たとえば，ある介護者は，施設や病院にいる夫への訪問をどの程度することが必要なのかを気にし，家族会ヒイラギに参加している施設相談員に，たびたびそのことを相談していた。具体的には，そうした訪問という行為が，相手や相手の生活する場に対して，どの程度影響を与えてしまうのかを強く気にする一方，自分が直接行って「痴呆」の相手の世話をする必要性を感じていたようである。（fieldnotes03/08/28 など）。老人ホームや老人病院に夫を預けたものの，相手の状態に対するマネジメント役割の責任を感じ，訪問という行為でその役割の遂行を続けていると言える。

このように，外部の主体による相手へのはたらきかけの結果に対する配慮までもが，自己のマネジメント責任の範域だと感じられるような場合に，たとえば，相手を自分以外の他者に依託することを控えるというような事態[23]が生じてくるようである。外部サービスに要介護者の身体を依託すれば，結果として介護者自らの労力的な負担が軽減されることが予期されたとしても，そこでの対応が介護者自身の持つ基準と一致しないことが強く予期されるために依託がなされないということである。また，自らの基準と一致しない場へのやむをえない事情からの依託が，逆に先述の事例のようにマネジメント責任を過剰に意識させてしまう場合もある。

以上より指摘できることは，その責任を依託できるかどうかという側面から考えたとき，「マネジメント役割」を，一様な内容を示唆する概念として規定するのは不適切ではないかということである。一様な内容のものとして概念化することは，他に依託可能で均質的な労働という意味を呼び起こす。

もちろん，こうした概念化が不適切であることを指摘することで，マネジメント役割の依託が実際にはまったく不可能であると主張したいわけではない。結果として，依託がなされたと言えるような場合はある。だが，3節で述べた先行研究において列挙されていたような内容のマネジメント役割が，他の主体によって行われることによって，必要十分にマネジメント役割の依託が達成されるわけではない。マネジメント責任の範囲は個々の介護者によって異なり，それは，相手をどのような存在として保持しておきたいかという基準に相関している。さらに，介護者の視点から事態をとらえたとき，その責任の所在は，依託した後に強く意識されるなど，事後的に見出されていくこともある。

 先に述べたように，確かに，様々な活動をマネジメント役割としてくくり，その存在と負担を指摘すること，さらに，それをあらかじめ分類して対象化することは，家族介護や家族生活全般に含まれている見えない労働の輪郭を示していくという意義を持っている。だが，家族介護者のリアリティをとらえていく上で，そうした領域を指摘するのみでは不十分である。われわれは，マネジメント役割の基準と責任の範疇が変容していく過程までを考えていく必要がある。

 以上をまとめよう。これまでの家族介護に関する研究は，確かにマネジメント役割を発見し，それを家族介護に含まれている労働の範疇を拡大する形で位置づけた。だが，そのマネジメント役割に伴う負担は，たとえば，相手の身体を他者や外部の場に移すという操作によって必ずしも解消されるものではない。相手の身体と相手に対する直接的な世話の依託だけではなく，責任意識からの解放という点までを含んで考えていかなくてはならない。

 責任意識からの解放を考えるためには，介護者にとっての責任の範疇を明らかにすることが必要である。だが，家族介護という活動においては，それが個別の状況に応じて確定しがたいという点に大きな特徴がある。そう考えると，このマネジメント役割を範囲が確定した一様な役割としてとらえるだけでは不十分である。重要になってくるのは，新たな労働の細目をリストアップし，その個々の性質を指摘していくことだけではない。個々人によるマネジメント責任の範疇の違いを前提に置き，そのマネジメント責任の基準と範

囲が, 介護過程の中で成立し, 相手の衰えに直面していく過程で変容していくことを分析の俎上にあげなくてはならないのである。

6 マネジメント責任と「正常な人間」像

　5節までで見てきたのは, 家族介護という経験を理解していく上で, 個々の行為のメタ位相にあるマネジメント役割に注目する必要があり, その役割を分析していくためには, マネジメント責任が一様なものではなく, 過程の中で変化していくことに注意する必要があるということであった。

　さて, 実際にそうした変容過程の考察（次章）に入っていく前の準備作業として, ここまでとりあげてきたいくつかの事例に立ち戻ってみよう。ここまでの事例において, 介護者は, どういった困難経験に陥っていただろうか。

　たとえば, 本章の最初にとりあげたJさんは, 介護を代わってくれる者がいたとしても, 介護の場面から離れたくない, 離れられないと述べている友人の事例を問題としていた。このような「自分が唯一の, 適切な介護者である」という代替不可能な存在としての自己規定の成立が, この事例における介護者の「無限定性」経験と関係しているように思われる。また, 前節で見た, 会ヒイラギで相談をしているある介護者は, 病院などの場で要介護者の振る舞いをマネジメントする唯一の存在として自己を規定している。これらは, 介護が必要な相手に必要不可欠な他者として, 自分自身以外の者による代替が不可能であると定義することから由来しているように思われる。すなわち, 代替不可能な存在としての自己定義である。

　こうした介護者として代替不可能であるという自己定義に至ることが, 2節から5節で見てきたような, ときに空間的な離れた場面までをも包含してしまうマネジメント責任の範囲の拡大や, ときどきに直面する「無限定性」という困難経験と関係していると考えていくことが可能だろう。

　では, こうした強い代替不可能性という自己規定に, なぜ, いかにして至っていくのだろうか。代替不可能性の成立を考えていく上で, 本章で家族介護と表現している活動が, まさに家族によって行われているという特徴[24]に注目する必要がある。ここで念頭に置いている家族であるということの特徴は

二つである[25]。

　一つは介護へかかわる契機が選択ではなく，ただ，日常生活の中で近くにいただけで——それは空間的な近さだけとは限らない——巻き込まれ，離れにくく，放っておけなくなっていくということである。そうした状況になった後は，生活の場の移動，入院，死など，相手の状態の急激な変化などを除いて，少なくとも「自分がかかわらない」という決定をした上でないと離れることはできない。そうした意味で，非選択的で受動的な形で巻き込まれていくことになる[26]。こうした巻き込まれていく経験は，その後様々な主体が介護にかかわってきたとしても，中心となる家族介護者に集中する場合が多い。

　二つ目は，家族介護者は，介護が必要になる以前の相手の姿を，何らかの意味で知り，それに基づく一定の関係を形成してきたということである。注意すべきは，ここでの「知っている」というのは，決して「真の姿」を知っているということを意味しているのではない。相手の像について何らかの想定をいだき，かつその像に準拠したコミュニケーションが，以前は日常的に意識することなく成立していたことを意味している。

　家族介護者は，そうした相手の姿を知っているという初期条件の中で，相手の衰えに受動的に直面していく中心的存在となる。こうした直面の過程の中で，立ち現れてくるのが，前章で見た，相手の「正常な人間」像である。すなわち，相手に対して世話を行うという介護関係に入っていく際に，相手の過去の姿が意識化され，その像と関係した「正常な人間」像が現れてくる。責任に巻き込まれていく家族介護者は，相手に最も近接し，こうした像にたびたび直面する。それは，すなわち，周囲の者とは大きく異なる経験をしているということである。そうした他の者とは異なる「正常な人間」像という他者定義のあり方が，他との代替不可能性という介護者の自己規定と何らかの形で関係し，マネジメント責任の範囲や基準にも大きな影響を与えているのではないだろうか。

　重要なことは，ここまでで述べてきたように，介護者が出会う「正常な人間」像の位置づけ方と，マネジメント責任の内容・範囲の形成との関係を，それが変化していく過程であることに注意して理解を試みていくことである。そ

して，特に，いくつかの事例を比較する中から，呆けゆく者への介護過程の特徴を明らかにすることが本書の課題である。次章では，本章の検討を踏まえて，いくつかの介護過程を事例として分析していこう。

注

1 ここで言う責任は，続柄に伴う介護責任や，法的責任のことではなく，受動的に相手の衰えに巻き込まれていく中で徐々に集中していき，逃れ難い感覚として介護者に経験されていくような責任意識を指している。

2 ここで言う「正常な人間」とは，認知症症状の進展など，特に相手の認知能力における深刻な衰えに直面したときに，介護者の語りの中に現れる「衰えた存在」を否定するような像を指している。第3章の注12で述べたように，ここでの「正常」とは，何らかの実体的な状態，規範的な状態を指しているのではなく，家族介護者自身が，眼前の親密な他者の衰えを，何らかのギャップとしてとらえる際の基準となる初期状態というニュアンスである。ただし，初期状態といっても，第3章注8で指摘したように，介護期以前の要介護者の身体やパーソナリティが——その像を構成する上で有力な準拠点ではあるが——そのまま「正常な人間」像となるわけではない。眼前の相手やその他の他者からの様々な衰えのリアリティの付与に対して，遡及的に構成されていく像である。

3 本章の考察は，主に序章で述べた第1期のインタビュー，ならびに会への参与観察に基づいている。序章に記したように，第1期は，家族介護者の困難経験とは何か，という漠然とした問いのもとで，データの中から概念化を行っている段階であった。本章では，そうした段階で概念化していった困難経験を理解しようとする中で生まれていった家族介護経験のとらえ方を，これまでの家族介護の困難に関する議論と対比しながら示すことを試みる。

4 たとえば，母を介護する娘の立場で，母親に対する介護をとにかく引き受けてしまう気持ちについて述べられている森津（[1997] 2000），家族として他人に介護を任せることが困難となってしまう介護者の思いが書かれている松井・松井（2000）などがある。

5 「単にどの方向で見るかを示唆するにすぎない」（Blumer 1969 = 1991: 192）感受概念は，探求しようとする経験的世界を日常的に経験されるありのままの世界として理解するための探索的な概念である。

6 ここで言う「無限定性」とは，パーソンズ（Parsons 1951 = 1974）が医師役割概念を念頭に一般化していったパターン変数（高城 2002: 90）の内，行為者の客体への志向（客体に対する関心の領域の定義）として定式化した限定性（specificity）／無限定性（diffuseness）の二者択一の変数を参考にした概念である。相手に対して「限定された道具的または表出的な関心の見地から，社会的客体に指向しているものとしての役割を定義」（Parsons 1951 = 1974: 71）するのではなく，「おこりうるあらゆる偶発性の可能的連関を」（Parsons 1951 = 1974: 72）考慮に入れて役割定義することが「無限定性」である。

7 「無限定性」は，ケアにおいて，外部の「客観的目標」という観点を導入することで概念化される「主観的目標」（McBeath and Webb 1997: 45-8）を問題化するための概念だと言えよう。もう少し詳しく言うと，「無限定性」経験は，周囲の他者からの指摘

か，あるいは介護者自身による自己の経験の意識化によって同定される。本文で見た事例は，家族会参加者という他者からの指摘のため，前者の場合にあたる。後者の場合，経験の意識化は，自己の介護経験との比較対象となる他者の経験を聞く，事後的に振り返るなどの形でなされるだろう。事後的な振り返りがなされる条件を考えていくと，語るきっかけとして話す相手が存在することが必要だということになる。そのため，「無限定性」の意識化には他者の存在が必要条件となってくるのではないかと考えることができる。こうした「無限定性」経験が反省的に構成される過程を考察することも今後の一つのテーマである。

8 介護に対する「肯定的な」志向に関して，諸研究では，「介護継続意思」（中谷・東上 1989，坂田 1989）や，介護者の自我形成と関係のある「いきがい」（山本 1995）というような用語で探求されてきている。ただし，「介護継続意思」とは在宅での介護を中断せずに続けることを指した操作的概念であり，統計的な分析で「介護負担」と「介護継続意思」は独立である（＝介護負担の高さと施設入所とは統計的に関連がない）ことを示したものである。

9 在宅介護者の実態についての研究は，先駆的な著作である春日・春日（1992）や，各種調査機関，自治体，当事者団体などの実態調査を参照（冷水・本間 1978，中島・呆け老人をかかえる家族の会 1982，全国民生委員児童委員協議会・全国社会福祉協議会 1987，鎌倉市 1990，呆け予防協会 1991，工藤 1992，北海道民生委員児童委員連盟 1991，2000，大阪市 1997，高齢社会をよくする女性の会 1998，健康保険組合連合会 2000）。なお，1968 年から 2000 年までの主要な調査と対象者，調査方法，回収数等がまとめられているものとして宮上（2003: 28）。また，第 2 章でも触れたが，社会老年学の一連の研究，介護ストレス論などが，家族介護者の負担感やストレス等について研究を行ってきている（cf. 第 2 章で触れたもの以外として，Long 1991，松岡 1993，Perrlin. et al. 1990）。日本においては，東京都老人総合研究所の研究グループが継続的なデータの蓄積とモデルの構築を行っている（東京都老人総合研究所社会福祉部門 1996）。最近の研究として（野川 2000，和気 1998，金 2003）。

10 また，家事労働論的な立場に立つと，機会費用などの，同量の社会的労働によって獲得可能性がある貨幣量を尺度として，介護の量・負担が算定されることになるだろう。

11 筒井孝子は，介護サービス，介護保険サービス，介護と概念を分けた上で，介護保険サービスの登場によって，家族介護における基準・規範が設定される／されざるをえなくなってきたと指摘している（筒井孝子 2001: 181-93）。

12 介護過程に注目することの必要性は，負担感研究，ストレス研究においても指摘されている。また，家族介護者の価値変容過程とその変容の要因について考察した研究として，天田（2003: chap 4），山本（1995）などがある。

13 介護者側の過剰な没入を避けるようにうながすアドバイスがされる際には，没入を避けることは，介護を受ける側にとってもよいことだという論理を伴っていることも多い。また，実際に自分の介護が楽になった転換点として，介護の場から距離をとることが可能となった時点をエピソードとして語る介護者も多く存在する。

14 たとえば，ある家族会参加者は，常に介護のことを考えていなければならない状況について「私だって 5 時までだったらやさしくできる」（field-notes02/03/06）と表現しているが，介護・ケアを職業として行っている者ならば，行為内容としては同じような介護を行っていても，それが自己の生活に影響を及ぼすまで，自分が介護を行っている相手のことを気にかけてしまうことは稀であろう。

15 介護において，具体的な行為とは別の「見守り」のための時間が存在することが指

摘され，生活時間調査（cf. 矢野編 1995）を援用しての生活総体の把握の試みなどがある（小林 2001, 2002）。これは本書で言うマネジメントの存在を経験的に示す代理指標作成の試みだと考えられる。また，認知症の介護においては，特に「見守り」の時間や相手の「問題行動」が起こらないような予防的な介護が必要とされることが指摘されている（新名 1996, 石倉他編 2000）。

16 このマネジメント役割へ注目する研究は，介護に関する仕事を調整する役割だけでなく，介護者としての役割を担うことが多い女性が，家族内で同時に遂行することになる，他のケア責任との間の調整にも注目してきた（cf. Corbin and Strauss 1985, Strauss et al. 1984, Brody 1990, Couper 1989, MacRae 1998）。

17 たとえば，C・アンガーソンは，イギリスにおける施設ケアからコミュニティケアへの流れの中で介護者は「適切なケアの『パッケージ』を組織し，手配する責任を主に担う『ケース・マネージャー』」としての役割を要請されるようになってきていると指摘している（Ungerson 1987 = 1999: 176）。また，高齢者への家族ケアを，ケア提供とケア管理の二側面に分けて整理し，同一人物が両方の役割を担うケースが最も多いとする議論もある（Archbold 1986: 85-6）。

18 介護水準が高度化し，積極的に様々な知識等を導入して遂行しなければならない現代の家族介護（春日 1997: 93-5）においては，家族員である要介護者の生全体にかかわるということは，介護遂行の場に共在するという形だけではなく，可能な限りの手段を尽くすという形でも現れると考えられる。また，春日井典子は，イエ規範などの，介護を義務として課すような規範が弱まり，人生の後半期においても他者との関係性を築き上げ自らのライフスタイルを主体的に選択し続ける傾向を指す「介護ライフスタイル」という概念を提起している。そして，この「介護ライフスタイル」においては，「高齢者自身の主体性の尊重」が理念として掲げられ，標準的ないしは規範的なモデルというものがない中で，要介護者にとって最善のものを求めて再構築していく努力をケア提供者に常に要求しているとしている（春日井 2004: 246）。

19 介護や育児などを，資本主義社会における貨幣を媒介した労働と対比させる形で，一括して家事というカテゴリーのもとで論じている山田昌弘は，マネジメント役割の責任を担うことが家事の困難の中核であり，その困難は，具体的な行為内容が外注などの形で代替されても軽減されないと指摘している（山田 1994: 150-2）。ただし，山田の議論は，あくまで，食事作りや介護労働などの具体的な家事労働の外部化とマネジメント役割の軽減とが独立であるという指摘が中心であり，マネジメント役割自体の外注の可能性や，内容の特性については議論していない。

20 Lさんに最初にインタビューを行ったのは，1999年7月であり，2001年9月以降は，会アカシアに出席して，介護についてLさんが語ることを素材にLさんの事例をデータとして得た。

21 介護保険施行後の外部サービスの利用についての調査では，施設志向が強まっていること，また，在宅サービスにおいても施設に一時的に預ける形のサービスがホームヘルプサービスよりも選好されていることが指摘されている（藤崎 2002: 216-7）。ホームヘルプに関してはプライバシーに関する規範の問題等様々な抵抗要因が絡むのでその分を差し引いて考えなければならないが，介護責任を担う介護者にとっては要介護者の生活を依託するサービスが困難の軽減のためには望まれているということが想定される。

22 アメリカの市場化された保育（child care）サービスの文脈ではあるが，保育所利用者の（働く）母親が，保育所でのケアの質に対して強い責任感を感じ，保育所と頻繁に交渉しケアを監視するという形で，子どもへのケアを試みようとしていることを指

摘している研究として，ウタル（Uttal 2002: 33-8）。
23　家族が介護を囲い込む要因についての考察として藤崎（2000a）や庄司（1993）がある。
24　これまでの家族介護に関する研究においては，介護期以前の関係のよし悪しによって，身辺ケアにおける感情的な困難の軽重が変化することなどが考察されてきた（Gubrium 1991: chap 3, Abel 1990, 1991, Ungerson 1987 = 1999）。しかし，それらの研究の第一の問題意識は，負担感研究（本章2節参照）が前提とする，負担感が高まれば施設入所に至るという単純なケア方程式（care equity）の前提や，介護を労働負担としてのみとらえる議論を，介護が関係の中に埋め込まれてなされていることを考慮しないアプローチとして批判するということにある。そのため，家族であるという要因が，媒介変数となって，負担や困難の様々な形態を生み出すことや，家族介護者の負担感の高まりと施設入所選択の相関関係の想定は単純には成り立たないということを指摘することが中心になっている。
25　本文で指摘している二点は，家族において必然というわけでもなく，当然，規範的にそうあるべきという主張ではない。そのため，法的，生物学的な意味での家族ではなくてもありうる特徴であろう。また，家族であるという特徴は二点に限られるものでもない。
26　天田は，ケアが生起する場における受動的な経験を，根源的な暴力性として説明している（天田 2003）。天田の言う暴力性とは，「『自らの意思とは無関係に，あるいは意思に反して』私に襲いかかって来るような，あるいは自己にとって制御不能で『主体』それ自体を剥奪されるかのような——換言すれば，自己による統制・馴致不可能であるような——〈現実〉のモメント」である（天田 2003: 484）。天田の言う暴力性は，第一には，ケアの授受がある二者関係において，ケアを受ける側が身体を晒すことに伴う受動性を意味しているが，それだけでなく，老い衰えに伴うケアという関係そのものの形成が，逃れ難く周囲を巻き込み，抜き差しならない関係を作っていくという性質も指している。その意味で介護者もそうした暴力性に巻き込まれているということになる。天田（2003）の第4章，第5章は本書で言う家族介護における根源的な暴力性から発生する関係について記述・分析している。

第5章　認知症家族介護を生きることとは？

1　家族介護過程の比較

　前章では，家族介護を，マネジメント役割が変化していく過程としてとらえていくという方針を提示した。それを踏まえた本章の目的は，家族が呆けゆく者の介護を行っていく過程の特徴を，「正常な人間」像の位置づけを中心とした，他者定義の形式に注目して明らかにしていくことである。

　第3章，第4章で述べたことをくり返すと，「正常な人間」像とは，認知症症状の進展など，特に相手の認知能力における深刻な衰えに直面したときに，介護者の語りの中に現れる「衰えた存在」を否定するような像を指している。「正常な人間」像を構成する上で，介護期以前の要介護者の身体やパーソナリティが有力な準拠点となる。しかし，それが，そのまま「正常な人間」像として維持されることは稀である。相手と生きていく過程において，眼前の相手やその他の他者からの様々な衰えのリアリティの付与に対して，遡及的に構成・再構成され続けていく像としてとらえることができる。では，介護者は，「正常な人間」像をどう位置づけながら，ときに第4章で見たような「無限定性」に至ってしまうようなマネジメント役割に基準を設けているのだろうか。また，その過程の特徴と伴う困難はいかなるものだろうか。そのことを考えるために，本章では，三つの事例を比較する形の分析を行う。

　まず，2節で，ある家族介護者の事例（【事例1】）を分析する。【事例1】は，本書のテーマである呆けゆく者への家族介護ではなく，寝たきりで口話でコミュニケーションをとることが難しい夫に対する妻の介護の事例である。介護行為の内容は，身体介護が中心であり，相手の意思の存在について，その内容を把握するのが難しいが（ゆえに），相手に一定の意思が存在するか否

かということ自体についての不確かさをそれ程経験していない。この点で，呆けゆく者に対する介護とは対照的な性質の事例であるが，家族介護における他者定義のあり方，それと関係したマネジメント役割の基準形成，その過程における「無限定性」経験とその限定化の条件などを考えていく上で示唆に富んだ事例である。そのため，前章で論じたような，家族介護経験をとらえていく方法の分析例を示すことができ，呆けゆく者への介護過程の特徴を見出していく上での比較の物差しとなる。

この【事例1】の分析結果を物差しに，【事例2】，【事例3】と比較していく形で，呆けゆく者への介護過程での「正常な人間」像保持の試みの特徴や，それゆえの特徴的な困難について考察していく[1]。本章の流れを先取り的に述べると，まず「正常な人間」像がマネジメント役割を遂行していく上で目標として一定の機能を果たすことが見出される。しかし，次に，呆けゆく者に対する介護においては，そうした目標の設定が困難となっていくということが一つの特徴として抽出される。さらに，それに加え，そうした目標設定の困難性にもかかわらず「正常な人間」像は保持され続けるという点に，呆けゆく者と生きていくことの特徴と困難性が見出される。

2 「正常な人間」像と限定化【事例1】

2-1 事例の特徴：家族介護過程比較に向けた物差し

まず，Aさん（50代，女性，介護中7年目，interview01/11/16）の事例をとりあげよう。Aさんは，インタビュー当時，夫婦2人暮らしで，要介護者である夫（60代）の介護を行っていた。Aさんの夫は7年前に脳出血で倒れて「死線をさまよった」後，口話でのコミュニケーションが難しい状態となり，インタビュー現在，人工呼吸器をつけて，在宅での寝たきりの生活を送っている。なお，インタビュー時には要介護度5であった。

Aさんは，在宅介護を始めた後に紹介された家族会の名簿に登録されていて，月1回の会報が郵送されている。だが，インタビュー当時，Aさん自身は「忙しい」ため，実際には，その会にはほとんど参加していなかった。

後述する特別なリハビリ方法を日々実行するために，ボランティアやヘル

パーをほぼ毎日入れ，他に訪問看護と入浴サービスを利用しているが，Ａさん自身も，ほぼ毎日，一日中，夫のいる部屋，あるいは夫の様子が見えるその隣の部屋にいる。また，夜中も夫の寝ているベッドの横に床をとり，緊急の場合に備えている。子どもの内１人は，近所に住んでいてときどき顔を出すが，「私自身が［夫の介護を］やりたい」というＡさんは，留守番を頼んで買い物に行く程度の手伝いしか任せないという。

　このＡさんの事例は，第４章で示した家族介護をとらえる方法や，分析課題について考えるのに適した特徴を備えているように思われる。第一には，この事例におけるＡさんの状況が，前章でとりあげた「無限定性」経験につながる過程を考えていく上で適当であるためである。「無限定性」経験とは，相手に対する配慮とそれに基づく介護行為を限りなく増大させていかなければならないことを感じる経験である。Ａさんは，夫のいる自宅からなるべく離れようとはせず，様々な治療やリハビリなどのはたらきかけを夫に対して試みようとしている。また，介護に関与している多くのボランティアやヘルパーを，Ａさん自身の代替のためというよりは，夫に対するはたらきかけに必要なために利用している。第二には，夫と２人で同居しての介護であり，前章の末尾で述べた家族であることに伴う条件──以前の像を知っている，ならびに介護責任を担わなくてはならない──が代替不可能性に結びついていく過程が見やすいと考えられるためである。

　もちろん，逆に言えば，この事例は，突然の疾病から介護過程が開始しているという点，ならびに，介護初期における親族等の様々な主体による関与などを欠いているという点で，老いに伴うような不明瞭な衰え，特に，本書の主要な対象である呆けや認知症という定義で語られる事例からは離れたものである。だが，こうした事例を比較の物差しとすることで，次節以降の呆けゆく者への介護過程の輪郭を描くことが可能となると考える。したがって，ここでまずＡさんの事例を分析するのは，前節で提示したような家族介護のとらえ方の分析例となるためと，呆けゆく者との間の家族介護の過程の輪郭を描いていくための物差しを作るためという二つの理由からである[2]。

2-2　医学的基準の拒否

　Aさんの夫は，脳出血で倒れて以降，在宅での介護生活に入る前まで，大学病院に1年間入院していた。その時期の状況について，Aさんは，「[病院の医師は]『まあ，ご主人のような方は命があるだけめっけもんです』っていう感じだったんですね。『で，何もリハビリはいりません』ってもう誰からも何も答えは返ってこなかった……」と述べている。Aさんは，この医師の発言に対して，当時，大変な反発を覚えたという。そして以前から「指や体が丸まらないように」行っていたリハビリを病院で密かに続けていたという。

　ここでの医師の診断とは，周囲の他者からの夫の衰えについての圧倒的なリアリティの提示，いわば「客観的な」衰えの定義づけである。こうした定義づけは，たとえば第3章で見た事例における呆けゆく者との出会いの過程とは異なり，相手の状況の急激な変容に直面する経験である。だが，その「客観的な」定義に反発してリハビリを遂行していた事情について，Aさん自身は，以下のように説明をしている。

　　　でも脳の中のことは，私でももちろん分かってないんですけど，お医者さんもある程度のことまでしか分かってないんだなあって分かったんですよ。

　Aさんは，夫が倒れる以前に「テレビで見た脳についての番組」から，脳のことについてはまだ不明な点が多くあるということを知ったという。また，知人の理学療法士がリハビリについての指示を出していたため，入院してから2週間目で人工呼吸器がついている状態のころから，リハビリを行っていた。
　当時，Aさん夫婦の子どもは，介護を担うことが可能な年齢ではなかったため，夫の介護を担うべき役割期待はAさん本人に集中していた。そのため，論理的には，介護に関しての決定・判断の主体は，Aさんと要介護者である夫とに限られることになり，事実上の決定主体はAさんであった。このように決定・判断の主体が家族のみで，しかも介護が必要な夫が高度な医療的措置を必要とするような状態であるとき，拠るべき選択肢の不在から，医学的な診断は，介護内容を導いていく基準として強い力を持つように思える。

しかし,「脳のことについてはある程度までしか分かっていない」という知識と知人の理学療法士のアドバイスは, Aさんにとって, その基準の妥当性と, 自分の判断の妥当性とを同じ水準に並べることになる。

しかしながら, もちろん医師の発言に対抗する知識の存在がそのまま, この医師による基準を受け入れないということにつながるわけではない。Aさんが, 正当性としてはより強いようにも思える医学的知見を受け入れるのではなく, このような対抗的な知識を参照していったのはなぜだろうか。

2−3 個別的な関係性に基づくリアリティ

Aさんは, 夫が倒れた直後に,「あと2, 3時間」で死ぬと言われ,「この人が死んでしまったら何を生きがいにしたらよいのか」と思い, この時の気持ちを考えると「生きていてくれるだけで幸せ」と思ったという。この言明の文言だけを見るならば, 先ほどあげられていた医師の「命があるだけめっけもん」という言明とそれほど違いがないように思える。しかし, 医師の「リハビリは必要ない」という言明には,「もとの状態に戻らない」あるいは「これ以上の変化はない」という含意がある。一方, Aさんは, その時点での夫の状態に対する認識は同じでも, これから先の変化を想定しているという点で医師の定義とは異なっている。すなわち, 未来像の想定を含んだ人間として夫の存在を定義していたのである。

そうした, 医師に代表される外部の者が提示する衰えのリアリティとは異なるAさんのリアリティに関して, ここから考察していこう。Aさんは, 救命センターにいたときのことについて以下のように述べている。

> 倒れて1ヶ月間救命センターにいたんですね。で, そこでは［医師に］意識は戻っていないと言われたんですけど, 私, 10日目くらいから何となく意識があるような気がしていたんですよね。

救命センターに運ばれて最初のころは死の危険性もあり, 医療者側から実際に意識が戻ったと言われたのは,「次の大学病院に移ったとき」であった。しかし, 上の引用中に見られるようにAさんにとっては「何となく意識が

あるような気がしていた」のである。

このAさんのような経験については，脳死は死か否かを論じる文脈で，死と一律に判定することに対して，生や死の定義が関係に依存したものであることを主張する議論（森岡2001，小松1996）も言及している。たとえば，森岡正博は，自己意識や理性を人格の本性として指定するアメリカ流のパーソン論批判の文脈で，「そもそも人間にとって，具体的に何が『自己意識』であり，何が『理性』であるかというのは，それを判断される人間と，判断する人間のあいだの関係性によって決定される」ため，「たとえば，痴呆性老人と言われる人間であっても，親しく看護しているボランティアから見れば，しっかりとした自己意識が残っていると判断されるのに，第三者の医師から見ればすでに自己意識を失った存在でしかないと判断されてしまう場合がある」と述べている（森岡2001: 115）。そして，「自己意識や理性の，関係依存性・文脈依存性」を「他者論的リアリティ」と名づけている[3]（森岡2001: 116-9）。このAさんの事例においても，夫の「意識」の存在は，このとき，その存在について判断を行う複数主体の中で，唯一Aさんのみが「把握」できた「他者論的リアリティ」であろう。

では，このように，Aさんのみが意識のある存在として夫を「把握」しえた条件は何なのだろうか。Aさん自身は，夫の変化が分かるのはなぜかという問いに対して，「やっぱり家族だからかしら」と述べている。このようにAさん自身にも説明が不可能なものであるがゆえに，夫との関係性が特別なものであるというリアリティを有するとも言えるが，たとえば，それまで夫と生活を共有し，かつ夫が倒れてから最も長い時間共在していたために，「意識」の存在を示す何らかの徴候を発見する可能性が最も高かったからとも言えるだろう。いずれにせよ，重要な点は，関係者の内で，Aさんのみに夫の「意識」の存在が把握されたという経験が構成された点にある。なぜならば，この唯一性の経験が，二者間の関係が特別なものであるというリアリティをより強固にするからである。

2－4　代替不可能な介護者という自己定義

意識が戻った後，いわゆる介護という形のコミュニケーションが開始され

ることになるわけだが，この時点でのAさんにとっての夫は，生きるか死ぬかという状態から戻った存在である。それは，Aさんにとって倒れる前の「これから色々と話をして，定年後の私たち夫婦のことを話し合っていこう」としていた夫の像と連続した存在である。そのため，Aさんは，最も困難な状態から「回復」途上にある存在として現在の夫を定義している。その時点での状態はあくまで「一時的な状態」なのである。そして，途上の先にある終点は，倒れる前の夫——すなわち，話し合うことが可能な夫——である。

しかし，それに対して，先ほどの医師の発言は，周囲からはたらきかけてもまったく無効な「回復」不可能な存在として夫を定義したものである。これまで以前に形成してきた固有な関係に基づいた，Aさんによる夫の存在についての定義と，介護遂行の上での基準ともなりうる医師の側の「客観的な」定義とは，ここで対抗することになる。医師の発言に対するAさんの反発，リハビリ遂行の継続は，このような過程から生まれたと言えるだろう。

そして，医師を中心とした周囲からの強力な「回復」不可能という定義の中で，ただひとりAさんのみに夫の「意識」の存在が把握された「事実」，ならびに脳についてはまだ不明確な点が多いという科学的知見などに下支えされて，Aさんは，「だったら自分のそばにおいて24時間看てた方がいいって」と自宅で夫を24時間介護するようになる。すなわち，Aさんと夫の間という状況の中で限定的に妥当する夫のリアリティから，介護者として代替不可能であるという自己定義がなされていくのである。

2−5 「無限定性」の招来

以上のように，「代替不可能な介護者」としてAさんは，在宅で介護を引き受けていくことになる。その介護においては，Aさん本人が「一番相談したいと思っている夫が寝ている」ため，以前の関係性から考えたならば，マネジメント基準の設定に際して最も力を持つと思われる夫自身の意思は明確には確認できない。そのため，マネジメント基準の設定はAさん自身の判断に委ねられることになる。

しかし，「脳のことは分からない」という判断のみで，担当の医師が提示した「回復」不可能な存在という定義から生まれてくるマネジメント基準を

完全に無効化できるわけではない。遂行中の介護内容について，Aさん自身が妥当だという確信を得ることは困難である。

それゆえに，Aさんの介護内容は，最終的なマネジメント基準が不在で，目標と内容の不明確かつ不安定なものとなりかねない。それでも，Aさんにとって夫は「回復」可能性を有した存在であるから，「代替不可能な介護者」として常にはたらきかけをしなければならない。そして，その二つの条件が重なることは，第4章で述べたような「無限定性」経験を招きかねない。実際にAさんは，夫の介護遂行過程に常につきまとっている不安について以下のように語っている。

> 私きついとか嫌だとかそういうこと思ったこと一度もないんですね。ただ，何かもっと私がやってあげられるんじゃないか，っていうのは常に。だから，すごく後ろめたいんですよ，私何かサボっているんじゃないかしらって。まだ回復しないのは。ま，ときが来なきゃ回復しないこともあるかもしれないし，焦っても仕方がないことも十分に分かっているんですけども，ふっと私は何か大きな間違いをしてね，何かを見逃しているんじゃないかっていうことは常に思います。

Aさんは，このようになかなか到来しない「回復」に関して，自分の努力が不足しているのではないか，ということを常に感じている。そして，その結果として，「とにかく色々な治療を受けさせて回復させたい」というように，治療方法の「無限定」な拡大や，「とにかく私は夫の面倒を一番看たい。他に勉強とかやりたいことはあるけど，それはあと，今の仕事は夫の看病」と自分の時間をとにかくすべて夫に向けなければならないと考えている。前章で，家族介護を行っている当事者たちの間で語られている困難経験を「無限定性」経験としてとらえた。いわば，ここでの経験が，夫との間の個別的な関係から帰結するAさんの「無限定性」経験である。

2-6　限定化の方法

しかし，実際のAさんの介護過程においては，上述のようなときどきに経験される「無限定性」に対して，ある介護方法をとることで，結果として

介護遂行の限定化がなされ，安定した状態が続いている。そのきっかけの一つは，あるリハビリ方法の採用である。

　　その親戚の者［理学療法士］から「いや手足が固まらないように，こうしなさい，ああしなさい，立てる器具を買いなさい」とかいうのをずっと聞いていまして。そしてドーマンの講義を聞いたときの「治りますよ」って言われて，「ドーマンは脳に刺激を与えるからダウン症でも，回復します」っていうことで，そこで初めて，あ，やっぱりやれば何とかなるんだって。それからもうずっとドーマンで。すごく力強かったですね。

　Aさんが語っているのはドーマン法というリハビリ方法についてである。ドーマン法は，もともとは運動障害児を持つ脳障害児を対象とした訓練・治療法で，独自の神経構成の階層構造に対応させた発達のプロフィールを基礎に治療プログラムを組み立てる。運動障害については他動的で反復的な訓練がプログラムされる（玉村 1997）。当時，実際に，Aさん宅で行っていたのもこのプログラムの応用で，毎日定期的に複数人で夫の四肢を持ち，体を揺さぶるという動作を中心としたプログラムであった[4]。このドーマン法というリハビリ方法は，Aさんが設定する，コミュニケーションを再びとるという意味の「回復」という目標が実現可能であることを担保する具体的手段といった意義を持っている。逆に，このドーマン法という具体的な手段との出会いにより，「回復」可能性のリアリティがより明確に構成されていったとも言えるであろう。Aさんは，「平常の状態がずっと続くのはいいじゃないですか。悪くなっているわけではないから」というように，文字通りの意味での回復を強く切望しているわけではない。むしろ，「回復」可能性を有した存在という夫の定義と同時に，自己定義される「代替不可能な介護者」という役割を具体的に遂行する手段として，ドーマン法という方法を得たという点に重要性があるだろう。

　Aさんが，医師の定義に対して反発する一つの根拠は，脳についての医学的知見の不明確さであった。しかし，脳についての知識の不明確さは，医師の定義を否定する根拠とはなっても，夫の状態や今後の可能性について積極

的な指針を与えてくれるわけではない。Aさんにとって「脳に刺激を与える」ドーマン法は，不明確な部分である脳に対して直接具体的にはたらきかけるとされているものであり，その遂行は，自らが「回復」に向けての介護遂行をしている確証を得られる一つの手段となるだろう。

　また，夫との間に有している個別的な関係性は，一方で「無限定性」を招くものであったが，他方で，以上のような「回復」を目標とした形での介護内容・過程の限定化にも大きく寄与している。Aさんは，「せめて寝たきりでも良いから話ができるようにと。ずっと今でもそれだけは最終目標なんですけどねえ」と再びコミュニケーションをとることを目標，すなわち「回復」としている。この意味での「回復」のリアリティの維持に個別的な関係性が機能しているのである。その点について，寝たきりである夫と息子との間のやり取りについて語っている以下の事例をもとに見てみよう。

　　何かそのとき［＝息子が進路のことを決定したとき］に，元気なときの主人だったら言うだろうなあ，っていうその通りの反応だったんですよ。［息子の］「浪人します」ってときに「何？」っていう感じで。「いいでしょうって，1年間だけだからからって本人も言ってますから」と言うと，それで「うん」っていう感じで手がね［動く］。いつもはね，そーっと動くのに，「何？」っていう感じだったんですね。そういうね，微妙なところなので，そう今までのこととか，主人の兄弟がお見舞いに来たときに面白い話とかバカなことを言っていると，何かふっと，具体的にどことは人様には分からないけど，「何か笑ってますよ」っていうのが分かったんですね。なんとなくこう表情とか。それとか子どもたちが来て，「おはようございます，どうですか」と言うと，私たちなんかに対してはいつも「ふん」とか寝ているのが，孫が来たり，子どもたちが来ると，ピシッとなるんですね。「ん！」というふうに，聞こうとか，何か反応しようとかいうのが。そういうのも微妙なところなんですけど，毎日見ていると分かるっていうところなんですかねえ。

　この場面においては，夫との間の生活史を共有した個別的な関係性が，コミュニケーションの際に，相手の意思を読み込むための資源となっていると

言えるだろう。この時に，客観的に相手の言っている内容が分かるかどうかという点が問題なのではない。何らかのコミュニケーションが可能であるという感覚が得られることで，最終の目標であるコミュニケーションをとること（＝「回復」）が，Aさんにとってよりリアリティを増してくる点が重要なのである。

2－7　潜在する「無限定性」／くり返される限定化

　以上のような形でAさんの介護内容はひとまず限定化されているが，注意すべきは「無限定性」経験は，現在採用されているドーマン法を基軸とした限定化の手段によって完全に消えてしまうものではないということである。それは，Aさんの介護過程の中で出現する可能性を潜在的に有しており，ときに顔を出す。たとえばAさんは以下のように述べている。

　　　だから私は嚥下［障害］を何とか回復する方法はないかな，と思うわけですが，大学病院で，氷で刺激するとか，綿棒でのどの奥を刺激するとかスプーンを冷やして，色々とやるとかいっぱいやってきたわけですよ。それでもやってきたからここまで来ているとは思うんですけど。もっと他にね，いっぱいやってきてここまで来たんですけど，もっと他にないかなって，2，3年に一度くらい何か新しい方法が見つかったんじゃないかと色々と思うわけですね。

　このように，Aさんは，ときに，「代替不可能な介護者」である自分が，今以上の介護を提供できるのにもかかわらず，十分に行っていないのではないかと感じることもあるという。このことは，介護過程において，ある時点で設定したマネジメントの基準が常に揺らぐ可能性をはらんでいることを意味している。
　そのため，Aさんにおいては，限定化の軸となっているドーマン法も，完全にルーティーン化された手段ではなく，夫の状態にあわせて修正がなされている。たとえば，インタビュー当時，Aさんの夫は，気管切開をして，ドーマン法を行うために必要なうつぶせ状態にすることが不可能になってしまったという。その状況は，結果として手に入れた「回復」という目標のための

手段を喪失してしまうことになりかねない。さらに，それが「代替不可能な介護者」という自己規定と重なり，「無限定」な介護遂行を招きかねない。しかし，Aさんは，今度は，「ドーマン法が再びできるようになること」をさしあたりの目標として設定しなおし，ドーマン法遂行のための体制である毎日のヘルパーとボランティア導入を継続し，ドーマン法ではないマッサージなどの別の介護行為を彼女／彼らに依頼するという，修正した形の限定化を行っている。

このように，限定化の基準や方法自体は常に棄却されうる暫定的なものである。ドーマン法がルーティーン化されたものではないということは，変化する夫のリアリティに応じた形で，基準や方法が修正され，採用されていくということである。

Aさんの事例において，結果として限定化の軸となっているドーマン法は，医学的に不明確であるとされる脳に対して，具体的にはたらきかける手段が不在であったAさんにとって強い意味を有していた。しかし，それは「これから色々と話をして，定年後の私たち夫婦のことを話し合っていこうと」する夫（＝「回復」した夫）のリアリティに至る手段として遂行可能，かつ妥当性の得られるものという理由で採用されていたに過ぎない。

これに対して，気管切開という事態は，このドーマン法における中心的なプログラムの遂行可能性を奪うことになる。このことによって，本来ならば，そのまま「回復」可能性が損なわれてしまっても不思議ではない。しかし，Aさんの保持する，コミュニケーションを取り結ぶ存在という夫のリアリティは，手段の遂行が不可能となったことによっては簡単に揺らがない。そのため，その「回復」に向けての，一手段であったドーマン法の揺さぶるという動作を遂行することを，暫定的な目標の位置に格上げし，その目標に対する手段を講じるという形での限定化を行うことになっているのである[5]。

ここまで見てきたように介護が必要になる以前から有していた「個別的な関係性」は，「無限定性」を帰結するものであると同時に，限定化のための基点ともなりうるものである。このように，個別的な関係性を基点として，「無限定性」とそれを限定化することを，相手の変化等に応じてくり返していく過程こそが，Aさんの経験していた介護過程だと言える。

2−8 小　括

　以上で見てきたAさんの事例を振り返ってみよう。まず，最初の医師の診断がなされた時点において，それまでの夫との間に有していた関係性が，「回復」可能という夫の存在の定義に結びつき，介護遂行のための基準の一つとなる可能性を有している医学的基準と衝突する。より精確に言うならば，医師の診断という「客観的な」リアリティへの直面に対して，対抗的に以前と同様の夫へと「回復」可能性を有した存在という夫の定義が構成されたと考えることができよう。

　そうした夫の像に基づいて，Aさんの「代替不可能な介護者」という自己定義がなされていく。だが，介護の基準決定に際して，Aさんにとって，これまでの関係性から最も重要な基準の決定者となりうるべき夫による明示的決定を確認することが難しいため，決定的な基準のないまま介護が行われていく。そうした中，マネジメント役割の「無限定性」経験が生じることになるが，Aさんの場合，偶然に出会ったドーマン法を具体的なリハビリ方法として採用することによって，結果として介護内容に限定を設けている。その際に，個別的な関係性に基づいて構成される過去の夫の像は，同時にその限定化を支える目標の位置，未来において到達する地点に置かれている。

　けれども，一度採用された限定化の基準や，その基準にかなった方法は絶対的なものとしてルーティーン化されるわけではない。相手の状態の変化に合わせて，常に変化しながら／せざるをえずに介護が遂行されているのである。

　このように「無限定性」経験に至る過程，ならびにそれを限定化し続ける過程という，ある一つの家族介護の過程を考察したのであるが，この事例から，いくつか注目すべき点を指摘しておこう。

　一つ目は，相手の衰えのリアリティへの出会い方と，その後の相手の定義とのかかわりについてである。この事例では，「客観的な」衰えのリアリティの登場に対して，「回復」可能性を有する夫という存在の定義がなされた。このAさんの事例においては，疾患による入院という形での急激な相手の変容からの開始であるため，急激な衰えというリアリティとともに，以前の夫という強固なリアリティが構成されたと考えられる。つまり，介護が開始した段階で，「以前の夫」という強固な像が構成され，そうした他者定義を

前提としてその後の過程が展開していっているのである。これは，たとえば第3章で見た，呆けゆく者との出会いの局面において明確な他者定義ができないことに比べると対照的である。

もちろん，突然で強力な衰えのリアリティとともに成立する「以前の夫」という像は，介護の進行を通じて同一なものとして存在し続けるわけではなく，修正され続けている。だが，その根幹にある以前の夫が存在するという確実性に関しては揺れが少ない。こうした衰えのリアリティに抗するように定義された確固とした相手の像が，Aさんの介護過程におけるマネジメント基準の設定において，最終的な目標となるような位置を占めているのである。

二つ目に注目すべき点は，「代替不可能な介護者」という自己定義に伴う，相手の生のマネジメントの無際限な拡大という志向性（＝「無限定性」）を限定していく手段・方法の存在である。Aさんのケースでは，客観的な医学的診断という基準の棄却と同時に，上述したような，これまでと同様の夫という確固とした像が定義され，それに続いて「代替不可能な介護者」という自己定義がなされた。その自己定義は，相手の生に全面的にかかわらなくてはならないという自己に対するメッセージとなる。そして，世話行為を代わってくれる介護者がいたとしても，介護場面から離れない，常に新しい介護方法や知識を求め続けるなどの「無限定」な介護遂行を志向することになる。

だが，このAさんのケースにおいて重要な点は，そうした「無限定」な介護遂行を限定していく機能を果たす，具体的なドーマン法という方法に出会ったという点である。明確な手段の存在は，マネジメント役割の無際限な拡大を限定する効果を持っている。同時に，この限定のための手段は，全面的に相手にかかわらなくてはならないという自己定義とうまく調和している。

ドーマン法自身は身体を動かすという明確な方法をとるリハビリである。それは，あくまでも相手の部分に対するはたらきかけであって，相手の生に対する全面的なはたらきかけではない。だが，現在の夫の状態の原因として同定されているのが脳だという点が重要である。その脳からどういったメカニズムで，夫の現在の状態が発現しているかどうかは，医学的にも確固とした知識として分かっているわけではない。そうであるがゆえに，逆に，脳と

いう部分にはたらきかける「理論」として提示されているドーマン法は，相手の衰えに抗する可能性を有した——「効果がない」とは言えない——手段となる。そうした手段の存在によって，夫は，「正常な人間」像が過去と未来とに配置された上で，その中間点に脳を原因とする現在の状況があるという時間性を有した存在として位置づけられる。「正常な人間」という他者定義は，現在の時点で夫がその像から離れた状態にあっても，上述のような時間性が想定できる限りで維持される。以上のような夫の定義が維持されながら，Aさんの介護過程は進行していったことになる。

　以上で見たように，Aさんの事例には，①緊急入院と医師の診断という圧倒的な衰えとの出会いから，反動的に，確固たる相手の定義が確立していること，②「無限定性」に陥る可能性をはらんだ介護過程を限定化していくための確実な手段・方法が存在していること，という二つの特徴がある。こうした特徴を持つために，Aさんの介護過程（についての語り）は，目標と手段が明確に設定された形で進行していくような特徴を呈することになる。では，次に，このAさんの事例と比較してKさんの事例を見ていこう。

3　「正常な人間」像維持の意味転換【事例2】

3－1　事例の特徴：「衰え」に抗する母親像の維持

　2節のAさんの事例では，夫の突然の入院や診断という相手の変容を明確に示す出来事から介護経験が始まった。それに対して，Kさん（50代，男性，7年の介護経験, interview02/09/12）の場合，同居して2人で暮らしている母親（看取り時90歳）の世話を徐々に行うようになっていくという過程が，介護と語られている経験の開始であった[6]。

　具体的には，まず，相手の身体的な世話が徐々に必要な状態となっていく過程として介護が開始し，途中で診断や様子の変化に直面するという経験の中で，認知症に出会うという過程をたどっている。いわば，相手の世話に対する責任の観念が徐々に増大していく中で認知症という言葉で表現されるような相手の変容に出会っていくという家族介護の事例である。この事例をAさんの事例と対比させることで，介護者が，認知症の介護経験ととらえてい

る介護過程の特徴について考えてみよう。

　介護期以前から同居して2人で暮らしていたKさんの母親は，足の骨折等をくり返しながら入退院を重ね，徐々に体調を崩していった。その後，「虚血性脳血管障害［＝脳血管性認知症］」と診断された時点をきっかけに全介護に近い状態になり，Kさんと2人で同居しての在宅介護を経て，最終的に病院で死を迎えることとなったという。

　Kさんによると，母親は骨折などをくり返しながら，徐々に世話が必要な状態になっていった。しかし，初期の，体調を徐々に崩していく時期においても，以前と同様に仕事に出ているKさんのために「家事っていうかなあ，家のおかずを作ったり，そういうこともねえ，私のためにやってくれた」という。母親のそういった意向を受けて，Kさんは，本人が以前と同様に自分で動いて家事ができるようなはたらきかけを行っていた。具体的には，「母親がいざって［ママ］家の中を移動しなければならない状態だった」ため，「［母親が］自分で動いて家事ができるように」電気ポットや椅子などを，母親の使いやすい高さに置くなどの部屋のアレンジを行っていた。このようなKさんの試みは，日常生活において，Kさんに依存するという形で現れてくる母親の衰えに対処し，以前の母親の姿との継続性を維持しようとする試みである。

　その衰えへの対処方法とは，衰えていく母親自身の身体への直接のはたらきかけではなく，母親の環境を変更することで，活動能力を維持しようとするものである。Kさんによる「自分で動いて家事ができるような」部屋のアレンジは，母親が，以前と同様に家事という活動を行うことができるためになされていた。ここでの活動能力の維持は，母親とKさんとの間に以前から形成されていた，Kさんのために母親が家事を行うという関係性の維持に寄与している。すなわち，母親の衰えに対する上記のようなはたらきかけは，徐々に現れる衰えのリアリティに抗した，母親の身体の活動能力の維持というだけでなく，その維持を通じて「自分のために家事を行ってくれる」母親像という，以前からの母親像の中核部分を保持するような意味も持っていたと考えられる[7]。

3－2　身体的自立性の維持

　以上のように介護の初期段階においては，活動（家事）能力とそれを前提に成立するKさんとの関係性との両面にわたった，それまでの母親像，すなわち，「自ら家事を行う母親」像の維持をKさんは試みていたと考えられる。だが，そうした関係性を，そのまま維持することは母親の身体的な衰えに伴い困難になってくる。

　だが，注目すべきは，母親に対する世話の必要度が徐々に増していっても，衰えていく存在という像を否定するような母親像を維持しようとする試みがなされていることである。その後，母親が身体的には寝たきりに近い状態になっていった時期，Kさんは，可能な限りオムツを当てずに，ベッドサイドのポータブル・トイレを使って排泄をしてもらうことや，点滴を避けて普通に食事をとってもらうことなどを，はたらきかけの基準としていた。食事をし，トイレも自分ですませる主体としての像の維持が，母親自身の身体にはたらきかける形で試みられていた。

　寝たきりに近い状態というのは，「自分のために家事を行ってくれる」像からは遠いものである。だが，この時期のKさんの試みからは，相手のできなくなったことを補助するという意図のもとで，相手の世話を行っていたというよりは，それまで日常生活において母親が自己の力で行っていた排泄や食事などの基本的な動作を，母親が自ら行い続けられるためという意図で，世話を行っていたということがうかがえる。

　このような試みは，3－1で見たような，介護期以前の母親像の「本質的」な部分の維持や，以前の状態に戻すことを意図したものではない。その意味で，Kさんは，この段階においては，相手の衰えを認めた上で，修正した像，すなわち食事や排泄などを自ら行う主体の維持を目標として設定しなおしたということができるだろう。いわば，Kさんという他者からのはたらきかけを作動因として動く人間ではなく，自分の意思から動く人間という像を，Kさんが維持しようと試みていたということである。

　ただし，こうした意味での人間としての維持は，前節のAさんの事例のような，母親の現状を以前と同様の姿への「回復」途上にある，一時的な仮の状態として定義づけることと完全にはイコールではない。以前の母親とい

う確固とした像が保持されて，介護過程の未来の方に目標として置かれた上で，像の修正が行われているというよりも，衰えが進展していくたびに「正常な人間」像が修正され，そのたびごとに目標が変更されていったという方が精確である。

すなわち，ここで見られる自律性のある相手の像の維持は，「衰えていく母親」像とは違う像を維持していこうと試みているという点で，介護初期のころと同様の試みがなされている。だが，維持を試みていた「以前の母親」という像の内容は変更されている。母をとり囲む環境の操作から母自身の身体へのはたらきかけへと，はたらきかけの対象と方法が変化したのである。

3－3 「痴呆」への直面

だが，以上で見たような，衰えに抗する像を何とか維持しようとする試みは，「痴呆」として表現される衰えのリアリティへの直面によって困難になっていく。Ｋさんにとって，「痴呆」として表現されている衰えは，それまでとは違った質の衰えを意味しているようである。そこで，次に，「痴呆」という診断を受けるという出来事を経ながら，母親の衰えへと直面していく過程を見てみよう。Ｋさんは，脳血管障害という母親の診断・治療等の際の医療関係者の対応について，以下のように述べている。

> その脳血管障害って言われたときに，その訪問看護ステーションの保健婦［ママ］さんが，本人のいる前で。本人は目をつぶっているんだけど，耳はしっかりしているから聞こえるんですよ。で，あの私に言うんですよね。「今年はこういう状況だけど，また，来年になるとさらに痴呆の状況が進んでしまって，多分，そのまま自然にお母さんはお亡くなりになるんじゃないか」ってなことを。……。医療関係者っていうのは，そういう話をするときには，「ちょっと別室に行ってお話しましょう」とかそういう配慮がないんだなあ。というか，ちょっと驕りがあるなあっていう感じを受けました。やっぱり本人がいる前ではね。それが，痴呆症状がどうにしろ，そういう話をする場合には，他の部屋に行って，「ちょっとお話したいことがある」ってなことにしてくれないと。まあ，そのときは，たまたま本人がいて聞いていたものの，特に反応を示さなかったんだけども。

Kさんによると、「保健婦」は、Kさんと母親という2人が同席している場において、「痴呆の状況が進んでしまって、そのまま自然にお母さんはお亡くなりになるんじゃないか」という予後を、Kさんのみに向けて伝え、Kさんの母親の存在はまったく配慮されなかった。この振る舞いは、語られたことの内容について理解できない存在——いわば「非人間 (non-person)」(Goffman 1959: 95-6 = 1974: 176-7)——として母親を定義づけるという遂行的な行為としてKさんに解釈されたと言えよう。すなわち、ここでは「お亡くなりになるんじゃないか」という、ある立場の医学的知見を参照にしながら語られる情報の内容自体が一番の問題なのではない。通常の人間同士のコミュニケーションの場合には、簡単には当事者の面前で語られることのない衰えや死に関する重大な情報が、当事者である母親の面前で語られたことが、問題として経験されているのである[8]。この診断以前からKさんは、自律的な主体という母親像を維持することを基準として身体にはたらきかけるという介護を続けており、当然、この時点においても母親は、明確な意思を持ち、外部から情報を得ることのできる状態（「耳はしっかりしている」）にあるととらえているためである。

　ここで提示された「脳血管障害」という診断は、いわゆる認知症の原因疾患の診断であるが、この診断に対して、Kさん自身は「痴呆っていっても、それは薬のせいだし」「一時的に血のめぐりの悪い」「病気」という表現をとり、母親の「朦朧としたはっきりしない」状態と表現していた。すなわち、3章の3-2における呆けとの出会いの局面の事例でも見たように、相手の状態は、あくまでも一時的であり、本人は意思をはっきり持っているととらえようとしていたと言えるだろう。そうした意味で、Kさんは、「痴呆」という表現で提示される衰えに対して、それまでと同様の他者定義——すなわち「正常な人間」像を維持していた。

　ここで医療関係者が提示した「脳血管障害」「痴呆」という概念の内容を、Kさんは、これまでの身体的な衰えとは質が違う、不可逆的な人格の変容、死に向かっていく状態などを指したものととらえていたと思われる。だが、具体的に目の前にいる母親については、その時点では朦朧としていることが

多いのは事実だとしても，決して，その人格が不可逆的に変容していくような過程にある存在としてはとらえていない。すなわち，【事例1】のAさんと同様に，その時点で示される母親の「朦朧」「はっきりしない」状態は「本来の」状態ではないと位置づけられていたのである。

3－4　手段不在と二重の母親定義

だが，このKさんによる他者定義は，その「正常な人間」像が配置される時間性に目を移してみると，Aさんの場合とは異なっている。眼前の相手の状態を，一時的で非「本来的な」姿として，合理的に説明することが困難となっていくのである。

上述してきたような，Kさんのいだく「正常な人間」として母親像の保持は，介護が終わるまで続くことになる。たとえば，看取り終える直前に母親は腎臓を悪くしているが，その際に母親本人の面前で，医療関係者が「もう後がないから覚悟しておいた方がよろしいですよ」と言ったことで，「『もう先がないんだな』って本人が悲観してしまったようだ」と語るように，看取りの直前まで，母親を，周囲の他者の言葉を理解し，それに反応する主体としてとらえていた。だが，一方で，医療関係者の診断や，実際の母親とのコミュニケーションの中で示される母親の痴呆という状態のリアリティは，徐々にKさんが保持している「正常な人間」としての母親像とのギャップを大きくしていくことになる。母親の状態の転機として語られている「脳血管性障害」診断後の経験についてKさんは以下のように語っている。

　　で，平成×年になって，やっぱり体調が悪くなっちゃった。で，病院に行ったら，虚血性脳血管障害って言われたんですよ。要するに痴呆症状が出るということでね。で，それを言われてから，なんだか家ではときどきおかしいようなこと［＝様子］とかが出てきたんですよ。そうすると，介護者としては，それまでは親と対等にやっていた部分があった。だけど，「ああ，大変になっちゃった」っていうふうに介護者の方が追いつめられた気分になっちゃってね。ついついこう親に強くあたっちゃって，「しっかりしなさい」っていう意味で。早く言えば，子どもの虐待じゃないけど，「しっかりしてよ」ってな感じでね。強くあたっちゃっ

たりとかするようになっちゃってね。で,親がときどきこう涙をこぼしちゃって,「何でそんなに強く言うの」とか,そんな感じになっちゃってねえ。

　Kさんは,「もともと自立心が強く,生きる意欲の強い人だった」母親の段階的な衰えの過程に直面していったが,最初のころは「親と対等に」介護を行っていくことが可能だったと述べている。これは,3－1,3－2で見たように,家事ができるように家中の環境をアレンジしたり,自律した主体を維持するために,身体にはたらきかける試み[9]が可能であったことを意味している。だが,「脳血管性障害」という診断と,それに引き続く「おかしいようなこと［＝様子］」という相手の変容への順次の直面は,自分と「対等」だった母親像とのギャップを生み出していくことになる。それでも,Kさんは,上述したように,相手の「朦朧とした状態」や「おかしなこと」を一時的な状態としてとらえようとしていた。だが,「痴呆」という診断のもたらす衰えのリアリティは,そうしたとらえ方を難しくしていった。それはなぜだろうか。

　その一つの理由は,「痴呆」として定義づけられる変容に対しては,相手の状態の回復や,現状維持のためのはたらきかけの手段が明示的に設定できなくなってしまうためである。身体的な衰えに際しては——【事例1】に比べると衰えの段階に応じた短いスパンでの設定であっても——あくまで何らかの動作や身体の部分にはたらきかけることで,そこに至らせる,あるいは維持する目標としての「正常な人間」像を置くことができた。また,【事例1】で見られたように,相手の意識面における障害であっても,その原因が脳という局限的な部分に同定されることで,目標に対する手段という意味づけが成立した。

　だが,「痴呆」として表現される相手の変容は,身体の何らかの部分の変容ではなく,曖昧で全体的な人間としての変容として目に映る。それは,3章で見たように,コミュニケーションにおける変調——「正常」と「異常」のくり返し——に映るものであり,何に起因する変容なのかを,対象化することが難しい。ゆえに,「痴呆」というリアリティが増していく中において,「正常な人間」像は遡及的には構成されるものの,そうした「正常な人間」像に

至るため／戻すための手段の設定が難しい。それは，すなわち，Aさんの経験とは異なり，具体的な介護行為の前方にある目標の位置に，明確な「正常な人間」像が置けなくなっていくということである。

だが，そういったリアリティの中でも，Kさんは「正常な人間」像の維持を試み続けていくことになる。そして，適切な手段がなくとも，何らかのはたらきかけを試み続けていくことになる。その際に，Kさんは，母親に対して「しっかりすること」を，「手を叩くんですよ，ぴしゃっとね，しっかりしなよ，って感じで」「虐待」と表現するほどの強い対応でうながすことになってしまう。このはたらきかけは，いわば，「正常な人間」と規定している母親の意思に対して，現在の非「本来的な」状態から脱却するように求めるということである。

3－5 小 括

【事例1】を物差しとしながら検討してきた【事例2】からの発見を以下でまとめよう。

一つは，介護過程の前半に見ることができる特徴である。日常的な手助けが必要となっていくという段階的な衰えの過程においては「正常な人間」が状況限定的に構成されていく。【事例1】の場合，相手の衰えと「正常な人間」像は，介護の開始期に，明確な形で同時に構成され，そこで構成された「正常な人間」像をはるか前方に置いて，そこを目指す形で，微調整されながら介護過程が進んでいった。だが，【事例2】の場合，相手の衰えは徐々に進んでいく。局面ごとに衰えに抗する像の維持が試みられるという形式は同じでも，「正常な人間」像は，過去の母親の姿を参照しながら，そのたびごとに構成されるようなものであり，【事例1】の場合のような明確な目標点としての位置にあるわけではない。

二つ目は，「正常な人間」像保持のための手段の不在である。これは，二つの事例の間の決定的な違いである。【事例2】においては，身体的な「はたらきかけ」による「正常な人間」像の維持が不可能になる局面が訪れている。それは「痴呆」という診断がなされていく局面である。「痴呆」という診断の後には，相手の「正常な人間」像と現実の母親の状態とが並存し，それら

の間にギャップが生じることになる。すなわち,「痴呆」という診断に抗して「正常な人間」像は構成されるものの,【事例1】の場合のように,その像を未来に置くための確信を持てる手段が存在しないのである。

　ここから,呆けゆく者と生きていく経験の特徴がいくつか指摘できる。一つは,身体的な部分にはたらきかける介護に比べ,相対的に目的と手段の連鎖を設定するのが難しいということである。このことによって,介護行為をある目標に向かったひと続きの過程として限定することが難しくなりがちである。このことは,介護者の語る介護内容を,ルーティーンとして理解することが難しいということとも関係しているだろう。二つ目は,何をもって介護の達成と考えるのかがより難しくなってくるということである。これは,介護における動機づけが,大きな問題になってくるということである。

　そして,【事例2】からは,さらに重要な三つ目の特徴を見て取ることができる。それは,そうした「正常な人間」像を目標の位置に置くことが難しいという状況にあっても,「正常な人間」像という相手の像は存在し続け,「衰える相手」という像と「正常な人間」像という二つの他者像を相手の内に同居させながら介護過程が継続しているということである。

4　固定された「正常な人間」像【事例3】

4−1　事例の特徴：意思確認の難しさ

　【事例2】で見たのは「正常な人間」像と「衰える相手」という二つの像が介護過程において並存しているという状況であった。すなわち,「痴呆」と表現される衰えのリアリティのもとでは,「正常な人間」像は,それを達成すべき目標の位置に置くことは難しいのだが,相手の衰えのリアリティをそのまま認めていくこともまた難しいということである。

　ところで,【事例2】は,相手の意思が存在することの信憑性が,それなりに感じられるような事例であった。では,相手が呆けや認知症であるとされ,かつ,周囲から客観的に見たときに,意思を汲み取ることが極度に難しく感じられる状態の相手に対しても,上述したような「正常な人間」像は見出され,二つの像が並存していくような介護過程となっているのだろうか。

呆けゆく者を，在宅を中心として長期にわたって，寝たきりに近い状態に至るまで世話し続けている介護者の何人かは，介護にかかわってくる人間も限られている状況の中で，一定の生活リズムの維持を試みるという介護遂行上の目標設定を行っている。ここでは，そういった事例を見ることで，「正常な人間」像がどういう形で位置づけられているのか，そして，そうした介護過程において前節までで見てきた目標設定や相手の身体に見出す時間性の確保といった問題はいかに処理されているのかを見ていこう。

ここでとりあげるHさん（60代，女性，介護中13年目，interview02/04/12）は，義母と同居して17年になる。同居後，「4年くらいは元気だった」が，脳梗塞になって倒れ，「床をひいてからの生活が13年になる」。「間に2年くらいは調子がよくデイケアにも行った」が，「だんだん老齢化していって骨折してしまった」という。インタビュー当時，義母は，寝たきりとなってから4年目で，「痴呆」の状態にもあるということだった[10]。

Hさんにとっては，日中義母と2人きりとなる介護は非常に「孤独」であり「どこか外に行っても頭の中にはおばあさんのことがある」という。義母は「普通に話ができなくなって1, 2年」であり，インタビュー当時，口話でのコミュニケーションはHさんとの間でも不可能であった。介護が行われている寝室では，義母は唸り声のような声でHさんに対して意思を伝達しようとしている。その発する声や音に対して，Hさんは「何を言っているか分からないでしょう」と説明しながら，義母の体位変換やベッドの上げ下げを手際よくこなしていた（field-notes02/04/12）。

4−2 現在を根拠づける「正常な人間」

Hさんによると，現在の義母は「木の棒みたい」「お人形さんと一緒」であり，「反応がないから怒る気もしない相手となっている」という。また，「[義母が] こういう状態になってしまうと，[世話をすることは] 相手があること [=相手に対して何かすること] じゃなくて，自分のことになってしまう」と，いわば自己の行いが義母の状態をすべて決定している感覚について述べている。

このように，義母に対する実際の介護行為場面の観察や，Hさん自身の言

明からは，一見，Hさんは義母を，意思・意図を有した主体というよりは，自分のはたらきかけがそのまま反映されるモノとしてとらえているように見える。だが，より長期的な義母との関係性という範囲まで視野を広げてみると，Hさんが，ある形で，義母の意思・意図に配慮して長期的な行為選択を行っていることが分かる。

  どうして家で看ているのか聞かれることがあるんですけど，やっぱり90代の明治の人は病院がいい所っていうふうにあんまり考えられないんですよね。なんて言うんでしょうか，病院に捨てるっていうことをよく言っていたんですよね。で，あたしなんかが，子どもが小さいころに風邪ひいたから病院に連れていくとか何とか言うとすごく怒られたんですよ。一緒に住んでませんでしたけど，ときどき来たり，面倒みたりしてくれた。そうすると，病院に行く，病院に駆けつけるというのは恥とか，何かそういう感じで。

 Hさんによると，介護が必要になる前，義母は子育てなどをよく手伝ってくれていたが，家族員の病気などの際に，病院などの専門機関を利用することをなるべく避けるべきだという考えを持っていたという。また，介護開始後，義母の意思が明確であった3年前にいくつかの老人ホームを見学して，入所について提案したところ「それだけは嫌だって泣いた」り，「普段家ではずっと目をつぶっている」のに「ショートステイに行くと目がぱっちり開いて緊張していた」という。Hさんは義母が衰えていく以前の考え，ならびに衰えていく過程でのそういった様子を見てきており，若いころは「子育てなどでお世話になった」ので「婆さんが嫌だって言うことはやりたくない」と思っていた。そのため，在宅外の施設への依託は現実的な選択肢にならず「自分がまあ本当に今までやってきたけど駄目だなっていうふうになったらそれこそ病院にでもお渡ししようかな」と考えている[11]。

 つまり，ここでHさんは，目前の義母を，これまで義母が様々な形で示してきた意思を総合して，ある一定の意思を持つ人間としてとらえ，その定義を踏まえて，マネジメント基準と範囲を設定している。そして，そうしたマネジメント基準を維持する者は自分であるという自己定義のもとで，義母

に対する介護を継続している。こうした，相手の一定の意思を想定するという形の介護の根拠づけは，もちろん常日頃から意識されているわけではない。だが，介護に対する負担感が増大したときや，その継続の意味を問うような契機に，継続していくための理由づけとして召喚されていると考えられる。

4－3 限定状況における「正常さ」の維持

その在宅生活において，インタビュー時のHさんは，義母に入れ歯を入れさせ，時間通り三度の食事をさせることを基準として介護を行っている。

> 寝ているときでも，だって2日寝てて，2日起きているっていうそのくり返しのわけですよねえ。だから2日食べさせないっていうんじゃとても困るから，で一生懸命起こしたり叩いたりなんかして，何とかして少しでも三食あげようと，そういうふうな態勢で私は何とかやりたい。

三度の食事をさせることは，胃にチューブ等を直接つなげて，歯でかまずに栄養を摂取させる方法（＝胃ろう）や流動食を使うことよりも労力的には負担である。しかし，Hさんにとっては「おばあさんがいつまで生きてるかなって状態になってからの介護の張り合い」となっているため，時間通り三度の食事をさせることを基準としている。では，三度の食事をさせることがHさんにとって「張り合い」となるのはなぜだろうか。Hさんは，以下のように語っている。

> 96歳なんて歳は，今までにいないわけですよねえ，周辺に。で，私が子どものころに知っていた年寄りはですねえ，大体みんなご飯を食べられなくなると，その辺に寝てましてですねえ，もうモノが通らなくなったってなると，大体一週間か10日でもうさよならだねえ，ってそういうふうな。みんな本当にそうだったんですよねえ。だから今みたいな年寄りのこう色々な格好っていうのは見たことなかったんです私。

以上のように「年寄りの色々な格好」を見たことのなかったHさんにとっ

て，眼前の義母の「2日間ずっと寝ている」姿は，普通の状態なのかどうか，不安であったようである。その不安の解消のためには，「2日間ずっと寝ている」様な状態とは違う，通常の生活リズムで生きる存在としてとらえ返すことが重要であった。そのため，通常の生活リズムの象徴とも言える，三度の食事を時間通りとらせることを試みるようになった。このような初発の意図から，Hさんは入れ歯を入れて三度の食事をさせる試みをルーティーン・ワークとしていくようになったという。

その後，あるとき，その試みについて内科の先生や保健所の歯科衛生士などの医療専門職から高く評価されたという。こうした評価はHさんにとって大きな意味を持っていた。上述したようにHさんの目の前の義母は反応がない状態であるが，そうした相手の介護について，Hさんは「もう段々状態が下がっていくしかないおばあさんを介護していく甲斐」として――相手からの反応ではなく――「自分の分からなかったことで，ちょっとした納得をすることが重要」と述べている。そういった状況の中での医療専門職という外部の他者からの高い評価は，義母の通常の生活の維持のために設定したルーティーン・ワークに正当性を与え，Hさんの介護継続のための「張り合い」となったのであった。

こうして設定されたルーティーン・ワークは，外部のサービスを利用する際に抵抗になることもある。Hさん自身は，ホームヘルパーについては，一時的な手助けだけであまり助けにならないととらえる一方で，ショートステイは何回か利用している。このことは，在宅での介護遂行過程において，ショートステイを利用して負担を軽減する必要があったことを推論させる。だが，ショートステイ利用の際には，以下のような問題があるとHさんは述べていた。

　　ショートステイの対応と自分の家でやっている対応とがギャップがあるんですよねえ。私もそれはどういうふうにしたらよいのかなあって思ったりしたんですけど。なぜかって，やっぱりショートステイっていうのは，今まではお家にいた人間が1週間だけ行くから，あちらとしても不安な部分がおありだと思うんですよ。毎日見ているわけではないから。だから，「入れ歯はもう危ないから外しま

した」とか,「入れ歯は喉に引っかかったりするから」なんて言うでしょう。痴呆性の老人なんていうと,入れ歯を外しちゃったりおもちゃにしたり,大きな入れ歯,総入れ歯みたいなものは,喉に張りついたりするんだそうで,そうするとあちら[＝ショートステイ]に行くとすぐに外されちゃうんですよね。だけど,入れ歯を外しちゃうと流動食とかミキサー食になっちゃうわけ。

　ショートステイでは一週間滞在の間に,機械的に入れ歯を外してしまうが,そのことは義母が家に帰ってきたときに口の形を見れば分かるという。入れ歯を外した帰結として,在宅での食事が流動食となり,在宅で介護を継続していく上で機能していた「三度の食事をさせる」というルーティーンの維持が不可能になることが予期される。そのため,Hさんはショートステイには,マネジメント役割を依託できないととらえるようになった。そして,義母の身体の依託がなされぬまま,在宅での介護を継続していくことになるのである。

4－4 小 括

　以上で見たように,Hさんの三度の食事を食べさせるという在宅生活における強い基準は,三段階を経て形成されている。最初は,過去の義母の意思に配慮する形での在宅生活の開始と維持である。次に,「正常な人間」としての生活リズムの維持を初発の意図とし三度の食事を食べさせるという基準が設定された。最後に,専門職というHさんにとってはかかわりの頻度の高い他者の評価を獲得することである。こうした三段階を経て,三度の食事を食べさせることは,在宅で介護を継続していく上での「張り合い」の源泉として機能する[12]ようになっているのである。

　以上のような基準の設定により,時間軸上で言うと,最も現在に近い時点に形成された「三度の食事をさせること」は,第一の基準となる。また,具体的な方法についての基準であるため,Hさんの介護遂行を限定化していく機能も果たしている。この点だけを見ると,三度の食事をさせるという方法の意味は,【事例1】のAさんにおけるドーマン法と同様のルーティーンに見える。

だが，Aさんの場合のドーマン法と，ここでの三度の食事を維持することとは，大きく意味が異なっていることに注意が必要である。Aさんにおけるドーマン法は，夫の「正常な人間」像そのものに向けたはたらきかけとして意味づけられ，行われていた。だが，ここでの三度の食事をさせるということは，義母の過去の像を基盤として設定され，それ自体は変更されにくい，在宅生活の継続という目標に対する手段としてのみ維持されている。すなわち，ここでのルーティーンは，直接的に義母の「正常な人間」像そのものを維持するために設定されたものではない。Hさんが過去の義母の意思を積み重ねて総合する形で，維持すべき目標として設定した在宅生活を保持する手段なのである。

そうしたルーティーンの中における，Hさんにとって維持すべき相手の「正常さ」とは，限定された在宅介護の状況に合わせて設定されたものである。つまり，過去の意思を積み重ねて構成される義母の意思は，「正常な人間」像として未来の目標として置かれるわけではなく，実際の介護行為とは切り離された不可侵の前提として維持される。すなわち，現在の「在宅での介護生活」という状況を，承認・正当化するような機能のみを果たしているのである。日常，そうした過去の意思は背後に隠蔽され，その状況のもとで限定的に三度の食事をするという「正常さ」の維持が試みられていく。それは，他者の評価など，いわば偶然的に設定された目標を「正常さ」の位置に置き，それを保持することをマネジメントの基準として守っていくということである。

こうした試みは，確かに衰える相手の長期的な介護を続けていかなくてはならない介護者にとっては，目標と手段の連鎖を分かりやすくするというメリットを持っている。だが，おおもとに置かれている相手の「過去の意思」と等値された「正常な人間」像は，容易に変更がきかず，それをもとに設定された在宅での生活を維持するという前提の修正は困難である。

【事例1】では，衰えに対して目標の位置に置かれる「正常な人間」像は，それほど具体的な内容を指示するものではなかった。しかし，【事例3】においては，「病院や施設に行かない」という意思といった，より具体的な内容として「正常な人間」像が固定化されているため，マネジメント基準を変

更することが難しい。そのため，いまここでの実際の相手の姿に合わせて手段の側が修正されるということが少ないまま，介護が継続していくのである。すなわち，ここでは，ある時点での固定した「正常な人間」像と，相手の衰えのリアリティが同居する形で介護が継続していくことになるのである。

5　介護継続のための「正常な人間」像

　【事例1】で見たように「正常な人間」像は，マネジメント役割を限定していく際の準拠点に置かれることになる。Aさんは，「無限定性」経験を潜在的に含みこんだ家族介護において，「正常な人間」像を目標の位置に置くことで，マネジメント役割を限定していた。すなわち，夫は文字通りの意味での「客観的」な回復——以前と同じ状態に戻ること——は不可能であるが，「正常な人間」像を過去と未来の目標に配置するような時間性を設定することで，目標と手段の明確な介護過程を維持することができていた。また，【事例2】のKさんが語る身体的介護が中心であった介護過程の前半期には，母親が家事を行える環境の整備や，自分で排泄などの生命に必要な行為を行えるような身体的はたらきかけなど，「正常な人間」像を目標として設定し，はたらきかけていくことは比較的容易であった。

　だが，一方で，Kさんの語る「痴呆」と診断された介護過程の後半期においては，こうした「正常な人間」像を目標として置くことが，介護者のリアリティとしても，困難になっていくということが見て取られる。第3章までで見てきたように，認知症（痴呆）と名指される出来事の症状内容の同一性は，その経路や経験の多様性を踏まえると疑わしい。むしろ，そうした多様性こそが認知症と名指される現象の最大の特徴と言える。だが，この【事例2】を踏まえると，以下のような，呆けゆく者への介護過程の特徴を仮説的に提示することができるだろう。すなわち，「正常な人間」像が，相手の呈する「正常」と「異常」のくり返しの中で強く意識され，時に目標とされながらも，現実には，「正常な人間」像を目標と位置づけることが難しくなっていくことである。これは，呆けゆく者への介護においては，何らかの直線的な変化や何かに向かって行為を積み重ねていくという感覚を持ちにくいということ

を意味している。

　しかし，さらに重要なのはここからである。注目すべきは，「正常な人間」像は，それを目標の位置に置くことが困難になったとしても，放棄されているわけではないという点である。たとえば，【事例2】においても最期まで二つの母親の像は同居したまま，介護行為が行われていた。また，【事例3】においては，過去の像を積み上げて構成された「正常な人間」像を基盤にする形で，マネジメント基準が設定されていたが，それはマネジメント基準の具体的内容を決定しているのではなく，Hさん自身が在宅＝家族介護を継続するための根拠づけとして位置づいていた。

　さらに，呆けゆく者と生活を共にしている他の何人かの介護者の語りからも，相手と生きていく過程において，相手の「正常な人間」像を見出すことが，介護遂行や継続における肯定的な出来事であることがうかがえる。第3章で見たように，呆けゆく者との出会いの局面において「正常な人間」像とは出会わざるをえないのだが，その像への出会いは受動的な困難としてあるだけでなく，介護過程の中で，現在ある状況の意味づけの源泉としても位置づけられていくのである。

　介護者たちは，このような「正常な人間」像を見出すことと，その像の維持をなぜ試み続けようとするのだろうか。

　一つの大きな理由として，家族介護においては，目標設定の道筋が限定されているということがある。たとえば，【事例2】のKさんは，日々の介護における目標について，「あんまり考えてなく」「本当にその日その日母親が元気でいればよいって感じですね」と答えている。また，別の介護者Nさんは，「大体70から80くらいのときから呆けになってしまって。大体もうそういう人は命がないですよね，それくらいになったら。だけど，これ，生きながらえてしまって，先が分からないからゴールが分からない。もちろんもう全部介護しないとできないですけどね」と述べている。

　これらの経験は，前章で確認したように，在宅での家族介護が，内容が不確定な，ときに「無限定性」経験に至ってしまうような経験であるとともに，終点――介護において，それは予測し難い相手の死などの事態である――が定めにくいまま，受動的にそこに巻き込まれていく出来事によることによる。

すなわち，いずれの発言とも，日々の家族介護は，長期的な目標を定めて行っていくことが難しいということを示している。しかし，相手の衰えに巻き込まれていく経験である家族介護は，そうした長期的目標が不在でも続いていく。

また，他方で，相手の衰えを前提とする介護は，対面している相手が意識的・無意識的に示す評価や反応が少なくなっていきがちである。加えて，介護者‐要介護者関係の外部にいる者が，二者の置かれている状況を理解することは難しい。それらの理由により，仕事の重さに見合うだけの外的評価を得にくいという性質も持つ（井口 2001: 44-6）。このように仕事の内容と範囲の不確定さから来る目標設定の難しさや，外的評価の得にくさという特徴を持つ仕事を，継続していく／いかざるをえないとき，介護者にとっては，介護遂行の動機づけを他に探していくことが重要になってくる。

そうした状況下で，「正常な人間」像を相手の内に見出していくことは，呆けゆく者を見つめる介護者たちにとって消極的な意味ではあっても，動機づけの選択肢となっていると考えることが可能であろう。たとえば，【事例3】のHさんは，相手が，「反応がなくなって木の棒やお人形さんのようになっちゃったから，怒る気力もしない」「怒る気になっていたのは，相手がそれを受け止められる［その怒りに対して反応がある］と分かっているときだから」と述べ，「もう治らないわけでしょ。こんなになっちゃって，どういう立場に立って［＝何をよりどころとして］介護をしていったらよいのか……」と述べている。ここからは，在宅での家族介護において，相手の衰えのリアリティが極端に増大し，怒りに反応する「正常な人間」と見なせなくなることによって，現実的には続けていかなくてはならない介護を継続していくための重要な動機づけの源泉が失われてしまうのではないかということをうかがわせる。

また，第3章や第4章でも言及したLさんは，義父が，週に何度か訪ねてくる自分以外の家族（夫など）のことは認識できないが，自分のことだけは認識できることについて，「私のことはちゃんと分かっているみたいだから」「まあ，私がやるしかないかな」と述べている。この発言は，他の家族員や，血縁がある親族とは違い，相手のマネジメント責任を担っている自分

にとってのみ，義父が認知能力を有している人間として立ち現れてくると思えることが，自らが介護責任を担うことの意味の一つになっているということを示している[13・14]。こうした事例から，衰える相手に対して介護を行っていく上で，「正常な人間」という相手の定義づけをどこかで保持できることが，介護者にとって重要な意味を持っていることが考えられる。

　すなわち，家族介護者は，相手の衰えのリアリティに抗して，「正常な人間」像を保持することを試み続けていると言うことができる。その像を目標の位置に置きながら，「無限定」な介護に，限定をかけることが可能であったのが，【事例1】であった。だが，【事例2】で見たように，呆けゆく者に対する介護においては，「正常な人間」像を，目標あるいは過去の一時点の姿と見なすといった時間軸を含みこんだ相手の定義が困難となる。それにもかかわらず，その「正常な人間」像は，相手を理解し免責していくために必要とされる「疾患モデル」という類型を超えた他者として（第3章），また長期的につきあっていく上での動機づけの源泉として（本章），立ち現れてくる。さらに，【事例3】で見たように，「正常な人間」像のリアリティを眼前の相手の具体的な振る舞いの中に確認することが難しくなったとしても，在宅介護を続けなければならないという命題のもとで，そうした像が強く維持されている場合もある。

　以上をまとめると，呆けゆく者と生きていく者は，次のようなジレンマ状況に置かれていると言えよう。すなわち，つきあいを続けていく上で「正常な人間」像が非常に重要なものとして立ち現れてくる一方，その像を介護というはたらきかけの中で，うまく位置づけていくことが難しくなっていくという状況である。

　介護という，呆けゆく者と生きる過程において，こうした「正常な人間」像が，居心地の悪い状態のままで保たれ続けていくとするならば[15]，介護者がそうした状況にあることを踏まえて，外部の他者の介在が持つ意味や，呆け／呆けゆく者の理解モデルの社会的変遷の影響などを考えていく必要があるだろう。そこで，第6章と第7章では，外部の具体的な他者が介在してくることが，呆けゆく者とのコミュニケーションに対して持つ意味について考察していく。

注

1　本章では，比較的長期にわたる介護過程について聞き取りが可能であった三つの事例をとりあげる。三つの内，【事例1】と【事例3】に関しては，2回のインタビューが可能であった。三つの事例を選定したのは，フィールドワークを進めていく中で概念化されてきた「正常な人間」像の維持の試みという介護過程の特徴が把握しやすく，また，呆けゆく者とつきあっていく際の，「正常な人間」像維持の困難性を浮き彫りにしやすい事例の組み合わせだと考えられるためである。

2　Aさんへの聞き取りは，Aさんの自宅の夫の寝ている部屋の隣で約2時間ずつ2回行った。

3　バイオエシックス（生命倫理学）の議論においては，中絶の是非等の線引き問題の解決をめぐって，自己や人格の要件が論じられる（Engelhardt 1986 = 1989, Singer 1979 = 1991, Tooly 1972 = 1988）。本文でとりあげているような議論は，多くは「死の自己決定」や「無価値な生」という発想を批判する文脈で，自己や人格を能力や自己意識などの要件によって基礎づけるのではなく，周囲との関係の中に自己や人格などの概念が埋め込まれていることを指摘し，その発想から，要件を設けて一律の線引きを行おうとする議論を批判していくという形をとっている。また，自己や心の構成主義の議論においては，心などの自己に類する概念を，人間に内属する実体的なものとしてとらえるのではなく，周囲の他者との協働的な（言説的）実践による自己や人格の構成され方が分析されている。本書第2章3－2の（3）も参照。

4　ドーマン法の思想については，G・ドーマン（Doman 1974 = 1974）参照。この方法については，医学的な効果，親への過剰な負担の問題などの点をめぐって多くの議論がなされているが，本章は，ドーマン法という方法が，この家族介護過程の事例において，介護者にとってどういう意味を持っていたのかという点に注目して考察する。そのため，医学的な妥当性に関する議論は考察の本筋ではない。

5　だが，この「回復」可能性を有した存在，という限定化の基点となる夫のリアリティ自体もAさんにとって完全に不変のものではないことに注意すべきである。Aさんは，「生きていてくれるだけで幸せ」とか「平常の状態がずっと続くのはいいじゃないですか。悪くなっているわけではないから」というように，一方で，「回復」に対してあきらめを語っている。そうした意味で，夫に付与される「回復」可能性という意味も少しずつ変化していると考えられる。

6　Kさんへの聞き取りは，母親を看取り終えた後に，2時間程度行った。Kさんは，ヘルパーとの連絡用に介護日記を作っており，それを参照しながらの語りであった。

7　Kさんへの聞き取りは，介護終了後から介護を行っていた時期を回顧してもらう形で行ったため，元気であったころの母親との生活史や，母親に対する思いなどが多く語られていた。ここでの筆者の解釈は，その聞き取りの様子を踏まえたものである。したがって，実際の介護を行っている状況にある他の介護者の事例に比して，語られる内容は，本人の遡及的解釈という性格が強くなっていると思われるが，ここでは他事例と同様に扱う。

8　B・グレイザーとA・L・ストラウスは，死に関するスタッフ・家族と患者との間の情報管理の様態を，四つの「認識文脈」として描き出したが（Glaser and Strauss 1965 = 1988），ここでの出来事は，母がそうした情報管理の諸主体の中から外されることで，遂行的に，情報を理解し発信する「人間」として扱われていないことが明らかになった事態だと言えよう。

第 5 章　認知症家族介護を生きることとは？　203

9 　こうした「はたらきかけ」を日常的な意味でリハビリと呼ぶことができるだろう。すなわち，相手を，多くの場合，以前の状態に近づける，あるいは以前の状態から離れていくことを止めることを目的に，身体にはたらきかける試みである。

10 　H さんへのインタビューは，3 時間程度であった。インタビューは実際に H さんが介護を行っている自宅で行い，H さんの義母の様子，2 人の間のやり取りの様子も観察できた。その後，1 年後にも H さん宅でお話をうかがったが，そのときには，義母は亡くなっており，今度は，H さん自身の母親の介護の話が中心であった。そのため，分析にあたっては，義母が亡くなる前の 2002 年時点の介護中に語られた内容を用いる。

11 　もちろん，在宅で介護を継続するための前提として，在宅以外の施設への入所可能性が極端に限定されているという制度的な条件を忘れてはならない。たとえば，H さんの在住する区の介護老人福祉施設は，当時，どこも 600 人程度の待機者がいると言われていた。

12 　家族内の他者からの評価の不在や介護内容の曖昧さへの対処などをきっかけとして，一度形成された介護行為のルーティーンが，介護者の達成感の源泉となることと，逆に，要介護者にとってそうしたルーティーンが否定的な効果をもたらす可能性について拙稿（井口 2001）で論じた。

13 　さらに，「正常な人間」を保持する形での動機づけの必要性は，家族介護者の置かれている状況との関係でより理解できるものとなる。本節で見てきた K さんや H さんは，個別の事情は違うが，客観的な状況として，他に介護責任の代替の可能性がほとんどない状態で介護を行っていた。また，家族・親族内に代替者を見出せないだけでなく，施設に入所するという可能性もほとんど見込めない状況であった。したがって，本章で議論しているような動機づけは，介護を行わざるをえない自己の状況を回顧的に一貫したストーリーとして整序・理解するための理由づけと解することもできる。介護経験を解釈していく際に，語られていることが，「〜のために」と表現される未来を企図した目的動機ではなく，「〜だから」としか表現できない回顧的な理由動機（Schutz 1962 = 1983: 69-72）の連鎖のストーリーであることに注意が必要である。もちろん，他者のある一定期間の行為を理解するという営みにおいて，原理的には，「いま，ここ」の視点に立った行為者の動機理解は方法論的に困難で，遡及的に構成されるストーリーの分析であることは避けられないのであるが，本書では，ストーリーやナラティブ自体の分析ではなく，回顧的な語りを，介護経験を分析するためのデータとして用いている。序章の注 17 の本書におけるデータの扱いについての記述も参照のこと。

14 　「正常な人間」像がなぜ維持され続けるのかという問いに対する，「介護者の動機づけのため」とは別様の回答＝理由を，家族介護者は，相手の状態に変化がないために罪の意識を感じる（Cox 1993: 104）という議論をヒントに考えてみよう。高橋由典は，罪責感（罪の意識）を，負債感と対比して説明している（高橋 1996: 181-208）。ケア関係における互酬性へと注目する研究があるが（ex.Lewinter 2003），高橋の言を借りれば，互酬性規範（norms of reciprocity）から生み出されるのは特定の他者に向けた負債感である。そのため，介護関係が，この互酬性規範の成立している世界として観念されているならば，自らの行為に対する反応——互酬性規範——が守られないことによる自己の行為の無意味さといった困難が経験される。しかし，呆けゆく者とのコミュニケーション過程において，呆けゆく者との間で互酬性を成立させることは難しくなっていく。そうした局面での二者関係では，自己の行為は相手に対して何らかの強い影響を与えることは疑いえないが，その内実・意味が分からないものとして観念されていく（意味を示す返礼の不在）。しかし，その行為によって少なくとも相手の（よ

い方向への）変化を客観的に認めることは難しいため，自己の行為に対する責任意識のみは残っていく。その責任意識は，もはや互酬性が成立した関係が崩壊しているため，即時に負債として返せるものではなく，呆けゆく者との二者関係の中で相手に対する罪責感として蓄積されていく。その中で最も分かりやすく，証明も反証も難しいはたらきかけである「正常な人間」像の維持に導かれていくことが想定される。

15 【事例2】で見たように，介護の過程は，医師の診断や「問題行動」などへの直面という形で，相手の衰えの「客観的な」リアリティが増していく過程である。そのため，「正常な人間」像の維持を試みる過程において，過去の相手の像を準拠点にして構成される「正常な人間」と眼前の要介護者とのギャップは増していくことになるだろう。ただし，このようなギャップの増大が，Kさん自身も回顧的に自覚しているような不適切な対応へと必ずつながっていくとは言いきれない。なぜならば，【事例3】のHさんが経験しているように，現在目の前にいる相手の「正常な人間」という像自体がリアリティを失ってしまうような地点が訪れる場合が考えられるからである。したがって，呆けゆく者とつきあっていく過程においては，「正常な人間」像の保持とは別様の局面が現れてくることが予想される。そうした別様の局面については，第7章の前半で論じることになる。

第6章　介護者家族会は何を支援するのか？
――他者定義への支援 (1)

1　介護者同士の集まりとコミュニケーション

　第3章から第5章においては，呆けゆく者と生きていく過程における他者定義の形式の特徴と困難について検討してきたが，第6章と第7章とでは，介護者と呆けゆく者との二者関係の外部に存在する他者とのコミュニケーションが，介護者と呆けゆく者との間のコミュニケーション過程に対して持つ機能・意義について考察する。介護者と呆けゆく者は，二者だけの関係の中に生きているわけではない。並行して，支援者に代表されるさまざまな他者とのコミュニケーションの体系の中に生きながら，介護と表現される，呆けゆく者とのコミュニケーションを続けていく。

　ここで彼女／彼らが参与するコミュニケーション体系と言ったとき，様々なものが考えられるが，本書では，二つの種類の他者とのコミュニケーションをとりあげる。それらは，介護に対する支援の一環とされている活動におけるコミュニケーションである。一つは，介護者・介護経験者同士が集まって，自らの介護経験や，呆けゆく者の様子について振り返るような形式のコミュニケーションである。具体的な考察対象として，介護者同士の集まりにおける「話し合い」「懇談会」「つどい」などと呼ばれている活動 (以下,「話し合い」) を考察する。これは，介護者・介護経験者を中心とする参加者それぞれが介護経験を提示し，共同で話し合う活動である。もう一つは，呆けゆく者と，家族介護者以外の他者との間で形成されるコミュニケーションである。具体的に注目するのは，デイサービスやホームヘルプサービス利用などの介護者以外の社会関係の中に呆けゆく者が参与していく経験である。

　二者関係の外部の，これらの他者とのコミュニケーションは，介護者が，

呆けゆく者の像を定義していくコミュニケーション過程に対して，何らかの影響を及ぼしていると考えられる。こうした外部におけるコミュニケーションを，呆けゆく者とコミュニケーションを行う介護者にとって支援の意味を持つものとして考察していくことが，本章と次章とで試みることである。

まず，本章では，介護者同士の集まりにおける「話し合い」と呼ばれる参加者間のコミュニケーションについて考察する。ここで言う介護者同士の集まりは，介護者家族会として固有の会名を持っており，核となるメンバーを中心に，緩やかなメンバーシップを設けて活動を継続的に行っているような集まりを指している。これらの会は，地域の保健福祉関連機関や全国的な団体とかかわりを持っていたり，地域の自主的な活動であったりと規模としては様々である。会のメンバー構成は，個々の会に応じて特徴があるが，主に現在介護を行っている者，介護を終えた者を中心に，専門職が毎回，あるいはときどき参加する形で構成されている。そうした集まりでは，介護提供の代替のような直接的な援助が強く志向されているというよりも，主に何らかの問題をかかえている介護者自身が自らの苦悩を表明し，それに対するアドバイスの提供，話し合いなどの活動が行われている。いわば，家族介護を経験している者たちが，相互に自らの経験や問題について語る場である。

こうした会へ参与観察すると，会への参加で，何らかの助けとなった，あるいは楽になったと述べる介護者が多く見られた。また，会の運営者や関係者もそうした効果を強調していた。参加者からのそうした言明から，参加者にとってそこでの活動は，相手の変容に伴って生じる様々な苦悩の安定に何らかの形で寄与していることが推論されたのである。では，介護者の表明する，助けとなったという感覚を生み出す活動とは，一体どのようなもので，どういった意味で支援となっているのだろうか。本章では，筆者による四つの家族会への参与観察や参加者へのインタビュー，こうした性質を持つ会が発行している体験記などのデータを用い，そこでのコミュニケーションに注目した考察を行う[1]。

すでにこれまでの章で，呆けゆく者とのコミュニケーション過程における他者定義の形式の特徴や，その特徴ゆえの困難について考察してきた。第3章で見たのは，呆けゆく者との出会いの局面において，理解の難しい「問題

行動」を疾患の発現として理解することの重要性と，一方で，「疾患の発現」として他の行為から完全に切り離して理解することの困難性であった。実際のコミュニケーションにおいては，相互作用が可能な相手という像を参照せざるをえず，その像が「正常な人間」像としてコミュニケーションの中で位置づけられていくのであった。第5章で見たのは，参照せざるをえない「正常な人間」像を保持しようとするものの，その像を「はたらきかけ」の目標には置けぬまま，「認知症になった相手」「衰えた相手」などの像と「正常な人間」という二つの他者像の間で逡巡しながら介護を続けていかなければならないという特徴であった。

そうした家族介護者が経験するコミュニケーション過程の特性を踏まえて，それに対応する支援のあり方や，関係モデルの強調という社会的潮流の持つ意味を考えていくことが必要である。前章までで見てきた呆けゆく者とのコミュニケーションの特徴やそれに伴う困難に対応して考えるべき支援や対応のあり方として，以下のようなトピックを設定できる。

(1) 出会いの局面での他者定義の形式から生じる「失敗」への対応（第3章）
(2) 介護過程において目的-手段の連鎖が難しくなることへの対応（第5章）
(3) 「正常な人間」像を維持し続けていくことへの支援（第5章）

以上に加えて，第4章の家族介護概念についての考察から確認したのは，家族介護者のそれぞれの介護経験――マネジメント役割――は常に変化し，個別性が強いという点であった。そのために，上述のような他者定義のあり方に注目したコミュニケーションの形式の特徴や困難は見出せたとしても，その具体的内容は，家族介護や認知症介護という名称で単純にひとくくりにできる一様なものではない。つまり，それぞれ個別的な家族介護の経験とその経験が集まった共通の場で支援が成立するのか，成立を可能にする条件は何かといった問題も考察を展開していく上で頭に入れておかなくてはならない。

以上を踏まえて，本章では大きく以下の二つのことを行う。一つは，介護者同士の集まりにおける活動を，上の (1) から (3) のトピックとどう関係

した支援なのかを明らかにしながら描いていくことである（2～5節）。もう一つは，その記述・分析を踏まえて，こうした介護者同士のコミュニケーションを通じた支援を可能にする条件・文脈と，そうした支援の可能性を踏まえた上での限界とを指摘することである（6～7節）。以上のような考察を踏まえ，本章で考察対象とする形式とは別様の，二者関係の外部の他者とのコミュニケーションについての考察の必要性を提起し，第7章の議論へとつながっていくことになる。

2　情報／体験的知識の獲得？

2-1　情報提供という活動内容

　本章で議論するような介護者同士の会は，同じ問題をかかえる人々の集まりという意味で，セルフヘルプ・グループ（以下 SHG）や患者会と呼ばれるグループの範疇に含めることができるだろう。その種のグループの持つ機能や意義については，社会福祉学や社会学における SHG 論や，医療社会学における患者会研究として議論が積み重ねられてきている[2]。本章では，介護者同士の集まりにおけるコミュニケーションに注目するため，集団におけるコミュニケーションなどの活動に特に注目して考察している SHG に関する諸議論を参照する形で議論を展開していこう。

　SHG に関しては，「自発性」や「当事者同士の相互援助」など当事者が理念として強調している内容を要件として含んだ形の定義も見られるが（Levy 1976, Katz and Bender 1976, Gartner and Riessman 1977 = 1985），より外形を記述する緩やかな定義として，ひとまず「従来型の専門的治療や援助の枠の外側にできた，何らかの問題や目標を抱える当事者グループ」（伊藤 2000: 89）ととらえておこう。呆けゆく者とのコミュニケーションを行っている介護者に対する他者の介在の持つ意味を考えていく上で，以下では，まず，こうしたSHG の機能としてたびたび言及される情報の伝達，特に「体験的知識」の伝達と言われている活動を，従来の多くの議論の想定とは違う視点から検討する。

　まず，この種のグループについてのデータとして公表されている大阪府に

おける介護者家族会の発行物や団体の活動一覧の資料を見ると，介護者に対する情報提供という援助内容が目につく[3]。この情報提供は，介護者家族会における支援の主要な内容であり，本章が注目する対象として重要である。だが，この情報提供を，そのまま介護者同士の集まり特有の機能と考えてしまうことには慎重でなければならない。確かに，高齢者介護の領域では，2000年4月からの介護保険制度の施行などにより，問題解決に寄与する様々な専門的サービスへの精通がますます求められてきている。また，第3章で見たように，呆けゆく者の介護においては，認知症という疾患に精通した医療者との経路を確保し，そうした情報を得ることがまずは大事だとされている。そうした文脈で，こうした家族会の存在意義が主張されてきたという側面もある。介護者を取り巻くそうした複雑性の高い状況を考えると，専門職や専門的な知識との接点として会は確かに意味を持っているだろう。

しかし，こうした情報提供は介護者同士の集まりのみで可能というわけではない。むしろ，専門職による相談援助においても可能などころか，より効果的な可能性がある。たとえば，全国組織である呆け老人をかかえる家族の会（現，認知症の人と家族の会）においては，会の初期からの中心的メンバーである医師の作成した臨床的知識に基づく認知症対応マニュアル（杉山編1995）を共通の知識の源泉であるテキストとして，認知症についての知識を新規の参加者たちに伝えている。呆けゆく相手とのコミュニケーションにおける問題に対処していく上で，知識の伝達のみが重要だというのならば，こうした対応マニュアルの流通や，空間的な距離を無化するメディア（電話や新聞・テレビ）などによる伝達のみで十分であろう。

だが，こうした会では上述のようなテキストに基づく助言を行いながらも，専門職以外の人々の参加や参加者同士が集まってコミュニケーションを行うこと（ピアグループを作ること）が重視されている（呆け老人をかかえる家族の会東京支部 2001，藤本他 1998）。情報提供を主要な機能としてとらえるならば，重視されている集まってのコミュニケーションは，情報伝達には無関係で，場合によっては情報をゆがめる余分な媒介となり，積極的な意味を認めることが難しくなってしまうだろう。では，介護にかかわる者たちが集まって会を開きコミュニケーションを行うという中核的な活動が持つ意味は何なのだ

ろうか。

2-2 体験的知識の獲得か？

　以上のように，知識をフォーマルな介護サービスや技術に関する専門的な情報としてのみとらえたとき，素人の集まりということを特徴として持つ家族会が，社会的な問題として様々な専門機関が関与してきている介護についての情報伝達装置として，特に優れた機能を果たしている，あるいは今後果たしていく潜在能力を有していると考えることは難しい。だが，老親や配偶者の世話に関する技術やコツを，フォーマルな普遍的知識としての伝達が難しい，あるいは現在ある専門性に基づいた知識とは異なる，特別なものだと考えるならば，会独自の有用な情報の提供が行われていると考えること，そして，それを特段の機能ととらえることができるかもしれない。

　たとえば，ある会の参加者は，「お医者さんや看護婦さんでも分からない，実際に介護の経験のある人にしか通じないようなある種の難問でもみんなで知恵を出し合い，あっという間に解決する。悩みを抱えていても，月に一回，お茶を飲みながら会に出席した後は霧が晴れたようなさわやかな笑顔で帰宅する」（アカシアの記念誌）と記している。この参加者が記しているのは，会への参加で，人々の実際の介護経験に基づいた有用な情報を得られたということである。また，会ヒイラギの中心メンバーとして参加し続けて母親を看取ったある介護経験者は以下のように述べている。

　　ただ，だから色々な工夫の仕方が，痴呆始まってもね，あると思うけど，それがどういうふうに工夫したらよいのかってのが，全然経験なかったら分からないでしょ？　だから，ヒイラギであったり，介護している者同士が集まったら知恵も出し合えるし。みんな痴呆のなり方ってバラバラでしょ。だから，病気やったら，「この薬飲んだらええ」ってのがあるけど，痴呆やったら，そういうわけには……。周りの関係みんな違うから，十人十色で，工夫の仕方が色々あるわけやから，そういうのを交換できるっていうのがね（interview04/04/01）。

　この介護経験者が述べているのは，「この薬飲んだらええ」と標準化した

アドバイスができる通常の病気とは違い，個別性の高い認知症の介護の場合には，集まってくる人々の経験に基づく知識が多様に存在し，それを交換できることが大事だということである。「問題行動」についての相談が大多数を占めている[4]こうした会において，標準化された形ではない知識は重要であろう。このように，特に，認知症介護者たちの集まりの効用として，経験に基づく知識を得られることをあげる者は，当事者，研究者含めて多い[5]。実際，アルツハイマー型認知症の患者などの介護者同士のグループの機能に関する欧米の研究では，グループにおいて参加者たちと共に介護のルーティーン化等の対処技法を習得したり，介護者自身が介護を見なおすきっかけとなったりする点を考察するものもある（Ory et al. 1985: 632-3, Albert 1990: 34-5, Suitor and Pillemer 1993, Perkinson 1995, Diehl et al. 2003）。また，こうした会の代表者や会の活動を展開させていこうと試みている関係者は，経験したものでなければ分からない知識の提供・獲得を会の大きなアピールポイントとして提示することが多い。実際にいくつかの会では「介護者の手記」「介護メッセージ」などの形で，「体験的知識」を集めた冊子などを発行している。

いわば，このように，参加者たちが会での経験として述べていることとは，SHG論でSHG固有の機能として指摘されている「体験的知識」（Borkman 1976）の伝達・獲得を指していると言うことができるだろう。「体験的知識」とは，「ある状況への直接の関与から習得された洞察」で，「比較的大量の知識の分かち合いを準備する」ことにより有用性が確保される知識である（Borkman 1976: 447-50）。本書の文脈に即して言うと，会における「介護を経験している者だからこそ分かること」の蓄積と言いかえられる。

確かに，参加者たちに話を聞くと，介護経験に基づいた知識の存在が語られることがあり，会のコミュニケーションにおいて，そのような知識が提示されることもある。さらに情報が少なく，情報を標準化しにくい認知症の介護の場合に，特に体験的知識の蓄積と獲得は重要な意味を持っていると考えられる。しかし，分析者の視点から眺めたとき，会の活動とその効用を説明していく上で，フォーマルな知識とは区別されるような，「体験的知識」がコミュニケーションの中で生産され，それが伝達・習得されているという説明がその意義を十分示すものとなるのだろうか。

まず，そもそも「体験的知識」とは，参加者間で伝達可能な実体的なものであるだろうか。会での介護者同士の話し合いを観察していると，参加者それぞれの介護経験の個別性がそのまま維持されており，新規加入者に対する基本的な情報の伝達を除き，1人の介護者の経験に対して指示的なアドバイスは強調されない[6]。精確に言えば，伝達する側は，それが他の人の言っていることと論理的には並存しえない内容であっても，個々人がそれぞれ独自の経験を語っている。

　そのように，それぞれの個々の経験に根ざす知識が大量に並存するわけであるが，それらの知識は，他の参加者と共有し，伝達しあうことのできる知識でありうるだろうか。字義通りとれば，交換可能な一般的な知識となった時点で，それは「体験的知識」とは違ったものとなっているのではないだろうか。すなわち，参加者それぞれが経験に基づく独自の知識を持っていること自体を周囲の参加者が知るという意味で，会において「体験的知識」の提示という現象があるとしても，そのことを指して会の中において「体験的知識」という実体的で有用な情報が生成され，伝達・流通されているということとは同義ではないように思えるのである。

　もちろん，以上の疑問点に対しては，以下のような考え方がありうるかもしれない。それは，会においては，周囲の参加者やベテランが持つ知識，さらにそれらの蓄積の上に成立している知識等を，自分なりに改変して自らの介護に役立てていくという知識の伝達モデル（＝役割モデリング）が成立しているという考え方である（Katz 1993 = 1997: 45-52）。実際に，会の参加者の中でも，定例会の場で話される他の参加者の経験に基づく知識を，「まったく同じではないけれども，参考に」することで，自分の介護にとって役に立ったと述べる者がいる。

　しかし，既存のSHG論を様々なグループへの参与観察に基づき批判的に検討している伊藤智樹によると，グループに蓄積されているという「体験的知識」や「イデオロギー」に関して，「何が，『イデオロギー』で何が『体験的知識』であるのかも，それらがどのように蓄積されたり伝達されたりするのかも，確認するのが難しい」（伊藤 2000: 93-4）。すなわち，以上のような参加者の知識の改変を伴う知識伝達のモデルを参加者の（一部の）間での事態

の了解図式として成立していることを認めたとしても、われわれ外部からの観察者が、その伝達過程を観察し識別していくのは難しいということである。

また、そうした伝達‐改変‐受容の関係が参加者の一部で成り立っているとしても、それは会に参加している個人間のネットワークの連結として理解すべきようなものであって、会における集合的なコミュニケーション自体の効果ではないだろう。伝達過程の観察が仮に可能であったとしても、そうした「体験的知識」を有用な知識として得て、介護の技術として応用することと、「集まって膝を突き合わせているだけで楽になった」と参加者達から表現されるような、会でのコミュニケーション自体から得ている肯定的な感覚とは距離があるように思われるのである。

だが、この種の会におけるやり取りで、体験に基づく知識が主要なトピックとなり、そのトピックについての「話し合い」に多くの時間がさかれるのは確かである。会におけるコミュニケーションでは、介護体験に基づく方法や知識の提示がなされ、それらの方法や知識の内のいくつかは会において繰り返し語られ、会が発行する冊子等にも介護経験者から介護者に対するメッセージといった形で掲載されている。では、「体験的知識の伝達」「役割モデリング」という説明とは違う説明の方途をとるとするならば、そうした介護体験に基づく方法や知識は、会の場でいかなる意味を持つと言うことができるだろうか。

上記のような説明の道筋をとろうとするのは、こうした集まりの持つ最大の可能性を測定するためである。仮に、機能として、知識内容の伝達という範疇のものしか見出せないとなると、こうした会における活動の意義は小さなものと判断せざるをえなくなってしまうと考えられる。介護や認知症介護についての情報伝達が行われているメディアは増大してきている。そのため、マスメディアや大衆雑誌という形でそうした情報にはアクセスしやすくなってきており、家族同士の集まり独自の「体験的知識」の存在という利得はますます主張しにくくなってきているように思われるのである。

そこで、以下では、まず「体験的知識」が伝達されているか否か、あるいは「体験的知識」は有用なのか否かといった問いを一度脇におき、会のコミュニケーションにおいて介護体験に基づく知識というトピックがどういった文

脈で提示され，何がやり取りされているのかという点に注目して，参加者同士のコミュニケーションのあり方とその意味について考察してみよう。

3 体験的知識と進展ストーリー

3-1 エピファニーとしての体験的知識

　こうした会において頻繁に語られる参加者の体験に基づいた知識はいかなる場面・文脈で語られているのだろうか。参与観察を行ったいくつかの会に共通する活動である「話し合い」では，多くの場合，前回から今までの間に起こったことを報告する形で，各自が介護経験を語り始める。そのため，近況報告は，前回に話題にした出来事・問題から現在までの期間における，自らの経験のストーリーの語りとなる[7]。そうした語りの中で介護の転機とされる出来事が語られるのだが，経験に基づく技術や知識は，そうした介護の転機とされる出来事が語られる際に登場することが多い。

　N・デンジンは，個人の語る物語の中で，個人の人生を根本的に変容させる力を潜在的に持っているような相互作用上のある瞬間のことを「エピファニー」と呼んだ（Denzin 1989 ＝ 1992: 8-16）。その概念を援用すれば，介護者の語る「エピファニー」が，何らかの体験に基づく介護方法や技術の発見・獲得の経験と重なっていることが多いと言えよう。

　たとえば，会アカシアにおいて，ある参加者 a さんから，たびたび以下のような経験の提示があった。a さんによると，義母は「痴呆」の症状があり，「オムツを嫌がって何とか外そうとして，着物を破ったり，おしっこが出たい［ママ］とか色々と困らされた」という。それに対して，その a さんは「童謡を聞かせたり，昔の写真を見せたり，犬をそばに置いたりと色々とやってみたがだめだった」。だが，そのように色々と試している中で，「細かい色々な色の組みひもを数本持たせたら」，上述のような行動が止んだという。ここでのひもを持たせるという方法は，実際に a さんが直面している問題に対して役立った方法として語られている。さらに，この方法の発見については，それ以前にも，筆者と a さんのインタビューでも，またその後の会の定例会でも何度となく語られるだけでなく，会の発行する介護体験記中にも a さん

の「エピファニー」としてとりあげられている。このように，aさんが自らの経験を語る際に特に中心的にとりあげ，会のあらゆる場面においてもくり返し語られるという意味で，この知識は，会の中で言及される「体験的知識」のようなものだと言えよう。

だが，この知識は，aさん個人の介護の文脈を超えて誰にでも適用できるような知識ではないだろう。たとえば，aさんによるこの方法の提示の後に，別の参加者から，当事者たちの間では，「痴呆」との判別が難しい，「死にたい」と口にする「老人性うつ病」の相手を介護していた話がトピックとして出され，「老人性うつ病」の状態にいる老人は，ひもを使って自傷・自死行為を行ってしまう可能性があるため，ひもは渡すことができない，と反論が出されている。すなわち，ここでは，aさんが提示した方法は，単純に伝達されることによって意味を持つような方法とはとらえられていない。会においては，このaさんが提示した知識のように，たびたび言及されるが，決して一般的には妥当するわけではない知識群が提示され言及されているようである。そうすると，こうした知識の存在意義をどう考えたらよいだろうか。

こうした場面において重要なのは，aさんの提示した方法自体が，実際に介護に使える方法か否か，あるいは正しいか間違っているかということではない。ここでは，この知識を提示した本人が，結果として何を得たのかを考えてみることが必要である。

aさんが提示している「ひもを渡す」という方法は，aさんが実際の介護場面において試行錯誤をくり返しながら何とか発見した新たな方法である。ここで，方法が発見される状況である，呆けゆく者への介護過程の「現実」を考慮に入れると，この新しい方法を発見することの意義の理解へとつながる。たとえば，第5章で見たのは，呆けゆく者の介護過程においては，相手にはたらきかける手段を見出すことが難しく，目的‐手段の連鎖という意味づけを確保することが困難となるということであった。そうした文脈を踏まえると，上述した新しい方法の発見は，それが一時的なものであっても，介護を継続していく上での代替の目標を提供するものとなる可能性を持っていると言えるだろう。

しかし，その発見が，在宅の介護場面での個人的な体験にとどまっている

ならば，それを，大きな出来事として介護者自身が意味づけることは非常に困難であろう。より精確に言うならば，在宅という個人的な場において見つけ出したという経験にとどまる限り，それを，新しい方法の「発見」と定義づけることは難しい。なぜならば，一つに，相手の世話をする場面とは，ほぼ相手と自分との二者に限定されていることが多いので，発見そのものの意味を示す評価者が不在であることが多く，眼前の要介護者からの反応も得ることが難しいためである。また，二つ目として，ある行為や出来事を高く評価していくには，何らかの形で評価される者を対象化することが必要であるが，介護者が自らの発見を自分自身で評価することには限界があるためである。

これに対して，介護にかかわる者同士の共同体は好都合な条件を持っている。そこは，介護者の経験を聞く人々の集まりであり，介護というトピックに限定して語れる場となっている。ここにおいては，①「発見」の評価者となる可能性を持つ他者の確保と，②前回から現在までの経験を語る中で，自己の介護経験を回顧的に対象化することが可能となっている。いわば，会の場は評価を可能とする条件がそろった場となっている。

だが，注意すべきは，先にも述べたように，こうした会では，個別の経験が並列して語られているという点である。①について言えば，他者の確保と言っても，その他者が直接的に自己の介護行為を評価する他者として現れるわけではない。こうした集まりにおいては，当の問題の経験者以外の者や会全体における何らかの規準が，参加者の経験を評価してしまうということは避けられているようである。つまり，評価の主体はあくまでも介護者自身である。そうだとすると，②の介護経験の対象化とのかかわりで，①の他者の存在の意味をとらえなおすことができる。

介護経験を対象化することとは，ある一定期間の自己の介護過程を俯瞰することであり，いわばある期間の自己物語を構成することとほぼイコールであろう。浅野智彦によると，自己物語を構成する際にはそれについて語りかける他者の存在が必要であるという（浅野 2001: 10-2）。したがって，ここでは介護者のストーリーを聞く者として，他者が存在していることの意味がある。他者に向けて語ることで，自己の経験の対象化が可能となり，介護者

が自らの行いの評価者となることが可能となる。aさんは，非常に困難な呆けゆく者とのコミュニケーション[8]の中から介護方法を発見し，その発見によって困難が打開され状況が進展したというストーリーを自己の経験を振り返りながら語ることで構成することができた。つまり，この会において，聞く他者を前に個別経験を語る機会が確保されることによって，進展のストーリー[9]が構成され，ストーリーの主人公である介護者としての自己の評価につながっているのである[10]。

3-2 進展ストーリー

　ところで，他者の前で語るということは，ストーリーを構成するということの条件の説明にとどまり，先に述べた「進展」というストーリーの内容的方向づけが，なぜ確保されることになるのかには答えていない。ここで重要になってくるのが会にかかわる人の間で分け持たれている「体験的知識」に関する信憑性の感覚である。介護者の提示した介護の方途が，周囲の他者に伝達する価値のある「体験的知識」として意味づけられることで，そのストーリーが演出される。すなわち，このaさんが自らの経験のストーリーを構成していく上で，会の参加者やとりまく人々が持つ「体験的知識」が存在しているという信念は，新たな方法の発見を「体験的知識」の発見，すなわちaさんにとってのエピファニーとして価値づけることを可能にするのである。そして，そのエピファニーを境に，後の介護生活がよいものになった（＝進展）という内容を確保することになる。

　SHGにおける自己変容を，物語論の観点から分析している伊藤によると，各SHGには，物語においてゴールとなるべき自己の規準が存在している。たとえば伊藤が分析しているAA（アルコホリック・アノニマス）のグループにおける物語構成においては，規準となっている「飲まない私」が物語の終点となって，その終点に向けて様々な出来事が配置されるという（伊藤2000: 94-5）。この議論にのっとるならば，介護者同士の共同体においては，「体験的知識」を発見する介護者という自己像が規準の一つとなり，そこを転換点として現在に至るまでのストーリーが語られていると考えられるだろう。

　以上から，会における体験に基づく知識の考察において，その知識を「体

験的知識」として実体化し，その内容の有用性を前提に伝達過程をとらえようとするだけでは不十分なことがあらためて指摘できるだろう。定期的に開催される会では，直接の援助を目的とするというよりも，それぞれの状況についての語り合いや，トピックに関連した類似の事例を経験や伝聞から引用しながら提示し合うようなコミュニケーションに時間が費やされる。ときにそのコミュニケーションは傍から見ていると冗長なことも多い。そのように費やされる多くの時間に比して，個別性の度合いが高い人々の間で，多くの人が共有できるような知識の産出は非常に偶然的なものである。つまり，目的合理的な観点のみから活動を眺めたとき，そこでの時間は，無駄なものとして映ることとなり，会の活動の評価が難しくなってしまう。

そう考えたとき，むしろ，「体験的知識」が産出される状況や文脈などの考察に意味がある。以上で見てきたように，体験に基づいた知識が登場するコミュニケーションは，参加者自身が他者の存在を媒介に，自らの介護のストーリーを構成し評価していくという仕組みである。「体験的知識」の存在に対する信念は，そのストーリーの内容を介護の進展として構成していく上で大きな役割を果たしているのである。

このように，本節で見てきたようなコミュニケーションは，必要としている者への直接のはたらきかけや，何らかの問題への予防的対応というような，明確な目的を設定した上での行為として概念化されることが多い援助や支援という言葉にはなじみにくい。だが，上で見たような自己評価の獲得と，それに伴う介護者の肯定的な感覚につながっているという意味で，介護者が呆けゆく者とつきあっていくことを支える試みの一つとなっていると考えることができるだろう。

3-3 評価者の消失に抗する活動

3-2では，会の話し合い活動における自己評価を獲得する仕組みについて見てきたわけだが，そうした自己評価の獲得を，なぜ参加者は印象的な経験として表明するのであろうか。すなわち，以上のような会におけるコミュニケーションによって，充足・補完されている介護者のニーズとは何であろうか。会の「話し合い」は1ヶ月に一度程度設定される場であり，参加者が

そこで語る経験の素材を得るのは，老親や配偶者の世話が組み込まれた日常生活である。すなわち，介護者は，要介護者を中心とした，主に家族・親族たちの間でのコミュニケーションの体系[11]の中にいる。したがって，ここで考えておくべきは，日常のコミュニケーションにおいて，評価を得ることが難しいのはなぜか，ということであろう。

評価の得にくさの背景の一つは，家族・親族内の呆けゆく者以外の者たちと，介護を提供している相手の状態に関する認識のギャップである[12]。介護者は，心身の世話を媒介として，それまで個別的に知っていた他者の変容に直面する者である。すなわち，以前の相手の姿を知っていると同時に，今現在の相手の呆けを最もよく見つめるという，二つの姿の狭間に立つ「境界人（marginal man）」[13]だと言えよう。しかし，その二つの狭間（はざま）にあることのリアリティは，家族・親族など，周囲の者からは見えにくい。

その見えにくさをさらに分類すると，①介護者が見ている相手の変容していく姿が理解できない場合と，②周囲の他者が要介護者を厄介な「負担」とのみとらえ，「人間」として扱わない場合の二つに整理できる。前章までで見たように，介護者は，呆けゆく者への介護を行いながら，「正常な人間」像とも出会うという経験をしていた。その経験に対して，①は，周囲の他者が相手の変容以前の姿のみを前提とするために，呆けゆく過程にあることが理解されない状況である。②は，「正常な人間」として立ち現れ，その像を維持しようと試みている相手の存在を，周囲の者が単なる負担の源泉としてのみとらえている状況である。双方ともに，介護者の経験のリアリティに対する理解の不在を意味している[14]。そうした周囲の他者との間の他者定義の大きなギャップにより，介護者の呆けゆく者に対するはたらきかけに対する評価や承認が不足がちとなる。こうしたギャップは，呆けや認知症介護ではない一般的な介護においても起こりうることであるが，特に①に関しては，「まだら呆け」という「正常」と「異常」が不規則に連続するような経験として報告されることの多い呆け・認知症の場合に，特に見られることであろう。

もう一つの評価の得にくさの背景は，介護者が向き合う相手の変容それ自体に起因している。たとえば，相手が，医療機関やそれに準じる相談機関に

おいて認知症と診断されていなくても，相手の状態を認知症や呆けと表現したり，実際に認知症をテーマとした会に参加している介護者もいる。こうした事実について，医学的，臨床的な観点から見れば，老化に伴う自然な物忘れと脳の生理学的変化を伴う疾患としての認知症との判別をつけることが重要だと言うことも可能だが，そう考えるだけでは問題の本質をとり逃してしまう。

　この認知症や呆けという言葉で介護者たちが表現しようとしているのは，眼前の相手の状態が，一時点的な逸脱ではなく，「人間」像の全体として変容しつつあるという不安や疑念だと思われる。すなわち，介護者の目の前にいる相手は，こちら側からのはたらきかけに対する応答が確認しにくくなっていく——内面を知るための手がかりが極端に不足していく——他者である。このために，眼前の他者からの，はたらきかけに対する「評価」を徐々に得にくくなっていく。

　ここでの「評価」の得にくさとは，介護を提供している相手から感謝や評価の言葉がないという意味ではない。また，眼前の相手の現在の状態そのものに苦悩しているというわけではない。介護者によるはたらきかけが，相手の状態に対して与える効果が不明になっていくこと，すなわち，相手の「反応」が失われていくことを指している。ここで言う「反応」とは，一義的には，自らの世話による心身の回復や何らかの肯定的な方向への変化である[15]。この「反応」の喪失とは，5章の【事例2】で見たように，「正常な人間」像の維持を望んでいても，それを目標の位置に置くことが難しくなっていくということである。

　以上の二つを背景に，介護者は，相手へのはたらきかけに対する確信を与えてくれる評価が不足がちな状況に置かれることになる。本節で見たような会の活動は，以上のように呆けゆく者と生きていくという日常において，不在がちとなっている評価を，「体験的知識」を媒介とした表出的なコミュニケーションの仕組みによって，代替・補完する様子を示しているのである。

4 呆けゆく他者理解への支援

4-1 意思・意図の解釈活動

　3-3で見たような二つの背景により，介護者は評価者が得にくい状況に置かれていると言えるのだが，その二つの背景の内，さらに考えていく必要があるのが，眼前の呆けゆく者からの評価が不在となっていくという後者の問題である。

　なぜならば，前章で見たように，呆けゆく者の介護者は，それが困難であれ，相手の「正常な人間」像を保持し続けることを動機づけの主要な源泉としていくためである。また，前者の周囲の他者からの評価の不在は，後者，すなわち相手の呆けや衰えという変容を起点として深刻になってくる問題であるためである。それに加えて，前者のような周囲の他者からの評価は，論理的には，別様の社会関係において代替的に得ることも可能であるが，後者の眼前の相手の変容は，不可避に経験される問題であり，介護者はその問題につきあっていかなければならない。すなわち，仮に呆けゆく者以外の他者とのリアリティのギャップが解消されても，目の前の相手の心身の変容というリアリティは残存し続けるであろう。

　前章で見たように，呆けゆく者とのコミュニケーションにおいては，「正常な人間」像を見出すことが肯定的な経験となっていく一方で，その像をはたらきかけの目標として位置づけることが難しくなるという特徴がある。このような，呆けゆく者と生き続けていく上でかかえざるをえない問題に対して，会における活動は何らかの意味を持っているのであろうか。

　3節で見た，介護者同士の集まりにおける，評価の代替・補完のコミュニケーションは，参加者自身が，自己を主役として進展のストーリーを構成して自己評価を確保するという仕組みであり，具体的には，参加者同士で介護経験のエピソードを提示しあう活動であった。それに対して，ここでは，「話し合い」の別側面の内容に注目したい。それは，はたらきかけの相手である呆けゆく者を，トピックの主役とした「話し合い」である。具体的に言うと，呆けゆく者が呈する「問題行動」が介護者から相談として提示され，その行

動の背景にある意思を参加者同士で解釈し合う活動である。

このように共同で相手の意思を解釈していく活動の意味は何であろうか。そのことを考察していくために,第3章や第5章で見たような,呆けゆく者と出会いつきあっていく過程とはどういった特徴のものだったのか,ここで振り返っておこう。呆けゆく者との出会いの局面においては,疾患として相手の「問題行動」を理解しようと思っても,相手の「正常な人間」像とは出会わざるをえず,介護関係という形でつきあっていく過程においては,相手の衰えのリアリティが増していく中でも「正常な人間」像が維持されるのであった。

そうした形式の他者定義を継続していかなくてはならない介護者にとっての焦眉の問題は,何らかの「問題行動」に直面した際に,うまく免責できず,場合によってはエスカレートした対応をとってしまうことである。第3章でとりあげたLさんの場合は,義父の失禁という「問題行動」に出会ったときに,相手に行動の責任を帰するわけにはいかないと思うものの,疾患の発現としては理解しきれずに,つい責めてしまうという経験をしていた(第3章4節参照)。また,第5章でとりあげたKさんの場合には,「正常な人間」像を介護の目標としていくことが相手の「痴呆」の進行によって段々と難しくなってきていると思いながらも,相手に「しっかりしなよ」と,「回復すること」を求めてしまうという結果に陥っている(第5章3節参照)。こうした眼前の相手の呆けに対して,「呆けているという像」と「正常な人間」という二つの他者像を同時に付与してコミュニケーションを行ってしまうような事態が,介護者の経験している不安定さと言えるだろう。

そうした困難経験に対して,どのような対処の方途が考えられるだろうか。まず最初に考えつくのは,どちらかの像を消去してしまうような方向でのアドバイスや援助である。現実的には,相手を「正常な人間」と見なすことをやめて,「完全に呆けた者」として理解することをうながしていくような方向性である。たとえば,疾患モデルを貫徹して,それに基づく介護者としての振る舞い方についてアドバイスすること,などはそれにあたろう。

だが,先に見たように「正常な人間」像を相手の中に見出すことは呆けゆく者とのコミュニケーションを続けている家族介護者にとって肯定的な経験

である。そのため，その像を維持しようとする試みは，継続のための動機づけの源泉として，重要な意味を持つことが想定される。そして，その試みに伴う「きつい対応」のような困難経験も生じてくる必然性の高いものであった。また，第3章で見たように，そもそも，疾患モデルに基づく理解は強く説かれたとしても，それをコミュニケーション場面において実践することが難しいのであった。

そうした家族介護者の置かれている状況のリアリティを踏まえた形で，介護過程における困難経験に対処，支援していくにはいかなる方途がよいのだろうか。

少なくとも，二つの像のギャップへの直面を契機に，ときに出現してくる困難を「解消」してしまうような方向性とは違った道筋を考えていく必要がある。すなわち，このギャップの存在の保持，つまり，相手の「正常な人間」としての像の維持を続けながら，いかに呆けゆく者とともに生き続けていくかという問題を解くような方向性で考えていく必要があろう。本章では，このような他者定義の試みに伴う困難に対する支援として，呆けゆく者の意思・意図を解釈していく活動を位置づけることができると考える。そこで，以下では，呆けゆく者との日ごろのコミュニケーションにおける問題経験を介護者が表明している「話し合い」の場面を主な事例に，会におけるコミュニケーションが，「問題行動」を呈する呆けゆく者とつきあっていくことに対して，どのような意味を持ちうるのかを考察する。

4-2 「正常な人間」としての解釈

まず，会アカシアの「話し合い」を事例にとりあげ考察してみよう。この会は1990年代前半に結成され，親世代の介護を行っている（いた）主婦が中心的に参加している。認知症に限らず介護一般について話し合う会である。筆者がこの会でフィールドワークをしていた当時，実際に介護を行っていた参加者は4名で，ほぼ毎回出席して相談をしていたのはその内2名であった。

会の「話し合い」では，介護者が近況報告として最近の介護の様子について語り，代表はメモをとり，参加者たちがその語りを聞いている。「話し合い」は，会の代表から「××さん，おじいちゃん／おばあちゃんのお具合はいか

がですか?」といったうながしを参加者が受けて始まったり，他のトピックについての会話の中で突然始まる。介護を行っている相手の最近の様子——多くは，相手の「問題行動」などのコミュニケーションにおける何らかの困難がまず語られ，その困難に対して誰かがアドバイスをするという形で進行していく。

ここでは，Lさんの経験をめぐる「話し合い」を事例[16]としてとりあげる。Lさんは，約4年前に途中同居で義父の介護を開始してからの参加者で，2001年から筆者が参与観察を始めて以降も，ほぼ毎回参加している。義父は，「痴呆の状態にある」とされていた。

ある「話し合い」でLさんが提示したトピックは，義父が，食事の際に他の家族の分に興味を示し，食べたがるという問題である。Lさんによると，義父は，歯と体調の関係で1人だけ特別なメニューの食事をとっている。だが，食事のときに他の家族員が食べているものに対して興味を示し，それをLさんや彼女以外の家族にはっきりと言い出せない様子なのだという。Lさんにとって，この出来事は，義父が「かわいそう」でもあるのだが，そうかといって，すべて義父の言うことを聞くわけにもいかず，「どうしたらよいか困る」事態である。Lさんの周囲の家族たちは，特に気にかけることもなく放っておけばよいという態度でいるという（field-notes02/03/06）。

このようなLさんが提示する義父の「問題行動」[17]と困惑に対して，会の参加者たちから直接返答されるのは，そのような行動に直面した際にどうすればよいか，自分はどうしていたのか，などのアドバイスである。たとえば，ある参加者は，以前義母の介護をしていたとき，義母に家族と同じ食べ物を実際に一口食べてもらった上で，固さなどの理由から，その食べ物を食べることは義母にとって難しいことを納得してもらっていた，という自分のやり方を提示していた（field-notes02/03/06）。

このアドバイスは，表面的な内容だけ見れば，相手の「問題行動」をかわし，その場の秩序を維持するための実践的な方途の提示と伝達である。しかし，その方途が提示される一連の話し合いの流れの中では，参加者たちによって別様のコミュニケーションがなされているのを見ることができる。それは，Lさんの義父の「問題行動」の持つ意味や，その背景にある義父本人の意思

や気持ちについてさまざまな解釈を行う試みである。

　たとえば，上記のアドバイスを行った参加者は，他の人の食事を欲しがるLさんの義父の「問題行動」について，それは自分の義母と同様に「寂しいからだ」と指摘し，「年寄り」は，「それを食べられないとしても，同じでないと寂しい」のだから，「そのことに配慮する必要がある」と述べながら，自分のとった対処方法を提示している。このような参加者の1人による解釈に前後して，他参加者からの発言が始まり，「食べたいけど言えない」というLさんの義父の様子について，「おそらく寂しいのだけど」「プライドが高いんだろうね」と義父の「問題行動」の背景にある気持ちや意思について解釈し合う会話が続いていった（field-notes02/03/06）。

　この「話し合い」の過程でなされていることは，Lさんの困難として提示された義父の行動そのもの——すなわち，自分の療養のための食事ではなく，他の家族の分の食事を「食べたがる」ということ——を問題視することではない。提示されているのは，確かに義父の行動に対しての実際のコミュニケーション場面での対処方法である。しかし，それは義父の「食べたがる」という行動をなくそうと第一に意図したものではなく，また，それを，どうすることもできない認知症の症状であるととらえ，あきらめをうながすものでもない。「問題行動」を行っている義父の意思・意図があるはずだと想定し，それをその話し合いの中で，可能な限り読み込み解釈している。そうすることで，認知症のために必然的に「問題行動」を起こすしかない義父という像ではなく，意思を有し意図した「行為」をしている義父という競合した像を提示していくのである。

　このような参加者たちの試みに見られる，義父の像の定義は，実はLさん自身の日常的な義父のとらえ方と同じ方向性のものである。Lさん自身も，衰えを認めつつも，父親のプライドの高さといった「過去の姿」を参照し，そうした姿を「正常な人間」像として位置づけコミュニケーションを行っていた（第3章4節）。このことを踏まえると，会での「話し合い」活動は，「問題行動」という相手の変容のリアリティに直面している介護者に対して，介護者自身も参照している「正常な人間」像のリアリティを提供していくという，いわば介護者による自然な解釈を補助するような役割を果たしていると

言えるだろう[18]。

4-3 意思解釈の自由度

次に、会アジサイの「話し合い」における解釈活動を見てみよう。アジサイは、毎回、介護専門職と保健師、2回に一度医師が参加する、認知症に関する専門的知識の提供の比重が高い会である。会では、介護者が、認知症である相手とのコミュニケーションの中で問題を表明した際に、疾患モデルに基づく理解をうながすアドバイスが直接に専門職からなされることも多い。その一方で、参加者同士の話し合いの機会も担保されているが、その話し合いは、介護者に「相手は病気だから仕方がない」「やさしくするように」と適切な知識に基づいた認知症の理解をうながすような単純なものではない。以下は、会での、ある介護者の問題をめぐってのやり取りである。

> 参加者bから、医師である参加者cに対して「怒りっぽくなった人が穏やかになることはないんですか?」という相談がなされる。cによると、「脳血管障害性痴呆の人はどうか分からないが、アルツハイマー型の人は病気以前のもともとの性格が80%影響している。特に世話好きでエネルギッシュな人の方が物取られ妄想になる」。その答えに対して、bは「そういえば、[義理の] 母親の場合、もともと昔から怒りっぽかったが、[痴呆になる前は] それをコントロールしていた節がある」とのこと。cによると、「もともと激しい気性だったが、理性でカバーして [体裁を保って] いた場合、アルツハイマーによって体裁が維持できなくなる」という。しかし、bは「私以外の人に対しては、体裁を維持しているのはなぜか?」とそうした説明に対して疑問を呈する。そうしたbの疑念に対し、ほかの参加者から、「それは甘えなんですよ、逆に安心感があるから」などの発言がくり返される。しばらくの間のそうしたやり取りの後、bは「甘えなんですかねえ?」と納得した様子 (field-notes03/07/24)。

ここでbさんは、義母が、中心的な介護者であるbさんに対して、極端に怒りっぽいことを問題としている。そして、一度は、cさんからその怒りっぽさをアルツハイマー性疾患という脳の変性する原因疾患に伴うものとし

て理解することをうながされるのだが，その説明では，bさん以外の家族・親族に対して義母が穏やかであるということが整合的に理解できない。人によって態度が違うということは，周囲の人間を識別した上で怒りをコントロールする能力を有している（＝「正常」である）という疑念を惹起する。一般的な疾患知識にそった想定では，疾患であるならば，体裁を取り繕う能力が恒常的に失われ，態度に差異が出ることはないと考えられるためである。

それに対して，参加者たちの「話し合い」の中で行われるのは，認知症の精神医学的なメカニズムの説明ではなく，参加者たちによる，bさんの義母の行動に関する様々な解釈である。それは，あくまでも，相手の意思の存在を前提として，その行動の原因となる意思・意図を解釈するという作業である。

しかし，第3章で見たような疾患モデルの機能を考えると，こうした「異常」な行動を呈する相手に直面した時に，疾患モデルに基づいて理解することでbさんと義母の両者を免責することが要されていたのではなかったのだろうか。すなわち，義母の行動を免責できないということは，アルツハイマーという認知症症状を引き起こす疾患についての理解の過少であり，克服されるべきと見なされることではないのだろうか。

ここでなされていた解釈活動の意味を理解するためには，呆けゆく者と生きていくことが，どっちつかずの他者定義の過程であり，特に出会いの局面においては，断続的に免責の失敗を経験しがちであったことを想起する必要がある。先に述べたように，事例にあるような相手の人間像をどう判断していいのか分からないという問題や，そうした中途半端な他者定義に基づく失敗などは，頻繁に経験される。介護者はこうした他者定義の特徴から生じる失敗に何とか対処しながら，相手と生きていかなくてはならない。解釈活動は，こうした介護者に日常的に経験される困難に対するものである。

すなわち，すでに疾患モデルに基づく免責を試みながらも失敗しているという状況にある介護者に対して，会においては以下のような理解の技法がとられていると言えるだろう。まず，①責任をとる主体＝意思のある「正常な人間」像が想定され，その上で，②その意思・意図についての解釈がなされる。①は，帰責の対象である相手の意思を消去する疾患モデルに基づいた認知症理解とは逆方向の試みである。だが，呆けゆく者と生きていく過程に

おいて,「正常な人間」像には,出会わざるをえず,また介護者も保持しようと試みているものであった。そのため,その試みに乗って,主体としての相手のリアリティを確保するような解釈がなされるのである。

ただし,一方で,呆けゆく者とつきあい続けていくためには,介護者がたびたび経験する「問題行動」について納得できる解釈を必要とする。そこで,参加者たちによって,②の「問題行動」の原因となった相手の意図についての解釈活動が試みられるのである。ここでは,次のような解釈がなされている。義母にとって特別な役割を担っている介護者ｂさんを義母は認知しており,そのｂさんのみに対して,義母は特別な意識・感情をいだいている。そして,その現れとして,ｂさんに対してのみつらく当たっているのだ,と。この②の相手の内面について解釈するという試みが,介護者が相手の「問題行動」を理解・納得していく上で重要になってくる。

家族関係にある相手の意思・意図の解釈は,「正常な人間」像として浮き上がってくる相手の過去のパーソナリティなどの類型を参照してなされがちである。そのため,現在の「問題行動」の背景にある相手の意思の設定と意図の解釈を介護者単独で行う場合,以前の相手のパーソナリティや相手にまつわる印象的な出来事を参照しやすいという意味で,自由度の低い固定的なものとなりがちである。そのため,一度,相手の「問題行動」を相手の悪意という内面とのかかわりで理解し,加害者‐被害者関係として相手と自分との関係をとらえてしまうとその修正は難しくなっていく。

しかし,会の参加者たちによる相手の意思の解釈は,相手の過去の像に完全には縛られたものではない。もちろん,現実には,身体を介して相手とコミュニケーションをしている当の介護者からの,相手についての情報をもとに,相手の意思の解釈活動は行なわれる。そのため,その解釈の際には,家族介護者から見た相手の像が素材となるのは確かである。だが,周囲の参加者達は,それぞれの介護経験を解釈のための資源として用いるという点で,その情報の解釈について相対的な自由度を持っている。そして,その自由度により,介護者が単独で相手の内面について思い悩むよりも,相手の内面を別様に解釈する可能性に開かれているのである[19]。

また,自由に相手の内面を解釈するという活動は,呆けゆく者とのコミュ

ニケーションに対する支援として機能的である。呆けゆく者とのコミュニケーションにおいて直面する問題について、介護者は、呆けゆく者の振る舞いについて説明を希求する。だが、第3章で見たように疾患としての認知症という診断を得たとしても、その診断は不確定な仮説的なものであり、また、そうして得られる知識自体も実際のコミュニケーション場面における行動および対応パターンを指示するようなものではない。そのため、呆けゆく者の現実の行動について一般的に妥当するような解釈と助言は困難である。

　そのように対象についての知識が厳密さを欠いている場合、断定的な解釈や助言を提示することは、その失敗によって、自らの言明の正当性を掘り崩す可能性が高い試みとなってしまう。そのため、こうした集まりにおいて行われるアドバイスは、その間違いが証明されず——あるいは、問題にならず——かつ効果的なものである必要がある。呆けゆく者の内面についてわれわれは外部から様々に解釈を行うわけであるが、その解釈の妥当性を判定する特権を持っている者がいるとしたら、それは呆けゆく本人のみであろう。逆に言うならば、本人以外の者による当該本人の内面についての言明は、すべて解釈にとどまる。呆けゆく者とのコミュニケーションにおける問題とは、内面の妥当性の判断者本人が不在となっていく状況——コミュニケーションの非対称性——に陥るということである。そのため、内面についての解釈活動は、最終的な間違いが証明されにくく、かつ介護者にとって意義のある活動として存在するのである。

5　経験の個別性の共通化

5－1　失敗経験の免責

　前節で見たのは、呆けゆく者を定義していく際に同居してしまう二つの像を、「正常な人間」像のリアリティを供給しながら支えていくという活動である。だが、こうした二つの像の同居は、実際のコミュニケーション場面において、困難を引き起こすものであった。たとえば、第3章4節で見たLさんは、頭では認知症に起因するものとして理解している義父の排泄における「問題行動」を、「正常な人間」である義父の責任に帰するような「きつ

い対応」をとってしまったことを後悔していた。また、第5章3節【事例2】のKさんは、「正常な人間」像と眼前の母親の衰えとのギャップから、後に回顧的に「虐待」として後悔することになるような相手の身体へのはたらきかけをしてしまった。二つの像の同居を継続していく中で、このような免責の失敗による相手への加害や、その失敗についての自責の念は頻発することになる。では、二つの像の並存という他者定義の形式を続けていく中で生じてくる、こうした困難に対して、会の「話し合い」ではどのような対処が試みられているのだろうか。ここでは、第3章4節で見たLさんが経験した困難に対するアカシアにおける支援の試みを見ていこう。

　会アカシアでは、介護者が、相手の失禁などの「問題行動」に直面して、相手に責任を問うてしまう「きつい対応」のような失敗自体を、在宅での家族介護において避け難い「普通の対応」として意味づけていく試みがなされている。たとえば、第3章で見たように、Lさんが相手を免責できず「きつい対応」を義父にしてしまったことと、それに伴う後悔の念について会の「話し合い」で表明した際、参加者たちからは「［相手の失敗を認めることが必要だと］思っててもねえ、うん」「そうよそうよ。毎日のことだからねえ」「やっぱりねえ、［きつい対応を］やるわよねえ、するわよねえ」といった反応が続いていく。その中で、参加者の1人は、「家［の義母］なんかお尻丸出しで、うろちょろするのよ」と、自分の介護経験においても同様、あるいはそれ以上の問題を経験したということを事例として提示している (field-notes02/03/06)。参加者それぞれが持っている経験から、Lさんが自ら提示した後悔の原因となる対応を招いた出来事と類似の出来事を提示し、Lさんの語るような経験が彼女だけではなく、参加者たちの間でも起こっていた／起こりえたものだということを確認している。

　このような参加者たちによる反応の意味は以下の二つである。一つは、Lさんが否定的に意味づけている「きつい対応」の経験を、「話し合い」の中で「24時間看ていなくてはならない在宅介護」においては「上手に介護できるけど、5時になれば家に帰ることができる施設職員」とは違って、家族介護者のみが経験せざるをえない特別な経験として差異化し、価値づけることである。そして、二つ目として、そのような経験は、そこに集まる経験者にとっては

通常のことだとして共通化することである。そのような参加者たちのやり取りの後に，Lさんは「[毎日の]くり返しですもんねえ」と，自らの「きつい対応」に伴う後悔の念を，通常の家族介護において仕方のない必然的なものとして位置づけなおすことになる。

5－2 〈リアリティ〉の理解者たちの共同性

　以上のような「きつい対応」に関する承認は，二つの像が同居するコミュニケーション過程で生じる免責の失敗を慰めることや，家族介護者の失敗を正当化するという効果を持つだけではない。その承認は，家族介護者の〈リアリティ〉を，会の参加者たちが理解していることを遂行的に示すという重要な意味を持っている。ここで言う〈リアリティ〉とは，相手の二つの像を同居し続ける試みと，それに伴う免責の失敗と困難——相手にも自己にも解決不能な不合理なはたらきかけをしてしまう——という第3章から第5章までで見たような特徴を備えた過程である。このことによって，前節で検討したような，呆けゆく相手の意思や意図について解釈し，「正常な人間」のリアリティを供給していく試みの説得力が増すことになるのである。

　二つの像を同居させ続けながら——すなわち，衰えのリアリティに抗して以前の相手の像を準拠点とした「正常な人間」としての像を持ち続けながら——呆けゆく者への介護を遂行していく過程においては，「きつい対応」のような失敗経験の可能性は高く，介護者はたびたび自責の念を感じる。そのような状況にあるときに，介護者にとっての呆けゆく相手は，いわば自分の経験する困難の大きな原因として位置づけられてもおかしくないだろう。

　そうした困難な状況において，呆けゆく者の意思や意図の解釈という試みは，介護者にとって，そもそも第一に関心を向けるべきことではないととらえられている可能性がある。つまり，家族会でそうした困難経験が表出されるとき，介護者は，相手との間の抜き差しならない状況にあって，即座の解決策を求めている可能性が高い。

　だが，ここでの失敗に対する承認は，その失敗やそれに伴うつらさという範囲までを含む〈リアリティ〉をわれわれ参加者が理解している，というメッセージを示すことになる。そして，呆けゆく者の意思や意図の解釈は，その

失敗やつらさを踏まえた上で,あえて行っている活動であるという説得力を獲得する。すなわち,経験自体を対象化する迂遠でメタな解釈という試みをあえて行う資格を参加者が獲得する実践として,こうした失敗の承認という試みが機能していると理解できるのである。こうした参加者資格の獲得を踏まえた上で,相手の意思・意図を解釈するというコミュニケーションがなされていくのである。

さらに,以上のような試みから推論できるのは,このアカシアに代表されるような家族会においては,文字通りの意味で,内容やその程度が共通した困難経験や苦しみをもとにしての共同性が成立しているわけではないということである。会への参加者自身も,それぞれの事情が違うこと,そして違っていることについて十分注意しなければいけない,ということは十分に理解し,そこでのアドバイスなどを行っている。

会に集まる人の共同性の意識を担保しているのは,呆けの経路や困難経験の内容などにおける同一性ではない。呆けや認知症と定義づけられる行動の多様性を考えると,各々の経験の内容には大きな差異があり,その差異は絶対的に解消できないものである。だが,それぞれの経験を周囲の他者に表出して理解してもらうことの難しさや,実際のコミュニケーションの場面において頭の中では理解している適切な対応を実践できないことなど,経験の表明や対処していく際の苦しみ[20]——いわば,経験内容の表出・対処という形式面での困難——の点で,緩やかに共通している。そのことが,紐帯の役割を果たしているのである。こうした点が,第4章で述べた,常に変化し,個別性が高いという性質を持つ家族介護のもとで,いかにして共同での支援を成立させていくのかということについての一つの解答になるだろう。

6 会における支援の成立条件

6-1 本章のまとめ

本章では,家族会において行われている「話し合い」活動を,支援としての意義を持つものとしてとらえてきた。207ページで提示した,三つの点の呆けゆく者とのコミュニケーション過程の特徴や生じる問題に対応させて,

その内容をまとめてみよう。まず，2節で見た「体験的知識」をめぐる，個人が評価を獲得するコミュニケーションは，家族介護における評価の不在という問題に対する支援となっている。評価の不在は，(2) 目的‐手段の連鎖を確保することの困難性に起因するものであった。会におけるストーリー構成は，呆けゆく者を含む日常的なコミュニケーションの体系の中で獲得が難しい進展の感覚を得るような経験となっているのである。2節で見たように，こうした機能は，会の目的・意図として表明されている活動内容そのものではない。「体験的知識」の伝達という機能が存在するという言説の信憑性が維持されている中で，実際になされる参加者同士のコミュニケーションの結果として見出せるものである。

しかし，進展のストーリーを構成するような評価の確保は，呆けゆく者の変容や衰えという，呆けゆく者とのコミュニケーションにおいて，より本質的な問題そのものに照準するものではない。呆けゆく者の像や変容については，あくまで等閑視した上で，介護者側の行為における進展感覚と評価を得ることを可能としているものである。したがって，本章で見てきたような支援内容の内，(3)「正常な人間」像を維持し続け，二つの像を並存させ続けていくことへの支援，(1) 出会いの場面における他者定義の特徴によって生じる「失敗」への対応，の二つに対応する，4節と5節で見た活動への注目がより重要になってくる。

この二つに対応した支援は，変容していく当の相手である呆けゆく者自身を「話し合い」のトピックにおける主人公として設定し，その内面を解釈するという形式の活動として見出される。それは，二つの像の同居を継続していくための支援(4節)と，二つの像の同居の継続過程で頻繁に経験してしまう，免責の失敗に伴う否定的自己評価などの困難への支援（5節）という二つの側面に分けて考えることができた。また，後者の支援は，参加者たちが，呆けゆく者の意思・意図を解釈するという遠回りな活動を行う資格者という定義づけを，遂行的に獲得していくような機能も持っていることが想定された。

6－2　進展ストーリーの可能条件

従来のSHG論などは，こうした集まりで支援が成立する条件を，ときに

SHG の定義要件に取り入れる形で指摘してきた。それは，たとえば，参加者が，同じ問題をかかえている者同士であること，自発的な参加であること，継続的に参加していることなどである（cf. 岡1998）。しかし，それらの条件が最大公約数的なものであるとしても，その特徴を列挙するだけでは，大雑把な把握であると言わざるをえない。具体的に，そこで行われているコミュニケーションの形式や内実を見ていくこと，その形式や内実とグループの外面的・形式的な特徴との関係の論理を考察していくことなどが重要であろう。そこで次に，本章で見たような支援のあり方を可能としている条件を，家族会という集まりの特性から明らかにしておこう。

　まず，進展のストーリー構成を可能にしている条件について考えてみよう。これを可能としている条件として，参加の継続性をあげることができる。本章でとりあげたような会の多くは，ほとんどが強いメンバーシップを設けてはいない。だが，何らかの形で継続的に参加しえた者が，結果として効果を経験しているように思われた。なぜ，参加の継続性が重要になってくるのであろうか。

　それは，介護行為の自己評価（2節）の仕組みと深く関係している。本章で見たような介護行為の自己評価のためには，2時間から3時間程度の会の中での限られた時間の中での語りにおいて，始点と終点といった区切りが必要である。その区切りを設定していく上で，参加の継続性という条件が重要になってくる。それはなぜだろうか。

　そもそも，あらゆるストーリーにはそれを語る時間が存在するため区切りは存在している。たとえば，地域の社会福祉協議会等が設ける単発の会などでも，参加者による期間を区切った介護経験の語りは当然見られる。だが，その語りは，限られた時間で，なじみのない他者へ，介護開始から現在までを大ざっぱに語ることに限られてしまう。

　しかし，固有名を持ち緩やかな同一性を有している一つの会への継続的な参加は，明確な始点と終点の設定を作りやすくさせている。それは一つに，連続した参加は，前回の会の時点での状況を始点とし，現在の状況を終点とする区切りを可能とし，膨大で曖昧な介護経験の複雑さを縮減することが可能となるためである。

また，継続することにより，その人の前回までの状況についての情報が会に蓄積されていくという点も重要である。たとえば，ノートをとるなどして，参加者の状況を把握している会の司会も，「××はどうなりましたか？」というような形で話をうながすため，前回までの問題に対して，どういった対処を発見したか，という筋でのストーリーを作りやすい。参加者が自ら語らない場合でも，そういったうながしから語りが開始する場合がある。以上のような意味で，参加の継続性は，始点と終点を確保しやすくしているのである。

　以上から，介護者や介護経験者同士が集まって話し合いをするような形式の会を，単発的に開催したとしても，そこで行われる「話し合い」が，期待していたような肯定的な感覚を参加者に与えない可能性が指摘できる。確かに，単発や数回の参加においても，介護経験はストーリーとして語られる。だが，継続的に行われている会とは異なり，ストーリーが拡散しがちだったり，明確な筋のストーリーを作りにくいといったことが推論されるのである[21]。

6−3　解釈活動の可能条件

　一方，「話し合い」の中に見出せる機能として相対的に重要な，呆けゆく者の意思・意図の解釈活動を可能とする条件についてはどう考えられるだろうか。まず，6−2で見た参加の継続性は，呆けゆく者の意思・意図の解釈活動を機能させる上でも重要な条件だと考えることができるだろう。それは，ストーリー構成についてと同様，解釈の対象となる呆けゆく者，ならびに介護者と呆けゆく者とのコミュニケーションの経験についての，情報蓄積を可能とするためである。

　ただし，この情報蓄積と，5節で指摘した，呆けゆく者の内面解釈における，解釈の自由度の重要性との関係については注意して考えておかなくてはならない。5節で，複数の介護者同士での解釈活動の意義は，呆けゆく者の内面解釈の際に，介護者単独での凝り固まった解釈とは違った解釈を可能にする自由度であると指摘した。この自由度という言葉を，「勝手な解釈」という内容でとるならば，参加の継続性や参加者同士が顔見知りであることに

特別な重要性はそれほど認められないだろう。偶然的に集まった人々の間でも，呆けゆく者の内面についての解釈や想像は十分に可能である。

しかし，呆けゆく者の解釈における「勝手な解釈」は，必ずしもここで言う自由度の高い解釈に結びつくわけではない。解釈活動の「適度な」自由度ということを考えたとき，継続性の重要性が見えてくる。と言うのも，参加者の介護状況に対する情報がまったくない状態での解釈は，分かりやすい類型に基づいた「紋切り型」の解釈につながりがちなためである。呆けゆく者とのコミュニケーションに関する分かりやすい類型とは，いわば，社会に流布する認知症のイメージや，嫁姑関係，実の親子関係などに付随する役割イメージである。そうした類型に基づいて，呆けゆく者の内面が解釈されていくことになる[22]。確かに，介護者自身の凝り固まった呆けゆく者の像から脱却することが重要なのだが，それが，介護者自身の個別の経験から大きく離れたものとなってしまうと，それは分かりやすい類型に引きつけて解釈されてしまうのである。

したがって，解釈活動という活動を機能させるためには，介護者自身の持っている呆けゆく者についての情報が必要条件である。呆けゆく者について語る参加者の継続した参加は，紋切り型の解釈にも陥らず，かといって，介護者にとって固定的な解釈ではない「適度な」自由度の解釈を可能にしていく条件だと考えられるのである。

もう一つ重要なこととして，5節で述べたような〈リアリティ〉の共有を可能としている条件について考えておかなくてはならない。5節で述べたように，解釈活動とは，当座の問題に対して，すぐに役に立つ情報を提供するようなものではない。しかし，その一方で，家族介護，特に呆けゆく者の介護においては，即座の対応が要されるような問題への解決が希求されていることが多い。そうした状況にいる者にとって，本章で見たような解釈活動は，当座の問題関心からずれている可能性が高い。

そのため，こうした活動が成立する条件として，こうした場に集まってきている介護者たちの特徴が類似していることは否定できない。すなわち，そもそも本書の第3章と第5章で示したような，相手の呆けに直面していく中で「正常な人間」像を維持する他者定義の形式を強く志向している人たちだ

ということが想定される。実際に，本章で検討してきたような介護者，ならびに家族会を構成するメンバーの多くは，呆けゆく者とかかわり続けていくことを強く望んでいたり，あるいは，現実的に，介護を継続していかざるをえない状況の中で最善の方法を考えているといった人が多い。このような状況にあるとき，「正常な人間」としての像の保持は，介護を継続していくための動機づけの源泉として相対的に重要な意味を持つことになってくるだろう。

　ただし，以上のような意味で参加者の特徴の類似性を指摘できたとしても，前節で考察したように，そこでの類似性とは文字通りの「同じ内容の経験」を指しているわけではない[23]。第4章で確認したように，家族介護経験は個別性の強いものであり，さらに，呆けゆく者が変容していく経路は，認知症に関する知識を前提にしたとしても予期が困難なものであった。したがって，ここでの類似性とは，自分の経験を承認されない，失敗経験を表出しにくいなどの経験表出の位相における類似性である。つまり，ここで類似しているのは，介護内容や，具体的に経験している出来事の内容ではない。行為や出来事が経験される形式の類似性である。そうした形式を共有していることが，苦悩を表明している介護者に対して，〈リアリティ〉の共有を表示するという意味を獲得し，解釈活動が「話し合い」活動の中から棄却されてしまうことを防いでいるように思われる。

7　解釈活動を超えて

7−1　解釈活動という支援形式の利点

　以上で見てきたような，家族会の「話し合い」に見られた支援の形式は，家族会における支援機能の一側面を強調したものであり，こうした会への参加者が一様にそうした活動から効用を得ているわけではないだろう[24]。

　むしろ，一般的には，介護者に対する支援を考えるとき，まずは直接的な介護行為の代替といった面に注目が集まり，次に有用な知識の伝達といった面が注目される。そのため，本章で見てきたような家族会は，直接的な介護行為の代替を第一と考える視座からは，それほど重要性の高い活動とは見な

されないであろう。また，仮に会の活動が注目されるとしても，機能として注目されるのは，たとえば「体験的知識」として名指されるような，有用な知識の伝達であろう。実際，公式には，有用な知識の伝達という点を積極的にアピールしている会が多い。そうした面と比べると，本章で見たような「話し合い」の持つ意味は，参加者の状況に対して，直接的な変化をもたらしたか／否かという観点から，その意味や機能が見えにくいものであると言えよう。

それでは，なぜ，本章では，あえて介護者同士が表出的なコミュニケーションの中で経験する「見えにくい」支援形式に注目してきたのだろうか。それは，「話し合い」のような支援のあり方が，通常の支援・援助概念とは異なる，家族会のような集まりにおいて成立する特異な持ち味だと考えるためである。先取り的に言うと，本章で見た支援のあり方が，呆けゆく者とのコミュニケーションという経験の特徴にうまく対応した支援のあり方になっているのである。

しかし，その特異性になぜ注目すべきなのだろうか。以下では，やや逆説的な説明の仕方となるが，以前から家族会活動に参加し，会を主導してきている参加者たちが，現在感じている「問題」——家族会の重要性の低下という認識——や支援の効果についての疑念などの背景を読み解くことから明らかにしていく[25]。家族会において，過去に成立していた支援の特異性を，現在における会の重要性の低下という状況と対比することで浮き彫りにしていくような議論の道筋をとる。

筆者が参与観察を行った四つの会の内のいくつか[26]では，現状において，十分に意味のある活動を行っていくことの難しさが語られていた。語られていた難しさとはいかなるものだろうか。まず，家族会としての活動が非常に活発であった時期（1990年代前半）を歴史として持ち，また本章で見たような形式のコミュニケーションを活動の中に見ることができた，会アカシアを事例に考えてみよう。アカシアの創設時のメンバーは，当時の経験について，「集まってひざを突き合わせているだけで楽になった」と強い印象を語っており，会の記念誌等においても当時の会の活動は先駆的であったことが強くアピールされている。こうして語り継がれるインパクトのある経験が可能と

なった条件として，創設期から参加している人々の語りから以下のような点を推測することができる。

まずは，保健師や看護師以外の援助者がほとんどない状態で，他に代替が効かないコミュニケーションの場であったということである。こうした条件のもとで，会への所属と継続的な参加・コミットメントが確保された。また，参加者の同質性もあげられる。参加者のほとんどは，嫁という立場で実際に介護を行っている者たちで，現実的に，介護から離れることが難しく，1人で担わざるをえなかった。中心的な参加者である介護経験者たちは，ほぼ同世代であり，ほとんどの人が嫁という立場で参加時に介護を行なっていた人たちだったのである。そうした二者間に閉じていく状況において，本書で言う「正常な人間」像の維持を目指し，その中で様々な困難を経験していくという経験の類似性を確保できていたように思われる。

だが，現在（参与観察を行っていた2001年から2003年の時点）においては，実際に介護を行っている人の継続的な参加は少なくなり，アカシアは，地域の社会福祉協議会が主催し，年に3，4回開催される単発の家族会へ協力することを介護相談活動のメインとしている。こうした状況について，会の中心である介護経験者たちは，介護サービスなどの援助資源や介護に関する他の情報源という選択肢の出現によって，家族会へ継続参加するインセンティブが減じたと解釈している。同様に会ヒマワリの代表は，「最近，認知症の家族会に出ると，みんな家で看ずにすぐ［病院や施設に］預けてしまう」ということを語っていた。

また，様々な立場や状況にある介護者の——実際の数値上，あるいは公的な場に現れてくるという意味での——出現[27]や介護に関する知識の増大は，介護を継続せざるをえないという状況，免責の失敗などの困難を表出していくことの困難という形式の類似性を弱めているように思われる。

たとえば，このアカシアとは別の会への参加者であるが，若年性認知症というカテゴリーに入る状態の夫を介護する妻は，会において話題となっている親世代の介護の話と，夫を介護する自分の話とはちょっと違うと違和感を述べていた。またさらに別の会に参加している100歳近くになる母親を介護している介護者は，あらゆることを経験した自分にとって，会において参考

になる話はあまり聞かれないと述べていた。アカシアにおける支援の中心となっている参加者も,「私たちの時代とは違う」人が多いために,介護者の会としての活動は不活発にならざるをえないということを自覚的に語っていた。

こうした,継続して参加する者同士という関係の消失と,続柄・状況の多様性という条件のもとで継続を試みる内に,本章で注目してきたのとは違った形の支援に変化している／せざるをえなくなっている会の事例も見られる。

たとえば,会ヒマワリの代表は,自分の介護経験を生かして介護者を援助していくために,上述したアカシアをモデルに1999年に会を立ち上げた。しかし,当初モデルとしていたアカシアのように,会員同士で介護経験について話し合うという活動の比重は小さく,年間予定の中では,介護保険やリハビリについての勉強会を開くなどイベントを多く設けている。

ヒマワリの代表は,介護経験者という立場から,介護過程に関する実践的な知識を提示していこうと試みている。たとえば,第4章で見たような,要介護者から離れようとしない「無限定性」を経験している介護者に対して,「介護がどうなっていくのかを彼女らは知らない」ので,その後どうなっていくのか伝えることで,介護者は楽に生活を送れるようになると考えている。また,自らの認知症介護の経験から,認知症症状と精神安定剤などの薬の関係について,参加者たちにアドバイスをしようとしている (interview01/09/19)。こうした客観的な視点からの助言のあり方は,介護遂行における一つの基準を提示するというものである。また,専門家が主導して会を行っているアジサイにおいては,その回の参加者の顔ぶれによっては,専門家に対する実践的な相談を公開の場で行うといった情報伝達のコミュニケーションが中心となる場合も多い。

つまり,ヒマワリやアジサイの活動,ならびに「話し合い」では,現在まさに支援を必要としている介護現役の者同士が話し合うという面がそれほど強くない。介護を終了したという意味で時間的に先行する者や,相対的に余裕がある者,認知症についての「客観的」な知識を持つ者が,その条件を生かして,全体を俯瞰するような助言を提示し,その情報を――受け手側からの取捨選択はあるにせよ――獲得するという形のコミュニケーションの比重

が高くなっているのである。

　しかし，こうした第三者的な視点からのアドバイスという形は，呆けゆく者とのコミュニケーションに対する支援として，原理的に困難をかかえていく可能性が高い。第3章や第5章で見たように，呆けゆく者とのコミュニケーションにおいては，相手の変容の経路は不確定である。そのため，介護者に対して行う「客観的な」アドバイスは，失敗する可能性が高く，その失敗によって活動自体の信憑性を失いかねないのである。

　介護者の知識を超えた「有用な」客観的情報の伝達が，会におけるコミュニケーション・モードの中心になったとき，その活動の信頼性を獲得していく上で，情報の精度の高さを上げることが重要になってくる。しかし，その精度を上げ過ぎると，個別の参加者が経験する呆けゆく過程の〈リアリティ〉から離れ，その信憑性を失いかねない。活動がそうしたジレンマに置かれることになるのである[28]。

　そうした現状の困難やジレンマを考えると，逆説的に，本章で見てきたような，解釈活動を中心とした支援のあり方が，家族会などの活動に特有のものとして位置づいてきた――「幸福な」時期があった――ということが推論できるだろう。解釈活動という支援のあり方は，有用な情報伝達というモード――情報の適切性，伝達の効率性が達成基準となる――ではない形式をとっており，呆けゆく者と生きていくという不確定な過程を支援するという活動を維持していく上で，都合のよいものなのである。

7-2　呆けゆく者の「変容」という課題

　上述したように，他の援助資源の存在や，家族介護を取り巻く状況の多様化により，こうした家族会に特有な解釈活動という形をとった支援の成立が難しくなってきているということが考えられた。その意味では，支援の場である家族会の意義は低下していると言えるかもしれない。したがって家族会という集まりが本書で見出したような支援機能を多くの場合において持っているという評価を行うことはできない。

　だが，本章の主旨は，家族会という集まり自体に重要性を求めようとするものではない。家族会という場において見出せたコミュニケーションの形式

が，呆けゆく者と生きていく上で直面する他者定義の問題に対して，重要な支援として機能している（場合がある）という発見を示すことである。そのため，そうした機能が，家族会という実体的な集まりの形で残るかどうか——すなわち，「話し合い」活動を備えた会の存続条件——を考えていくことが主眼ではない。呆けゆく者との長期にわたるコミュニケーションを継続していくために，相手の内面を共に解釈していく他者の存在が必要になってくることを，家族会における「話し合い」を見ることから考察できたことが重要なのである。

しかしながら，本章が，呆けゆく者と生きていくことへの支援としての意味を持つ外部の他者とのコミュニケーションについての考察として十分なわけではない。本章で明らかにした会における相手の内面の解釈活動という支援のあり方は，あくまで参加してくる介護者自身が定義している相手の像をもとにして成立している。そのため，もともと家族介護者自身が行っている他者定義を超えた「劇的な」変容が，解釈活動の中で可能となることは考えにくい。本章で見た活動は，もともと呆けゆく者とのコミュニケーションに内在している不安定な他者定義が崩れそうになる際に，バランスをとるために重要な試みである。したがって，呆けゆく者の意思・意図を「新たに」発見したり，実際のコミュニケーション場面で付与されている定義づけを大きく変化させたりしていくようなものではないだろう。

また，会における意思・意図の解釈とは，あくまでも「問題行動」に焦点化した意思・意図の解釈であるが，介護者は，「問題行動」の局面だけでなく，生活の中で，相手の全体像と出会いながら，コミュニケーションを続けていかなくてはならない。それが呆けゆく者と生きるということである。そのため，会の場に限定した，他者像の維持や修正を考察するだけでは，介護者の経験，ならびに支援となる他者の介在についての考察としては不十分である。すなわち，実際に相手とコミュニケーションを続けていく介護過程において，相手の中に「人間性」を発見したり，その維持が困難となった際に，保持や変容を可能とするような契機を考えていく必要がある。次章ではそうしたことを考察していく。

注

1 本章でとりあげる事例は，四つの介護者家族会への参与観察と参加者へのインタビュー，呆け老人をかかえる会の各地支部で開催されている「会員のつどい」への単発的な参加，ならびに，それらの介護者家族会が発行するニューズレター・冊子などから得た。フィールドワークの概要については，序章ならびに補遺を参照。

2 SHGについては，社会を変革する機能と個人を変容させる機能の二つの側面を持っているとされるが（伊藤 2000，福重 2004），本章では後者の機能に関する議論を参照する。社会変革機能について触れた研究として成富（1988），瀬山（2000）などがある。また，SHGの自己変容の機能は，①認識の変容と②行動の変容との二つがあることが指摘されている（岡 1985, 1988）。①については，メンバーに取り込まれることによって認識を変容させる，グループに蓄積されたイデオロギーや（Antze 1976: 323-46），本章で焦点を当てる体験的知識の獲得により状況に合わせて知識を活用できるようになること（Borkman 1976: 445-56）の指摘などがあげられる。②については役割モデリングに基づく方法の獲得（Katz 1993 = 1997: 45-9）や，ヘルパー・セラピー原理に基づく，援助者としての行動の獲得（Riessman 1965: 27-32）などの指摘があげられる。具体的なモノグラフとして，たとえば，小児がんの親たちのSHG研究であるチェストラーとチェスニー（Chesler and Chesney 1995）がある。患者会に関しては，アメリカのSHGとの類比で言及される一方，日本の患者会運動の独自の展開を調査した研究がある（山手 1979，鈴木 1981）。また，医療システムの中での患者会の機能的位置づけについて議論したものがあり，治療活動機能，対行政機能，医学研究機能，共同性機能という四つの機能に整理されている（的場 2001）。本章は，共同性機能にあたる部分を議論することになる。

3 大阪府社会福祉協議会内の府内各地の家族会をつなぐ連絡会の公表する資料によると，登録している家族会34の内，「デイサービス」などの直接的な援助を含むものを事業としてあげている会は11である。これは介護保険施行前（1997年）のデータなので，直接的援助活動は現在，さらに少なくなっていることが予想される。一方，広義の介護に関する情報提供を第一の目的とする活動として，「つどい・例会」は34，「地域懇談会」は12，「相談事業」は24である（平成9年度実績 http://www.osakafusyakyo.or.jp/ より 2004年4月にダウンロード）。

4 たとえば，1982年から2001年までの「ぼけ老人テレフォン相談」における「介護困難な内容」の推移を見ると，「問題行動」が「心身の疲労他」と並んで相談件数全体に対して8割から9割を占めている（呆け老人をかかえる家族の会東京支部 2003: 15）。相談内容件数は複数カウントであるため，ほとんどの相談で，「問題行動」が話題に出ることを示していると考えられよう。

5 たとえば，岡知史は，専門家の知識より，体験に基づき精確な情報であるとして，SHGにおける知識の優位性を主張する（岡 1999: 41-5）。SHGの優位性を主張しないまでも，いわゆる専門的な情報伝達システムや援助実践を補完するものとして位置づける者も多い（中田 2000，三宅 2003）。

6 ある参加者は，「健康状態は人それぞれだから，一般的にこうしたらよい」ということを述べることは絶対にできない」（field-notes03/10/23）と述べる。また，ある会においては，「皆さんのような立派な介護は私にはできない」と述べて会を辞めた参加者のことがしばしば反省的に話題にあげられ，会全体における介護の規範が形成されることに対して警戒されていた（interview01/11/20）。

7 このある程度の期間についての語りは，その期間の自己物語を語ることと言いかえてもよいだろう。物語の特徴の一つに「出来事の時間的構造化」（浅野 2001: 8-10）があるが，ここでの語りは，前回に提示した経験を物語の始点とし，現在の自分の状況

という結末に向け，その間の出来事を配列する営みと言えるだろう。

8 A・フランクは，病者自身が語る際にプロットの基礎となるような語りの類型を「回復の語り」「混沌の語り」「探求の語り」に分類しているが，ここでの呆けゆく者とのコミュニケーションの困難についての語りは，「混沌の語り」と関係している。フランクの言う「混沌の語り」とは，「継続性なき時間，媒介なき語り，自己について完全に反省することのできない自己についての話という意味で，反―語り（anti-narrative）を指し示している」（Frank 1995 = 2002: 141）。すなわち，語ることのできない経験が「混沌」である。その意味で，「混沌」そのものは，語られた時点ですでに対象化された，非「混沌の語り」である。したがって，ここで，呆けゆく者とのコミュニケーションにおける困難を語るということは，すなわち，「混沌」経験の対象化であり，それ以前に語り手がその中を生きていたことが想定される「混沌」から抜け出した瞬間ということになる。

9 ここで言う，進展のストーリーとは，「回復の語り」（Frank 1995 = 2002: 114）のプロットを用いて過去の出来事を位置づけることと言えるだろう。ただし，ここでの「進展」は，呆けゆく者という主体の「進展」，すなわち字義通りの回復に近いものではなく，あくまで，呆けゆく者とコミュニケーションを行う側にとっての進展である。

10 浅野智彦は，社会学的自己論における「自己は他者との関係において成立し，他者との関係を変化させることによって自己が変容する」というテーゼの不十分さを指摘した上で，自己物語の変容を媒介とした自己変容というモデルを設定し，その自己物語の変容に他者がいかに介在してくるかという点に関係論的自己論の分析の焦点を移行させている（浅野 2001: 164-8）。ここで提示した自己評価のメカニズムも浅野の提案の延長上に位置づくものである。すなわち，聞く他者が存在することで，ストーリー（自己物語）を構成することが可能となり，それが自己評価（自己変容）につながる可能性を持っている。

11 厳密に言えば，それに加えて，医師やヘルパーなど職業ケア提供者とのコミュニケーションも含んでいる。呆けゆく者に対する介護過程において，特に，評価者や状況の定義者としての医療専門職の重要性が指摘されている（Abel 1991: 83-4）。

12 ここでは一般的に家族・親族内の他者たちと書いたが，介護者が評価者としての役割期待を強くいだいている他者との間の認識ギャップが特に評価の不在につながりやすいと言えるだろう。たとえば，嫁としての立場で介護を行なっている者は，夫が息子として親に対して果たすべき義務の代行として介護を行なっているという側面があるため（春日 2001: 17-8），夫との認識のギャップが評価の不在へとつながりやすい。ちなみに作者の体験に基づく自伝的小説である佐江（1995）は夫婦間ギャップをテーマとしている。また，配偶者間介護の場合，第一の評価者は，配偶者関係にあった当の衰える配偶者であることが多いため，評価の得にくさの問題として，次に論じる，介護を提供している相手からの「反応」の得にくさの問題が中心になると考えられる。

13 アルツハイマー病患者の家族介護者を「親密な媒介者」という表現でとらえ，患者との間の私的な関係から感得できるニーズと外の公的世界とをつなぐ間の役割を担っているとする研究がある（Galvin et al. 2005）。こうした空間的な外との間の媒介という意味とともに，ここで指摘したいのは，時間軸上の以前と現在という間の媒介の位置に立つ介護者という側面である。

14 この場合は，単なる介護労働の提供だけではない，相手を何とか「人間」としてとらえていこうとするような，介護者の「隠れた」試みの側面に対する評価が不足ということになる。拙稿（井口 2001: 39-40）を参照のこと。

15 成長がある子どものケアと比べたとき，高齢者のケアは，行為内容としてはそれ程

変わらないものであったとしても,「発達」という社会の主流の価値意識からは外れている点,終点や途中の目標等を設定しにくい点などから,その行為の意味づけの側面で大きな相違を見せる (Abel 1989 → 1991: 90-91, 藤村 2000: 305)。また,関連して子どものケアとは異なり,労働力の再生産という論拠ではその存在を正当化できない公的な老人介護の根拠について問う研究として大岡 (2004) がある。

16　Lさんに対して筆者は,1999年に一度インタビューを行い,その後は,2003年まで話し合いの場での相談を聞くことで,介護経験の過程を把握した。

17　序章注4で定義したように,本書では,呆けゆく過程で,呆けを見つめる者が,「問題だ」と見なしている行動を「問題行動」として定義している。したがって,ここでの義父の行動は,いわゆる認知症の症状として専門書に記されている問題行動の類型や事例にはあてはまらないかもしれないが,当事者のリアリティとしての「問題行動」だと位置づけることができる。

18　注意すべきは,この活動が,参加者を,二つの像を同居させる試みへと積極的にうながしていく効果を持っているというわけではないことである。あらかじめ,二つの像の同居を試みようとしている人に対して,それを維持させるはたらきをしているのである。「支援」としたのは,そうした間接的な援助というニュアンスを込めてである。したがって,たとえば,家族会に出てこない人,あるいは要介護者に対する「ネグレクト(＝放置,世話の怠慢)」と言われるような状況に対して強い効果を持つようなものではない。

19　相手の意思・意図が想定されるということは,それらが帰属する心が推定されているということを意味する。「何ものかが心を持っている,ということは,そのものに対して固有の世界が存在している」(大澤 1994: 60-1) ことになる。したがって,ここでの意思・意図の解釈とは,まさに固有の世界を持つ「他者」の意思・意図の解釈であり,参加者それぞれの解釈の真偽は,その「他者」との間で判定せざるをえないため,参加者間での解釈の優劣は大きな問題にならない。

20　こうした表出・対処にかかわる部分での苦しみは,公的に「問題化」される以前の「トラブル」や「曖昧な生きづらさ」と概念化されている経験と同様の性質のものである (Emerson and Messinger 1977, 草柳 2004)。

21　筆者は,フィールドワークを行っていた家族会が実施に協力している,社会福祉協議会の主催する単発の介護相談の会にも数回参加している。こうした会の開催に際しては,家族会の経験を介護者に伝えるということが社会福祉協議会のスタッフなどから期待され,少人数の話し合いのテーブルを設けるという形で会が行われる。詳細に分析するだけの材料が不足しているものの,観察する限り,こうした単発の会においては,十分に経験を語ることは難しいようである。

22　佐藤俊樹は,インターネット上のコミュニケーションにおける解釈の自由度の高さについて論じる文章中で,「人間のコミュニケーション負荷が有限である以上,解読すべき対象が多くなればなるほど,紋切り型の深読みへ追いやられる」(佐藤 2005: 110) と述べている。佐藤の議論を踏まえると,初対面同士での相互解釈は,重要な情報を特定する文脈情報が不足したままになされていくことになるため,より紋切り型の解釈となることが予想されよう。

23　SHG論の要諦の位置にある「同じ経験」については,近年,その意味についての問いなおしが行なわれている。安藤太郎は,SHG論において,「同じ経験」が与件となっていて,説明されていないことを批判し,「同じ経験」という基準に抵触することなく,非対称な関係を要請する援助関係がSHGにおいていかにして達成されているのかを電子掲示板上のグループを例に考察している (安藤 2003)。安藤の議論は,SHGにお

いて「同じ経験」が実体として先行しているのではなく，支援の際に参加者たちの協働によって達成されることを示している。また，介護経験について語り合うグループインタビューを事例に，参加者たちの間でそれぞれ別々な介護経験の共有や他者との差異化がはかられる過程を検討している研究もある（木戸 2003）。

24　本章では，介護者同士の共同体の肯定的と考えられる側面をとりあげて考察してきたが，こうしたコミュニケーションが否定的な帰結をもたらす場合や，特に効果を見出せない場合も考えられる。たとえば，ある会に参加する専門家は「こうした会では，参加者同士比較することで介護の方法を追求し合い，介護が青天井になってしまう危険性がある」と，家族会の場において指摘していた（field-notes03/10/23）。また，ある会への参加者は，歴史の長い家族会へ参加すると，家族介護を一生懸命やった人たちの話が美談として語られることで，自分の状況が，かえってつらくなってしまうことがあると語っていた（interview04/04/01）。さらに，3節で見た解釈活動も，解釈の自由度の増大が，そのまま「問題行動」の納得につながるような相手の意図の設定を保証するわけではない。そうした不確定性の高い活動であることも，こうした会の活動と支援という言葉との結びつきを疑わしいものとする。だが，本章の視座からすると重要な点は，こうした会を確固たる実体として評価することでなく，その中で行われている活動の意義と可能性を抽出していくことである。

25　「問題」と言っても，会の存続・維持を目的とするかどうかについてはスタンスの違いがある。会アカシアの代表は，「必要がなくなれば発展的解消」「いつでもやめていい」というスタンスで活動の継続を考えている（interview01/11/20）。一方，ヒマワリの代表は，自身の介護経験を踏まえ，介護経験者のアドバイスは，茫漠とした介護過程にモデルを与える効果があるということを強く説くものの，現在，困難をかかえた介護者に「それを伝えることは難しいこと」で，介護者達からは，「私たちのことを理解していないと言われる」と会におけるアドバイスが難しいことを会を運営していく上での大きな課題として位置づけている（interview01/09/19）。

26　介護者への支援という活動を続けていくことや，意義ある活動を続けていくことの難しさについて言及していた会は，主に専門家の関与が少なく，介護者・介護経験者が中心的に運営しているアカシアとヒマワリであった。

27　認知症に限定した調査ではなく，母集団，カテゴリーも異なるため，厳密な比較はできないが，たとえば，アカシアの主要メンバーが介護中だった 1992 年の『国民生活基礎調査』（厚生省）における「在宅の寝たきり老人に対する主たる介護者」の続柄別の割合は，配偶者が 27.9％，子の配偶者が 33.4％，子が 20.6％，その他が 18.1％であった。介護者の性比が男 14.1％，女 85.9％で，人口比等を考えると，男性介護者の多くは配偶者であると考えられるため，子の配偶者はほぼ息子の妻に相当すると考えられる。それに対して，介護保険利用者を対象とした，2000 年『介護サービス世帯調査』（厚生労働省）では，配偶者が 34.1％，息子の妻が 28.2％，息子が 9.2％，娘が 19.3％となっている。92 年調査時の子 20.6％中の内，2000 年と同様に 3 分の 1 程度を息子だとすると，娘の割合が，13％程度となる。したがって，1992 年と 2000 年を比較すると，配偶者と娘の介護者の割合が増える一方で，92 年時点では最も割合が高かった息子の妻（嫁）の立場での介護者割合が低下し，配偶者の割合よりも低くなっている。

28　グブリウムらは，アルツハイマー病患者の介護者のサポートグループなどにおいて，介護者の困難経験の多様性に対して，どのようにアルツハイマー病という共通のカテゴリーが適用され，理解されていくかという問題について議論している（Gubrium 1987, Gubrium and Lynott 1985）。

第7章　「人間性」の発見はいかにして可能か？
──他者定義への支援 (2)

1 介護者同士の解釈活動の限界

　前章では，介護者同士の話し合い活動の内容と，その活動が持つ支援としての意義について考察を行った。特に重要な意義を有するものとして見出したのは，後半の4, 5節で分析した，介護者側が呆けゆく者を理解していく形式を支える介護者同士のコミュニケーションである。そのコミュニケーションとは，相手を「正常な人間」と「呆けゆく相手」という二つの像としてとらえてしまうような形式の他者定義を支えていく解釈活動である。言いかえると「周囲から経験を理解されにくい」「周囲へ困難を語りにくい」といった，「困難経験の他者への表出しにくさ」を経験しているということを共通の紐帯とする介護者同士が，その二つの他者像の付与を，共同での解釈活動の中で支えていくものである。

　それに対して，本章では，こうした介護者同士の集まりにおける呆けゆく者の意思・意図についての解釈活動の意義を限定的なものと位置づけ，さらなる考察を展開していく。その理由を，前章のくり返しとなるが，あらためてまとめておこう。

　一つは，参加の継続性や経験の共有などの，支援を機能させる条件を担保すること自体が難しくなってきていることが，会の中心人物などへの聞き取りなどから推論できたためである。その背景には，介護者の続柄が多様化してきていることや，外部の資源の利用可能性の増大などの介護者を取り巻く社会的状況の変化が想定される。そのため，家族会の活動から見出せた支援の意義は認めるにしても，これまで家族会という形をとって成立していた話

し合い活動を，そうした支援を可能にする場として積極的に位置づけていくことは難しい。少なくとも呆けゆく者とのコミュニケーションに伴う他者定義の問題に対して，別様の支援の可能性を見出していく必要があるだろう。

二つ目は，家族会の話し合い活動に継続的に参加できるのは，家族介護者というカテゴリーでくくられる人の内でも，特定の条件のもとにいる人だと考えられたためである。たとえば，呆けゆく者の変容に直面する中で，相手を「正常な人間」と見なし，介護を継続していこうとする意思を持つ参加者であることが，第6章で見たような活動を支援として経験することのできる前提条件であることが推察された。

もちろん，こうした参加者が特定の条件下にあること自体は，解釈活動の意義を完全に損なわせるようなことではない。条件の限定性を踏まえて，その意義を位置づけなおすならば，解釈活動は，介護者自身の他者定義のあり方を大きく変容させるような性格のものではないと言うことができる。精確には，参加する介護者自身が行っている／行わざるをえない他者定義のあり方を保持し，バランスが崩れそうな際に，若干の修正をして支えていくバランサーのようなものだと考えられる（伊藤1997）。しかし，解釈活動が，そうした重要だがささやかなものであるならば，呆けゆく者の定義を変容させる，より積極的な契機を考えていくことが必要ではないだろうか。

三つ目として，家族会における呆けゆく相手の意思・意図の解釈活動は，あくまで「問題行動」に焦点をあわせたものだということを指摘できる。確かに「問題行動」は，介護者の内面を解釈する必要性を突きつける。しかし，呆けゆく者と生きていくこととは，「問題行動」だけとつきあうことではない。「問題行動」の局面を超え，生活する「人間」としての相手の姿を保持し，つきあっていくことである。そうした呆けゆく者と生きていくことへの，別様の支援のあり方を考えていく必要があるだろう。

以上を踏まえると，①家族会のような集まりとは別様の他者との関係，②より積極的な呆けゆく者の像の定義変容，③生活する「人間」としての呆けゆく者のリアリティを担保すること，などの課題にかなうような，呆けゆく者と介護者という二者関係の外部にあるコミュニケーションについて考えていく必要があるだろう。

第7章 「人間性」の発見はいかにして可能か？

　二者関係の外部にあるコミュニケーション体系の内，前章で見たのは，介護関係の一方の側である介護者側の属しているコミュニケーションであった。そこで，本章では，もう一方の側である，呆けゆく者自身を取り巻くコミュニケーションに注目する。

　介護関係の成立，すなわち，移動能力の喪失，自律的な活動条件の喪失等に伴って，呆けゆく者は，介護者以外との物理的なかかわりを喪失しがちである。そうした状況において，デイサービスやショートステイの場への移動，ホームヘルパーなどとのかかわりは，介護者以外とのコミュニケーションが成立する機会である。さらに，こうした呆けゆく者を取り巻くコミュニケーション体系には，介護者側もその様子を観察するなどの形で，かかわりを持っていく場合が多い。本章では，呆けゆく者自身と介護者以外の他者とのコミュニケーションが，介護者側による，呆けゆく者像の定義変容に対してどういった影響を及ぼしているのかを見ていく。

　そうした変容の契機について考えていく上で，本章では，まず，介護者が語っている，呆けゆく者とのコミュニケーションにおける肯定的経験に注目する。先取り的に言うと，それは，呆けゆく者の「人間性」を発見するような瞬間である。ここで言う「人間性」とは，第6章で見たような介護の目標や基準として設定される（できる）ような「正常な人間」像とは異質なものである。むしろ，介護者が，相手を「正常な人間」として定義し続けることが極端に困難となっていく状況の中で，偶然的な出来事として言及されるような経験である。本章では，まず，こうした「人間性」の発見とはどのような出来事であり，その意義はいかなるものなのか，事例をもとに明らかにする。

　介護者の語りの中に見られる，そうした「人間性」の発見も，呆けゆく者とコミュニケーションを継続していく中で，徐々に困難になっていく傾向にあるようである。そこで次に，それが困難となっていく背景について考察する。その上で，「人間性」の発見の可能性を高める条件を，「人間性」の感覚はいかなる状況下でリアリティを持って経験されるのか，という問いのもとで明らかにする。この問いの考察において，呆けゆく者が，介護者との関係の外部にある第三者とコミュニケーション関係を持つことの重要性に焦点が

当たっていく。そして，そこに，介護者側から見たときの，呆けゆく者の変容の契機を見出すことができる。

こうした本章での呆けゆく者の変容の契機についての考察が，終章で取り組む，本書全体で解くべき問題の考察へとつながっていく。すなわち，われわれが呆けゆく者を「人間」としてとらえていくとはいかなることなのか，そのためにはいかなる条件が必要なのか，などといった問いに対して，暫定的な解を与えていく道筋が開けてくるのである。

2 呆けゆく者の「人間性」

2-1 意思の存在

第5章で考察したように，呆けゆく者との長期的なコミュニケーション過程の特徴とは，介護者が，相手に対するはたらきかけを，何らかの将来の目標となる像に対する手段，あるいは一過程として位置づけにくくなっていくということであった。それは，呆けとして語られる変容が，何らかの部分の欠如や，あるいは明白な衰えとは異なる質の変容であり，相手に「正常な人間」像を見出しつつも，そこに至るための方法が不明瞭となるためである[1]。だが，そうした状況においても，限定した形で「正常さ」を保持しようとしている介護者の事例が存在したのであった。

たとえば，第5章【事例3】のHさんは，目の前にいる相手の現在の意思を確認することが難しくなっていく中で，一定の生活リズムという，いわば，はたらきかける手段が確認しやすい身体動作における「正常さ」の保持に目標を限定していった。Hさんは，「一日中起こしておくこと」とか「食事を自分の力でとってもらうこと」などを目標として，そのための身体的なリハビリや刺激に強くこだわっていた。呆けや認知症とされる人は，多くの場合，他の病気の併発による疾患管理や，生活上の手助けを必要としているのであるが，そうした介護内容と関係した身体動作に限定的に焦点を当てて，当座のはたらきかけを続けていくということである。こうしたスタイルでの「正常さ」の保持は，呆けゆく相手と生きていく中で直面する，相手の全体的な像の変容に対するはたらきかけについては断念，ないしは先送りした上で，

維持すべき「正常さ」を身体や生活リズムなどに限定した，代替の目標設定であると言えよう。また，第6章3節で見たような，日常の介護の中での，介護のコツなどのちょっとした発見を自己評価の対象とするという，介護者同士の集まりでの話し合いに見られる活動は，代替の目標設定の回路を設けていく試みだと言うことができるだろう。

だが，そうした具体的な対応方法につながるような意味での「正常さ」とは若干違ったニュアンスで，相手の肯定的な方向への変容について語っている介護者が存在する。多くは重度の認知症をかかえる者の介護者であるが，彼女／彼らは，「相手の表情」や「笑顔」，「たまにまともなことを言う」などを肯定的なエピソードとしてあげている。そして，相手にそれらの兆候を見出すことが，在宅での介護の継続や，入居・入院している施設や病院などに頻繁に通い続けて相手の世話をすることの強い動機づけとなっていると語っている。

そこで，まずは，そうした肯定的に語られる経験がいかなるものなのかを見てみよう。Nさん（interview04/04/02）は，9年前に入院をきっかけとして母親の異変に気づき，脳血管性の認知症と診断された母親の在宅での介護を現在まで続けている。筆者が実際に観察できた在宅でのNさんの母親は，車椅子に座って食べ物の広告を眺めており，筆者が話しかけると，手を合わせて微笑みかけてきてくれた。筆者自身は，Nさんの母親と言葉による会話はできず，Nさんが一方的に母親に話しかけているという様子であった（field-notes04/04/02）。（引用中のIはインタビュアーである筆者を指す。以降も同様）。

N：……ここからまた話したいことあるんですよ。あの，痴呆症でね，頂上まで行っていたんですけどね。よくなったんですよ，ちょっと。

I：意識？ 色々なことが分かるようになったということですか？

N：そうそう。あの，また別の意味のね。もう平成×年くらいのときなんか，もう，眠りモードと食事モードが頭で混乱しているから，もうご飯のところで寝てしまうとか，そういうのがあったんですけどね，まだ，箸持って食べるんですよ，今。それもね，今困るのは嚥下困難。もう飲み込めないから，それこそ，細かく，これくらい私刻むんです，全部。で，その細かいのを自分で箸持って食べるから。

まあ, ぽろぽろこぼすことはあるけれど。まあ, 放っておいたら自分で食べようとするんです。で, 側を離れるとまた自分で食べようとする。まだ, 自分でできるぞっていうあれなんでしょうかね。で, まあ, そういうのが始まっているんですよね。で, この間も××さんに話をしていたんですね。もう頂上まで呆けたんだけど, また, 違った状況が出てきて, ある意味で元気になったから。お医者さんは,「まだまだもつよ」って言うんですね。「100歳まではいくよ」って言われている。100歳になっても頭もはっきりちゃんとした人もおられますしね, 世の中にはね。ほんで, 金さん銀さんも話を聞いていたら, 98のときに元気になって, どうのこうのという話を聞くとね, ああ, うちの母もそうなのかしら, と思って。

　ここでNさんは, 食事をきちんとすることを母親の回復の一つの兆候としているが, 単に「規則的に食事をする」という行為の内容自体を, その兆候ととらえているのではない。

　先に言及したHさんと対比して考えてみよう。Hさんは, 義母が, 規則的に食事をすることという行為自体を「正常な人間」像という目標として設定し, その維持を試みていた。しかし, ここでNさんが言及しているのは, そうした目標とする像に向けたはたらきかけとは意味合いを異にしている。

　Nさんが大きな出来事として強調しているのは, 母親が食事をしようという行動を通じて意思の存在を見せているということである。すなわち, 放っておいたら自分で食べようとするという相手の様子の中に,「食べたくて食事をする」という意思を発見しているのである。こうしたエピソードをNさんは,「相手にまだまともな部分が残っている」と, 相手の「まともさ」と関連づけて語っている。

　だが, ここでの「まともさ」は, 第5章で見たような「正常な人間」とは質の違う「まともさ」である。第5章で見てきたような「正常な人間」像は, 相手の以前の姿や, それを基盤に介護者が定義している正しい身体のあり方や生活リズムを基盤としたものであり, 眼前の衰えを否定する状態として規定される像であった。しかし, ここでの「まともさ」とは, そうした人間のあり方というニュアンスのものではなく, より基底的な, いわば, 人間のあ

り方を定義づける前提となる，相手からの反応や意思といったものの存在を指している。こうした「まともさ」の発見を，ここでは「人間性」の発見と呼ぼう。

2－2　感情・表情の発見

　以上の「食事を自分から食べる」というような，積極的な自発性を根拠とした意思の存在の発見ではなく，より微細な感情の存在をもって意思の存在ととらえ，その発見を大きな出来事として語る事例もある。同じくＮさんは，以下のように相手の中に「まともさ」を発見する局面について語っている。

　　　今でも広告を見てずっと過ごしているんです。食べ物の広告。ずっと喜んで。それと，朝起きたときの，喜んで喜んでねえ。それで，夜に起きたときに私が顔を見せると喜んで。だから，入所させたくないんです。それで，ああしてヘルパーさんに相手になってもらっているから。その割には，痴呆は，そんなに呆けてわけの分からんことはないんですよ。で，ヘルパーさんに対してもね，受け答えにはまともな答えが出るんですよね。あの，全然頓珍漢な答えが出てくるわけではないから。でも，意思表示はできないんです，全然。で，あの，一瞬の痛み，寒さ，暑さは表現できるんですけど，普通の徐々になること［＝複雑な要求］は表現できないんですよね。だから余計にかわいそうで，家においておかないと。もう何にも分からない，わけの分からなくなった人だったらね，もう入所させてもらった方が楽でしょうけどね。私が何で看ているかというと，そんなにしんどい目にあって看ているかというと，今はどうかしらんけど，前に［病院から家に］帰ってきたころね，電気つけるでしょう，「いいお天気やな」って，言うんですよ。ある意味まともでしょ，電気つけて明るかったら，いいお天気。窓を開けて明るかったらいいお天気。まあ，ちょっと狂って［ママ］いるけど，「ああいいお天気やな」って言うんですよ。で，朝も寝室から，ここの台所に連れてくるとものすごく喜ぶんですよ。

　ここでＮさんが述べているのは，周囲の人や環境に対して反応を返している母親の様子である。Ｎさんは，母親が周囲――ヘルパーという人や，明

るさの変化という環境——に対しては「まともな」答えができると述べている。だが，その一方で，母親は「まともな」答えを，独力では完全には表現できない状態にあるともとらえている。たとえば，Nさんの目から見て，ヘルパーのはたらきかけに対する受け答えはできるものの，母親側からは要求やはたらきかけができないととらえている。また，痛さや寒さなどの瞬間的な感覚については，表現はできるものの，「普通の徐々になること」と語っている複雑な要求については表現できないととらえている。

このように，Nさんは，母親の意思が明らかに存在していることについては確信した上で，それを母親自身は不完全にしか表現できないととらえている。そして，その意思の表現に不完全さがあることを，他ならぬ自分が母親とコミュニケーションを継続していく大きな理由としている。すなわち，その母親の経験を理解し表現の部分をサポートする者として，介護者である自己を規定し，施設に預けずに他ならぬ「私が」看るということになるのである[2]。

以上で見たような「人間性」について，以下の二つのことに注意しておく必要がある。

一つ目は，その「人間性」が存在するという感覚は，相手の自発性がリアリティをもって感じられることを要件として成立するものだということである。二つ目は，その「人間性」の発見は，前章までで見てきたような意味で，相手に対するはたらきかけの目標として位置づけることが，原理的に困難だということである。その理由は一つ目の自発性のリアリティの要件と関係している。多くの場合，この文脈での「まともさ」の根拠とされている相手の感情や笑顔などは，何らかの行為によって引き出されるものというよりは，行為という目的－手段の用語に回収できないようなかかわり——「その場にいること」など——から自然と引き起こされると考えられている。つまり，ここで見たような相手の意思が不確定な状態になった際の，相手の自発性とは，目指すべき相手の像を定めたはたらきかけの結果として見出せるものとは違い，偶然的に呆けゆく本人側から発動されるようなきっかけを必要とするのである。

3 「人間性」発見の難しさ

3−1 内省過程を有する他者の喪失

　だが，何人かの介護者・介護経験者の語りからは，前節で見たような，相手の中に自発性や感情といった意思を見出すという「人間性」の発見が，呆けゆく者とのコミュニケーションの継続の中で，難しくなっていく傾向にあることが見て取られた。では，本節で「人間性」の発見が困難となっていくとはどういった事態なのかを，事例をもとに見てみよう。

　Mさん（interview04/04/01）は，12年間の母親の介護を終え2年経過した時点で，介護生活の終盤におけるコミュニケーションの様子や自らの気持ちについて語ってくれた。ここで考察するのは，介護が終盤へと差し掛かって，相手の反応を見出しにくくなってきた頃に，相手の「人間性」を発見した経験についての語りである。

　　ええ，だから，この辺で段々と分からなくなってきているでしょ。でもね，他の人から見てね，私の顔を見ると，やっぱりすごい母親ニコニコしているんですって。で，病院でもね，「［普段のお母さんの気持ちは］分からないけど，来たときの顔は違いますよ」って言ってくださって。で，私もそれから母親の笑顔を見られる，それだけが［楽しみで］。

　Mさんの母親は介護過程の途中で病院に入院した。そこでMさんは，入院先の関係者から「Mさんと一緒にいると，母親がニコニコしている」ということを指摘され，そうした笑顔を見ることが，母親の世話を行う上でのやり甲斐になっていったという。すなわち，Mさんと母親とのコミュニケーションにおける母親の表情を，その二者の外部の他者が観察して，他の人とのコミュニケーションにおいて見られる表情とは違うと評価することで，母親の表情・感情という「人間性」が発見され，Mさん自身もそれを見ることを喜びとしていくようになった。Mさんは，そうした笑顔を含む母親の感情を，以下の引用に見られるように感得していくようになっていく。

I：たとえば，段々とこうあの，意思が分からなくなっていったときに，お母さんの考えていることとかは分かりましたか？ 考えているっていうか，こういうふうに感じているんだろうなあ，っていうのは？ 言葉は通じなくとも。

M：もう，どういうふうに考えているのか……。うーん，ただね，もうこのころはね，私の感情がそのまま，母親に，うーんなんて言うんだろう。

I：機嫌が悪いときは，機嫌が悪くなるとか？

M：だから，うん，鏡みたいな感じです。私がね，もうつらいなと思って泣きそうな顔をしていると向こうも泣きそうな顔をしているんです。

　……。

M：それでね，［私が］泣くっていうことも段々となくなってきて。あの，鏡みたいだって言ったでしょ。でも喜怒哀楽の怒るっていうのが一番先になくなったんで，うちはそれでよかったかな，って思うんですけどね。で，悲しみとかもなくなってきて。最後はね，笑う，うれしい，それくらいしか残らなくなって。それで，この人の笑顔，何回見れるかなって。うん，それが私の生きがいというか。

　筆者による「母親の考えや感じていることについて分かるかどうか」という質問に対し，Mさんは，母親の意思の存在自体を前提にしつつも，先ほどのNさんと同様，周囲が普通に理解できる形では表現できていないと考えている。また，先述したように，周囲からの指摘などから，母親は周囲の人に対してとは違う特別な表情を，Mさん自身に向けているととらえていくようになった。これは，いわばMさんと母親との関係は，他の人との関係とは異なる唯一の関係だという経験である。前節のNさんと同様に，こうした唯一性の経験が，相手の世話についての第一責任者の位置にい続けざるをえない状況の中で，「生きがい」という自らの介護の動機づけとして強化されていったと解釈できよう。

　ここで注意すべきは，それに加えて，母親の感情そのものが，自分がいだく感情との関係の中で形作られているという感覚を，Mさんが強くいだくようになっていったという点である。しかも，ここでMさんが意識していたのは，母親と自分との間で双方向的に影響を与え合うような関係ではなく，

Mさんの側からのはたらきかけが，母親に対して一方向的に影響を与えるような関係である[3]。すなわち，自分の機嫌が悪ければ相手の機嫌も悪く，自分が笑顔でいれば相手も笑顔でいるという影響関係である[4]。Mさん自身は，こうした「笑顔」だけが残るような状況に至るまでは，母親を叩くなどもしてしまったというが，この時点においては，母親の笑いしか残らず，自分が笑っていれば相手も笑っているという状態になったとその状況を肯定的にとらえている。

しかし，ここで重要なのは，双方がどういった感情の状態にあるか——社会的に，否定的なラベルを貼られる感情の状態か肯定的な状態か——ということではない。注目すべきは，コミュニケーションが一方向的なものとして成立するという関係が，Mさんに意識されていったという点である。介護者側の状態が相手の状態に影響を与えているという意識は，自己の行為に対して反応のある他者として母親が存在し，その他者と通常のコミュニケーションが成立していることが自覚されている状態に見えるかも知れない。だが，こうした一方向的な影響関係が成立した状態とは，自分と独立の意思を持つという他者性が限りなく小さくなっている状態である。そして，それは，ひるがえって，相手の「人間性」のリアリティの喪失につながっていく状態だととらえることができる。そのことについて心の哲学の議論を援用して確認しよう。

第3章で見たように，われわれは類型に基づき他者を理解しているが，「人間」という相手を理解していく上で，最低限前提としているだろう類型の内容は，「素朴心理学（民間心理学）」を前提にしてコミュニケーションが可能であるという内容である。素朴心理学とは，人間を理解していく上で，われわれが素朴に持っている前提的知識（常識）と言いかえることができる。素朴心理学においては，「『人は心を持ち，それはその人の信念，欲求，情動，意図の総体である』とされており」，「人はその想定を用いて，なぜ他者がそのように行為するのか説明し，何を行うかを予測する」（中山 2004: 38）。われわれは，周囲の他者に対して上述のような想定を持ち，そうした素朴心理学に基づいて行為を解釈している。逆に言えば，素朴心理学に基づいた説明形式が可能であるというリアリティを有した他者が，心を持つ者＝人間とし

て定義される。

　そうした素朴心理学において想定されている心のあり方を、中山康雄はエージェントモデルA・Bという二つの内面のシステム・モデルとして提示している（中山 2004）。エージェントとは、自らの生存を保つよう環境に働きかける存在者の一つである（中山 2004: 30）。エージェントモデルAとは、学習能力は備えているものの、内省能力を持たず、環境と自己を区別することができない。したがって、学習は行うものの、他者から何らかの反応を受けたときに一定の反応を返すという条件反射的なものにとどまる（中山 2004: 30-2）。一方、エージェントモデルBとは、高次の志向システムであり、他者の志向的状態と自己の志向的状態を区別する。自らの行為を決定することができる主体であり、いわゆる合理的行為者を指している（中山 2004: 32-4）。こうしたエージェントモデルは、科学的な「人間性」を示そうとするモデルというよりは、われわれが日常、他者とコミュニケーションをとる際に、想定しているモデルを示したものであると考えられるだろう[5]。

　中山は、われわれの共同行為は上述のエージェントモデルBというシステムが予期できる相手との間で行われる行為だとしている。こうしたエージェントモデルBであることを前提として他者とコミュニケーションを行っている場合、それは社会学における通常のコミュニケーション（＝相互作用）分析の出発点に置かれている行為主体同士の「二重の偶有性」が成立した状態だと考えることができる。「二重の偶有性」とは内省過程を有している他者の行為の予期を、相互作用の主体双方が行うような事態を指している。

　だが、ここでのMさんが経験している母親とのコミュニケーションは、相手の行為の不確定性のリアリティを喪失しつつあり、上述したエージェントモデルAとの間のコミュニケーション・モデルに近いものとなっていると考えられる。この際の呆けゆく相手は、内省過程を欠いた相手というリアリティを持つことになる。すなわち、自分の感情が相手の感情や意思をそのまま規定してしまうという関係の中では、相手の動きは反射に近いものとして映じていくのであって、内省過程を介した自発的な意思に基づく行為とは映じない。それは、自発的な意思の存在によって担保される相手の「人間性」のリアリティの喪失につながっていく関係なのである[6]。

3－2　介護者への帰責

　以上で見たのは，呆けゆく相手の反応が，介護者側の感情をそのまま反復するようなタイプにおける「人間性」のリアリティの喪失であった．次に，周囲に対する反応そのものを喪失するというタイプの「人間性」のリアリティの喪失について，Hさんの事例をもとに見てみよう．以下で見る事例は，呆けゆく者の反応が失われていく経験を語っているため，一見，上述した介護者の状態をそのまま反復するMさんの事例とは対照的な事例である．だが，エージェントモデルAとのコミュニケーションという意味では同様であり，かつ，こうした極端な事例を見ることで，3－1で見たMさんの事例に含まれている問題が明らかになる．

　第5章の【事例3】として言及したHさん（interview02/04/12）は，相手の反応のリアリティ喪失について語っている．Hさんは，「介護をやっていてかっとなってしまうことはないか」という筆者の質問に対して，以下のように答えている．

　　　だけど，このころは，もうなんて言うかなあ，怒るっていうことは相手がねえ，それだけ怒ることを聞き取る能力とかねえ，それに対抗する体力とか，そういうものがあるときにこっちも怒るんだなあ，っていうのが，すごくよく分かるようになってきた．だから，赤ちゃんみたいにねえ，お人形さんみたいになっちゃった人が……．やっぱりほら，お人形さん抱いたりなんかしたりするときは怒ったり，とかっていうことはあんまりないでしょ，お人形遊びなんてときは．あれと同じなんですよね．

　ここで，Hさんは，呆けゆく義母とのコミュニケーションにおける「怒り」という感情が，自らの「怒り」に対して，何らかの相手のリアクションがある場合には生まれてきたが，リアクションが不在となった現在は，生じてこないと述べている．そして，相手は，「お人形さん」みたいな存在となっていると認識している．

　ここでの義母との関係についてのHさんの認識は，相手の情意を引き出そうとするはたらきかけに対して，相手からの反応が存在しない関係という

ことになる。Hさんと義母とのコミュニケーションを観察すると、喉の動きなどを見ながら、母親が食べたがっているのかどうかを確認していた（fieldnotes02/04/12）。Hさんは、身体の動きから相手の意思を読むという形で実際の世話行為を行っていたと言えよう。

ここで注目したいのは、以上のような経験の中で、Hさんが、下記のように、「相手のこと」が「自分のこと」になるという感覚をいだいていることである。

> おばあさんがまだ元気でピンピンしているときは、まあ、それぞれ違う人間だから、それぞれの対応の違いとか摩擦があるわけですね。だけど、おばあさんがそういうふうな自分というものが段々となくなってきた時点から、言ってみると、私のやり方とか、自分のやり方でやっていけるような状態になったわけですよね。そうすると、なんて言うのかな、あんまりあこぎなことができない。今度は自分のことに。今度は介護っていうのではなく、おばあさんのことっていうのは相手があることではなくて、自分のことになっちゃうわけですよね。だから、自分があんまり惨めな人間になるのは嫌っていうか、そういうところがあります。何かあんまり自分がこう嫌だなあ、こんな人間になったのかとか、よくそう思うことありますでしょ？　そういうふうにはなりたくないっていうのがありますね。だから相手がどうっていうよりは、相手の反応が鈍くなったっていうかあんまり反応がなくなった時点から、そのことが自分のことになっちゃうっていうような感じですね。

ここでHさんが述べているのは、義母の意思の存在を確認しにくくなっていく中で、相手に対するはたらきかけの結果が、すべて自分の側に帰責される感覚の経験である。こうした極端な事例から、3－1のMさんの事例を振り返ってみると、Mさんにおいても、同様の経験が成り立ちうるということに注意が必要である。Mさんの側がいだく感情が、そのまま相手に反映されていると認識される関係ということは、否定的な感情であるときには、相手も否定的な状態になるということを意味している。そうした際に、その状態の原因は、はたらきかけを発動している――行為が可能な――介護者側ということになる。このように、「人間性」の失われ方は異なっていても、

原因の帰属先が介護者側に偏った状態になっていくという点において、二つの事例には同型性が認められるだろう。

　以上をまとめると、「人間性」のリアリティの喪失とは、相手から、介護者側のはたらきかけや、介護者側の心理的な状態を咀嚼した上での反応が返ってこなくなる経験である。それによって、呆けゆく者は、介護者側のはたらきかけをそのまま映し出す、他者性の失われた相手となる。そして、その喪失がもたらす問題は、以下の二つにまとめられる。一つは、呆けゆく者との長期にわたるコミュニケーションにおいて、最終的な動機づけの源泉＝価値となっていた「人間性」の保持が極端に難しくなるという点である。もう一つは、本項の事例から見えてくる。相手の状態や現状に関しての原因帰属先の不均等が生じるということである。端的に言えば、介護者自身に相手の状態、相手と形成している関係の因果が多く帰責されていくことになる。それらの帰結が持つ意味についての考察は6節にゆずり、次の4節では、「人間性」のリアリティの喪失が生じる背景について考察していこう。

4　二者関係への閉塞

4-1　閉塞がもたらすもの

　前節で見たような「人間性」のリアリティの喪失へとつながっていくのは、呆けゆく者自身の心身が衰えてきているためであることは否定できない。本章でとりあげている事例が、長期的な介護を継続し、心身の状態も衰えた相手の世話をしている時点についての介護者の語りをもとにしていることは確かである。だが、そうした心身の変容という位相とは別の、より社会的な位相における「人間性」喪失の背景をここでは考えてみよう。そうした社会的な位相における背景の把握が、社会学的な意味での相手の変容の契機を見出していくことにつながっていく。

　ここで考えられる社会的な位相の背景として、呆けゆく者と介護者との二者のみの関係が生活において大半を占めていくということがあげられる。このことを二者関係への閉塞と呼ぼう[7]。では、なぜ二者関係への閉塞が「人間性」のリアリティの喪失につながっていくのであろうか。

本章の2節で見たような「人間性」は，介護者の側が，目的として設定した上ではたらきかけることで見出されるようなものではなく，偶然的に発見されるという性質のものであった。二者関係への閉塞は，そうした偶然性を喪失する可能性を高めていくのではないかと考えられる。その喪失の経路として二つが考えられる。

一つに，二者関係への閉塞によって，介護者側は，呆けゆく相手の振る舞いを，理解可能なものだけに限定したり，予測可能性を高めていくことになる。特に，介護という呆けゆく者とのコミュニケーションは，身体的な世話を多く含んだものである。その上，二者関係での世話は，そこでの負担のほとんどがすべて介護者にかかってくる偏ったものである。そのために，理解不可能なものを排除したり，予測可能性を高めていくことは，日々の生活において非常に重要になってくる[8]。もちろん，呆けゆく者とのコミュニケーションにおいて，予測可能性を高める試みが，非常に困難であることは，第3章や第5章で見たとおりであるが，相手の心身の衰えはそれを行いやすくさせていく。たとえばHさんは，喉の動きから，相手が食べたがっているかどうかということを判断しているが，相手の意思の理解をそうした介護行為に必要な部分に限定している。また，Mさんは「家だと，[相手のことが]分かっているから，つい先回りしてやってしまう」と予測して相手にはたらきかけてしまうと述べている。

もう一つは，二者関係への閉塞によって，それ以外の他者の存在を締め出す結果となってしまうことである。そのことは，呆けゆく者の自己の多元性と，その多元性を統一する自己の存在の信憑性を低下させる。

ミード以降の社会学的自己論は，自己の社会性，すなわち，自己に対して他者や関係・コミュニケーションが先行するという命題を強調してきた（Mead 1934 = 1973: 191-9, 浅野 2001: chap 4）。そうした他者や関係の先行性という議論の延長上に，状況によって異なる自己が提示されるという考え方が展開されてきた。状況に応じた自己を論じる代表格であるゴフマンは，対他的自己像を戦略的に操作する主体による，状況に応じたアイデンティティ管理を主題化した（Goffman 1959 = 1974）。呆けゆく者の自己に注目した社会学的研究においても，ゴフマンのそうした側面は強調される。たとえば，第2章

で見たように，呆けゆく本人が，パッシングなどの戦略的な自己呈示を，身体のままならなさという状況に苦しみながら行っているということが指摘されている（Cotrell and Lein 1993, 天田 2003: chap 3, 出口 2004a: 163-5）。

だが，本章の考察で重要な点は，そうした自己呈示が呆けゆく者によって本当になされているのか，主体性が存在しているのかということではない。呆けゆく者が複数の他者との関係を喪失していくということが，呆けゆく者とつきあう介護者にとって，相手の自己の多元性を感得する機会を失うことを意味しているという点である。つまり，介護者以外との関係が相対的に少なくなっていくことは，呆けゆく者の自己が，介護者との二者関係という状況における自己に限定されていく可能性が高まることを意味しているのである。

4－2　閉塞がもたらされるわけ

では，逆に，なぜそうした二者関係への閉塞という状況に陥っていくのであろうか。もちろん，第一には，相手の身体状況の衰えに伴い移動が困難となって，二者関係とならざるをえないという側面がある。だが，ここでの二者関係への閉塞とは，実際の介護場面への閉塞だけとは限らない。たとえば，呆けゆく者が施設・病院などに入っていても，介護者が相手のマネジメント責任を一手にかかえてしまうという事態[9]も閉塞の事例に含まれる。そうした閉塞状況に至る理由は二つ考えられる。

一つは，介護の効率化を求めるためである。ここで言う効率化とは，理論的に可能な限りの選択肢が存在する空間において，合理的に介護主体・資源の組み合わせを選択するという意味での効率化ではない。家族・親族の網の目の中における在宅介護という関係に埋め込まれた中での，いわば「消極的な効率化」である。

たとえば，何人かの介護者は，親族やヘルパーといった他者のかかわりを，自分と呆けゆく相手との二者間で安定している介護関係にとって障害となるものととらえている。そうした他者のかかわりが障害としてとらえられるのは，最終的な介護責任（＝呆けゆく者と生きること）を他に依託することが難しい介護者が，さまざまな主体を入れることで複雑性を増すよりは，自分の

できる範囲で限定した介護を行っていた方が，効率的であると判断していることによる[10]。結婚時より義母と同居し，同居直後の義母の入院から現在まで義母の世話をしているXさん（interview04/07/20）は以下のように述べている。

　　　[問題として感じることは] 周りに対してはありますよ。でも，おばあちゃんとの2人の間の関係に対しては私，問題はないんですよ。うーん，だから2人だけにしておいてくれたら何もないんやけど。周りがごちゃごちゃ言わへんかったら，私は穏やかに，おばあちゃんと少々しんどくてもやっていけるんやっていうのが何かあったんですね。一番しんどいのは周りの，あの，うん雑音というか。

　ここで言う「周り」とは，兄弟などの親族を指している。このように，Xさんは義母の世話そのものではなく，周囲の親族が口を出してくることが負担だと述べている。Xさんの事例においては，特に初期のころ，親族間で，第3章3－3で見たような，義母が認知症であるかどうかという定義をめぐる不一致があった。そうした像の不一致は，介護の方法の不一致以上に厄介な事態である。なぜならば，呆けゆく者がどういう状態であるのかという前提部分を，介護者は，場合によっては本人以上に，介護関与者たちに対して雄弁に主張しなくてはならないからである。

　また，Xさんは，そうした親族の関与が負担であるととらえているとともに，昼間に義母の脇で昼寝をするなどの自分のペースでの介護生活が送れないため，ヘルパーなども利用しにくいと述べている。身体的な面においては，一人で義母の世話を看ることは負担ではないと語っているが，そうした介護負担の軽重とは別に，コミュニケーションという点では，義母とXさんの2人の関係に閉塞しがちになっていく。

　以上で見てきたような意味での「効率化」は，先述したような，二者関係への閉塞によってもたらされる予測可能性の増大と，互いを強化しあうポジティブ・フィードバックの関係（徳岡 1997: 96-8）にある。「効率化」は二者関係への閉塞をもたらし，二者関係への閉塞は，コミュニケーション場面での予測可能性を高める作用を持っている。そして，そうした予測可能性を高

めることによる一時的な安定が,「効率化」を維持すること,すなわち二者関係を開くことの躊躇へとつながっていくことになるのである。

さらに,もう一つの背景として,相手の「人間性」の発見自体が,高く価値づけられることによって,二者関係への閉塞が,維持・促進されるというメカニズムがあると考えられる。4－1で見たように,二者関係への閉塞に伴い,相手の予測可能性が高まっていき,「人間性」の発見を難しくさせていくのであった。だがこのことは逆に,「人間性」の発見の経験を印象深いものとする[11]。すなわち,「人間性」の希少性を上昇させる。そうした「人間性」を発見する経験の価値上昇は,たとえば,「[相手は]分かっているのだから,かわいそうで施設には預けられません」「分かっているうちは施設には預けたくない」(Nさん interview04/04/02)など,意思を有するというリアリティが付与された相手の第一介護責任者である自分が,介護を継続していくことの動機づけの強化と,結果としての介護の囲い込み(二者関係への閉塞)の維持につながっていく。注意すべきは,以上のように「人間性」の発見を目指して二者関係の中に閉塞していくことによって,さらに「人間性」の発見が難しいものとなっていくという「行為の意図せざる結果」[12]の過程が引き続いていくということである。

5 「人間性」を発見する契機

上述してきたように,相手の「人間性」の発見は,呆けゆく者とのコミュニケーション過程における肯定的な経験として語られる。だが,一方で,二者関係への閉塞に至るメカニズムと,その閉塞が「人間性」の存在を確認することを難しくさせていく過程が見られた。特に,二者関係への閉塞に伴い「人間性」発見の希少性が増していくことは,二者関係の閉塞をうながし,それが「人間性」発見の困難性につながるという逆説的な過程の存在を想起させた。

だが,こうした「人間性」発見を困難とさせていく過程がある一方で,そうした状況の回避や,そこからの脱却が語られている事例もある。では,コミュニケーション過程において,相手の「人間性」を再び発見していくこと

を可能にするような契機としてどういったことが考えられるだろうか。以下ではそのことについて考えてみよう。

　まず，前章で見たような，介護者同士で，呆けゆく者の行動について，その意思を前提としながら，さまざまな解釈を行っていくという活動はどうだろうか。しかし，こうした解釈活動は，本章の冒頭で指摘したように，相手の劇的な変容を可能とするようなものではない。

　一方，組織化された活動ではないが，第三者が，呆けゆく者と介護者とのコミュニケーションを観察して，呆けゆく人の表情や，かかわる人に応じた反応の差異が存在することを指摘することをきっかけに，相手の意思が存在することを確認しなおしていくような経験が，何人かの介護者から語られている。実際，本章3－1で見たMさんによる「人間性」の発見は，入院先での医師という他者からの指摘をきっかけとしたものであった。

　だが，以上のような介護者側の解釈のみへのはたらきかけは，日常生活のほとんどを占めている呆けゆく者とのコミュニケーションにおけるリアリティへの対抗としては脆弱なものである。考えるべきは，実際に，呆けゆく相手の変容のリアリティが介護者に強く経験されるようなきっかけである。だが，呆けゆく相手の生物‐医学的な意味での身体や，全体としての像の劇的変容が，数年間の介護生活という「いま，ここ」の時間の中で有意味な形で起こるということは考えにくい。そう考えると，劇的に起こる実体的な変化ではないが，呆けゆく者の自己像の緩やかな変容につながっていくようなきっかけを見出すことが重要である。

　そのきっかけを考えていく上で，4－1で言及したような，社会学における自己論の知見は有用だと考えられる。社会学的な自己論は，自己が他者との関係によって成立しているという関係論的な自己論であった。すでに4－1で簡単に述べたように，二者関係への閉塞は，介護関係にある二者間以外の他者とのコミュニケーションが限られていくことを意味している。コミュニケーションが限定されていくことは，一方の呆けゆく者の側にとっても同様である。したがって，呆けゆく者と別の他者とが共在し，コミュニケーション関係が成立している場面を介護者が観察することへの注目は，相手の「人間性」の存在を確認していくきっかけを考える上で重要だと思われる。

第7章 「人間性」の発見はいかにして可能か？　267

　外部のコミュニケーションの中にいる呆けゆく者を観察するということは，どういう経験なのか。まずOさん (interview04/04/02) の事例を見てみよう。Oさんは，母親の疾患管理の必要性をきっかけとして近居での世話を開始し，10年以上行ってきた。母親は，父親と同居しているが，母親が持病の糖尿病から，病院での治療が必要になり認知症と診断されていく。そうした時期に父親は仕事を続けていたため，Oさんが母親の介護責任を主に担ってきた。

　　そうです。あそこ［デイに］行ったらね，結構痴呆入っていても外見的には皆さん普通なんですよ。おしゃべりもされるし。でもちょっとこの皮むいてとか言ったら，「はいはい」とか言ってむかれるんですよ。でも家ではされないんですよ。やっぱり，家の中での自分と外へ出た自分というのはやはり使い分けされますねえ。ああいうふうな知恵があるのに，何でまともな生活が家でできないのかなあ，っていうのが私すごく不思議に思います。で，「母もデイに行ったらどうですか？」って［デイの人に］聞いたら，「はいバスタオルたたんでと言ったらたたんでくれるし，湯飲みも炊事場に持っていったりしてくれてますよ」って言われるんですけど。家では言ってもしないですもん。「これやって」って言ったら，知らん顔してね。もう耳に栓をしているのかなって。私たちなめられているのかなって思いますよね。やっぱり使い分けてますね。だけど，お医者さんに言わせたら「それが本来の姿じゃないかなあ」って。「やっぱり，外ではちゃんとしなければいけないっていう，そういう力，そういう志向がはたらくんじゃないかなあ」って言ってくださるんですけど。

　Oさんは，三つの段階を踏んで，呆けゆく者としての母の自己の存在を確認している。まず，あるデイに行ったら，「呆け」や「痴呆」だと言われている人が，周囲の他者の言ったことを理解して家事などを行っているということを観察し，少なくともデイの場においては，呆けや「痴呆」と言われている人が，何もできない状態ではない（「普通」である）ことに気がついた。さらに，その「普通」な様子は，自宅での顔とは異なるともとらえている。そうした観察から，呆けや「痴呆」と呼ばれる人が，公的な場であるデイと私的な場である自宅とで，違った自己を使い分けているということに思

い至った。次に，やはり「痴呆」である自分の母も，同様に，家庭内で，Oさんや父に対して見せるのとは違う顔を，デイでは見せているということを知った。そして，そうした家庭での顔と違う様子を示すことについて，医師からの「それが本来の姿」という評価から，「痴呆」である母親が，「外ではちゃんとしなければいけない」という志向を持っている人だという認識に至っている。

　Oさんは，「[母が]家では何もしないのに外ではなんで」と，この出来事を苦笑いとともに語り，父もそうした母の様子について，「むかつく」と語っているという。だが，こうした出来事は，母親が公的場面と私的場面で，異なった自己を呈するしたたかさを持っていることを示すという意味を持っている。われわれは，人間というものが，呈示する自己を操作できる主体であるということを，自明視しながら通常のコミュニケーションを行っている。だが，相手を呆けゆく者と定義していく過程において，相手がそうした多面的な自己を操作する能力を持っているという想定を失っていく。それに加え，介護者と呆けゆく者のみ，あるいは，家族内の関係のみでコミュニケーションが完結していく場合，状況によっては多面的な自己を呈するという発見を提供しうる複数の他者との関係性も失われていく。そういった状況において，上述のように，デイサービスなどにおいて，呆けゆく者が，家族とは違う他者とのコミュニケーションに入り，それを家族介護者が観察することは，呆けゆく者と直接かかわる複数の解釈者を媒介することになる。それによって，多面的な自己を持つ人間であることに気づく可能性を高めるのである。

　こうした「人間性」への気づきは，相手の意思・意図の現われを，介護生活において強く価値づけている介護者からは，より肯定的な出来事として語られる。たとえば，3節でとりあげたMさん（interview04/04/01）は，母をあるデイサービスに連れていき，そこで起きた出来事について以下のように語っている。

　　M：……病院から，リハビリを兼ねてデイケアに。私にとっては，みんなの中にいる方が，リハビリになると思っていたから。そうしたら表情も戻ってくるしね。やっぱりね，人の中にいるってことが一番大事，と思うんで。それで，病院の中

での人間関係と，ああいう痴呆があってもまだ元気な人との関係と，また違うんですねえ。それでボランティアさんもたくさんいらっしゃるし。それで色々な人が話しかけてくださるでしょ？　そうするとやっぱり表情も戻ってきて，それこそ，立てないとか思ってたのに，ボウリングの玉を転がしたりとかね。ボウリングっていっても，普通のゴムボールみたいなのを転がすんですけどね。それで，自分で立とうとしたりね，それをしたいために。だから遊びの中だったらね。リハビリで，「はいこの平行棒歩いてください」って言っても一歩も歩けないんです。でも，そのピンが立ってて，なんとなく覚えているから，自分で立とうとして。これがリハビリになるんだなあって思って。それで，デイに，タクシー予約して，行ってもらったんです。だけど，福祉タクシーって病院の搬送なんかが多いからなかなか空きもなくって最後の方は普通のタクシーに乗せてとかしたんですけどね。

Ｉ：そうすると，やっぱり表情とか自分で意思を示すということが一番うれしかったということですか？

Ｍ：そりゃそう。だって，意思表示があんまりない人がね，何かしようとしたりするっていうのは，うん。それで，それは，日常の２人きりの中ではなかなか［難しいから］ね。もう分かっているから，［自分の方で］してしまうっていうのもあるし。やっぱり誰か他の人とのかかわりの中からの方が。他の，周りからのはたらきかけからのほうが，引き出せる？……。だから違う環境を作ってあげることがすごい大きいんじゃないかなあ，痴呆の人にとっては。人も周りの景色も含めて全部。日常じゃない世界を作るのが。それで，いくらそれが表情がなくなっている人でもね……。感情みたいなのはすごくよく伝わるしね。

　一般的には，以上のような意味でのデイや環境の変化の「効果」は，呆けゆく者の残存能力の維持や，周囲のかかわり方による認知症の改善などとして論じられている。だが，そうした実体的な「効果」の有無やその真偽とは別の位相で，以上のＭさんの経験の意味を考えることができるだろう。

　デイサービスなどに行くことの効果について，多くの介護者は，自分自身の休息という意義だけでなく，そこに行って何らかの活動を行うことや，積極的にはたらきかけてくれる者とコミュニケーションをとることが，呆けゆ

く者の「刺激」になるということを強調する。また，制度的にも，デイサービスやデイケアはレクリエーションや社会参加という意義を強調したプログラムとなっている。しかし，一方で，こうした「刺激」と言われるものの医学的な実相についてはそれほど明らかではないとされている。たとえば，精神医学を専門とし認知症に詳しいある医師は，認知症に対する療法の一つとして「刺激療法」をあげ，この療法については医学的なエビデンスを確認していくことが必要であると述べている（中村 2003）。

だが，厳密に医学的なエビデンスに基づいた「刺激」の効果とは別に，社会学的な位相で，デイサービスの効果と言われることの意義を説明することが可能である。それは，デイサービスという場に行ったときに，いつもとは別の他者とのコミュニケーションに入ることの持つ意味である。呆けゆく者にかかわる他者が増えたり，変化したりすることで，介護者が，自分一人や家族という限定された社会関係の中では見出すことが難しかった面を見つける可能性を高めるのである。自分自身のみで見出せなかった面の発見とは，多様な面を持つ存在であったことに気づくということである。

もちろんこうした二者関係の中で見る姿とは別の面を発見することが，そのまま，呆けゆく者を，先述した，内省過程を有し相互作用が可能なエージェントモデル B（中山 2004）として解釈するようになっていくことの必要十分条件となるわけではない。だが，少なくともそれは，はたらきかけの主体が変わることで，そのはたらきかけに対する相手の反応が変化する場合があることを示す経験となっている。すなわちそれは，呆けゆく相手が介護者である自分とは異なる他者とかかわることで——一時的にでも——変容可能性を持っているということに気づく経験である。そして，少なくとも，刺激反応図式に近い相手（エージェントモデル A）とは違った存在と見なしていく上での必要条件となるだろう。いわば，そうした，より偶有性に開かれた関係に置かれていくことが，「人間性」の発見にとって重要な契機となるのである。

6 呆けゆく者の「変容」の契機とは？

本章では，まず，家族介護者にとって，相手の意思や感情の存在（＝「人間性」

の発見が，呆けゆく者と生きていく上での肯定的経験として意味づけられてくるものの，その発見は二者関係の中で難しくなっていくという過程を考察した。また，その帰結として，呆けゆく者の「人間性」のリアリティ喪失とともに，コミュニケーションの中で生じる相手の状態に対する責任が，介護者側に偏って帰属されていくということも見られた。そして，こうした偏った帰属により，介護者は相手の「人間性」のリアリティを強く求めるようなはたらきかけにさらに誘われていくことになる。だが，「人間性」のリアリティは，介護者側が，呆けゆく者の「人間性」の存在を確かめようとしていくがゆえに失われがちになるという逆説的な論理を見出すことができた。

　ここでまず，注意すべきは，本書第 2 章で関係モデルと呼んだ，近年強調される認知症高齢者理解の潮流と，「人間性」の存在を発見しようとする介護者の志向との関係である。

　関係モデルは，呆けゆく者の「人間」としての意思・意図の存在を想定し，周囲からの「はたらきかけ」によって呆けゆく者が変容しうるということを強調する潮流であった。二者関係の中における周囲とは，呆けゆく者を見つめる者であり，責任はそこに帰属されるのであった。そのため，関係モデルの強調は，二者関係の中で「人間性」の存在を確かめようとする志向を強め，結果として介護者と呆けゆく者との二者関係へと閉塞している状態をより強めていく可能性を有していると考えられる。

　そうした推論を踏まえると，ひとまず次のようなことを言うことができるだろう。それは，仮に関係モデルが強調されるとしても，呆けゆく者と介護者とを取り巻く関係の内実が，先に詳細に考えられ，その内実が明らかにされた上で強調されていく必要があるということである。

　さて，本章の考察からは，課題であった，呆けゆく相手の変容の契機についての重要なヒントが得られた。本章で見たのは，呆けゆく者とつきあう身近な者（＝家族介護者）にとっての変容である。二者関係への閉塞の中で生じるのは，「人間性」の喪失であった。その状況に対して，介護者以外の他者とのコミュニケーションの出現は，取り巻く他者・環境が変わることで，呆けゆく者が異なる自己を呈しうるという可能性――「人間性」――を取り戻すことにつながっていた。ここで言う「変容」とは決して劇的なものでは

なく，異なる複数の自己を持つ存在であることを発見しなおすことである。

　本章で見た「人間性」の発見とは，介護者とは別の複数の他者とのコミュニケーションのもとで，呆けゆく者が違った顔を見せている可能性を発見していくという出来事である。そして，そうした意味での相手の「変容」は，特別な場やプログラムの設定を要件とするような大げさなものを指してはいない。せいぜいのところ，家族介護の関係での凝り固まった自己を相対化するような自由度を備えた場が必要条件だという程度の主張である。そうした「変容」は，すなわち，呆けゆく者の社会関係の拡大を示しており，介護者にとっては，相手の状態に対する唯一の決定者という非対称な責任意識からの解放につながりうる。

　もちろん，本章の範囲からは，相手の状態に対して唯一の決定者であるという意識からの解放が，外部の他者の存在によってもたらされるという因果関係があるとは言えない。むしろ，因果は逆であるか，まったく別の要因から外部の他者に開かれ（ざるをえなかっ）た結果としての瞬間・出来事と考える方が妥当であろう[13]。

　したがって，開かれるためには，いかにしたらよいのかを家族介護の過程に即して問うことが，実証的な研究の一つの課題になりうる[14]。しかし，より重要な本章の含意は，目指すべき方向性と，何のためにそれを目指すのかが明らかになったことである。すなわち，呆けゆく者の「人間性」を保持したつきあいの基盤となる条件の確保のために，複数の他者が存在する場を設けていくような方向を目指すことが重要なのである。

　そのことから，呆けゆく者との介護を介した関係に対する，外部サービスの持つ意味を，これまでと別様に概念化することも可能となってくるだろう。外部サービスの効果は，多くの場合，介護を行う主体の負担の軽減のための資源やソーシャル・サポート[15]の一部として概念化され，実証研究が行なわれてきた。すなわち，外部の援助が，介護者の身体的・精神的な面に影響を与えるというモデル設定のもとでの概念化である。また，前章で見たように家族会のような集まりの効果も，外部の人から認知症に関する知識を得るなどの側面が強調されてきた。以上のような概念化の仕方は，いわば介護を行う介護者という主体の介護行為のパフォーマンスを高める——個人の能力に

影響を与える——外部というモデルであろう。

　それに対して，本章が，デイサービスなどにおける介護者にとっての呆けゆく者の「人間性」の発見という事例から主張したいことは，自己の多元性を担保する場が，「人間」としてのコミュニケーションを可能にする基盤として必要だということである。つまり，逆に言えば，家族に閉じた形での呆けゆく者との二者関係に近いつきあいは，「人間」としての相手とのコミュニケーションから遠く離れていく「不自然な」ものではないかということである。このことから，外部サービスの意義についての論理は反転される。家族での介護が困難であるから，負担の量が多いから，外部サービスが必要だということではない。外部サービスと家族とが機能を分有[16]していくことが重要だということでもない。非対称ではない「人間」としてのコミュニケーションを続けていくとしたら，呆けゆく者とのコミュニケーションが成立する外部の複数の他者の存在が，あらかじめ前提として必要だということである[17]。

　だが，以上の考察を踏まえて，本書が最終的にそのあり方を問う社会学は，呆けゆく者を「人間」としてとらえつきあっていくために，より積極的に，呆けゆく者を変容させるような関係のあり方を探求し，提示していくことを目指すべきだろうか。すなわち，その複数の他者の必要性を主張することは，第2章で見たような関係モデルの主張に近接し，それを精緻化していくというようなものなのだろうか。いや，それ以前に，そもそも本章で見たような「人間性」の発見を可能にする関係・条件とは，ポジティブに同定していけるような性質のものなのだろうか。それらの問いを念頭に置きながら，終章では，序章で設定した最終的な課題に対する暫定的な回答・方向性を与えていくことになる。

注

1　もちろん，慢性疾患の介護や寝たきり状態の相手の介護においても，その変化や回復についての不明瞭さはあるだろう。それは，慢性疾患の療養経験の過程を議論している研究の論点の一つである（Corbin and Strauss 1985, Charmaz 1983, 1991）。

2　こうした自己の役割規定を，「補助自我」としての役割規定ということができるだろ

う。こうした役割をどこで誰が担うか，どう分担するべきか，分担は可能なのかなどの議論はあるだろうが，呆けゆく者が通常の社会において意思疎通を行っていくために，この役割を担う人が事実として存在していることは否定できないだろう。ちなみに，家族介護研究においては，主介護者という介護のキーパーソンを中心に研究されてきたが（藤崎 1998: 129），この主介護者と補助自我の役割を担う者とは重なりあうことが多いだろう。

3 厳密に言うと，ここでの母親との関係は，即時決済的なコミュニケーションというよりも，時間的な幅を持った，返礼の内容の特定がされない関係性（cf. Blau 1964 = 1974: 81-6）として観念されているのかもしれない。具体的には，相手の笑顔が自分の笑顔を引き出し，その逆も成立している，という相互行為の局面でのやり取り関係ではなく，過去の相手の笑顔についての記憶が，Mさんが母親に対してかかわるという現在の志向性を支えていくというような関係性である。この場合，介護者は，呆けゆく者との間に「相互作用」が存在していると考えているが，その「相互作用」における時間性という点で，「通常」とは異なったコミュニケーションが成立している。実際は報酬よりも代償の方が大きくなる介護における家族介護者の動機づけを，「一般化された互酬性」という観点から考察したものとして，クーパー（Couper 1989: 16-17）。また，ホックシールド（Hochschild 1989 = 1990）の「感謝の経済」という考え方を援用し，アルツハイマー病患者への介護の場合，「受けた分だけ返す」という通常の感謝の経済ルールが不在の中，相手の介護をしなくてはならないことで困難がもたらされるとする議論もある（MacRae 1998: 143）。

4 賃労働か否かということを不問にすれば，ここで成立する関係性における介護者は，感情社会学で論じられているような，感情管理する主体や，それが職務上要請されている感情労働者と同様の存在に見えるかもしれない（cf. Hochschild 1983 = 2000: chap 3,6）。確かに，相手から適切な感情を引き出すために，自己の感情管理が意識されているという形式では，同様とも言えるのであるが，それ以上に，ここでは，自己の側のある感情に対して他者がどういった状態となるのかがあらかじめ分かってしまっていることが問題なのである。すなわち，感情労働者は，他者の偶有性の前で，表層の演技や深層の演技などの感情の操作を行うことでストレスを感じることになるのだが，ここでの介護者の経験は，他者の偶有性を経験することそのものから疎外されているという点に大きな特徴がある。感情労働，感情管理全般については，ホックシールド（Hochschild 1983 = 2000: chap 1,3,6,7）と崎山（2005: chap 4）を参照。

5 こうした日常的行為者の解釈図式やコミュニケーションの中に仮設的に構成されるものとして，人間性や心の存在を位置づける議論がある（Coulter 1979 = 1998，黒田亘 1992，橋爪 2003 など）。一方，バイオエシックス（生命倫理学）や規範理論などでは，人間か否かの線引きの問題として，人格の要件について論じられている（cf. Perfitt 1984 = 1998: part Ⅲ）。社会的決定にかかわる基準について考えていく上で，そうした要件の探求の重要性は否定できないが，本書では，「正常な人間」という定義が揺らいでいく相手と共生する当事者が，どういう条件のもとで人間としてのリアリティを獲得できるのか，ということについて論じている。

6 中山は，共同行為の担い手や社会組織の構成員を，基本的には合理的行為者だと設定し，「乳児が共同行為の担い手や社会組織の一員であることも可能だが，それは，乳児を受け入れる合理的行為者であるまわりの大人たちのおかげなのである」（中山 2004: 34）としている。すなわち，人間社会には，合理的な行為者ではないが，周囲の合理的行為者がそう見なすことによって，共同行為の担い手（＝社会成員）となっている者が存在しているということである。こうした，客観的に見て合理的行為者と

してとらえることが難しい者に周囲が心や意思を付与しているということを，事例をもとに指摘したものとして，第2章で紹介した諸議論（Gubrium 1986b, Bogdan and Taylor 1989, Pollner and MacDonald-Wikler 1985）がある。

7　ここでの二者関係への閉塞は，典型的には，在宅などインフォーマルな場において，介護者と呆けゆく者との二者のみの関係に閉塞していくことを指している。だが，世話（caregiving），ケア責任を担う（taking care of），配慮する（caring about），ケアを受けること（care receiving）などのケアの複数局面（Tronto 1993: 105-8）を考慮に入れ，相手に対する配慮といった志向性によってケア・介護をさしあたり規定するならば（文脈は異なるが「身近な人々であれ，見知らぬ人々であれ，職業的に関わるクライアントであれ，自らの関わる他者の『生』を支えようとする働きかけをケアという」[三井 2004: 2]と，志向性によってケアという概念を定義している研究もある），呆けゆく者が施設や病院などに入っていても，介護者が，自らが相手の状態に責任を持とうとしているような場合，ここでの二者関係への閉塞に含めて考えられよう。

8　こうしたコミュニケーション場面における予測可能性の向上について，拙稿（井口 2001）では，「ルーティーン化」という概念で考察した。特に，介護において生活と介護の場面を分離することが困難となっていくことによって，介護場面での「ルーティーン化」がうながされていくことを論じた。

9　家族会アジサイへの参与観察では，病院や病院内の周囲の者に対する「認知症症状」による迷惑について気遣いながら，入院した呆けゆく者の世話をしている介護者が，家族会に参加して，「通う頻度」「同室の患者への配慮」「相手に対してどう振る舞ったらよいか」などの悩みを相談している様子が見られた。

10　専門的ケア組織の場という文脈だが，閉じた関係において変化が避けられることについて指摘されている。武井秀夫は，抑制廃止が取り組まれるようになったある病院の看護師たちが，それまで抑制に対して疑問をいだかなかった背景として，特定少数の人間との間の社会関係である生活世界における支配的価値の内面化と，理論的分析・類型的把握を忌避する態度が生じることをあげている（武井 2004: 280-1）。

11　長年家族介護者の介護相談に携わってきた呆け老人をかかえる家族の会（現，認知症の人と家族の会）の中心人物によると，家族介護者は印象的な出来事を強く意味づけて語るため，家族介護の客観的な状況を，家族の聞き取りから把握するためには，それがどういった頻度で起きているのかを確認しなければならないという。たとえば，弄便に悩んで電話相談にかけてきた相談者に，それはこれまで何回くらい経験しましたか，と聞くと，過去に一度とか，数回であることがよくあるようだ（認知症ケアセンター主催センター方式ケアマネジメントシンポジウム 2005年3月26日における永島光枝の発言）。ここからは，呆けゆく者とのコミュニケーション過程において困難な経験として表出されることは，頻度というよりも強い印象に残った経験であるということが推論される。逆に，ここでの文脈で言うならば，「人間性」の発見という肯定的な経験も，その頻度が低くとも，介護者にとっては大きな出来事として意味づけられている経験であることが推論される。

12　ここで言う「行為の意図せざる結果」とは，「『行為』自体がその『行為』の『意図』の達成を拒んでいる」という「自己言及性のパラドックスの特徴を持つ」メカニズムを指している（長谷 1991: 6）。

13　認知症の相手を看る嫁と娘の介護経験を介護者自身の人生にとっての「生きがい」という観点から分析した山本則子は，介護量引き下げの意思決定過程について分析している。外部資源の利用可能性，介護者の家族内権力レベル，自己の限界の認可可能性という三つの事柄が検討された上で，介護量引き下げ＝他の介護資源の利用がなさ

れるとしている（山本 1995: 409-27）。

14 呆けゆく者の家族介護者の介護経験の過程を考察した研究として，山本（1995），標（2001），天田（2003: chap 4），古瀬（2003）ティールとカーソン（Teel and Carson 2003）などがある。

15 第2章や第4章で言及したような家族介護者の負担感研究を展開した研究（cf. 藤崎 1998: chap 5）で，負担を緩衝する要因としてのソーシャル・サポート（野口 1991）が位置づけられてきた。認知症高齢者介護におけるソーシャル・サポートの効果について論じた研究として，新名他（1991），新名（1992），藤野（1995）など。特に，デイケア利用について論じたものとして，岡本他（1998），小野寺他（1992）など。

16 機能分有論とは，援助という同一目標を置いた上で，家族などの第一次集団と福祉サービスなどの公的組織は，それぞれが有効に機能する独自の領域で援助を行ないながら，連携・協力していく必要があるととらえる議論である（Litwak 1985: 31-58）。こうした「身体介護は社会に，情緒のサポートは家族に」といった言説は，学的な議論だけではなく，政策や専門家の言説においても，よく聞かれるものである。

17 立岩真也は，「私が制御できないもの，精確には私が制御しないもの」を「他者」と呼び，「その他者は私との違いによって規定される存在ではない。それはただ私ではないもの，私が制御しえないものとして在る」と規定している。そして，「私達はこのような意味での他者性を奪ってはならないと考えているのではないか」という人間の感覚の存在を，私的所有‐自己決定の系に対する価値として指摘している（立岩 1997: 103-7）。呆けゆく者との「人間」としてのつきあいにとって，こうした立岩の言うような意味での他者性が確保できていることが重要になってくると考えることができよう。

終 章　呆けゆく「人間」と生きていくこと
――社会学の課題

1　本書の要約

　本章では，呆けゆく者とのコミュニケーション過程についての本書の検討を振り返りながら，呆けゆく者を「人間」としてとらえ共に生きていくということの意味内容とそのための条件，ならびに，そうしたコミュニケーションを可能としていくために，「認知症の社会学」が向かう方向性といった二点について考察を試みる。まずは，本書で検討してきたことを振り返っておこう。

　第1章と第2章とでは，呆けゆく者とのコミュニケーションを考察していく上での背景，すなわち，呆けゆく者をとらえていく，社会的および学的なまなざしの変容と現状について検討した。第1章では呆けや認知症に関する政策言説の変遷を題材にとり，相互作用の主体という「自己」を持つ認知症高齢者像の設定と，呆けや認知症とされる人に対する周囲のかかわり方の重要性という認識が出現し，強調されてきていることを確認した。

　一方，第2章で見たのは，認知症や呆けに関する社会学的な考察の展開であった。認知症に関する社会学的な議論の典型的な形を示す「認知症の医療化」論は，認知症症状と言われる相手の様態が，脳の器質的な原因から生じていると規定されていく傾向を，「生物‐医療化」ととらえ，「生物‐医療化」された知識を前提とした疾患モデルに基づく理解・対応が，呆けゆく者に対して否定的な効果（＝統制やアイデンティティの決めつけ）をもたらすことを問題にしてきた。そして，そうした議論の延長上に，周囲のかかわり方によって呆けや認知症の症状と言われているものが変容することや，呆けゆく本人

の自己の存在を示すような研究を展開してきた。

　以上のような潮流は，呆けゆく者の意思・意図の存在へ注目し，そうした意思・意図を持つ「人間」として配慮していこうとする傾向が強まってきていることを示しているが，同時に，そうした傾向が生み出すいくつかの考察課題を見出すことができた。第1章では，呆けゆく者を相互作用の主体として設定することは，呆けや認知症と定義づけられる者に対する「はたらきかけ」（ケア）の根拠となると同時に，呆けゆく者への「はたらきかけ」を行う周囲の有責性を呼び起こす論理にもなっている点を指摘した。そのことは，呆けゆく者自身と，彼女／彼とコミュニケーションを行う周囲の者とが置かれている状況を踏まえて，その新しい論理がもたらす帰結を検討していくことの必要性を示唆していた。

　一方，第2章から示唆されたのは，疾患モデルに対して関係モデルを提示するという素朴な図式を背景に持つ，社会的要因に配慮したこれまでの認知症論の不十分さであった。本書の視座からあらためて位置づけなおすと，「認知症の医療化」論に代表される，これまでの社会学的な議論の要点は，認知症の症状，ならびに呆けゆく者が，何らかの理解モデル（疾患モデル／関係モデル）に基づく周囲からのはたらきかけによって生まれているととらえる認知症現象の認識論としての〈関係モデル〉である。

　そうした〈関係モデル〉の立場に立ち，自らの言説が再帰的にもたらす効果についての検討をも含む社会学的研究は，以下のような手順をとると考えることができた。まずは，家族介護者の間で重要性を強調されている疾患モデルが，コミュニケーション場面においていかなる効果を持つのか，という点の問いなおしを起点に，彼女／彼らが，呆けゆく者をいかなる存在と定義してコミュニケーションを続けていくのかを精緻に分析する。その上で，関係モデルに基づく理解の方向性を強調することがもたらす帰結について考察していくのである。

　以上の背景・文脈についての考察を踏まえた上で，第3章以降は，呆けゆく者をめぐるコミュニケーション過程を考察していった。第3章では，呆けゆく者との出会いの局面に注目し，家族介護者が，相手をどのように理解していくのかを，特に，認知症に関する知識（疾患モデル）の獲得と参照とい

う観点から考察した。その考察から見えてきたのは，出会いの局面における以下のような過程であった。疾患モデルという知識の獲得とその知識に基づく相手の「問題行動」の理解は，呆けゆく者との出会いの局面でのコミュニケーションにおける相互免責のための技術として重要になってくる。だが，実際の生活を共にするコミュニケーション過程においては，呆けゆく者を「正常な人間」として解釈できるような局面と出会わざるをえないため，そのモデルに基づく理解を貫徹することは困難となる。

　次いで第4章と第5章とでは，呆けゆく者とのコミュニケーションが，介護という関係で継続されていく点に注目し，呆けゆく者が，その介護過程の中でいかなる存在として定義づけられていくことになるのかを考察した。その際，家族介護の経験を，目的とそれに向けての行為の連鎖という観点から理解していく方法について検討し，呆けや認知症とされている人への介護以外の事例も含んだ，いくつかの家族介護の過程を比較考察した。その考察から，呆けゆく者に対する介護過程の特徴について指摘した。その特徴の一つは，「正常な人間」という目的を置き，それに対する手段の連鎖を設定するというような形でマネジメント役割を限定しながらコミュニケーションを続けていくことが，徐々に困難となっていくことであった。

　さらに，それ以上に重要な二つ目の特徴は，介護者側が，はたらきかけの目的とすることが困難であるにもかかわらず，「正常な人間」という想定を相手に対して持ち続けざるをえず，また「正常な人間」としての面を見出すことが，呆けゆく者とのコミュニケーション過程における肯定的経験となっているという点であった。そのために，「正常な人間」像と，徐々にリアリティを増していく「衰える相手」という二つの像を同時に付与していくような，両義的な他者定義を——ときに呆けゆく者に対する暴力に至るような免責の失敗経験をはらみながら——続けていくのであった。

　以上のような，介護者と呆けゆく者との二者関係に注目した他者定義の過程の検討を踏まえて，第6章と第7章とでは，二者関係の外部の他者（第三者）とのコミュニケーションが持つ意味について検討した。具体的には，それらがいかなる意味で，呆けゆく者と生きていく際の特徴的な他者定義のあり方ならびに困難に対する支援となりうるのかという観点から考察した。

第6章では,「話し合い」活動に注目して,呆けゆく者を見つめる介護者同士の会の持つ意味を考察した。その話し合い活動が介護者に対してもたらす効果は,第3章から第5章にかけて指摘した目標設定の困難さに対する支援と,呆けゆく者とのコミュニケーションの中で直面せざるをえない「正常な人間」像を所与として認めた上での「問題行動」の理解や免責であった。

　それに対して,第7章では,呆けゆく者が介護者との関係以外の社会関係に入ることの重要性を指摘した。呆けゆく者とのコミュニケーションの中では,介護者が,相手の「人間性」の存在を強く目的としてしまうがゆえに,相手の意思・意図のリアリティが失われていくという逆説的な過程を見出すことができる。そうした状況からの脱却のためには,呆けゆく者が,介護者自身とは違う他者との関係に入り,それを介護者自身が見ること,あるいは第三者から新たな社会関係の中にいる呆けゆく者の振る舞いや様子を指摘されることが重要であることが見て取られた。それは,呆けゆく者が意思・意図を有している「人間」であるというリアリティを保持する上で重要なのである。

　以下の節では,本書の考察結果を踏まえて,関係モデルが強調される「現在」において,呆けゆく者を「人間」としてとらえつきあっていくとはどのようなことなのか,そのための条件は何か(2, 3節),そして,社会学はいかなる方向へと考察の歩みを進めていけばよいのかという点(4節)について考察を試みていこう。

2　理解へのうながしは何をもたらすか?

　第1, 2章で明らかにしたことは,呆けゆく者を「人間」としてとらえてつきあっていくことの重要性が,社会的／学的双方の領域で強調される傾向が見られるということであった。本書では,こうした呆けゆく者を理解するためのモデルの強調を,関係モデル的な方向への変化として指摘してきた。

　だが,第2章では,これまでの研究の検討を踏まえた上での本書の立場——認知症の社会学——として重要なのは,関係モデルの正しさを根拠づけていく議論ではなく,上述した現在の潮流を踏まえた上で,理解モデルの力点の

変化が，呆けゆく者とのコミュニケーション過程に対してもたらす影響について考察することであると述べた。つまり，関係モデルが強調されていく傾向のもとで，介護者が実際に呆けゆく者と出会い生きていく過程において，どういった理解が生み出されうるのか，そしてその理解のあり方が，「人間」として配慮していくという関係モデルが強調する目標とつながりうるのかどうかなどを考えていくことが重要なのであった。

そこで，第3章以降の，家族介護者側に注目した，呆けゆく者とのコミュニケーション過程の実証的検討から明らかになったことを踏まえて，一つ目の課題を考えていく。関係モデルの強調という近年の傾向は何をもたらしうるか，また，関係モデルの目標である「人間」としてとらえつきあっていくことの達成に近づいていくためには，いかなる装置や条件について考察していくことが必要なのだろうか。

関係モデルに基づく理解の強調とは，呆けゆく者を「人間」としてとらえ配慮すること（「人間」としての配慮）を目的に置いた上で，①相手の意思・意図が存在するという前提（相互作用の主体という想定），ならびに②周囲のはたらきかけ方によって，相互作用の主体として想定される呆けゆく者が変容する可能性（はたらきかけによる変容可能性），という二つを強く主張するものである。そこで，以下では，目的としておかれている「人間」としての配慮の達成に対して，①ならびに②の強調が適切なのかどうかを，考えていってみよう。

まず，第3章における呆けゆく者との出会いの局面の検討結果から，①相互作用の主体という想定が，そのまま，目的である「人間」としてとらえ配慮していくという結果につながりうるのかどうかという点を考えてみたい。

第3章における検討が示していたのは，家族介護者が，コミュニケーション過程で出会う「問題行動」を疾患の発現として解釈することを貫徹できず，パーソナリティや「正常な人間」という類型に基づく行為として解釈してしまうということであった。つまり，出会いの局面において，「問題行動」という出来事に対する自他双方の免責を可能にする，疾患モデルに基づく理解の貫徹は非常に困難であり，呆けゆく者の意思・意図――相互作用が前提できる「正常な人間」としての姿――とはたびたび出会わざるをえないという

ことである。

　そうした検討結果を踏まえると，「自己」を持つ相互作用の主体という想定を強調することは，ある種の意思・意図（＝「人間」）に出会う経験をしている介護者に対して，あらためて，「問題行動」を含む相手の行動全体を，相手の意思・意図を前提に解釈していくことをうながしていくことを意味している。さらに，その強調は，第1章で見たように，相手の意思・意図の存在を重視することの機能的（手段的）な重要性というよりは，道徳的な（目的としての）重要性を強調している。

　このように関係モデルが強調される潮流を，そもそも，「人間」としての相手の姿に出会っている中でのさらなる理解のうながしとしてとらえなおせるならば，関係モデル的な発想の強調が，相手の意思・意図の発見につながると述べるだけでは不足である。また，そうした理解の仕方へのうながしが，そのまま相手への「人間」としての配慮へとつながるかどうかも未知数である。慎重に考察すべきは，呆けゆく者の「問題行動」を含んだ行動全体の背景に，意思・意図を持つ「自己」を積極的に見出していこうとする志向が，呆けゆく者を「人間」として配慮するという目的につながりうるのかどうかである。

　以上の問題は，「認知症の医療化」論の論理構成をもとにして，従来のモデルとして理念型的に設定した疾患モデルと，新しい潮流として設定した関係モデルという二つの志向の関係性を問いなおすという課題とつながっている。たとえば，老年精神医学を専門とするある医師は「全人的精神医療の現場から」という講演で，「私達としては，［認知症の］患者さんに対して病気を持った人間として正しく理解し，いかにその人にとって充実した生活を長く送ることが出来るかを考える」（「家族の会東京支部報きずな」［2004, No.193］における新井平伊の講演要旨）と述べている。医師の真の意図はともかく，ここで注目すべきは，「病気を持った人間」という表現で，認知症はあくまで人間が持つ疾患という対象に過ぎないと述べることが，同時に疾患を持つ「人間」という主体の存在の主張につながっているという論理構造である[1]。

　「問題行動」の疾患モデルに基づく理解とは，この医師の発言と同様，相手の全体から疾患を部分的なものとして切り離し，その疾患に起因する行動

終　章　呆けゆく「人間」と生きていくこと　283

のみを逸脱と位置づけ，相手の人格自体は保持する試みだと考えられる。そうした論理からは，呆けゆく者の「人間」としての尊厳への配慮や，その配慮に基づく適切な対応には，彼女／彼とのコミュニケーションのある時点において，問題を疾患として対象化する疾患モデル的な理解が要件となってくるのではないかということが示唆される。

　ゆえに，関係モデルに基づく理解とは，疾患モデルによる理解の方向性と単純に対立するようなものではない。呆けゆく者とのコミュニケーションを長期的な過程として考えたとき，ある時点において疾患モデルによる理解と免責が貫徹可能であることは，逆説的に，関係モデルが目標とする，相手を「人間」としてとらえ配慮することにより強くつながっていくと考えられる[2]。そのように考えていくと，逆に，疾患モデルとの対立関係にあるという前提のもとで，関係モデル——相互作用の主体という想定——の一律の強調は，その目的となっている「人間」として配慮するということに対して，逆機能的にはたらくということも考えられるのである。それはどういうことであろうか。

　たとえば，呆けゆく者に出会っていく家族などの身近な者は，相手の以前のパーソナリティなどに基づく解釈に誘われることから，疾患モデルの貫徹が比較的困難であり，それゆえに，過去のパーソナリティという類型を超えた理解が難しくなる傾向にあると言える。G・ベイトソンによると，コミュニケーションにおける相手の性格（＝パーソナリティ）は，「学習Ⅱ」という高次の階梯の学習によって獲得されたパターンを記述する言葉であり，具体的経験の中での変更が難しいとされる（Bateson 1972＝2000: 404-9）。相手のパーソナリティという類型に基づく解釈は，第3章で指摘したように，相手に対する免責の失敗など，呆けゆく者に対する配慮を失する対応という帰結を導く場合がある。すなわち，疾患モデル貫徹の難しさが，結果として，関係モデルの目標である，呆けゆく者の「人間」としての尊厳保持を貫くことの難しさにつながっていく可能性が考えられるだろう[3]。

　このように，家族においてこそ「人間」としての配慮が困難であるという問題認識は，たとえば，介護における，家族ではない「その他の関係」[4]の重要性の主張と共鳴するものである。確かに，グループホームなど，家族以

外の関係の可能性について考えていくことは重要である。だが，現実的には，家族内で生きる呆けゆく者は多く，また「その他の関係」に移行するまでは，家族が呆けゆく者とのつきあいと生に対する責任を持ち続けることが多いだろう。そのため，「学習Ⅱ」に基づいた「以前のパーソナリティ」という類型との関連で生じる困難をサポートする，あるいは「学習Ⅱ」を変更させるような装置を考えていくことが重要だと言える。そうした装置として，本書の第6章と第7章で見た，介護者と呆けゆく者の外部にある他者とのコミュニケーションを位置づけることが可能である。

　第6章で見た，介護者同士で呆けゆく者の行動や意思・意図を解釈する場は，呆けゆく者とつきあっていかざるをえない中で経験する——ときには暴力で相手を傷つけるような状況にも至る——困難性を，「学習Ⅱ」の変更が難しいことを前提に対処していくような仕組みを含んだものととらえられた。すなわち，呆けゆく者とつきあっていかなくてはならない介護者が，実際の介護の場では獲得の難しい，目的 - 手段に基づくストーリーを構成して自己評価を可能とする場であり，また，呆けゆく者が意思・意図を有していることを前提に，以前から知るパーソナリティという類型に基づく解釈とは異なる，意思・意図の解釈を可能とするような場でもあった。

　一方で，第7章で見た，呆けゆく者が介護者以外との関係の中に入ることは，別様の社会関係における呆けゆく者の自己を発見する契機である。いわば，「学習Ⅱ」の変更につながりうる可能性を有していると言えよう。第7章前半で見たように呆けゆく者との二者関係への閉塞は，相手から自発的に意思が現れているというリアリティを必要とする「人間性」を発見することの難しさへとつながっていく。それに対して呆けゆく者に多面的な自己が存在していることをデイサービスなどの場において確認できることは，多面的な自己を統一する自己が相手に存在しているというリアリティ感覚を高める。呆けゆく者との二者関係の中においては見出すことの難しかった相手の自己を発見する経験となっていると言えよう。

　以上のように，呆けゆく者を「人間」としてとらえ配慮し，つきあい続けていくためには，相手の意思・意図に配慮するということを，二者間に閉じた形で考えていくだけでは不十分である。以前から知る相手の意思・意図と

終 章 呆けゆく「人間」と生きていくこと 285

つきあっていくことを支えていく，あるいは「人間性」を担保するような他者たちの存在が重要になってくるのである。

3 「関係」の強調は何をもたらすか？

次に，②はたらきかけによる変容可能性の強調が，「人間」としての配慮という結果につながりうるのかを考察しよう。

第3章で見たように，呆けゆく者との出会いの局面で強調される疾患モデルは，「問題行動」の原因を，介護者側からの通常の対応では変更不能な疾患として理解することで，呆けゆく者と介護者双方の有責性を軽減／消去することを——理論的には——可能にする理解のあり方であった。しかし，やはり第3章で論じたように，この理解のあり方を，呆けゆく者とのコミュニケーション過程において実践することは難しい。

とは言え，少なくとも，実践的技術とも言える疾患モデルは，特に出会いの局面において理解と対応の難しい「問題行動」に対して，介護者の役割を限定していく際の強力な指針とされ，介護者や支援者たちによって強調されてきた。また，現実において相互免責が実践できなくとも，その「相互免責が失敗してしまうこと」についての免責は，呆けゆく者とつきあった経験のある者たち同士の集まりなどで担保されていた。たとえば，第6章で見たような介護者同士の会の特徴の一つは，こうした相互免責を可能とする疾患モデルの指針を貫徹することが実際には難しいということを踏まえた上での，支援の場となっているというところにあった。

それに対して，関係モデルの採用を強調することは，「問題行動」を含んだ呆けとされる様態に影響を与える要因として，周囲からのはたらきかけを含む「関係」[5]を強く指示する。すなわち，関係モデルが強調されていく傾向とは，認知症とされる様態と「関係」との因果性が，先駆的な介護実践等を事例として——別様な形で——発見され，その重要性が強調されていく潮流だと言えるだろう。

こうした「関係」の持つ力の発見は，文字通り，呆けゆく者の「問題行動」を含む状態をはたらきかけによって変更させることが可能だということを強

く意識させる。このことは，一つに，相手の「正常な人間」像や「人間性」を保持しようとする，介護者の志向性と適合的なものだと言えよう。

たとえば，第4章と第5章の考察から明らかになったのは以下のようなことであった。呆けゆく者への介護とは性格の異なる介護経験の事例においては相手の「正常な人間」像が介護の目標の位置に置かれ，そこに向けた手段の設定が，終点の不明確で長期的な介護過程におけるマネジメント役割の限定化を可能としている。しかし，呆けゆく者の介護においては「正常な人間」像を目標に置くことが困難，すなわち，その目標を達成するための手段が不在となる。それにもかかわらず，呆けゆく者の介護過程においても，相手の「正常な人間」像を保持することが，介護者自身が相手と生き続けていくための動機づけとして，強く求められている。

そういったリアリティの中にいる者に対して，「関係」の力の強調とは，疾患による症状の発現というモデルに比べ，周囲の意思によって変更可能な因果関係の設定を意味している。そのため，「関係」の力の発見は，医学的な枠組みの中では治癒が不可能な認知症介護において，手段と目標を設定していく可能性を開くという意義を有している。

だが，「関係」の力の強調が，呆けゆく者と生きていく介護者にとって肯定的なものとなるのかどうかは，「関係」の内実――すなわち，呆けゆく者の状態に対する責任を有する者の所在や配置との関係――に注意して考えていかなくてはならない。

まず，手段‐目的の連鎖が存在していることのみが意識されていく一方で，実際の手段の内容が限定されないために生じる問題が予想されるだろう。たとえば，第4, 5章では，介護過程の中でマネジメント責任が「無限定」なものと経験される可能性をはらんでいることを見た。一方，新たに強調されてきている「関係」とは，かかわりうる様々な主体と，利用しうる様々な手段の可能性を拡大していくようなものである。そのため，「関係」の持つ力の強調が，相手にはたらきかける適切な主体や必要とされる資源を指定せずに，漠然となされていく限り，マネジメント責任の範囲を拡大し「無限定性」経験につながっていくことも考えられるだろう[6]。手段の内容を仮に限定するとしたら，「関係」が示す範囲と，呆けゆく者と最も身近に接する者がいかなる部分まで関与でき

終　章　呆けゆく「人間」と生きていくこと　287

るのか，ということの明確な了解が必要となってくるだろう。

　上述したようなマネジメント責任が「無限定」に拡大する可能性の背景には，実際には「関係」の中にいる主体が限定されていることによる，介護者への責任の集中という問題がある。たとえば，第7章では，呆けゆく者の「人間性」を発見することが，介護者にとって肯定的な経験となっていることを見たが，その裏面に，相手の「人間性」を発見しようとするがゆえに，逆に二者関係の中に閉塞し，「人間性」の発見が難しくなるというメカニズムも見出された。こうしたメカニズムの背景には，呆けゆく者を取り巻く現実的な関係が，介護者との二者関係に縮減される傾向を持ち，それ以外の関係性のリアリティが，その関係内部から自然発生的には想像されにくいという事態がある。呆けゆく者の状態などを決定してしまう責任が，1人の担い手に集中しているために生起するメカニズムなのである。

　責任が1人の担い手へと集中している場合，相手の変化・回復に対する因果の起点として想定される「関係」の中身とは，呆けゆく者と介護者との関係である。そして，その二者関係における力の偏りを考慮に入れれば，実質上，その1人の介護者が行為主体の位置を占めていくことになる。こうした状況における関係モデルの強調は，そのまま，二者関係において，介護者の呆けゆく者の状態に対する有責性を強める力となっていく可能性も有しているだろう。そして，その有責性が強まることは，二者関係への閉塞を強め，逆に介護者にとって呆けゆく相手の「人間性」の発見を難しくしていくことを意味している。

　そうしたことを踏まえると，関係モデルの主張の帰結は，呆けゆく者を取り巻く「関係」の内実と深く関係していると言えるだろう。したがって，関係モデルが，呆けゆく者を「人間」としてとらえつきあっていくことにつながりうるのは，「人間性」の発見を可能にするような「関係」の内実のもとでということになる。「関係」の内実とは，すなわち，呆けゆく者の状態に対する，責任帰属先のあり方を指している。本書で家族介護を例にとって見たように，介護者に責任が集中しているとき，それは実現が難しい主張となってしまうのである。

4　認知症の社会学の課題

　こうして、〈関係モデル〉という認識論に立った本書の課題は、「関係」の内実を問うていくという方向にひとまずは向いていく。では、呆け・認知症を対象とした社会学である本書の試みは、相手の「人間性」を見出すことのできる「関係」の内実を厳密に同定し、積極的に強調していく方向——いわば、「ネオ関係モデル」——に向かうのだろうか。しかし、そうした試みが可能なのだろうか。

　第7章後半の考察を振り返ってみよう。第7章で見たのは、呆けゆく者が介護者とは異なる複数の他者たちとの関係に参入することで、呆けゆく者を見つめる介護者にとって、「人間性」が発見された経験であった。それは、二者関係の外部に別の他者との関係ができるということであるが、そこで家族介護者が発見する相手の「人間性」とは、周囲からの操作によって引き出された実体的な変容ではない。また、ひょっとしたら、そういうこともありえようが、呆けゆく者が素朴な意味で自らの主体性を発揮したということとも異なるだろう。ここでの「人間性」の発見とは、自身のみが相手にはたらきかけている二者関係の中において失われがちになっていた呆けゆく者の意思・意図というリアリティを、複数の他者が存在する場に呆けゆく者が置かれることで、相対的に強く感じることができたということである。この意思・意図の存在のリアリティとは、呆けゆく者を見つめる家族が、相手を「人間」としてとらえていくための必要条件である。

　複数の他者が存在することとは、呆けゆく者に対してはたらきかけてくる者が複数いるということである。しかし、その他者が存在することの意味は、その他者と実際に相互作用することによって呆けゆく者の実体的な変容が可能になったということと等値ではない。呆けゆく者とつきあってきた者にとって、相手が自分とは違う他者たちとの間で、違う振る舞いを見せたこと、それによって、違う人といることで変化する可能性を持っているということの発見があったことが重要なのである。いわば、「人間性」の発見は、こうした相対的に高い偶然性、非操作性の存在と関係しているだろう。

第7章で見たような「人間性」の発見は,おそらく「関係による変容」として言われることの,原型的な経験ではないだろうか。近年の関係モデル的な理念の強調は,宅老所やグループホームなどの集団ケア・共同生活の場での,呆けゆく者の変容を実在根拠として主張されてきた[7]。それらの,いわば先駆的なケア実践の場において報告される呆けゆく者の変容は,目的‐手段を設定した意図的な行為による結果というよりも,相手への必死のはたらきかけの中で発見した驚き,因果が確定しない偶然的な出来事である。また,そうした出来事の起きる場自体が,関係による変容を目的に形成されてきたものでなく,個別の介護事情に合わせて対応を考えていく試行錯誤の中から生まれてきたものである[8]。

　このような先駆的な実践の中で呆けゆく者の「自己」が見出され,その新たな「自己」と比べたとき,これまで常識とされてきた関係が,その「自己」を無視し「問題行動」と名指される症状を形成してきたことが発見される。すなわち,それまでの業務的な関係,自己を喪失した者としての扱いという一律な関係のあり方を,新たなケア実践を鏡に振り返ってみると,形成されていた関係のあり方が,呆けゆく者の状態を悪くしていたということが反省的に見出されていく。そして,その過去に形成した関係のあり方が,批判の対象である疾患モデルのような姿として抽象化されていく。注意すべきは,そうした先駆的実践など実例の提示が直接に示しているのは,様々な関係に応じて,異なった呆けゆく者の「自己」がありうるという「振れ幅」であって,関係によって呆けゆく者が変容する／よくなるという因果の想定ではないという点である。

　したがって,認知症ケア領域で見出されてきた「人間性」「自己」の発見を可能にする〈関係〉の内容は,偶然性を可能にする条件——たとえば複数の他者——が必要だという以上に厳密に指定することが可能なものではないだろう。そのため,そのような認識に基づいたこれまでの研究は,ここで言う〈関係〉を,先駆的なケア実践現場などにおける呆けゆく者とのコミュニケーションを分析することで言い当てようとしてきている(天田 2004, 小澤 2005)。そこで見出されるのは,行動・状態の原因・責任帰属が問題とならないようなコミュニケーションである。これらの議論は,いわば,呆けゆく者の行動などを,通常の意味で理解すること(whyの問い)をあきらめ,意思・意図を備

えた「自己」の引き起こす行為や状態に対する責任帰属が問題となってこないような〈関係〉の可能性を見出していこうというものである[9]。いわば，関係による変容という問題を無効化していく〈関係〉＝脱関係を探るものである。

そうした〈関係〉を発見・提示し概念化していくこと，それも「認知症の社会学」の一つの重要課題である。しかし，一方で，そうした個々の実践が積み重ねられ，一つの集合的表象＝モデルとして，脱関係の主張を含んだ関係の強調が抽象されていく。同時に，介護者と呆けゆく者という二者の非対称的なコミュニケーションは，理念の展開とは独立に，家族や施設などの場で存在している。したがって，関係モデルが，こうした旧来の場・空間において，介護者による呆けゆく者へのはたらきかけや，二者間のコミュニケーションに結びついていくという事態についても同様に考えていく必要があるだろう。いわば，小澤勲の言う「世間体などにはとらわれず，失敗してもとがめられない場」という「豊かな『虚構の世界』」（小澤 2005: 193-4）が，先駆的な認知症ケア実践として生まれていく中で，その「虚構の世界」の存在を知った「通常の世界」において起こる問題を拾い上げていくことである[10]。

通常，呆けゆく者とのコミュニケーションの多くは，1人あるいは複数の人間が，支援を必要としている相手に対してはたらきかける（＝介護・ケア）形でなされている。そうした形式のもとにおいては，あくまでケアの主体となる個人が，可能な限り関係を操作しはたらきかけていくといったモデルに近似していく可能性は否めない。これは，いわば，ケアを個人が身につけるべき技法としてとらえてしまうこと（野口 2002: 190-5, 三井 2004: 64-70）を意味し，呆けゆく者の状態の因果・責任が周囲へと帰属され，第7章で見てきたような悪循環につながりうるものである。

以上を踏まえると，関係モデルの強調という潮流のただ中にある，新しい認知症の社会学はどういった課題に取り組んでいくべきだろうか。すでに第2章で述べたように，周囲の関係に基づく呆けゆく者の変容の強調や，呆けゆく者の「自己」の存在の発見を目的とした研究（関係モデル）ではない。また，その延長上に，「人間性」の発見を可能にする「関係」の内実を精緻に同定していくことを目指す方向をとること（ネオ関係モデル）でもない。さらに，偶有的な関係に開かれた〈関係〉を探していく作業（脱関係モデル）は，重

要な方向性ではあるが，唯一の課題というわけではない。

　本書の延長上に設定できる課題のまず一つ目は，これまで見てきたような，呆けゆく者が現れる空間において生まれる非対称的なコミュニケーションのあり方と，複数の意味を含んだ関係モデルとが結びついていく実際の様を見ていくことである。本書で見たような家族介護に代表される一対一の介護状況は，「古典的」かもしれないが残り続けるであろう。そこに，関係モデルの理念が突出して強調されていく。そうした状況下で，呆けゆく者に対する周囲への責任帰属のあり方はどう変わっていくのだろうか。関係における非対称性は強まっていくのだろうか，弱まっていくのだろうか。そうした問題を，本章2節，3節で見た仮説的な帰結についての考察を踏まえて考えていくことになるだろう。

　では，二つ目の課題はどのようなものであろうか。最後に，関係モデルの潮流が生み出してきている，呆けゆく者の「自己」の新たな発見のされ方に言及しながら，本書以後に取り組んでいく課題について説明し，結びとしよう。

　関係モデルの理念が，個別具体的な文脈を離れて強調されていくということは，呆けゆく者と介護・ケアを介したコミュニケーション過程に入る以前に，呆けゆく者の「自己」の存在への配慮が前提になっていくことを意味している。そのことによって，これまで想定してきたこととは別様の，呆けゆく者の「自己」を発見する試み・回路が生み出されている。そして，その別様の試みが，呆けゆく者とのコミュニケーション過程における非対称性に大きな影響を及ぼしていくかもしれない。一体，それはどういうことだろうか。

　これまで，多くの場合，呆けゆく者の「人間性」の発見は，呆けゆく者に対するケア実践における苦闘の中で見出されてきた限定的な範囲の経験であった。それは，家族介護や，問題意識を強く感じていた施設・デイケア，宅老所などでの介護実践の中においてである。

　だが，新しい認知症ケアの時代とは，介護につながっていく具体的なコミュニケーションに先行した一般的知識として，「自己」を備えた「人間」が強調されていくということにある。そうした一般的知識としての強調が本章の2節，3節で見てきたように，介護者に理解のための知識として参照されることで，呆けゆく者との介護・ケアを介したコミュニケーション過程に対し

て直接的に影響を及ぼしていくことが考えられる。しかし，そうした経路とは違った他の影響の及ぼし方が考えられる。その一つの例として考えられるのが，「自己」を発見していく媒介となる新しい方法である。

たとえば，新しい発見の方法を典型的に示している，2004年前後に現れてきた，認知症とされる人への「聞き取り」[11]と呼ばれる試みがある。「聞き取り」は，ケア活動が行われている場の通常プログラムとは別空間において，初期・中期とされる認知症患者に一対一で面接を行い，本人の思いを聴いていくという形式の試みである。聞き取りにおいて，本人の発言はテープレコーダーに録音され，複数回の実施の中で，「本人の思い」としてまとめられていく。そして，その「本人の思い」は，家族に録音されたテープやテープから文字として起こしたものとして伝えられていく。

以上のような「聞き取り」と呼ばれる試みは，①呆けゆく者との直接身体を介したコミュニケーション（＝介護・ケア）とは別に行なわれる，②複数回の当事者の語りから「自己」が構成される，③そうして構成された「自己」が呆けゆく者と生きている家族に伝えられる，などの特徴を持っている。すなわち，「聞き取り」は，これまでの呆けゆく者と結ばれてきた唯一と言ってもよい介護・ケアという関係性から相対的に独立した形で，しかも個別具体的な「自己」を発見していく方法である。そして，そうやって発見される「自己」は，家族と呆けゆく者とのコミュニケーション過程に挿入され，何らかの影響を及ぼすことが目指されている。

関係モデルが強調され「自己」の存在が前提とされていく中で，たとえばこうした「聞き取り」に見られるように，ローカルな場における新しいバリエーションの「自己」の発見のされ方が生まれている。こうした「自己」の発見のされ方は，これまでの介護関係における固定的な相手の像――たとえば，「正常な人間」としての想定を捨てきれない相手――ではなく，また，偶然的な関係の中で発見される「人間性」とも異なる。第三者との言語に特化したコミュニケーションを媒介に発見される「自己」である。たとえば，そうした新たな形での「自己」の発見がコミュニケーション過程に及ぼす影響について，記述・分析を試みていくこと。新しい媒介のもとで，介護者と呆けゆく者とのコミュニケーションの非対称性が変遷していく可能性につい

終　章　呆けゆく「人間」と生きていくこと　293

て考えていくこと．このような考察を皮切りに，新しい認知症ケアの時代において，関係モデルがもたらす，様々な実践を介したコミュニケーション過程への影響を考えていくことが，以後の課題となっていくのである．

注
1　たとえば，認知症の人本人を重視したケアの理念を説くことが主眼である著作（日本認知症ケア学会 2004）などでは，診断の重要性，病気の理解の重要性は必ずセットで述べられている（長谷川 2004，本間 2004）．
2　目標である「人間」としてとらえて配慮していくことは，現実的に考えると，以前からの呆けゆく者の自己像を完全な形で保持するといった性質のものではないだろう．疾患モデルに基づいた相手の行動理解による免責の過程を踏んだ上で，相手の自己を重視していくアプローチであると言えよう．ゆえに，パーソナリティという類型を参照してコミュニケーションを行う家族が，呆けゆく者の自己を尊重するためには，「特定の意味システムから抜け出て」「相対性の経験をもたらす」「態度変更」（Berger 1963 = 1979: 77-9）が要求される．相手を「人間」として認めていくケアの方法として，呆けゆく者の生活史を知ることの重要性などが言われるが，家族が呆けゆく以前を知っていることと，家族関係ではない者が，ケアを行なう際に相手の生活史を知ることとはまったく別のことだと言えよう．
3　逆に，宅老所やグループホームを事例に紹介される，関係モデルに基づいた理解とつきあいは，ある時点で，疾患モデルを参照した理解と免責ができるために可能になることが推論できる．小規模な場でのケアは「家族的」と称されることが多いが，本章のような観点から見ると，家族関係におけるケアとはまったく異質なものなのではないか．第4章6節の家族という関係が持つ特徴についての議論も参照のこと．
4　鶴見俊輔・浜田晋・徳永進・春日キスヨの対談では，家族ではない「その他の関係」の重要性について討議されている．介護について論じられている部分では，「その他の関係」として，施設のあり方や距離を持った家族のあり方などが論じられ，春日は，グループホームを，家族関係とは異なるが家になりうる関係として提示している（鶴見他 1999: 178-93）．
5　ここで言う「関係」は，第一義的には「介護者が痴呆性老人の気持ちを受け入れて対応できるようになれば，痴呆症状がもたらす『痴呆の問題』は軽くなるのである」（杉山編 1995: 19）といった対面コミュニケーションのあり方を指す．周囲のはたらきかけに対して応答する呆けゆく者の意思・意図の存在という主張から導かれるつきあい方である．ただし，呆けゆく者を取り巻く住居関係，仲間関係等も「関係」に含まれる．「リロケーション・ダメージ」は，こうしたコミュニティに近い意味での「関係」が変化すること，悪くなることから生じるものとして問題化されている．現在のサービスを利用した在宅介護の文脈では，住居の選択，専門サービスの利用など，呆けゆく者の環境の選択も「関係」を選択するはたらきかけという意味を持ってくることがある．呆けゆく者と共在せずにこうした関係に配慮する遠距離介護者の困難経験を検討した研究もある（中川 2004）．
6　R・K・マートンの言う「アノミー」（Merton 1957 = 1961:148-157）を，社会状態の記述の文脈ではなく，個人の心理的状態に援用して考えると，こうした介護者はアノミー状態に陥っていると考えることができる．マートンの言うアノミーとは，文化的

7　たとえば、1991年に民家を改装して開始した福岡県の宅老所の「よりあい」（cf. 井上・賀戸 1997）や、1990年に開始した毎日型の宅老所の先駆である「わすれな草」（cf. 京都市社会福祉協議会 1991、石倉編 1999: 101-15）など。

8　たとえば、「富山型」という表現で、宅老所の一つのモデルとして評される「このゆびとーまれ」の特徴は、お年寄りから、障害者、障害児まで一緒に集まるというところにある。それは、開設後、最初に申し込みがあったのが、障害児の母親だったためにそうなっていったという。この「このゆびとーまれ」を、先駆的な介護実践家である三好春樹は「目の前に困った人がいたから」形作られていった「現前性」「必然性」のある活動として評価している。そして、逆に、その活動を、「富山型」というモデルとして位置づけて広めていこうとする姿勢を安直だと批判している（三好春樹 2005: 65-9）。また、先駆的な特養、老人病院、精神病院の実践記録からは、時代時代において、本書で言う関係モデルの方向だと当事者に意味づけられていた取り組みが、それ以後の観点から「不適切なもの」として反省される試行錯誤の積み重ねであったことが見えてくる（室伏編 1990、竹内 1995、太田貞司 2003:130-46、西岡 2004、佐々木 2005）。

9　天田は、老い衰えゆく当事者へのケアが行われる場である「施設介護」「家族介護」「高齢者夫婦介護」と対比させてケア実践の場における即興劇的なケアをとりあげている。天田の考察では、前三つの場における関係性は、当事者と介護者が、相互にアイデンティティを維持しようとすることで悪循環に陥っている「抜き差しならない関係」である。その一方で、即興劇的ケアに見られるのは、ケアワーカーが、相手に「巻き込まれる」ことを欲望する「受動性への能動的志向」とも言える志向性である。そうした志向性に基づいて、老い衰えゆく当事者と形成される関係の可能性を探っている（天田 2003: 495-506、2004: chap 4）。そうした検討を踏まえて、本来のケアを「他者の操作可能性のうちにではなく、他者の操作不可能性においてこそ為されるべき」としている（天田 2004: 35）。また、小澤は、認知症ケアにおける望ましい場を、「世間体にはとらわれず、失敗してもとがめられない場」で「世の価値観から離脱した『虚構の世界』」と述べている（小澤 2005: 193-4）。以上のような議論が主張するのは、呆けゆく者の世界を否定しない、従来の「介護」とは異なるかかわりを作っていく試みの重要性である。

10　同様の問題認識のもと、木村敏は、「分裂病［ママ］」という「異常」理解の文脈で、「分裂病という精神の異常を『治療』しようとする私たちの努力は、私たち『正常者』の側の自分勝手な論理にもとづいている」と断りつつ、以下のように述べている。「分裂病を『病気』とみなし、これを『治療』しようという発想は、私たちが常識的日常世界一般の立場に立つことによってのみ可能となるような発想である。そして私たちは、みずからの個体としての生存を肯定し、これを保持しようという意志を有しているかぎり、しょせんは常識的日常性の立場を捨てることができない」（木村敏 1973: 180）。「常識的日常性」の立場を、呆けゆく者とのつきあいにおいて捨てきれないかどうかということについて議論はあるが、ここでの木村の言を借りると、私たちが内属する強固な「常識的日常世界」の論理の中での呆けゆく者とのコミュニケーションのあり方を記述し分析していこうとするのが、本書ならびに以後展開していく研究の立場である。

11　「聞き取り」は、呆け老人をかかえる家族の会が主催した、認知症の本人の思いを知ることをテーマとした調査（呆け老人をかかえる家族の会 2004a, 2004b）をきっかけに始

終　章　呆けゆく「人間」と生きていくこと　295

まり，その後，九州地区のあるデイサービスでは日常の活動に取り入れている。ここでの記述は，「聞き取り」についてメディア等に発表された文章，「聞き取り」に関係している人々（実施しているデイサービスの施設長，聞き取りを経験した認知症患者本人，その家族など）の講演会の内容，「聞き取り」の様子の観察と実施者へのインタビューなどに基づいたものである。関係者へのインタビュー調査などは現在継続中である。

補　遺　フィールドワークの概要

　本書の第3章から第7章までの考察は，筆者が2001年から2004年にかけて行ったフィールドワークに基づいている。フィールドワークは，方法の点で大きく二つに分かれている。一つは，筆者と対象者とで対面する形のインタビュー調査であり，もう一つは，介護者家族会の活動への参与観察である。
　インタビュー調査に関しては，調査目的であることを告げ，ほぼすべてのケースについて許可を得た上で録音を行い後に内容を書き起こした。参与観察についても調査目的であることを告げ，録音許可を得た場合はテープレコーダーやICレコーダーに録音した音声を後ほど書き起こし，それ以外はメモ書きからフィールドノーツを作成した。

　インタビューや参与観察などに協力してくださった方にはこの場を借りて感謝したい。
　フィールドワークから論点を導いていった過程，議論に必要な最低限のデータの要約については序章や実際の分析部分で記したため，ここでは，個々の詳細な調査概要について記す。

1　家族介護者へのインタビュー調査

　インタビュー調査は，参与観察を行った家族会（後述）の参加者，ないしは参加者の知人を対象に行った。
　インタビュー調査として，性格・時期の異なる2回を実施している。当初より，2回に分けて行う予定があったわけではなく，インタビューや後述する参与観察をくり返す中で，新たに生成してきた論点を肉づけしていくデータを得るために対象を広げていった。論点の内容，生成過程については序章

4節を参照していただきたい。

インタビュー調査1（2001年9月〜2003年9月）

　都内X区で活動する二つの介護者家族会アカシアとヒマワリの代表からの紹介に加え，同じ区内で活動をする会アジサイや社会福祉協議会主催の不定期な家族会に参加していた12名に対して行ったインタビューである。あらかじめ主旨説明を代表に渡してインタビュー対象者を紹介してもらい，後日連絡をとって承諾を得てインタビューを行った。12名中2名が過去に介護を経験した人で，残りが介護中の人であった。

　インタビューは区内の共同利用スペースや対象者の自宅で行った。基本的には筆者と一対一のインタビューであるが，2名は2人同時に，1名は，同居する家族を交えて行った。また，2名については，実際に介護が行われている自宅の様子を観察させてもらいフィールドノーツを作成している。

　なお，この時期一対一でのインタビューはできなかったが，アカシアの定例会に定期的に参加していた2名の介護者については，会の「話し合い」での様子と，本研究のパイロット的調査として1999年時点に行ったインタビューから，他の対象者と同程度に介護状況が把握できたため，インタビュー対象者として序章の一覧の中に含めている。

インタビュー調査2（2004年4月〜7月）

　阪神地区のY市で活動している認知症介護者家族会ヒイラギの参加者12名，参加者から紹介を受けた1名の計13名へのインタビューである。会ヒイラギに参加して主旨を説明した上で，参加者リストをもとに調査主旨や質問項目例を郵送して，承諾を得た上で後日インタビューを行った。13名中介護経験者が5名で，介護中の人が8名，その内3名の要介護者が，特別養護老人ホーム，老人保健施設，病院などに入所・入院していた。

　インタビューは，Y市の共同スペースや介護者の自宅（3名）で実施し，内2名については2人同時，他は個別に行った。また，1名については，自宅での要介護者の様子，やり取りの様子などを観察させてもらいフィールドノーツを作成している。

インタビュー調査からのデータ概要

　介護者インタビューは，あらかじめ，ある程度の質問項目を設定してのぞんだが，基本的には，介護の開始期から現在までの経験を自由に語ってもらう半構造化されたインタビューである。インタビューの時間は，1名につき1時間から2時間程度で，複数回インタビューを行った人もいる。ただし，同じ半構造化されたインタビューといっても，あらかじめ対象者に説明する質問項目の詳細さは，時期によって異なっている。

　序章にも記したように，インタビュー1は，親などの世話全般について語っている人を家族介護者として対象にし，漠然と家族介護における困難について話を聞いた段階であった。そのため，共通している点は，家族会に何らかの形でかかわっていることや，同居や通いなどの形で家族関係として定義される人の世話・介護をしていると認知しているという点のみであった。

　一方で，インタビュー2の段階になると，呆けゆく者とのコミュニケーションという対象に焦点が当たってきていたため，診断のプロセスや，長期的な介護における目標設定の問題，周囲の他者たちがかかわってくる意味など，本書の流れにそのままそうようなことをあらかじめの質問項目として対象者に紙面で説明した。本書の第3章や第7章は主にこのインタビュー2に基づいている。

　なお，インタビュー対象者は，①現在在宅で介護中の人，②施設や病院に相手が入所・入院している人，③相手の死去により介護を終了した人という三者に大きく分けられる。本書では，③にあたる人のみを介護経験者（介護終了者）とし，①②にあたる人を介護中の人としている（もちろん，③にあたる人でも，今後家族・親族内の別の人の介護者になる可能性がある）。分析にあたっては，介護中の人から得るデータと介護経験者から得るデータの性質の違いには特に注意をはらっていない。もちろん，過去の自らの行為の意味を，振り返って「理由」として語ってもらう本書の方法においては，看取りを終えたという終点に立つ者と，現在も終点が不確定な介護遂行のただ中にいる者とでは，語りの形式として大きな違いが出てくることが考えられる。この違いについての考察は，今後の課題の一つである。

　しかし，本書については，対象者の少なさもあるため，あえてその二者の

語りの違いには注意をはらわずに,複数の事例の中から,考察目的に適したデータを用いた。具体的には,第5章で行ったような長期的な介護過程の分析の際には,介護経験者や,長期間の介護を行ってきた者の語る,一定の期間にわたる回顧的な介護のストーリーを事例として用いている。一方,第3章,第4章,第7章などのコミュニケーション過程における,ある時点での出来事について分析する章では,収集したデータ全般から概念と仮説を生成する(第4章,第7章),あらかじめ設定してあった問題についてたずねた結果得た事例を分析する(第3章)などのデータの用い方をしている。

2　介護者家族会への参与観察／講演会等への参加

　参与観察を行った主な家族会は,ボランティアセンターやインターネットなどにおける情報を見て連絡をとったアカシアとヒイラギ,他の会の参加者から紹介を受けたヒマワリ,アジサイの四つの会である。なお会の名前はすべて仮名である。

　当初から並行して参加していたアカシアとヒマワリは,両会とも認知症に対象を限定せず,家族介護全般をテーマとする会である。その後参加するようになっていったアジサイ,ヒイラギは認知症に限定した会で,保健所などの専門機関や,専門職とのつながりが最初に参加した二つの会よりも強いという特徴がある。

アカシア,ヒマワリ(2001年9月～2003年9月)

　二つの会ともに,都内X区で,それぞれ月一度2時間程度の定例会を開催している。

　会アカシアは,もともと地域の保健婦(現在は保健師)が,家庭訪問をする中で,「[介護する家族を]地域の風に当てることが大事」と思い,地域の福祉会館の職員と協力して1988年に4名で結成した。結成後数ヶ月で,運営を当時介護当事者であった現代表(現在は介護経験者)に移し,現在まで活動を続けてきている。

　参加者としては,専業主婦で嫁の立場の者が多いことが特徴である。ただ

し，以前は，実際に介護を行っている者たち同士の「話し合い」が中心であったが，創立時からの中心メンバーの多くが，90年代前半から中盤にかけて看取りを終えたため，徐々に地域行事でのボランティア活動や社会福祉協議会主催の介護者向けのイベントの協力，介護相談への協力などへと活動をシフトさせてきている。また，前回の様子と次回の予定を記した便りを月に一度会員に郵送している。

現在の活動は，介護経験者が，2～3名の介護中の人の話を聞いてアドバイスをしたり，相互に「話し合い」をするということが中心であるが，介護中の人が参加しない回もあり，そうした場合は，ボランティア活動の計画を立てたり，家族介護一般を話題にした「話し合い」が行われている。会の開催場所である福祉会館の冊子によると，現在の活動内容は「『介護中の会員の近況報告』，『介護に関する情報交換と学習』，『介護終了者によるボランティア活動(催し物の際の食事作り，ボランティアセンターでの週1回の介護相談など)』」とあり，将来の活動内容は「介護中の会員がひとりでもいれば，現状維持しその後は無理なくできるボランティア活動を続けたいと思っています」となっている。

筆者は，会の「話し合い」に参加し，介護者の介護経験，介護における問題をめぐる語りに焦点を当てたフィールドノーツ作成と，許可を得たテープ録音をもとにした重要部分の書き起こしを行った。また，会は，月に一度の便りや創立後10周年，15周年を記念する冊子などを作成しており，冊子中の記述も参照した。

会ヒマワリは，1999年に，「話し合い」を中心としたアカシアの活動を参考にして，介護経験があり，家族介護について強い問題意識を持っている現代表によって結成された。ちなみに，代表は後述の会アジサイにも，介護経験者としてアドバイスをするような立場で参加している。

参加者の特徴としては介護未経験者が多く，アカシア同様主婦が多いが，夫と暮らす高齢女性も参加している。実際に介護経験があり，地域の介護問題に対して強い問題意識を持っている代表を中心とする勉強会という色彩が強い。アカシアと同様，通常は「話し合い」（ヒマワリでは懇談会と呼んでいる）形式で会を行っているが，これから参加者自身の問題となってくるであろう

介護や健康問題についての認識を深める勉強会・施設見学なども年間の活動の中で多くを占めていた。会員同士での簡単な助け合いをうながすための地域通貨に近い試みを行っていたこともあった。「話し合い」の様子は，実際に介護を行っている人が時間をかけて話すというよりは，代表や積極的に参加している人が，話題やアドバイスを提供することが主であった。

筆者は「話し合い」や施設見学会，会が主催する講演会などに参加し，参加者たちの介護経験についての語りに注目したフィールドノーツを作成した。

なお，それぞれの会への参加と並行して，可能な限り会の代表者にインタビューを実施した。代表者・創設者・運営者（会アカシア3名，会ヒマワリ2名）に対して行い，会を創設したきっかけ，代表者の立場から見た会員のかかえている問題，会の様子等についてたずねた。このインタビューの内容と，アカシアの発行する記念誌が，第6章で考察した「話し合い」活動の分析のためのデータの一部となっている。

アジサイ（2003年4月〜2004年2月）

アジサイは，地域の保健所が認知症高齢者の介護者教室として主催している会で，保健師がとりまとめを行い，介護職（毎回），医師（2ヶ月に一度）が定期的にアドバイザーとして参加している。参加者は，今現在，認知症あるいは認知症かもしれないと思われている相手の介護をしている人がほとんどで，2ヶ月に1人くらいは新規の人が参加していた。また，毎回参加しているベテランの参加者も2，3名いた。

会は月に一度開催され時間は2時間程度である。毎回5名から10名程度が参加している。介護者教室と呼ばれている「話し合い」では，一人ひとりが近況報告をうながされて，現在の悩みを語ったり，参加する専門職に直接相談する形で会が進められている。提示される問題をめぐって参加者同士でのアドバイスや話し合いになることもあるが，多くの場合は，参加者が，ひと通り全員話し終わった後に，介護職や医師が見解を述べたり，アドバイスをしたりするような形になっている。

筆者は「話し合い」に参加し，参加者たちの介護経験についての語り，会でなされるアドバイスの形式などに注目したフィールドノーツを作成した。

ヒイラギ（2004年2月〜）

　ヒイラギは，阪神地区の中規模都市で活動を行っている認知症高齢者介護者の会である。インタビュー2は主にこの会の参加者に対して行っている。インタビューをする一方で，5回の参与観察を行い，2005年以降も不定期で参加していた。

　この会は，もともとは保健所主催の認知症高齢者介護教室として集まっていた。しかし，保健所の会は年毎に参加メンバーを入れ替えなければならないため，希望者で集まって保健所から独立し，地域で1980年代前半から活動している大規模な介護者家族会の一部の会として1998年に発足した。定例会は月に一度開催され，月ごとの参加者数は，2004年度に関しては，平均で10名前後，少ないときは5名程度である。参加者には保健師も1名含まれ，ほぼ毎回参加している。また，家族支援に関して専門的に研究している精神科医が顧問となっており，不定期で参加したり，病院に関する相談に乗っているという。また，会報が郵送されている人数（メンバー）は，25名前後である。

　この会の参加者の特徴として，他の会に比べて，娘の立場での親の介護や，妻の立場で夫を介護している人が多い。参加者は，主に要介護者が認知症と診断されていたり，脳血管性の疾患を経験している人々である。ただし，参加者の状況は，①アルツハイマーなどの老年性の認知症をかかえる親の介護，②原因疾患をアルツハイマーとする夫への介護，③脳出血などの後に認知症症状を見せ始めた夫への介護，などに分かれている。①に属する参加者が最も多い（参加者の概要について序章のインタビュー2の表参照）。

　毎回の会の時間は2時間で，1名ずつ近況報告の時間が割り当てられ，近況や悩みを報告していく。その途中で，隣同士に座っている人同士が情報交換を行ったり，終わった後にインフォーマルな情報交換などが行われる。また，「話し合い」以外に不定期での施設見学，月一度の会報の発送を行っている。

　また，この会の参加者の多くは，この地域における先駆的なデイサービスと，ボランティアや職員，あるいは利用者（要介護者を通わせている）などの立場でかかわりを持っている。そのため，そのデイサービスでの様子や状況について話題に出ることが多く，他のデイサービスや施設の話題も含め，家

族外部の場における呆けゆく者の様子や，外部の場や専門の介護職の様子について語られることが多い。

その他の会（2004 年 1 月〜2005 年）

また，2004 年 1 月から 2005 年まで，全国組織である「呆け老人をかかえる家族の会」の講演会やいくつかの地域支部の「つどい」に参加して同様の観察を行い，他の会同様にフィールドノーツを作成した。また，会で発行している会報『ぽ〜れぽ〜れ』や東京支部の会報も参考にし，本書の議論に反映させている。

参与観察からのデータ概要

家族会への参与観察は，当初，インタビューの補助的な意味合いで開始した。すなわち第一に，参加者をインタビュー対象者として紹介してもらうため，第二に会の「話し合い」で家族介護の問題として話題になっていることを参考にインタビューの質問内容を設定していくためである。

しかし，序章でも述べたように，アカシアやヒマワリへの参加を経ていく中で，介護者による要介護者を定義する形式，特に呆けや認知症について語る介護者の問題に注目していくようになった。そのため，認知症介護に特化したアジサイへの定期的参加や，その他の会・イベントへの参加を開始した。そうした認知症をめぐる話し合いの場への参加から得た問題についてより厚みのあるデータで肉づけしていくために，あらためて上述のインタビュー 2 と併せてヒイラギへの参加を開始した。その過程の中で，参与観察において集中的に収集するようになったデータは，インタビューを補う情報としてだけでなく，会におけるコミュニケーションの形式や，会の機能，概要を把握するための情報としての意味を持つようになっていった。

以上をまとめると，この参与観察においては，①インタビューで得た情報を補足するような介護者の語り，②問題経験をめぐる参加者のやり取りの内容・形式（専門家によるアドバイスも含む），③それぞれの介護者による呆けゆく者の「問題行動」や意思・意図を解釈する形式，④デイサービスなどの外部の場での呆けゆく者の振る舞いや様子についての語りなどについてのデー

タを得た。それらのデータは，主に第3章，第6章，第7章の考察に用いられている。

文　献

Abel, E. K., 1989 "The Ambiguities of Social Support: Adult Daughters Caring for Frail Elderly Parents," *Journal of Aging Studies*, 3（3）: 211-30.
―――― 1990 "Daughters Caring for Elderly Parents," In Gubrium, J. F. and A. Sankar eds., *The Home Care Experience: Ethnography and Policy*, California: Sage Publications. : 189-206.
―――― 1991 *Who Cares for the Elderly?: Public Policy and the Experiences of Adult Daughters*, Philadelphia: Temple University Press.
阿保順子 2001「看護のフィルターを通して見えてくる痴呆性高齢者の生活――人間社会における一つのリアリティ」浅野弘毅編『痴呆性高齢者のこころと暮らし』批評社: 54-64.
―――― 2004『痴呆老人が創造する世界』岩波書店.
Albert, S. M., 1990 "The Dependent Elderly, Home Health Care, and Strategies of Household Adaptation," In Gubrium, J. F. and A. Sankar eds., *The Home Care Experience: Ethnography and Policy*, California: Sage Publications. : 19-36.
Alzheimer, A., 1907 "Uber eine Eigenartige Erkrankung der Hirnrinde," *Allg. Z. Psychiatr*, 64: 146-8.
天田城介 2003『〈老い衰えゆくこと〉の社会学』多賀出版.
―――― 2004『老い衰えゆく自己の／と自由――高齢者ケアの社会学的実践論・当事者論』ハーベスト社.
天木志保美 1993「ケアラーとしての主婦――社会への二つの回路」『家族社会学研究』5: 75-85.
安藤太郎 1999「P. Conrad の医療化論の検討」『保健医療社会学論集』10: 75-83.
―――― 2003「セルフヘルプにおける"同じ経験"と"違う経験"」『年報社会学論集』16: 212-24.
Antze, P., 1976 "The Role of Ideologies in Peer Psychotherapy Organizations: Some Theoretical Considerations and Three Case Studies," *Journal of Applied Behavioral Science*, 12(3): 323-46.
Archbold, P, 1986「家族のケア提供と帰納的研究法」『看護研究』(19): 81-104.
有吉佐和子 1972『恍惚の人』新潮社.
浅野智彦 2001『自己への物語論的接近――家族療法から社会学へ』勁草書房.
芦川晋 2000「他者の『体験』――コミュニケーションと親密性」『情況．第二期』11（7）[8月号別冊 現代社会学理論の最前線［3］実践―空間の社会学］: 126-44.
Astington, J. W., 1993 *The Child's Discovery of the Mind*, Massachusetts: Harvard University Press. ＝ 1995 松村暢隆訳『子どもはどのように心を発見するか――心の理論の発達心理学』新曜社.
Atchley, R. C. and A. S. Barusch, 2004 *Social Forces and Aging: An Introduction to Social Gerontology (Tenth Edition)*, California: Wadsworth / Thomson Learning. ＝ 2005（株）ニッセイ基礎研究所ジェロントロジーフォーラム監訳（宮内康二編訳）『ジェロントロジー――加齢の価値と社会の力学』きんざい.

Bahro, M., E. Silber and T. Sunderland, 1995 "How Do Patients with Alzheimer's Disease Cope with their Illness?: A Clinical Experience Report," *Journal of the American Geriatrics Society*, 43（1）: 41-6.

Bateson, G., 1972 *Steps to an Ecology of Mind: Collected Essays in Anthropology, Psychiatry, Evolution, and Epistemology*, San Francisco: Chandler Publishing. ＝ 2000 佐藤良明訳『精神の生態学 改訂第2版』新思索社.

Beach, T. G., 1987 The History of Alzheimer's Disease: Three Debates, *Journal of the History of Medicine and Allied Sciences*, 42: 327-49.

Beard, R. L., 2004a "Adovocating Voice: Organizational, Historical, and Social Milieux of the Alzheimer's Disease Movement," *Sociology of Health and Illness*, 26（6）: 797-819.

―――― 2004b "In Their Voices: Identity Preservation and Experience of Alzheimer's Disease," *Journal of Aging Studies*,18（4）: 415-28.

Becker, H. S.,1963 *Outsiders: Studies in the Sociology of Deviance*, New York: Free Press. ＝ 1978 村上直之訳『アウトサイダーズ――ラベリング理論とはなにか』新泉社.

Benson, S. ed.,2000 *Person-Centred Care: Creative Approaches to Individualised Care for People with Dementia*, London: Hawker Publications. ＝ 2005 稲谷ふみ枝・石崎淳一監訳『パーソン・センタード・ケア――認知症・個別ケアの創造的アプローチ』クリエイツかもがわ.

Berger, P. L.,1963 *Invitation to Sociology: A Humanistic Perspective*, New York: Doubleday. ＝ 1979 水野節夫・村山研一訳『社会学への招待』思索社

Berger, P L. and T Luckmann, 1966 *The Social Construction of Reality: A Treatise in the Sociology of Knowledge*, New York: Anchor Books. ＝ 1977 山口節郎訳『日常世界の構成――アイデンティティと社会の弁証法』新曜社.

Binney, E. A., C. L. Estes and S. L. Ingman, 1990 "Medicalization, Public Policy and the Elderly: Social Services in Jeopardy," *Social Science and Medicine*, 30（7）: 761-71.

Blau, P. M., 1964 *Exchange and Power in Social Life*, New York: John Wiley and Sons. ＝ 1974 間場寿一・居安正・塩原勉訳『交換と権力――社会過程の弁証法社会学』新曜社.

Blum, N. S., 1994 "Deceptive Practices in Managing a Family Member with Alzheimer's Disease," *Symbolic Interaction*, 17（1）: 21-36.

Blumer, H., 1969 *Symbolic Interactionism: Perspective and Method*, New Jersey: Prentice-Hall. ＝ 1991 後藤将之訳『シンボリック相互作用論――パースペクティヴと方法』勁草書房.

Boden（Bryden）, C., 1998 *Who Will I Be, When I Die?*, Sydney: HarperCollins Religious. ＝ 2003 桧垣陽子訳『私は誰になっていくの？――アルツハイマー病者からみた世界』クリエイツかもがわ.

―――― 2002 "A Person-Centred Approach to Counselling, Psychotherapy and Rehabilitation of People Diagnosed with Dementia in the Early Stages," *Dementia*, 1（2）: 146-56.

Bogdan, R. and S. J. Taylor,1987 "Toward a Sociology of Acceptance: The Other Side of the Study of Deviance," *Social Policy*, 18（2）:34-9.

―――― 1989 "Relationships with Severely Disabled People: The Social Construction of Humanness," *Social Problems*, 36（2）: 135-48.

呆け老人をかかえる家族の会 2004a『「家族の会」調査報告書 痴呆の人の「思い」に関する調査――家族に対するアンケート調査，本人に対する聞き取り調査』.

―――― 2004b『痴呆の人の思い，家族の思い』中央法規出版.

―――― 2005『若年認知症 本人の思いとは何か――松本照道・恭子夫妻の場合』クリエ

イツかもがわ.
呆け老人をかかえる家族の会東京都支部 2001『「家族の会」東京都支部活動二十年の記録 (1980 年~ 2000 年) きずなの年輪』.
―――― 2003『呆け老人てれほん相談――歩み続けて 20 年 (1982 年度~ 2001 年度)』
呆け予防協会 1991『痴呆性(ぼけ)老人を抱える家族全国実態調査報告書第 1 回』
Bond, J., 1992 "The Medicalization of Dementia," *Journal of Aging Studies* 6(4): 397-403.
Bond, J., L. Corner, A. Lilley and C. Ellwood, 2002 "Medicalization of Insight and Caregivers' Responses to Risk in Dementia," *Dementia*, 1(3): 313-28.
Borkman, T., 1976 "Experiential Knowledge: A New Concept for the Analysis of Self-Help Groups," *Social Service Review*, 50(3): 445-56.
Boss, P, 1999 *Ambiguous Loss: Learning to Live with Unresolved Grief*, Massachusetts: Harvard University Press. = 2005 南山浩二 訳『「さよなら」のない別れ 別れのない「さよなら」―― あいまいな喪失』学文社.
Brody, E. M.,1990 *Women in the Middle: Their Parent-Care Years*, New York: Springer Publishing.
Brody, E. M., M. H. Kleban, M. P. Lawton and H. A. Silverman, 1971 "Excess Disabilities of Mentally Impaired Aged: Impact of Individualized Treatment," *The Gerontologist*, 11(2): 124-33.
Cantor M., 1983 "Strain among Caregivers: A Study of Experience in the United States," *The Gerontologist,* 23(6): 597-604.
Caron, W., 1997 "Finding the Person in Alzheimer's Disease," In McDaniels, S., G. Hepworth, and W. Doherty eds., *The Shared Experience of Illness: Stories of Patients, Families and Their Therapists*, New York: Basic Books. = 2003「痴呆によって隠された人間性を求めて――アルツハイマー病と共に生きる人びとのサポートグループでの経験より」小森康永監訳『治療に生きる病の経験――患者と家族,治療のための 11 の物語』創元社: 237-63.
Caron, W. and D. R. Goetz, 1998 "A Biopsychosocial Perspective on Behavior Problems in Alzheimer's Disease," *Geriatrics*, 53 (Suppl. 1): S56-S60.
Charmaz, K., 1983 "Loss of Self: A Fundamental Form of Suffering in the Chronically Ill," *Sociology of Health and Illness*, 5(2): 168-95.
―――― 1991 *Good Days, Bad Days: The Self in Chronic Illness and Time*, New Jersey: Rutgers University Press.
Chesler, M. A. and B. K. Chesney, 1995 *Cancer and Self-Help: Bridging the Troubled Waters of Childhood Illness*, Wisconsin: University of Wisconsin Press.
Clarke, A. E., J. K. Shim, L Mamo, J. R. Fosket, and J. R. Fishman, 2003 "Biomedicalization: Technoscientific Transformations of Health, Illness, and U.S. Biomedicine," *American Sociological Review*, 68: 161-94.
Cohen, D., 1991 "The Subjective Experience of Alzheimer's Disease: The Anatomy of an Illness as Perceived by Patients and Families," *American Journal of Alzheimer's Care and Related Disorders and Research*, 6: 6-11.
Cohen, D. and C. Eisdorfer, 1986 *Loss of Self: A Family Resource for the Care of Alzheimer's Disease and Related Disorders*, New York: Norton. = 1989 佐々木三男監訳『失われゆく自己――ぼけと闘うすべての人々への心からなる手引書』同文書院
Cohen, E. S., 1988 "The Elderly Mystique: Constraints on the Autonomy of the Elderly Adults with Disabilities," *The Gerontologist*, 28 (suppl.): 24-31.
Conrad, P. and J. W. Schneider, 1980 "Looking at the Level of the Medicalization: A Comment on

Strong's Critique of the Thesis of Medical Imperialism," *Social Science and Medicine*, 14 (A) : 74-9.
―――1992 *Deviance and Medicalization: From Badness to Sickness, Expanded Edition*, Philadelphia: Temple University Press. ＝ 2003 進藤雄三監訳『逸脱と医療化――悪から病へ』ミネルヴァ書房
Corbin, J. M. and A. L. Strauss, 1985 "Managing Chronic Illness at Home: Three Lines of Work," *Qualitative Sociology*, 8 (3) : 224-247.
Cotrell, V. and L. Lein, 1993 "Awareness and Denial in the Alzheimer's Disease Victim," *Journal of Gerontological Social Work*, 19 (3) : 115-32.
Cotrell, V. and R. Schulz, 1993 "The Perspective of the Patient with Alzheimer's Disease: A Neglected Dimension of Dementia Research," *The Gerontologist*, 33 (2) : 205-11.
Coulter, J., 1979 *The Social Construction of Mind: Studies in Ethnomethodology and Linguistic Philosophy*, London: Macmillan. ＝ 1998 西坂仰訳『心の社会的構成――ヴィトゲンシュタイン派エスノメソドロジーの視点』新曜社
Couper, D. P., 1989 *Aging and Our Families: Leader's Guide to Caregiver Programs*, New York: Human Science Press.
Cox, C. B., 1993 *The Frail Elderly: Problems, Needs, and Community Responses*, Connecticut: Auburn House.
Creasey, G. L., B. J., Myers, M. J. Epperson and J. Taylor, 1990 "Couples with an Elderly Parent with Alzheimer's Disease: Perceptions of Familial Relationships," *Psychiatry*, 53 (1) : 43-51.
Cutler, N., 1986 "Public Response: The National Politics of Alzheimer's Disease," In Gilhooly, M, S. H. Zarit and J. E. Birrens eds., *The Dementias: Policy and Management*, New Jersey: Prentice Hall.
出口泰靖 1998「『痴呆性老人』の『幼児扱い』に関する一考察――施設ケアにおける処遇の実状と問題解決の可能性」『老人生活研究』32: 18-30.
――― 1999a「『呆けゆく』人びとの『呆けゆくこと』体験における意味世界への接近――相互行為的な『バイオグラフィカル・ワーク』を手がかりに」『社会福祉学』39 (2) :209-25.
――― 1999b「『呆けゆくこと』にまつわるトラブルのミクロ・ポリティクス――家族介護者のトラブル体験に関する回顧的『語り』を手がかりに」『ソシオロジスト』1: 39-75.
――― 2002「かれらを『痴呆性老人』と呼ぶ前に」『現代思想』30 (7) :182-95.
――― 2004a「『呆け』たら私はどうなるのか？何を思うのか？」山田富秋編『老いと障害の質的社会学――フィールドワークから』世界思想社 : 155-84.
――― 2004b「『呆け』について私はもの語れるのか？――〈本人の『呆けゆく』体験の語り〉が生成される〈場〉」山田富秋編『老いと障害の質的社会学――フィールドワークから』世界思想社 : 185-216.
――― 2004c「『呆けゆく』体験を〈語り，明かすこと〉と〈語らず，隠すこと〉」山田富秋編『老いと障害の質的社会学――フィールドワークから』世界思想社 : 217-28.
――― 2004d「『呆けゆく』体験を〈語らず，隠すこと〉と〈語り，明かすこと〉のはざまで――本人が『呆けゆく』体験を語り明かすことは，私たちに何をもたらすのか？」山田富秋編『老いと障害の質的社会学――フィールドワークから』世界思想社 : 229-53.
出口泰靖・田村誠・神田晃・辻本義博 1998「『呆けること』に対する歴史・文化・社会的『まなざし』――『痴呆性老人』と介護者との相互作用における臨床社会学的研究」『(財)

明治生命厚生事業団 第4回「健康文化」研究助成論文集』: 91-113.
Dennett, D. C., 1987 *The Intentional Stance*, Massachusetts: The MIT Press. ＝ 1996 若島正・河田学訳『志向姿勢の哲学―― 人は人の行動を読めるのか？』白揚社
Denzin, N. K., 1989 *Interpretive Interactionism*, California: Sage Publications. ＝ 1992 関西現象学的社会学研究会編訳『エピファニーの社会学』マグロウヒル出版
Diamond, T., 1992 *Making Gray Gold: Narratives of Nursing Home Care*, Illinois: The University of Chicago Press. ＝ 2004 工藤政司訳『老人ホームの錬金術』法政大学出版局
Diehl, J., T. Mayer, H. Förstl, and A. Kurz, 2003 "A Support Group for Caregivers of Patients with Frontotemporal Dementia," *Dementia*, 2 (2): 151-61.
Doman, G.,1974 *What to Do about Your Brain-Injured Child, or Your Brain-Damaged, Mentally Retarded, Mentally Deficient, Cerebral-Palsied, Emotionally Disturbed, Spastic, Flaccid, Rigid, Epileptic, Autistic, Athetoid, Hyperactive Child*, New York : Doubleday. ＝ 1974 幼児開発協会訳『親こそ最良の医師―― ドーマン博士はいかにして脳障害児を治療したか』サイマル出版会.
Downs, M., 1997 "The Emergence of the Person in Dementia Research," *Ageing and Society*, 17: 597-607.
Dubos, R. J., 1959 *Mirage of Health: Utopias, Progress and Biological Change*, New York : Harper and Row. ＝ 1977 田多井吉之介訳『健康という幻想――医学の生物学的変化』紀伊国屋書店.
Emerson, R. M. and S. L. Messinger, 1977 "The Micro-Politics of Trouble," *Social Problems*, 25: 121-34.
Engelhardt, H. T.,1986 *The Foundation of Bioethics*, New York: Oxford University Press. ＝ 1989 加藤尚武・飯田亘之監訳『バイオエシックスの基礎づけ』朝日出版
Estes, C. L. and E. A. Binney, 1989 "The Biomedicalization of Aging: Dangers and Dilemmas." *The Gerontologist*, 29 (5): 587-96.
Feil, N.,1993 *The Validation Breakthrough: Simple Techniques for Communicating with People with "Alzheimer's-Type Dementia"*, Baltimore: Health Professions Press. ＝ 2001 藤沢嘉勝監訳『バリデーション―― 痴呆症の人との超コミュニケーション法』筒井書房
Foner, N., 1994 *The Caregiving Dilemma: Work in an American Nursing Home*, Berkeley: University of California Press.
Foster, G. M. and B. G. Anderson, 1978 *Medical Anthropology*, New York: John Wiley and Sons Inc. ＝ 1987 中川米造監訳『医療人類学』リブロポート
Fox, P., 1989 "From Senility to Alzheimer's Disease: The Rise of the Alzheimer's Disease Movement," *Milbank Quarterly*, 67 (1): 58-102.
Fox, R. C., 1977 "The Medicalization and Demedicalization of American Society," In Knowles, J. H. ed., *Doing Better and Feeling Worse: Health in the United States*, New York: Norton.: 9-22.
Frank, A. W., 1991 "From Sick Role to Health Role: Deconstructing Parsons," In Robertson, R. and B. S. Turner eds., *Talcott Parsons: Theorist of Modernity*, London: Sage Publications.: 205-16. ＝ 1995 中久郎・清野正義・進藤雄三訳「病人役割から健康人役割へ――パーソンズの脱構築」『近代性の理論――パーソンズの射程』恒星社厚生閣: 272-89.
―――― 1995 *The Wounded Storyteller: Body, Illness and Ethics*, Illinois: The University of Chicago Press. ＝ 2002 鈴木智之訳『傷ついた物語の語り手』ゆみる出版
Freidson, E., 1970 *Professional Dominance: The Social Structure of Medical Care*, New York: Atherton Press. ＝ 1992 進藤雄三・宝月誠訳『医療と専門家支配』恒星社厚生閣
藤本直規・吉田摩喜子・祖父江文子・嶋崎婦美子・橋本照子・井狩泰子・橋本文男・橋

本俊明 1998「痴呆患者の介護者に対するピア・カウンセリング」『保健婦雑誌』54（11）：928-33.
藤村正之 2000「家族介護と社会的介護」藤崎宏子編『親と子——交錯するライフコース』ミネルヴァ書房：296-326.
──── 2001「高齢期における社会的不平等と社会的公正」平岡公一編『高齢期と社会的不平等』東京大学出版会：175-89.
藤野真子 1995「在宅痴呆性老人の家族介護者のストレス反応に及ぼすソーシャル・サポートの効果」『老年精神医学雑誌』6（5）：575-81.
藤崎宏子 1998『高齢者・家族・社会的ネットワーク』培風館
──── 2000a「家族はなぜ介護を囲い込むのか——ネットワーク形成を阻むもの」副田義也・樽川典子編『現代家族と家族政策』ミネルヴァ書房：141-61.
──── 2000b「育てることと看取ること——ケアの意味づけ」藤崎宏子編『親と子——交錯するライフコース』ミネルヴァ書房：327-43.
──── 2002「介護保険制度の導入と家族介護」金子勇編『高齢化と少子社会』ミネルヴァ書房：191-222.
藤田真理子 1999『アメリカ人の老後と生きがい形成——高齢者の文化人類学的研究』大学教育出版
福重清 2004「セルフヘルプ・グループの物語論的効果再考——『回復』することの曖昧さをめぐって」『現代社会理論研究』14：304-17.
福島智子 2005「自覚症状のない患者が治療を求めるとき——2型糖尿病患者を対象としたインタビュー調査から」『保健医療社会学論集』16（1）：13-24.
Gabe, J., 2004 "Medicalization," In Gabe, J. and M. Bury and M. A. Elston eds., *Key Concept in Medical Sociology*, London: Sage Publications.
Galvin, K., L. Todres and M. Richardson, 2005 "The Intimate Mediator: A Carer's Experience of Alzheimer's," *Scandinavian Journal of Caring Sciences*, 19（1）：2-11.
Gartner, A. and F. Riessman, 1977 *Self-Help in the Human Services*, San Francisco: Jossey-Bass Publishers. ＝ 1985 久保紘章監訳『セルフ・ヘルプ・グループの理論と実際——人間としての自立と連帯へのアプローチ』川島書店
Giddens, A., 1991 *Modernity and Self-Identity: Self and Society in the Late Modern Age*, Cambridge: Polity Press with Blackwell. ＝ 2005 秋吉美都・安藤太郎・筒井淳也訳『モダニティと自己アイデンティティ——後期近代における自己と社会』ハーベスト社
Glaser, B. G. and A. L. Strauss, 1965 *Awareness of Dying*, New York: Aldine Publishing. ＝ 1988 木下康仁訳『「死のアウェアネス理論」と看護——死の認識と終末期ケア』医学書院
Goffman, E., 1959 *The Presentation of Self in Everyday Life*, New York: Doubleday. ＝ 1974 石黒毅訳『行為と演技——日常生活における自己呈示』誠信書房
──── 1963 *Stigma: Notes on the Management of Spoiled Identity*, New Jersey: Prentice-Hall. ＝ 1970 石黒毅訳『スティグマの社会学——烙印を押されたアイデンティティ』せりか書房
Graham, H., 1983 "Caring: A Labor of Love," In Finch, J. and D. Groves eds., *A Labor of Love: Women, Work and Caring*, London: Routledge and Kegan Paul.: 13-30.
Gubrium, J. F., 1986a *Old Ttimers and Alzheimer's: The Descriptive Organization of Senility*, Connecticut: JAI Press.
──── 1986b "The Social Preservation of Mind: The Alzheimer's Disease Experience," *Symbolic Interaction*, 9（1）：37-51.
──── 1987 "Structuring and Destructuring the Course of Illness: The Alzheimer's Disease

Experience," *Sociology of Health and Illness*, 9 (1): 1-24.
―――― 1991 *The Mosaic of Care: Frail Elderly and their Families in the Real World*, New York: Springer Publishing.
Gubrium, J. F. and R. J. Lynott, 1985 "Alzheimer's Disease as Biographical Work," In Peterson, W. A. and J. Quadagno eds., *Social Bonds in Later Life: Aging and Interdependence*, California: Sage Publications.: 349-67.
―――― 1987 "Measurement and the Interpretation of Burden in the Alzheimer's Disease Experience," *Journal of Aging Studies*,1: 265-85.
Gubrium, J. F. and A. Sankar eds., 1990 *The Home Care Experience: Ethnography and Policy*, California: Sage Publications.
Hanson, B. G., 1996 "The Intimate Politics of Sense: Symptoms Versus Problems in Senile Dementia," *International Review of Modern Sociology*, 26 (1): 1-14
Harding, N. and C. Palfrey, 1997 *The Social Construction of Dementia: Confused Professionals?*, London: Jessica Kingsley Publishers.
長谷正人 1991『悪循環の現象学――「行為の意図せざる結果」をめぐって』ハーベスト社.
長谷川和夫 2004「認知症ケアの理念」日本認知症ケア学会『認知症ケア標準テキスト 認知症ケアの基礎』ワールドプランニング：19-28.
橋爪大三郎 1985『言語ゲームと社会理論――ヴィトゲンシュタイン・ハート・ルーマン』勁草書房.
―――― 2003『「心」はあるのか?』筑摩書房.
早瀬圭一（1994）1997『人はなぜボケるのか』新潮社.
平井秀幸 2004「『医療化』論再考」『現代社会理論研究』14：252-64.
平野隆之 2002「痴呆性高齢者ケアのソフトを考える――宅老所からグループホーム・ユニットケア」三浦文夫監修『痴呆性高齢者ケアの経営戦略――宅老所, グループホーム, ユニットケア, そして』中央法規出版：56-78.
広井良典 2000『ケア学――越境するケアへ』医学書院
Hochschild, A. R.,1983 *The Managed Heart: Commercialization of Human Feeling*, Berkeley: University of California Press. ＝ 石川准・室伏亜希訳 2000『管理される心――感情が商品になるとき』世界思想社.
―――― 1989 *The Second Shift: Working Parents and the Revolution at Home*, New York: Viking Penguin. ＝ 1990 田中和子訳『セカンド・シフト――アメリカ 共働き革命のいま』朝日新聞社
Hofland, B. F., 1988 "Autonomy in Long Term Care: Background Issues and a Programmatic Response," *The Gerontologist*, 28 (suppl): 3-9.
北海道民生委員児童委員連盟 1991『寝たきり・痴呆性老人介護者実態白書』
―――― 2000『寝たきり・痴呆性老人介護者実態調査報告書』
Holstein, M., 1997 "Alzheimer's Disease and Senile Dementia, 1885-1920: An Interpretive History of Disease Negotiation," *Journal of Aging Studies*, 11 (1): 1-13.
Holstein, J. A. and J. F. Gubrium, 1995 *The Active Interview*, California: Sage Publications.
本間昭 2001「地域住民を対象とした老年期痴呆に関する意識調査」『老年社会科学』23 (3): 340-51.
―――― 2004「認知症高齢者の現状」日本認知症ケア学会『認知症ケア標準テキスト 認知症ケアの基礎』ワールドプランニング：31-6.
―――― 2005「MCIとは何か?」『りんくる』4: 14-6.
市野川容孝 2001「『社会科学』としての医学（上）―― 1848年のR. ヴィルヒョウによせ

て」『思想』925: 196-224.
―――― 2002「『社会科学』としての医学（下）――― 1848 年の R. ヴィルヒョウによせて」『思想』939: 116-42.
―――― 2003a「解説 レネー・C・フォックスと医療社会学の系譜」In Fox, R. C., *Conversation in Japan* (*Interview Made on 12 and 27 April 2001 Tokyo*) *and The Human Condition of Medical Professionals* (*Lecture Made on 26 April 2001 in Tokyo*). = 2003 中野真紀子訳『レネー・C・フォックス 生命倫理をみつめて――医療社会学者の半世紀』みすず書房: 175-214.
―――― 2003b「『医療化』の再検討――歴史的観点から」『現代の社会病理』18: 31-44.
一関開治 2005『記憶が消えていく――アルツハイマー病患者が自ら語る』二見書房
井口高志 2001「家族介護者の困難経験に関する一考察――介護者の主体的対処過程に注目して」『年報社会学論集』14: 39-50.
―――― 2003「家族介護における『衰える他者』定義の問題――介護者への援助としての解釈活動」『ソシオロゴス』27: 290-310.
碇陽子 2005「『医療化』論再考―― Peter Conrad の社会構築主義的アプローチを中心に」『超域文化科学紀要』10：197-219.
Illich, I., 1976 *Limits to Medicine, Medical Nemesis: The Expropriation of Health*, London: Calder and Boyars. = 1979 金子嗣郎訳『脱病院化社会――医療の限界』晶文社.
井上英晴・賀戸一郎 1997『宅老所「よりあい」の挑戦――住みなれた街のもうひとつの家』ミネルヴァ書房.
井上勝也 1978「ポックリ信仰の背景」『ジュリスト増刊 高齢化社会と老人問題』有斐閣：200-4.
石橋典子・大熊一夫・小澤勲・浅野弘毅 2001「座談会 痴呆性高齢者は癒されているか？」浅野弘毅 編『痴呆性高齢者のこころとくらし』批評社：153-81.
石川准・長瀬修編 1999『障害学への招待――社会，文化，ディスアビリティ』明石書店.
石川実 1997「家族の形態と機能――核家族化と潜在的機能ストレス」石川実編『現代家族の社会学――脱制度化時代のファミリー・スタディーズ』有斐閣：56-75.
石倉康次 1999「痴呆老人問題をどうとらえるか――社会学の視点から」石倉康次編『形成期の痴呆老人ケア――福祉社会学と精神医療・看護・介護現場との対話』北大路書房：1-15.
石倉康次編 1999『形成期の痴呆老人ケア――福祉社会学と精神医療・看護・介護現場との対話』北大路書房.
石倉康次・森俊夫・（社）ぼけ老人をかかえる家族の会編著 2000『痴呆老人と介護保険――問題点と改善への提言』クリエイツかもがわ.
石崎淳一 2004「痴呆性高齢者に対する包括的心理的援助――『生物-心理-社会-霊性』援助モデルの可能性」『心理臨床学研究』22（5）：465-75.
伊藤智樹 1997「呆けゆく人をめぐる相互作用の問題」『年報社会学論集』10：145-56.
―――― 2000「セルフヘルプ・グループと個人の物語」『社会学評論』51（1）：88-103.
岩崎晋也 2002「なぜ『自立』社会は援助を必要とするのか――援助機能の正当性」古川孝順・岩崎晋也・稲沢公一・児島亜紀子『援助するということ――社会福祉実践を支える価値規範を問う』有斐閣：69-133.
鎌倉市 1990『在宅ねたきり老人等介護者生活実態調査報告書』
金田千賀子 2004「痴呆性高齢者ケアに関する最近の動向について――『2015 年高齢者の介護』を中心に」『月刊 ゆたかな暮らし』268：16-22.
柄澤昭秀 1985「アルツハイマー型痴呆の特徴」『日本医師会雑誌』94（5）：765-9.

―――― 1999『新 老人のぼけの臨床』医学書院．
春日キスヨ 1997『介護とジェンダー――男が看とる女が看とる』家族社．
―――― 2001『介護問題の社会学』岩波書店．
―――― 2003「高齢者介護倫理のパラダイム転換とケア労働」『思想』955: 216-36.
春日耕夫・春日キスヨ 1992『孤独の労働――高齢者在宅介護の現在』広島修道大学．
春日井典子 2004『介護ライフスタイルの社会学』世界思想社．
片桐雅隆 2006『認知社会学の構想――カテゴリー・自己・社会』世界思想社．
加藤篤志 1992「『〈他者〉』理解」の諸問題――〈他者〉の社会学に向けて」『ソシオロゴス』16: 53-65.
加藤伸司 2004「認知症高齢者の心理的特徴」日本認知症ケア学会編『認知症ケア標準テキスト 認知症ケアの基礎』ワールドプランニング: 59-72.
勝俣暎史 2003「非薬物療法 Memory training」『日本臨床 61 巻増刊号 9 痴呆症学（1）――高齢社会と脳科学の進歩』: 539-42
Katz, A. H., 1993 *Self Help in America: A Social Movement Perspective*, Twayne Publishers. = 1997 久保紘章監訳『セルフヘルプ・グループ』岩崎学術出版社．
Katz, A. H. and E. I. Bender, 1976 *The Strength in US Self-Help Groups in the Modern World*, New York: New Viewpoints.
経済企画庁 1998『国民生活白書 平成 10 年版――「中年」: その不安と希望』大蔵省印刷局．
健康保険組合連合会 2000『痴呆性（ぼけ）老人を抱える家族の全国実態調査報告書』
木戸功 2003「介護経験の共有化――グループインタビューの合意について」『ヒューマンサイエンス』15 (1): 2-12.
金貞任 2003『高齢社会と家族介護の変容――韓国・日本の比較研究』法政大学出版局．
木村敏 1973『異常の構造』講談社．
木村祐子 2004「子どもの不適応的行動の医療化――『学習障害』概念の制度化過程」『Sociology today』14: 18-30.
木下康仁 1997『ケアと老いの祝福』勁草書房．
―――― 2001「老いとケアの臨床社会学」野口裕二・大村英昭編『臨床社会学の実践』有斐閣: 83-109.
Kitwood, T., 1989 "Brain, Mind and Dementia: With Particular Reference to Alzheimer's Disease," *Ageing and Society*, 9 (1): 1-15.
―――― 1990 "The Dialectics of Dementia: With Particular Reference to Alzheimer's Disease," *Ageing and Society*, 10 (2): 177-96.
―――― 1993a "Towards a Theory of Dementia Care: The Interpersonal Process." *Ageing and Society*, 13 (1): 51-67.
―――― 1993b "Person and Process in Dementia," *International Journal of Geriatric Psychiatry*, 8 (7): 541-6.
―――― 1997a *Dementia Reconsidered: The Person Comes First*, Buckingham: Open University Press. = 2005 高橋誠一 訳『認知症のパーソンセンタードケア――新しいケアの文化へ』筒井書房．
―――― 1997b "The Experience of Dementia," *Aging and Mental Health*, 1 (1): 13-22.
Kitwood, T. and K. Bredin, 1992 "Towards a Theory of Dementia Care: Personhood and Well-being," *Ageing and Society*, 12 (3): 269-87.
Kitwood, T. and S. Benson eds., 1995 *The New Culture of Dementia Care*, London: Hawker Publications.
小林良二 2001「生活時間記入様式による高齢者ケアアセスメントについて」『人文学報』

319: 121-39.
────── 2002「生活時間と介護時間」『人文学報』329: 47-63.
国際老年精神医学会（日本老年精神医学会監訳）2005『痴呆の行動と心理症状──BPSD』アルタ出版.
小松美彦 1996『死は共鳴する──脳死・臓器移植の深みへ』勁草書房.
小宮英美 1999『痴呆性高齢者ケア──グループホームで立ち直る人々』中央公論新社.
古瀬みどり 2003「要介護高齢者を介護する家族の苦労認識プロセスに関する研究──他者の介護体験認識とのズレの分析から」『家族看護学研究』8（2）: 154-62.
高齢者介護研究会 2003『2015年の高齢者介護──高齢者の尊厳を支えるケアの確立に向けて』.
高齢社会をよくする女性の会 1998『女性の視点から 家族介護についての実態調査──10年目の軌跡』.
高齢者処遇研究会 1997『高齢者虐待防止マニュアル──早期発見・早期対応への道案内』長寿社会開発センター.
厚生省 1969『厚生白書 昭和44年版──繁栄への基礎条件』大蔵省印刷局.
厚生省大臣官房老人保健福祉部老人保健課監修 1989『寝たきりゼロをめざして──寝たきり老人の現状分析並びに諸外国との比較に関する研究』中央法規出版.
厚生省保健医療局監修・痴呆性老人対策推進本部事務局 1989『これからの痴呆性老人対策──痴呆性老人対策推進本部報告・解説・全資料』中央法規出版.
厚生省老人保健福祉局企画課監修 1994『痴呆性老人対策推進の今後の方向──痴呆性老人対策に関する検討会報告・資料』中央法規出版.
工藤禎子 1992「『痴呆症（ぼけ）老人を抱える家族全国実態調査』の概要」『月刊福祉』75(4): 104-7.
栗岡幹英 1993『役割行為の社会学』世界思想社.
黒田浩一郎 1992「施設・専門職・科学──近代医療の基本構造およびその成立過程」園田恭一編『社会学と医療（講座 人間と医療を考える第5巻）』弘文堂: 68-108.
黒田亘 1992『行為と規範』勁草書房.
草柳千早 2004『「曖昧な生きづらさ」と社会──クレイム申し立ての社会学』世界思想社.
京都市社会福祉協議会 1991『痴呆性老人の支援対策と託老所──「全国の託老所」調査報告書』.
Kübler-Ross, E., 1969 *On Death and Dying*, New York: Macmillan. ＝ 1971 川口正吉訳『死ぬ瞬間──死にゆく人々との対話』読売新聞社.
Lazarus L. W., B. Stafford, K. Cooper, B. Cohler and M. Dysken, 1981"A Pilot Study of an Alzheimer Patients' Relatives Discussion Group." *The Gerontologist*, 21（4）: 353-8.
Lemert E. M., 1967 *Human Deviance, Social Problems, and Social Control*, New Jersey: Prentice-Hall.
Levy, L.H., 1976 "Self-Help Groups, Types and Psychological Process," *Journal of Applied Behavioral Science*, 12（3）: 310-22.
Lewinter, M., 2003 "Reciprocities in Caregiving Relationships in Danish Elder Care," *Journal of Aging Studies*, 17（3）: 357-77.
Litwak, E.,1985 *Helping the Elderly: The Complementary Roles of Informal Networks and Formal Systems*, New York: Guilford Press.
Long, C., 1991 "Family Care of the Elderly: Stress, Appraisal, and Coping," *The Journal of Applied Gerontology*, 10（3）:311-27.
Luhmann, N., 1972 *Rechtssoziologie*, Reinbek bei Hamburg: Rowohlt. ＝ 1977 村上淳一・六本

佳平訳『法社会学』岩波書店.
―――― 1984 *Soziale Systeme: Grundriß einer allgemeinen Theorie*, Frunkfurt am Main: Suhrkamp. = 1993 佐藤勉監訳『社会システム理論（上）』恒星社厚生閣.
Lyman, K. A., 1989 "Bringing the Social Back In: A Critique of the Biomedicalization of Dementia," *The Gerontologist*, 29（5）: 597-605.
―――― 1993 *Day In, Day Out with Alzheimer's: Stress in Caregiving Relationships*, Philadelphia: Temple University Press.
―――― 1998 "Living with Alzheimer's Disease: The Creation of Meaning among Persons with Dementia," *Journal of Clinical Ethics*, 9（1）: 49-57.
MacRae, H.,1998 "Managing Feelings: Caregiving as Emotion Work," *Research on Aging*, 20(1): 137-60.
的場智子 2001「現代日本における患者団体の機能」黒田浩一郎編『医療社会学のフロンティア――現代医療と社会』世界思想社: 156-69.
松井省吾・松井幸江 2000『夫と妻の別居介護――3人の痴呆老親を抱えた夫婦の介護奮闘記』中央法規出版.
松本一生 2003「痴呆老人への家族教室」『現代のエスプリ』437: 151-9.
松岡英子 1993「在宅要介護老人の介護者のストレス」『家族社会学研究』5: 101-12.
Maurer, K. und U. Maurer, 1998 *Alzheimer: Das Leben eines Arztes und die Karriere einer Krankheit*, München: Piper. = 2004 新井公人 監訳『アルツハイマー――その生涯とアルツハイマー病発見の軌跡』保健同人社
McBeath, G. B. and S. A. Webb, 1997 "Community Care: A Unity of State and Care? Some Political and Philosophical Consideration," In Hugman, R. P., M. Peelo and K. L. Soothill eds., *Concepts of Care: Developments in Health and Social Welfare*, London: Edward Arnold.: 36-51.
McGowin, D. F.,1993 *Living in the Labyrinth: A Personal Journey through the Maze of Alzheimer's*, San Francisco: Elder Books. = 1993 中村洋子訳『私が壊れる瞬間（とき）――アルツハイマー病患者の手記』DHC.
Mead, G. H., 1934 *Mind, Self, and Society: From the Standpoint of a Social Behaviorist. Ed. with an Introduction by Charles Morris*, Illinois: The University of Chicago Press. = 1973 稲葉三千男・滝沢正樹・中野収訳『精神・自我・社会』青木書店.
Merton, R. K., 1957 *Social Theory and Social Structure: Toward the Codification of Theory and Research*, New York: The Free Press. = 1961 森東吾・森好夫・金沢実・中島竜太郎訳『社会理論と社会構造』みすず書房.
Miller, B., M. Glasser and S. Rubin, 1992"A Paradox of Medicalization: Physicians, Families and Alzheimer's Disease," *Journal of Aging Studies*, 6（2）:135-48.
三井さよ 2004『ケアの社会学――臨床現場との対話』勁草書房
宮上多加子 2003「痴呆性高齢者の家族介護に関する構造的分析（第一報）」『高知女子大学紀要社会福祉学部編』52: 25-37.
三宅貴夫 2003「痴呆性高齢者の介護家族会の現状と課題――社団法人 呆け老人をかかえる家族の会の場合」『老年社会科学』25（3）: 360-6.
宮本倫好 2000『挑戦するアメリカ高齢者パワー――「自己責任の国」の老後事情』亜紀書房.
宮崎和加子 2002「寝たきり・痴呆老人の戦後史」川上武編『戦後日本病人史』農山漁村文化協会: 517-84.
三好功峰 2000「医学の世界から 痴呆の症候学」『作業療法ジャーナル』34（5）: 362-4.
三好春樹 1997『関係障害論』雲母書房.

――― 2003『痴呆論――介護からの見方と関わり学』雲母書房.
――― 2005『介護の専門性とは何か』雲母書房.
森幹郎 1983「痴呆老人の社会的ケアの方向」『老人問題』7 (6):17-22.
森川美絵 1999「在宅介護労働の制度化過程――初期（1970年代～80年代前半）における領域設定と行為者属性の連関をめぐって」『大原社会問題研究所雑誌』486; 23-39.
森岡正博 2001『生命学に何ができるか――脳死・フェミニズム・優生思想』勁草書房.
森津純子 (1997) 2000『母を看取るすべての人へ――在宅介護の700日』朝日新聞社.
室伏君士 1998『痴呆老人への対応と介護』金剛出版.
室伏君士編 1985『痴呆老人の理解とケア』金剛出版.
―――編 1990『老年期痴呆の医療と看護』金剛出版.
―――編 1993『老年精神疾患へのアプローチ』金剛出版.
長坂高村・長坂加織・塩澤全司 2003「問診と診察」『日本臨床 61 巻増刊号 9 痴呆症学 (1)――高齢社会と脳科学の進歩』: 168-71.
永田久美子 2003「痴呆ケアの歴史――なじみの暮らしの中の作業の重要性」『作業療法ジャーナル』37 (9):862-5.
内藤和美 2000「ケアの規範」杉本貴代栄編『ジェンダー・エシックスと社会福祉』ミネルヴァ書房:56-73.
中川敦 2004「遠距離介護と親子の居住形態――家族規範との言説的な交渉に注目して」『家族社会学研究』15 (2):89-99.
中河伸俊 2005「逸脱のカテゴリー化とコントロール」宝月誠・進藤雄三編『社会的コントロールの現在――新たな社会的世界の構築をめざして』世界思想社:159-73.
中島紀恵子・呆け老人をかかえる家族の会 1982『呆け老人をかかえる家族の会第二次全国調査』.
中島紀恵子他 1996「痴呆性老人家族介護主担当者の介護状況における比較研究」『看護研究』29 (3):3-15.
中村重信 2003「治療ガイドライン 我が国での痴呆疾患治療ガイドライン」『日本臨床 61 巻増刊号 9 痴呆症学 (1)――高齢社会と脳科学の進歩』:517-22.
中村紫織・本間昭 2000「痴呆の疫学」『作業療法ジャーナル』34:365-70.
中西正司・上野千鶴子 2003『当事者主権』岩波書店.
中田智恵海 2000「セルフヘルプ・グループはソーシャルワークとは無縁か――特に家族の支援について」『ソーシャルワーク研究』26 (3):216-23.
中谷陽明・東上光雅 1989「家族介護者の受ける負担――負担感の測定と要因分析」『社会老年学』29: 27-36.
中山康雄 2004『共同性の現代哲学――心から社会へ』勁草書房.
直井道子編 1989『家事の社会学』サイエンス社.
成富正信 1988「現代のセルフヘルプ運動――ひとつの解釈」『社会科学討究』34 (1):99-127.
寝たきり予防研究会 2002『高齢者虐待――専門職が出会った虐待・放任』北大路書房.
日本認知症ケア学会 2004『認知症ケア標準テキスト 認知症ケアの基礎』ワールドプランニング.
新名理恵 1991「在宅痴呆性老人の介護者負担感――研究の問題点と今後の展望」『老年精神医学雑誌』2 (6):754-62.
――― 1992「痴呆性老人の家族介護者の負担感とその軽減」『老年社会科学』14:38-44.
――― 1996「痴呆性老人の介護とは」『現代のエスプリ』345: 5-12.
新名理恵・矢冨直美・本間昭 1991「痴呆性老人の在宅介護者の負担感に対するソーシャル・

サポートの緩衝効果」『老年精神医学雑誌』2（5）：655-63.
認知症介護研究・研修東京センター 監修 2005『新しい認知症介護――実践者編』中央法規出版.
西岡修 2004「1970年代以降の特養でのケアの変遷――痴呆症ケアを中心に」『月刊 ゆたかな暮らし』268: 30-4.
野川とも江 2000『介護家族のQOL――介護家族のQOLを支える地域ケアシステムの構築をめざして』中央法規出版.
野口裕二 1991「高齢者のソーシャルサポート――その概念と測定」『社会老年学』34: 37-48.
―――― 1996『アルコホリズムの社会学――アディクションと近代』日本評論社.
―――― 2002『物語としてのケア――ナラティブ・アプローチの世界へ』医学書院.
―――― 2005『ナラティブの臨床社会学』勁草書房.
野村豊子 2004「コミュニケーションスキル」日本認知症ケア学会『認知症ケア標準テキスト 認知症ケアの実際Ⅰ：総論』ワールドプランニング：39-61.
野矢茂樹 1999『哲学・航海日誌』春秋社.
額賀淑郎 2006「医療化論と生物医療化論」『社会学評論』56（4）：815-29.
大井玄 2004『痴呆の哲学――ぼけるのが怖い人のために』弘文堂.
岡知史 1985「セルフ・ヘルプ・グループの機能について――その社会的機能と治療的機能の相互関係」『大阪市立大学社会福祉研究会研究紀要』4：73-93.
―――― 1988「セルフ・ヘルプ・グループの働きと活動の意味」『看護技術』34（15）：12-6.
―――― 1998「セルフヘルプグループとは何か――その『なりたち』と『はたらき』」大阪セルフヘルプ支援センター『セルフヘルプ・グループ』朝日新聞厚生文化事業団：14-20.
―――― 1999『セルフヘルプグループ――わかちあい・ひとりだち・ときはなち』星和書店.
岡原正幸 1995「コンフリクトへの自由――介助関係の模索」安積純子・岡原正幸・尾中文哉・立岩真也『増補改訂版 生の技法――家と施設を出て暮らす障害者の社会学』藤原書店：121-46.
岡本恵美・村嶋幸代・斎藤恵美子 1998「痴呆性老人とその介護者へのデイケアの意義――デイケアのある日と無い日との比較から」『日本公衆衛生学会誌』45（12）：1152-60.
岡本多喜子 1989「社会問題としての痴呆性老人」副田義也編『社会問題の社会学（ライブラリ社会学8）』サイエンス社：123-70.
岡本祐三 1996『高齢者医療と福祉』岩波文庫.
奥村隆 1998『他者といる技法――コミュニケーションの社会学』日本評論社.
奥村由美子 2003「非薬物療法 回想法」『日本臨床61巻増刊号9 痴呆症学（1）――高齢社会と脳科学の進歩』：534-8.
小野寺敦志・植田宏樹・下垣光他 1992「痴呆性老人のデイケア終了後の追跡調査」『老年社会科学』14（Suppl）：100-10.
大岡頼光 2004『なぜ老人を介護するのか――スウェーデンと日本の家と生死観』勁草書房.
Ory, M. G., T. F. Williams, M. Emr, B. Lebowitz, P. Rabins, J. Salloway, T. Sluss-Radbaugh, E. Wolff and S. Zarit, 1985 " Families, Informal Supports and Alzheimer's Disease: Current Research and Future Agendas," *Research on Aging*, 7（4）：623-44.
大阪市 1997『在宅ねたきり高齢者実態調査報告書』.
大澤真幸 1994『意味と他者性』勁草書房.

太田喜久子 1994「痴呆性老人と主たる介護者との家庭における相互作用の特徴——痴呆性老人の『確かさ』へのこだわりに焦点をあてて」『日本看護科学会雑誌』14（4）: 29-37.
―――― 1996「痴呆性老人と介護者の家庭における相互作用の構造」『看護研究』29（1）: 71-82.
太田正博・菅崎弘之・上村真紀・藤川幸之助 2006『私，バリバリの認知症です』クリエイツかもがわ．
大田貞司 2003『地域ケアシステム』有斐閣．
大谷いずみ 2005「太田典礼小論——安楽死思想の彼岸と此岸」『死生学研究』5: 99-122.
大塚俊男・清水博 1986「わが国の在宅の痴呆性老人の実態」『精神衛生研究』33: 45-52.
小澤勲 1998『痴呆老人から見た世界——老年期痴呆の精神病理』岩崎学術出版社．
―――― 2003『痴呆を生きるということ』岩波書店．
―――― 2005『認知症とは何か』岩波書店．
小澤勲・土本亜理子 2004『物語としての痴呆ケア』三輪書店．
Parsons, T., 1951 *The Social Systems*, New York: The Free press. ＝ 1974 佐藤勉訳『社会体系論』青木書店．
Perfitt, D.,1984 *Reasons and Persons*, Oxford: Oxford University Press. ＝ 1998 森村進訳『理由と人格——非人格性の倫理へ』勁草書房．
Perkinson, M. A., 1995 "Socialization to the Family Caregiving Role within a Continuing Care Retirement Community," *Medical Anthropology*, 16（3）: 249-67.
Perrlin, L. I., J. T. Mullan, S. J. Semple and M. M. Skaff., 1990, "Caregiving and the Stress Process: An Overview of Concepts and their Measures," *The Gerontologist*, 30（5）: 583-94.
Pillemer, K. and J. J. Suitor, 2002 "Peer Support for Alzheimer's Caregivers: Is It Enough to Make a Difference?" *Research on Aging*, 24（2）: 171-92.
Pollner, M., 1975 "The Very Coinage of Your Brain: The Anatomy of Reality Disjuncture," *The Philosophy of the Social Science*, 5: 411-30. ＝ 1987 山田富秋・好井裕明・山崎敬一訳「お前の心の迷いです——リアリティ分離のアナトミー」山田富秋他編訳『エスノメソドロジー——社会学的思考の解体』せりか書房 :41-86.
Pollner, M. and L. McDonald-Wikler, 1985 "The Social Construction of Unreality: A Case Study of a Family's Attribution of Competence to a Severely Retarded Child," *Family Process*, 24（2）: 241-54.
Post, S. G., 1998 "The Fear of Forgetfulness: A Grassroots Approach to an Ethics of Alzheimer's Disease," *Journal of Clinical Ethics*, 9（1）: 71-80.
―――― 2000 *The Moral Challenge of Alzheimer Disease: Ethical Issues from Diagnosis to Dying, Second Edition*, Baltimore: Johns Hopkins University Press.
Poulshock S. W. and G. T. Deimling, 1984 "Families Caring for Elders in Residence: Issues in the Measurement of Burden," *Journal of Gerontology*, 39（2）: 230-9.
Riesman, F.,1965 " 'The Helper' Therapy Principle," *Social Work*, 10（2）: 27-32.
Robertson, A., 1990 "The Politics of Alzheimer's Disease: A Case Study in Apocalyptic Demography," *International Journal of Health Services*, 20（3）: 429-42.
Rose, L.,1996 *Show Me the Way to Go Home*, San Francisco: Elder Books. ＝ 1998 梅田達夫訳『私の家はどこですか——アルツハイマーの終わらない旅』DHC.
Sabat, S. R., 2001 The Experience of Alzheimer's Disease: Life through a Tangled Veil, Oxford: Blackwell Publishers.
―――― 2002 "Surviving Manifestations of Selfhood in Alzheimer's Disease: A Case Study,"

Dementia,1（1）：25-36.
Sabat S. R. and R. Harré, 1992 "The Construction and Deconstruction of Self in Alzheimer's Diseas," *Ageing and Society*, 12: 443-61.
─── 1994 "The Alzheimer's Disease Sufferer as a Semiotic Subject," *Philosophy,Psychiatry, and Psychology*, 1（2）：145-60.
佐江衆一 1995『黄落』新潮社．
坂田周一 1989「在宅痴呆性老人の家族介護者の介護継続意思」『社会老年学』29：37-43.
坂爪一幸 2003「非薬物療法 認知行動療法」『日本臨床 61 巻増刊号 9 痴呆症学（1）──高齢社会と脳科学の進歩』：543-7.
崎山治男 2005『「心の時代」と自己──感情社会学の視座』勁草書房．
桜井厚 2002『インタビューの社会学──ライフストーリーの聞き方』せりか書房．
佐々木健 2005『新・ボケても心は生きている──〈認知症ケア〉20 年の実践と改革』創元社．
笹森貞子編（1989）2001『改定新版 ぼけ老人 110 番』社会保険出版社．
笹谷春美 1999「家族ケアリングをめぐるジェンダー関係──夫婦間ケアリングを中心として」鎌田とし子・矢澤澄子・木本喜美子編『講座社会学 14 ジェンダー』東京大学出版会：213-48.
佐藤哲彦 1996「日本における覚せい剤犯罪の創出──『逸脱の医療化』論の視角から」『ソシオロジ』40（3）：57-75.
─── 1999「医療化と医療化論」進藤雄三・黒田浩一郎編『医療社会学を学ぶ人のために』世界思想社：122-38.
佐藤郁哉 2002『フィールドワークの技法──問いを育てる，仮説をきたえる』新曜社
佐藤純一 1995a「医学」『現代医療の社会学──日本の現状と課題』世界思想社：2-32.
─── 1995b「現代医療思想の病因論をめぐる一考察」『医学哲学医学倫理』13: 70-8.
─── 2001「抗生物質という神話」黒田浩一郎編『医療社会学のフロンティア──現代医療と社会』世界思想社：82-110.
佐藤健二 1995「ライフヒストリー研究の位相」中野卓・桜井厚編『ライフヒストリーの社会学』弘文堂：13-41.
佐藤俊樹 2005「深くて浅い世界と私──コミュニケーションのメタ自由をめぐって」『大航海』56：103-11.
佐藤豊道 1989「痴呆性老人の特徴と家族介護に関する基礎的分析──特集への序論」『社会老年学』29：3-15.
佐藤義夫 2002『在宅介護をどう見直すか』岩波書店．
Schutz, A., 1962 *Collected Papers I : The Problem of Social Reality*, Hague: Nijhoff. ＝ 1983, 1985 渡部光・那須壽・西原和久訳『アルフレッド・シュッツ著作集 第 1 巻 社会的現実の問題［Ⅰ］』『第 2 巻 社会的現実の問題［Ⅱ］』マルジュ社
─── 1964 *Collected Papers II: Studies in Social Theory*, Hague: Nijhoff. ＝ 1991 渡部光・那須壽・西原和久訳『アルフレッド・シュッツ著作集 第 3 巻 社会理論の研究』マルジュ社．
盛山和夫 1995『制度論の構図』創文社．
瀬山紀子 2000「社会運動としてのセルフヘルプグループ」『Sociology Today』11：72-85.
柴山漢人・水野裕 2003「非薬物療法概論」『日本臨床 61 巻増刊号 9 痴呆症学（1）──高齢社会と脳科学の進歩』：523-8.
標美奈子 2001「回想的に語られた介護体験プロセス──痴呆性老人の家族介護者の会役員の場合」『保健医療社会学論集』12：47-57.
冷水豊・本間みさ子 1978「障害老人をかかえる家族における世話の困難とその諸要因」『社

会老年学』8:3-18.
進藤雄三 1990『医療の社会学』世界思想社.
―― 1998「福祉国家と医療の現代的位相」『社会学評論』49 (3):372-88.
―― 2003「医療化のポリティクス――『責任』と『主体化』をめぐって」『現代の社会病理』18:1-14.
―― 2004「医療と『個人化』」『社会学評論』54 (4):401-12.
新村拓 1998『医療化社会の文化誌』法政大学出版局.
―― 2002『痴呆老人の歴史――揺れる老いのかたち』法政大学出版局.
新福尚武 1972「老人の精神病」金子仁郎・新福尚武編『老人の精神医学と心理学(講座日本の老人第1巻)』垣内出版:132-72.
―― 1987『人類とぼけ――ぼけ研究の歩み』講談社.
庄司俊之 2005「医療化と近代医療システム」『社会学ジャーナル』30:127-47.
庄司洋子 1984「わが国の『答申』・『白書』にみる家族」『社会福祉研究』35:44-50.
―― 1993「現代家族の介護力――期待・現実・展望」『ジュリスト増刊 高齢社会と在宅ケア』有斐閣:190-6.
―― 2003「介護保険3 利用者の立場から 多様化したサービスを生かせぬ使い勝手の悪さ」『AERA Mook 新版 社会福祉学がわかる』:136-9.
Shomaker, D., 1987 "Problematic Behavior and the Alzheimer Patient: Retrospection as a Method of Understanding and Counseling," *The Gerontologist*, 27 (3):370-5.
Singer, P., 1979 *Practical Ethics*, New York: Cambridge University Press. = 1991 山内友三郎・塚崎智監訳『実践の倫理』昭和堂.
Smith, D.,1978 " 'K is Mentally Ill': The Anatomy of Factual Account," *Sociology*,12 (1):23-53. = 1987 山田富秋・好井裕明・山崎敬一訳「Kは精神病だ――事実報告のアナトミー」山田富秋他編訳『エスノメソドロジー――社会学的思考の解体』せりか書房:87-165.
Strauss, A. L., J. Corbin, S. Fagerhaugh, B. G. Graser, D. Maines, B. Suczek and C. L. Wiener, 1984, *Chronic Illness and the Quality of Life, 2nd ed*, Saint Louis: Mosby. = 1987 南裕子監訳『慢性疾患を生きる――ケアとクオリティ・ライフの接点』医学書院.
Strong, P. M., 1979 "Sociological Imperialism and the Profession of Medicine: A Critical Examination of the Thesis of Medical Imperialism," *Social Science and Medicine*, 13A (2):199-215.
Suchman, E. A., 1965 "Stages of Illness and Medical Care," *Journal of Health and Human Behavior*, 6 (3):114-28.
数土直紀 2001『理解できない他者と理解されない自己――寛容の社会理論』勁草書房
杉井潤子 1995「老人虐待をめぐって――老人の『依存』と高齢者の『自立』」井上眞理子・大村英昭編『ファミリズムの再発見』世界思想社:131-70.
―― 2002「老人虐待」畠中宗一編『自立と甘えの社会学』世界思想社:79-99.
杉村公也 2003「非薬物療法 Activity therapy」『日本臨床61巻増刊号9 痴呆症学(1)――高齢社会と脳科学の進歩』:548-52.
杉浦郁子 2002「『性』の構築――『性同一性障害』医療化の行方」『ソシオロジ』46 (3):73-90.
杉山孝博編 1995『痴呆性老人の地域ケア』医学書院
Suitor, J. J. and K. Pillemer, 1993 "Support and Interpersonal Stress in the Social Networks of Married Daughters Caring for Parents with Dementia," *Journal of Gerontology: Social Science*,48 (1):S1-S8.

諏訪さゆり・湯浅美千代・正木治恵他 1996「痴呆性老人の家族看護の発展過程」『看護研究』29（3）：31-42.
鈴木勉 1981「患者団体の行動と機能」『ソーシャルワーク研究』6（4）：226-33.
Sweeting, H. and M. Gilhooly, 1997 "Dementia and the Phenomenon of Social Death," *Sociology of Health and Illness*, 19（1）：93-117.
平英美 1995「医療化する社会」『大阪教育大学紀要 第Ⅱ部門』43（2）：71-90.
高橋紘士・山田尋志・笹森貞子・宮島渉 2003「座談会 新たなケアの方向性をさぐる」『月刊福祉』86（12）：22-31.
高橋由典 1996『感情と行為──社会学的感情論の試み』新曜社．
高橋幸男 1999「痴呆老人の心と精神医療への反省」石倉康次編『形成期の痴呆老人ケア──福祉社会学と精神医療・看護・介護現場との対話』北大路書房：240-51.
高橋幸男・石橋典子 2001「痴呆を患って生きる」浅野弘毅編『痴呆性高齢者のこころと暮らし』批評社：19-37.
高城和義 2002『パーソンズ──医療社会学の構想』岩波書店．
武川正吾 2000「家族の介護力は元々存在しなかった」『社会学年報』29: 35-43.
──── 2001『福祉社会──社会政策とその考え方』有斐閣．
武井秀夫 2004「『抑制』をめぐる知識と現実」近藤英俊・浮ヶ谷幸代編『現代医療の民族誌』明石書店：259-85.
竹中星郎 1996『老年精神科の臨床──老いの心への理解とかかわり』岩崎学術出版社．
──── 2001「痴呆高齢者の介護と医療の役割について」浅野弘毅編『痴呆性高齢者のこころと暮らし』批評社：38-53.
竹内孝仁 1995『医療は「生活」に出会えるか』医師薬出版．
玉村公二彦 1997「ドーマン・デラカート法（Doman-Delacate program of diagnosis and treatment for brain-injured child）」茂木俊彦他編『障害児教育大事典』旬報社：600.
館石宗隆 2003「わが国の痴呆性高齢者支援対策」『作業療法ジャーナル』37（9）：866-71.
立岩真也 1997『私的所有論』勁草書房．
Teel, C. S. and P. Carson, 2003 "Family Experiences in the Journey through Dementia Diagnosis and Care," *Journal of Family Nursing*, 9（1）：38-58.
東儀英夫 2003「痴呆の概念と診断基準」『日本臨床 61 巻増刊号 9 痴呆症学（1）──高齢社会と脳科学の進歩』：91-4.
徳岡秀雄 1997『社会病理を考える』世界思想社．
東京都老人総合研究所 1993『痴呆性老人の介護』東京化学同人．
東京都老人総合研究所社会福祉部門 1996『高齢者の家族介護と介護サービスニーズ』光生館．
Tooly, M., 1972 "Abortion and Infanticide," *Philosophy and Public Affairs*, 1（1）：37-65. ＝ 1988 森岡正博訳「胎児は人格を持つか」加藤尚武・飯田亘之編『バイオエシックスの基礎──欧米の「生命倫理」論』東海大学出版会：94-110.
Tronto, J. C., 1993 *Moral Boundaries: A Political Argument for an Ethic of Care*, New York: Routledge.
土屋葉 2002『障害者家族を生きる』勁草書房．
辻正二 2000『高齢者ラベリングの社会学──老人差別の調査研究』恒星社厚生閣．
鶴見俊輔・浜田晋・徳永進・春日キスヨ 1999『いま家族とは』岩波書店．
鶴田聡 1995「老年期痴呆患者の在宅介護における介護者の心理的態度の変化」『老年精神医学雑誌』6（6）：737-53.
筒井孝子 2001『介護サービス論──ケアの基準化と家族介護のゆくえ』有斐閣．

――― 2004『高齢社会のケアサイエンス――老いと介護のセイフティネット』中央法規出版.
筒井琢磨 1993「医療化論の検討――医学『帝国主義』批判アプローチと社会構築主義アプローチの対比」『松坂大学女子短期大学部論叢』31: 28-35.
植田章 1999「痴呆老人対策の経緯について」石倉康次編『形成期の痴呆老人ケア――福祉社会学と精神医療・看護・介護現場との対話』北大路書房: 82-93.
上田敏 1983『リハビリテーションを考える――障害者の全人的復権』青木書店
上野千鶴子 1986「老人問題と老後問題の落差」伊東光晴・河合隼雄・副田義也・鶴見俊輔・日野原重明編『老いの発見 2 ――老いのパラダイム』岩波書店: 113-38.
――― 2005「ケアの社会学 序章ケアとは何か」『クォータリー［あっと］at』1: 18-37.
Ungerson, C.,1987 *Policy is Personal: Sex, Gender and Informal Care*, London: Tavistock Publications. = 1999 平岡公一・平岡佐智子 訳『ジェンダーと家族介護――政府の政策と個人の生活』光生館.
Uttal, L., 2002 *Making Care Work: Employed Mothers in the New Childcare Market*, New Jersey: Rutgers University Press.
和田行男 2003『大逆転の痴呆ケア』中央法規出版.
若松直樹・加藤元一郎 2003「非薬物療法 現実見当識訓練」『日本臨床 61 巻増刊号 9 痴呆症学（1）――高齢社会と脳科学の進歩』: 529-33.
和気純子 1998『高齢者を介護する家族――エンパワーメント・アプローチの展開にむけて』川島書店.
Weber, M., 1904"Die 'Objektivität' Sozialwissenschaftlicher und Sozialpolitischer Erkenntnis," *Archiv für Sozialwissenschaft und Sozialpolitik*, 19: 22-87. = 1998 富永祐治・立野保男訳, 折原浩補訳『社会科学と社会政策にかかわる認識の「客観性」』岩波書店
Williams, G., 1984 "The Genesis of Chronic Illness: Narrative Reconstruction," *Sociology of Health and Illness*, 6（2）: 175-200.
Woods, B, 1997 "Talking Point: Kitwood's 'The Experience of Dementia'," *Ageing and Mental Health*,1（1）: 11-2.
―――1999 "The Person in Dementia Care," *Generations*, 23（3）: 35-40.
Woolger, S. and D. Pawluch, 1985 "Ontological Gerrymandering: The Anatomy of Social Problems Explanations," *Social Problems*, 32: 214-27.
山田昌弘 1994『近代家族のゆくえ――家族と愛情のパラドックス』新曜社.
山本則子 1995「痴呆老人の家族介護に関する研究――娘および嫁介護者の人生における介護経験の意味」『看護研究』28（3）（4）（5）（6）: 178-99,313-33,409-27,481-500.
山下格 2004『精神医学ハンドブック――医学・保健・福祉の基礎知識［第 5 版］』日本評論社.
山手茂 1979「難病患者の組織と行動」保健・医療社会学研究会『保健医療の組織と行動――1979』垣内出版: 272-92.
矢野眞和編 1995『生活時間の社会学――社会の時間・個人の時間』東京大学出版会
安川悦子・竹島伸生編 2002『「高齢者神話」の打破――現代エイジング研究の射程』御茶の水書房.
Zarit S. H., K. E. Reever, and J. Bach-Peterson, 1980 "Relatives of the Impaired Elderly: Correlates of Feelings of Burden," *The Gerontologist*, 20（6）: 649-55.
Zarit, S. H., N. K. Orr and J. M. Zarit, 1985 *The Hidden Victim of Alzheimer's Disease: Families under Stress*, New York: New York University Press.
Zarit, S. H., P. A. Todd and J. M. Zarit, 1986 "Subjective Burden of Husbands and Wives as Caregivers: A Longitudinal Study," *The Gerontologist*, 26（3）: 260-6.

全国民生委員児童委員協議会・全国社会福祉協議会 1987『在宅痴呆性老人の介護者実態調査報告書』.
全国社会福祉協議会『社会福祉関係施策資料集(『月刊福祉』増刊号・施策資料シリーズ)』(1986年の1号〜2004年の22号).
Zola, I. K., 1972 "Medicine as an Institution of Social Control," *Sociological Review*, 20 (4) : 487-504.
―――― 1973 "Pathway to the Doctor: From Person to Patient," *Social Science and Medicine*, 7: 677-89.

あとがき

　早いもので，調査として，猛暑の中で家族介護者の方たちのお話を本格的にうかがい始めた夏から7年が経つ．その時から今まで，大学院の研究室で交わされている「眩しいばかりの」議論と，家族介護者のお話からうかがい知れる様々な現実との間での煩悶をくり返しながら過ごしてきたように思う．誤解のないように言っておけば，学んできた社会学，当事者や現場から聞くこと見ることができる様々な現実，私にとっては，どちらも関心を強くかきたてられるものであった．どちらについても何とか理解してやろうと躍起になっていたからこそ，はしがきで述べたような困惑が生まれてきたのだと思う．その意味で，困惑そのものは，私が勝手に作り出してきた幻のような問題なのかもしれない．

　自分で勝手に問題を立てておいてなんであるが，率直に言って，はしがきで述べた困惑に対して，本書の解答はまったく不十分なものである．終章でも述べたように，認知症に関する新しい動きが実践を蓄積していく中で，新しい認知症ケアがもたらす影響を実証的に検討していくという課題に取り組まなくてはならない．また，特に若年認知症患者や認知症初期段階にあるとされる者に焦点が当てられて，本人の思いが強調されていく中で，相対的に目立たなくなっていく，重度認知症の人への家族介護など，なおも残り続けている問題にも注目し続けていく必要がある．その意味で，本書はスタートラインにようやく立ったに過ぎない．

　そもそも，家族介護の経験や困難が個別的である以上，原理的には，探求に終わりを設定することはできないのかもしれない．だが，社会学を学んできた者として，この時期に，不十分ではあっても一つの解釈・世界観を提示してみせることが，お話をうかがった方たちへの責任を果たすために重要だと考え，不完全だと思いながらも本書を出版することとした．本書が，認知症や介護といったことを考えている／考えざるをえない方たちの間や，社会学に興味を持っている人たちの間など様々な場で，対話を誘発していくこと

が切なる望みである。批判されるにせよ共感されるにせよ，その対話のプロセスに進むことができてはじめて，臨床という連字符に意味がある社会学が生まれてくるのだと思う。

本書を仕上げていく際に，インタビューを快くお引き受けくださった方，調査に際して様々な便宜をはかってくださった方たちにあらためて連絡をとり，何人かの方にはその後の経緯や，本書についてご意見をいただいた。お話を聞かせてくださった方たちがいなければ，この本は生まれなかった。プライバシーの関係上，お一人おひとりのお名前や参加した家族会の名前をあげることはかなわないが，この場をお借りして深く感謝したい。

本書の生みの親は，ご発言を引用させていただいた方たちだけではない。お話をうかがったが，その言葉を引用できなかった方たち，お一人おひとりが家族（介護者）として日々向き合っていた方たち，そして，私自身が，介護・介助と呼ばれるような関係を持った方たちなどから学び，考えてきたことが盛り込まれている。その中には，こうした学術書の体裁で意を届けることが難しい方たち，そして，もう二度とお話をすることがかなわぬ方たちも多く含まれている。本書が，そうした意味で，どこまでも不完全な形の報告であることをお詫びしながらも，深い感謝の意を申し上げたい。

本書は，2006年3月に東京大学大学院人文社会系研究科から博士号を授与された「呆けゆく者の自己をめぐるコミュニケーション――認知症ケア『変革期』における他者理解の問題」を加筆修正したものである。いくつかの章には，既発表の論文の内容も含まれているが，いずれも大幅に修正し，新たに議論しなおしている。初出論文を示すと以下のようになる。

井口高志 2002「家族介護における『無限定性』――介護者－要介護者の個別的な関係性に注目して」『ソシオロゴス』（ソシオロゴス編集委員会），第26号：87-104.［第5章の一部］

井口高志 2003「家族介護における『衰える他者』定義の問題――介護者への援助としての解釈活動」『ソシオロゴス』（ソシオロゴス編集委員会），

第 27 号：290-310.［第 5，6 章の一部］

井口高志 2005a「新しい『痴呆ケア』とは何か？——政策言説における痴呆への『働きかけ』の変容過程から」『死生学研究』（死生学研究編集委員会，東京大学大学院人文社会系研究科），第 5 号：293-310.［第 1 章］

井口高志 2005b「痴呆をかかえる者とのコミュニケーションにおける二つの理解モデル——疾患モデルから関係モデルへ？」『ソシオロジ』（ソシオロジ編集委員会，社会学研究会），153 号：17-33.［第 3 章，終章の一部］

　博士論文が，研究を始めて 8 年の間に考えたことのほぼすべてだとするならば，本当に多くの方に助けられて本書は成立している。この場を借りてお礼を申し上げたい。
　まず，学部生時代から大学院在学中までの 7 年にわたってご指導いただいた庄司興吉先生に感謝したい。先生には，好き勝手に研究を進める私をあたたかく見守っていただいた。先生のもとで，自ら問題を見つけて解いていくという研究者としての姿勢を身につけることができたと思う。
　博士論文の審査をお引き受けいただいた，武川正吾先生，平岡公一先生，上野千鶴子先生，佐藤健二先生，佐藤俊樹先生に感謝したい。主査をつとめていただいた武川正吾先生には，大学院修士課程以来，研究者としてやっていくための様々な可能性や機会をお示しいただき，たびたび悩んだときには，親身な相談に乗っていただいてきた。今回の出版も先生の勧めにより可能となった。平岡公一先生には，様々な研究会・ゼミで毎回丁寧なコメントをいただき，現在に至るまで，研究の幅を広げる様々な機会を与えていただいている。上野千鶴子先生には，博士課程進学後に主催する調査に参加させていただき，後の「ケアの社会学」へとつながっていく現場のまっただ中で様々なことを学ばせていただいた。佐藤健二先生には，発表や審査の際に数回だけ論文を読んでいただいたが，絶妙なコメントと励ましをいただき，内容の軌道修正を行っていく上での支え手になっていただいた。佐藤俊樹先生には，本書のもととなった複数の論文執筆段階からゼミでコメントをいただいてい

たが，先生のコメントに答えようともがく中から，本書の核となるアイディアのいくつかを生み出し，考察を深めていくことができた。

本書のもとになった諸論文の執筆から本書を仕上げていくまで，公的／私的なコミュニケーションの中で，多くの研究仲間から様々なアドバイスや示唆を受けている。すべての方のお名前を記すことはできないが，特に本書の内容にかかわるコメントなどをいただいた，佐藤恵さん，崎山治男さん，三井さよさん，星加良司さん，仁平典宏さん，西野淑美さん，出口泰靖さん，中川敦さん，齋藤暁子さんに感謝する（中川さん，齋藤さんには校正作業にもつきあっていただいた）。また，大学院進学以来，自分の研究を形作っていく場であった，各種研究会，ゼミ，論文査読会などで真剣に議論を交わせたことをとても幸せに思う。

また，私事になるが，祖母，両親，家族からは，長期にわたる研究を続けていく上で多大な支援を受けている。ありがとう。なお，資金的な支援への感謝という意味で，本研究は，日本学術振興会特別研究員奨励費による成果の一部を含んでいることも断っておきたい。

最後になるが，本書の出版は，東信堂の下田勝司社長と，向井智央さんのご尽力によって可能となった。感謝したい。

2007 年 4 月

井口　髙志

＊視覚障害その他の理由で，活字で読むことが不便な方に，テキストデータを提供いたします。下記までご連絡ください。

井口髙志　igutaka@mb.infoweb.ne.jp

事項索引

ア行

悪性の社会心理　79
アクティブ・インタビュー論　29
新しい高齢者像　61
アノミー　293
アルツハイマー化　72
アルツハイマー型　46,51,60-61,96,101
アルツハイマー病　71
意思，意図，意思・意図　55,86,90,114,
　140,193,225,227,228,245,252,254,271,278,
　280,282,288
「異常性」　137
一次理論　104
一方向的な影響関係　257
医療化　65-69,74,100,101,105
　逸脱の——　68-69
　老いの——　69-70,75,97
　「通常のライフプロセス」の——　69-70
　認知症の——　64-66,68,70-76,77-78,
　　87-90,95,100,141,277,282
医療化論　66-68,72
医療社会学　83,208
エージェントモデル　258,270
エピファニー　214-215,217
老い，加齢（aging）　28,69-70
老い衰え，衰え　137,181,184,186,189,191
同じ経験　245-246
終わらない埋葬　73

カ行

介護・ケア，ケア　46,57,275,290-292
介護継続意思　165
介護サービス，外部サービス　34,49-51,62,
　148,166,272
介護者家族会，家族会　22,206,241-242

介護の効率化　263
介護保険制度　57,59,60-61
介護予防　59
解釈活動　226-229,235-236,241-242,246,
　247-248,266
解釈の自由度　235-236,245
回復　175-179,181,202
回復の語り　244
科学社会学　103
学習Ⅱ　283-284
過去の像　197
家事，家事労働　153,154,166
家族　163,293
家族介護　34,56,93,143,145,147-148,157,
　199
家族介護者　6,9,29,81,97,163
家族社会学　152
家族の介護力　45,93
カテゴリー化　103,139-140
関係　293
　——の力　286
　——の内実　286-287
〈関係〉＝脱関係　289-290
関係障害　80
関係モデル　64,87-93,95,97-98,103-104,139,
　144,271,278,282,285,287,289-290,293
　——に基づく理解　281,283
　——の効果　94
　脱——　290
　ネオ——　288,290
〈関係モデル〉　90,104,278,288
関係論的自己論，社会学的な自己論　244,
　266
感謝の経済　274
感情管理　274

感情労働　92, 274
聞き取り　292, 294-295
帰責　137, 261
機能分有論　276
虐待　57-58
境界人（marginal man）　219
偶然性，偶有性　270, 274, 288
グループホーム　57
決定論　88, 108-109, 116
原因　53
　　――帰属　123, 261
原因疾患　4, 5, 95, 102, 133, 187
言説心理学（discursive psycology）　84
限定化　176-178, 179-180, 196
行為の意図せざる結果　265, 275
構築主義　103
行動障害　27, 44, 48
合理的行為者　258, 274
心　245
　　――の構成主義　85
　　――の哲学　113, 257
互酬性　203, 274
個別的な関係性　178-180
ごまかしの実践　102
コミュニケーション　6-7, 54, 56, 113-115, 118
　　身体を介した――　292
　　通常の――　258
　　非対称的な――　290-291
　　呆けゆく者との――　4, 9, 21-22, 55, 136, 138, 221, 290
　　呆けゆく者を取り巻く――　249
混沌の語り　244

サ行

再帰性，再帰的　29, 87
罪責感　203
参加の継続性　234-235
参与観察　300
自己　8, 48, 84-85
　　――意識　48
　　――と社会（関係）　80
　　――の社会性　262
　　――の喪失　73, 84-85
　　――の多元性　262-263, 273

　　――変容　244
　　――物語　216, 243-244
　　意思・意図を持つ――　80
　　関係性の中での――　84
　　多面的な――　268, 284
　　呆けゆく者の――　56, 78, 81-84, 86
疾患モデル　64, 76, 87-90, 95-97, 108, 110, 112, 115-116, 135, 138, 140, 201, 223, 278, 282-283, 285, 289
　　――に基づく理解　144, 281
　　――の参照　91
　　――の獲得　94-95
失敗の承認　232
自発性　254
社会学　80, 258, 273
　　援助実践の――　29
　　認知症の――　32, 99, 109, 277, 280, 290
社会学的　10-11, 29, 56, 58, 61, 63, 64, 78, 80-81, 84, 88-89, 91, 99, 261, 270, 278
　　――行為論　145
　　――な認識モデル　90
社会的な死　73
社会統制　99
若年認知症　57
集団精神療法　104
周辺症状　79-80, 104
主介護者　273
手段の不在　190
障害学（disability studies）　28
状況の定義　126, 130
情報提供，情報伝達　209, 213, 240-241
自立　45, 61, 62
自立支援　45, 60
診断　42, 46-47, 117, 126, 132-133, 172, 187
ストーリー　214, 216-217, 234-235
　　進展の――　217-218, 244
正常さ　13, 16
「正常な人間」　136-137, 139, 141, 144, 163, 164, 169, 183, 187-191, 196-201, 204, 219, 222, 225, 227-228, 249-250, 279, 286, 292
精神の社会性　85
精神分析　101
精神療法　103
生物-医療化（bio-medicalization）　72-76,

83,88-89,95-96,101
生物‐医療化論 101
責任，責任意識 9,13,19,56,113,143,155,160,164,204,271,287,290-291
　　——からの解放 161,272
　　——の解消 159
セルフヘルプ・グループ（SHG） 208,217,243
セルフヘルプ・グループ（SHG）論 233-234
先駆的なケア実践 63,289
専門的な知識（情報） 18,209,210
早期発見 42-43,46,97
相互作用 6-7,10,114,258,274
　　——の主体 48,51,52-53,54,61,144,277,281
相互理解 3,27
ソーシャル・サポート 272,276
即興劇 52,294
その他の関係 283,293
素朴心理学 → 民間心理学
尊厳 8,60-61

タ行

体験的知識 211-213,215,217-218
対象化 112,189
　　介護体験の—— 216
代替の目標 215,251
代替不可能（性） 162,171,175,182
態度変更 293
対話的構築主義 29
他者 220,245
　　——の操作不可能性 52
　　異質な——，理解できない—— 3
　　外部の—— 201,255
　　複数の—— 268,272-273,288
他者性 9,276
他者定義 16-17,181-182,247
　　——の形式 19,169,206-207
　　——の問題 18-19
　両義的な—— 279
他者理解 3,16
他者論的リアリティ 174
痴呆性老人，痴呆性高齢者 37,41,44,46,47-49,51,58-60
痴呆性老人像，痴呆性高齢者像 36,45,49
中核症状 104
超認知的社会（hyper cognitive society） 84
治療ニヒリズム 73
デイサービス，デイケア 23,158,268-270
動機づけ，介護遂行の動機づけ 200,203,261,265
当事者視点 8
統制，抑制 76-77,88
道徳性，道徳的 55,282
トラブル 119-120,122-123,245

ナ行

ナラティブ分析 29
二者関係の外部 22,205,279
二者関係への閉塞 261-262,263-265,275,287
二重の偶有性（double contingency） 258
「人間」 7,9,10,29,97,248,293
　　——としてのコミュニケーション 273
　　——として想定 53
　　——としての配慮 56,281-283
「人間性」 249,254-255,262,271,292
　　——の希少性 265
　　——の発見 253,255,270,271-272,275,288-289
　　——のリアリティ 257-258,261
人間中心のケア（person centered care） 79
認識のギャップ 219,244
認知症，痴呆（dementia） iii,4,8,27,33-34,37,57,198,220
認知症ケア，痴呆ケア 47,51
　　新しい—— 10,32,51,53-54,64,92,291
認知症症状の構築 77,141
ネグレクト（neglect） 57-58
寝たきり 8,34,37,40,43-44,49,59,60,95
　　——予防 42
　　——老人 58
　　——老人問題 59
脳血管性痴呆 43,49,60

ハ行

バイオエシックス（生命倫理学） 202,274

パーソナリティ　123-124,126,136-137,140-141,228,283
パーソン論　174
「はたらきかけ」　32,34-37,49,54,75,80,86,90,96
パッシング・ケア　102
発達　137,245
話し合い　205,213-214,221,223-224,226-227,238,280
バリデーション法　103
「反応」の喪失　220
非自立性，非自立的　34,37,44,137
非選択的　19,143,163
非操作性　288
非対称性　6-7,9,28
　　コミュニケーションの──　229
非人間（non-person）　187
病因，病因論　42,71,101,111
評価　200,216,219-220,233,244
　　自己──　217-218,234
病気行動（illness behavior）　140
病人役割　100,140
フィールドとしての個人　9
フィールドワーク　11-12
不確定性　91,156
不可能性　73,75
負債感　203
二つの像，二つの他者像　207,229,245
負担感，介護負担　29,61,81,148
負担感研究　103,147,165,167,276
弁証法的プロセス（dialectic process）　79
変容可能性　270,285
暴力，暴力性　114,167
呆け　iii,4,5,34,220
呆けゆくこと，呆けゆく過程　6,70
呆けゆく者，呆けゆく相手　iii,4,5
　　──との出会い　19,109
　　──の変容　49,271
呆け老人をかかえる家族の会（認知症の人と家族の会）　35,57,104-105,108,209
補助自我　273
本人の思い　292

マ行

マネジメント　19,30
　　──（の）基準　159,175-176,179,193
　　──（の）責任　156,161-164,263,286-287
　　──（の）役割　152-153,155-157,159,160,161,166,207,286
慢性疾患　273
見守り　166
民間心理学，素朴心理学（folk psychology）　113,257
無限定性　147-149,157,162,164-165,171,176,178-179,182
免責　114-115,134,135,285
　　──の失敗　136,230
物語論　217
「問題行動」　4,18,27,48,52,79-80,82,86,112-115,141,222,224-225,242,245

ヤ行

役割再定義　92
役割モデリング　212
ユニットケア　53
要介護認定　61
要介護老人　37,41,44
幼児扱い　102
予期　140-141
予測可能性　262
予防的ケア，予防的な介護　61,166
予防・リハビリ　40-44,46,49,51,53-54,59,62,70,95-96

ラ行

〈リアリティ〉　231-232
　　──の共有　236-237
理解モデル　31,63-64,90,98,99,104,108,278
理念　10,36,56,60-61,96
　　認知症ケアの──　21
理念型　90,99
リハビリ，リハビリテーション　59,177,203
　　→　予防・リハビリ
類型，類型的知識　19-21,31-32,64,115-116,118,138
ルーティーン，ルーティン化　191,195-197,203,275

レイベリング理論 103,139
老年痴呆（senile dementia） 43,46,60,71,101

symptoms of demtia） 27
MCI（mild cognitive impairment） 27,105

欧字

BPSD（behavioral and psychological

人名索引

ア行

浅野智彦　244
天田城介　29,52,58,167,294
アルツハイマー, A.　71
アルバート, S.　92
アンガーソン, C.　166
アンダーソン, B.　111,140
安藤太郎　245
石倉康次　61,80
石橋典子　103
伊藤智樹　212,217
井上勝也　57
イリイチ, I.　103
ウィリアムズ, G.　140
ヴェーバー, M.　99
上野千鶴子　58
ウッズ, T.　82
岡知史　243
岡本祐三　34,59
奥村隆　27
小澤勲　103-104,294

カ行

春日キスヨ　92-94,293
春日井典子　166
柄澤昭秀　58
ギデンズ, A.　29
木村敏　294
キトウッド, T.　79,84,103-104
キューブラー・ロス, E.　82
グブリウム, J. F.　76,85,246
グリージンガー, W.　100
グレイザー, B.　202
クレペリン, E.　71,101
クルター, J.　85
コトレル, V.　83

ゴフマン, E.　102,262
コーエン, D.　82
小宮英美　103
コンラッド, P.　66-69,74-75,100

サ行

笹森貞子　60
笹谷春美　28
佐藤郁哉　12
佐藤俊樹　245
サバット, S.　84-85,100
ザリット, S.　81
シュナイダー, J.　66-69,74-75,100
進藤雄三　66
新福尚武　101
杉井潤子　61
数土直紀　27
ストラウス, A. R.　202
ストロング, P.　67,74

タ行

高橋幸男　104
高橋由典　203
高見国生　60
武井秀夫　275
立岩真也　276
辻正二　60
筒井孝子　61,93,165
テイラー, S.　85
出口泰靖　83,102
デンジン, N.　214

ナ行

中河伸俊　103
中山康雄　258,274
新村拓　100

野口裕二　29
野矢茂樹　140

ハ行

バーガー, P　115
パーソンズ, T.　100, 105, 164
ピック, A.　101
平井秀幸　105
広井良典　57
フォスター, G.　111, 140
フォックス, P.　101
フォックス, R.　100
福島智子　140
フーコー, M.　105
ブライデン, C.　62, 103
フランク, A.　105, 244
フリードソン, E.　74
ブルデュー, P.　105
ブロイラー, E.　101
フロイト, S.　101
ブラム, S.　102

ベイトソン, G.　283
ボグダン, R.　85
ホックシールド, A. R.　92, 274
ポルナー, M.　137

マ行

マートン, R. K.　293
ミード, G. H.　85, 262
三好春樹　52, 80, 294
森岡正博　174

ヤ行

山田昌弘　166

ラ行

ライマン, K.　76, 91, 102
レイン, L.　82
ルーマン, N.　28, 140
ルックマン, T.　115

■著者紹介

井口　高志（いぐち　たかし）

1975年　山梨県に生まれる
2006年　東京大学大学院人文社会系研究科博士課程修了　博士（社会学）
現在　信州大学医学部保健学科専任講師／社会学

共編著
『病いと〈つながり〉の場の民族誌』明石書店（2007、浮ヶ谷幸代との共編）

論　文
「本人の『思い』の発見がもたらすもの——認知症の人の『思い』を聞き取る実践の考察を中心に」三井さよ・鈴木智之編『ケアとサポートの社会学』法政大学出版局（2007）
「痴呆をかかえる者とのコミュニケーションにおける二つの理解モデル——疾患モデルから関係モデルへ？」『ソシオロジ』153号、社会学研究会（2005）
「家族介護における『衰える他者』定義の問題——介護者への援助としての解釈活動」『ソシオロゴス』第27号（2003）
「家族介護における『無限定性』——介護者‐要介護者の個別的な関係性に注目して」『ソシオロゴス』第26号（2002）

Living with the Elderly with Dementia: A Challenge of Clinical Sociology in The New Century of Dementia Care.

認知症家族介護を生きる——新しい認知症ケア時代の臨床社会学

2007年6月30日　初版　第1刷発行　　　　　　　　〔検印省略〕

＊定価はカバーに表示してあります

著者©井口高志　発行者　下田勝司　　　　　　印刷・製本　中央精版印刷

東京都文京区向丘1-20-6　郵便振替 00110-6-37828
〒113-0023　TEL 03-3818-5521(代)　FAX 03-3818-5514
E-Mail tk203444@fsinet.or.jp

発行所　株式会社　東信堂

Published by TOSHINDO PUBLISHING CO.,LTD.
1-20-6,Mukougaoka, Bunkyo-ku, Tokyo, 113-0023, Japan
ISBN978-4-88713-768-4　C3036　Copyright©2007 by IGUCHI, Takashi

【現代社会学叢書】

東信堂

開発と地域変動——開発と内発的発展の相克	北島滋	三二〇〇円
在日華僑のアイデンティティの変容——華僑の多元的共生	過放	四四〇〇円
健康保険と医師会——社会保険創始期における医師と医療	北原龍二	三八〇〇円
事例分析への挑戦——個人現象への事例媒介的アプローチの試み	南野節夫	四六〇〇円
海外帰国子女のアイデンティティ——生活経験と通文化的人間形成	水野保輔	三八〇〇円
有賀喜左衛門研究——社会学の思想・理論・方法	北川隆吉編	三六〇〇円
現代大都市社会論——分極化する都市?	園部雅久	三六〇〇円
インナーシティのコミュニティ形成——神戸市真野住民のまちづくり	今野裕昭	五四〇〇円
ブラジル日系新宗教の展開——異文化布教の課題と実践	渡辺雅子	七八〇〇円
イスラエルの政治文化とシチズンシップ	奥山眞知	三八〇〇円
正統性の喪失——アメリカの街頭犯罪と社会制度の衰退	G・ラフリー／室月誠監訳	三六〇〇円
東アジアの家族・地域・エスニシティ——基層と動態	北原淳編	四八〇〇円

(シリーズ社会政策研究)

福祉国家の社会学——21世紀における可能性を探る	三重野卓編	二〇〇〇円
福祉国家の変貌——グローバル化と分権化のなかで	小笠原浩一・武川正吾編	二〇〇〇円
福祉国家の医療改革——政策評価にもとづく選択	三重野卓・近藤克則編	二〇〇〇円
韓国の福祉国家・日本の福祉国家	武川正吾・キム・ヨンミョン編	三二〇〇円
福祉国家とジェンダー・ポリティクス	深澤和子	二八〇〇円
福祉政策の理論と実際(改訂版)福祉社会学研究入門	三重野卓・平岡公一編	二五〇〇円
認知症家族介護を生きる——新しい認知症ケア時代の臨床社会学	井口高志	四二〇〇円
新版 新潟水俣病問題——加害と被害の社会学	飯島伸子・舩橋晴俊編	三八〇〇円
新潟水俣病をめぐる制度・表象・地域	関礼子	五六〇〇円
新潟水俣病問題の受容と克服	堀田恭子	四八〇〇円

〒113-0023 東京都文京区向丘1-20-6
TEL 03-3818-5521　FAX 03-3818-5514　振替 00110-6-37828
Email tk203444@fsinet.or.jp　URL:http://www.toshindo-pub.com/

※定価：表示価格（本体）＋税

東信堂

グローバル化と知的様式 ―社会科学方法論についての七つのエッセー	J・ガルトゥング 大矢重光/澤修太次郎訳	二八〇〇円
社会階層と集団形成の変容 ―集合行為と「物象化」のメカニズム	丹辺宣彦	六五〇〇円
世界システムの新世紀 ―グローバル化とマレーシア	山田信行	三六〇〇円
階級・ジェンダー・再生産 ―現代資本主義社会の存続メカニズム	橋本健二	三二〇〇円
現代日本の階級構造 ―理論・計量・分析	橋本健二	四五〇〇円
人間諸科学の形成と制度化 ―社会諸科学との比較研究	長谷川幸一	三八〇〇円
現代社会と権威主義 ―フランクフルト学派権威論の再構成	保坂稔	三六〇〇円
共生社会とマイノリティへの支援 ―日本人ムスリマの社会的対応から	寺田貴美代	三六〇〇円
現代社会学における歴史と批判（上巻） ―グローバル化の社会学	武田正行/山田信吾編	二八〇〇円
現代社会学における歴史と批判（下巻） ―近代資本制と主体性	片桐新自/丹辺宣彦編	二八〇〇円
〈改訂版〉ボランティア活動の論理 ―ボランタリズムとサブシステンス	西山志保	三六〇〇円
捕鯨問題の歴史社会学 ―近代日本におけるクジラと人間	渡邊洋之	二八〇〇円
覚醒剤の社会史 ―ドラッグ・ディスコース・統治技術	佐藤哲彦	五六〇〇円
現代環境問題論 ―理論と方法の再定置のために	井上孝夫	二三〇〇円
情報・メディア・教育の社会学 ―カルチュラル・スタディーズしてみませんか？	井口博充	二三〇〇円
BBCイギリス放送協会（第二版）	蓑葉信弘	二五〇〇円
記憶の不確定性 ―社会学的探求 アルフレッド・シュッツにおける他者・リアリティ・超越	松浦雄介	二五〇〇円
日常という審級	李晟台	三六〇〇円
日本の社会参加仏教 ―法音寺と立正佼成会の社会活動と社会倫理	矢野秀武	五六〇〇円
現代タイにおける仏教運動 ―タンマガーイ式瞑想とタイ社会の変容	ランジャナ・ムコパディヤーヤ	四七六二円

〒113-0023 東京都文京区向丘1-20-6　TEL 03-3818-5521　FAX 03-3818-5514　振替 00110-6-37828
Email tk203444@fsinet.or.jp　URL:http://www.toshindo-pub.com/

※定価：表示価格（本体）＋税

東信堂

感性哲学1〜6	日本感性工学会感性哲学部会編	一六〇〇〜二〇〇〇円
責任という原理——科学技術文明のための倫理学の試み——『責任という原理』へのいざない	H・ヨナス 加藤尚武監訳	三八〇〇円
主観性の復権——心身問題からのアプローチ	H・ヨナス 宇佐美公生・滝口清栄訳	二〇〇〇円
テクノシステム時代の人間の責任と良心	H・ヨナス 山本達・盛永審一郎訳	三五〇〇円
空間と身体——新しい哲学への出発	桑子敏雄	二五〇〇円
環境と国土の価値構造——南方熊楠と近代日本	桑子敏雄編	三五〇〇円
森と建築の空間史——近代日本	千田智子	四三八一円
地球時代を生きる感性——EU知識人による日本への示唆	A・チェザーナ 代表者訳 沼田裕之	二四〇〇円
メルロ=ポンティとレヴィナス——他者への覚醒	屋良朝彦	三八〇〇円
堕天使の倫理——スピノザとサド	佐藤拓司	二八〇〇円
精神科医島崎敏樹——人間の学の誕生	井原裕	二六〇〇円
バイオエシックス入門（第三版）	今井道夫・香川知晶編	二三八一円
バイオエシックスの展望	坂井昭宏・松岡悦子編著	三二〇〇円
今問い直す脳死と臓器移植（第二版）	澤田愛子	二〇〇〇円
動物実験の生命倫理——個体倫理から分子倫理へ	大上泰弘	四〇〇〇円
生命の神聖性説批判	H・クーゼ 飯田亘之代表者訳	四六〇〇円
生命の淵——バイオエシックスの歴史・哲学・課題	大林雅之	二〇〇〇円
カンデライオ（ジョルダーノ・ブルーノ著作集1巻）	加藤守通訳	三二〇〇円
原因・原理・一者について（ジョルダーノ・ブルーノ著作集3巻）	加藤守通訳	三二〇〇円
英雄的狂気（ジョルダーノ・ブルーノ著作集7巻）	加藤守通訳	三六〇〇円
ロバのカバラ——ジョルダーノ・ブルーノにおける文学と哲学	N・オルディネ 加藤守通訳	三六〇〇円
食を料理する——哲学的考察	松永澄夫	二〇〇〇円
言葉の力（音の経験・言葉の力第一部）	松永澄夫	二五〇〇円
音の経験——言葉はどのようにして可能となるのか（音の経験・言葉の力第二部）	松永澄夫	二八〇〇円
環境 安全という価値は…	松永澄夫編	二〇〇〇円
イタリア・ルネサンス事典	J・R・ヘイル編 中森義宗監訳	七八〇〇円

〒113-0023 東京都文京区向丘1-20-6　TEL 03-3818-5521　FAX 03-3818-5514　振替 00110-6-37828
Email tk203444@fsinet.or.jp　URL:http://www.toshindo-pub.com/

※定価：表示価格（本体）＋税